美手

MEISHOU

熊正良 ◆ 著

百花洲文艺出版社
BAIHUAZHOU LITERATURE AND ART PRESS

目录

美手
MEI SHOU

第一章　家庭简史或瑞士手表

提起我们家的事，怕是够说一阵子的。

我们家跟别人家一样，有父母有孩子。我有个姐姐，叫李玖妍，李玖妍下边有两个弟弟，一个当然是我，另一个叫李文革，也是我的弟弟。说到我弟弟李文革，正是我想不通的地方：我爸妈的日子过得一点都不顺，两人又经常闹点别扭，怎么忽然有心思给我们弄出一个弟弟来？他们生孩子也不像别人那样，一鼓作气生完了事，他们是冷不丁地生一个，过好几年，又冷不丁地生一个，我姐姐李玖妍比我大了近七岁，李文革又比我小八岁，生得这么稀，生两个就算了，还要再生个李文革干什么？况且那时我爸已经不年轻了，他比我妈大了近十岁，从表面上看身体也不是很好，单薄干瘦，皮肤像死鱼肚子一样灰灰的白白的，缺少血色和水分，动不动就要抓痒。他抓痒时龇着牙，把动静弄得很大，似乎抓的不是身子，而是一块粗砂纸，嗤嗤喳喳地响个不停。抓完了前面，他就把衣服撩起来，将一个瘦骨嶙峋的脊背拱到我妈面前，要我妈帮他抓。我妈很潦草地敷衍他几下，就给他把衣服放下来，说："好了。"我爸又把衣服撩起来，耸起瘦肩胛，还很笨拙地扭几下，要她再抓："才抓了几下？你认真一点好不好？"我妈便找出一个老头乐扔给他，叫他自己抓，他不肯，说痒是要别人抓才过瘾的，你就再抓两下吧。我妈不理他。我爸等了半天，脊背都等凉了，只好骂骂咧咧地抄起老头乐，赌气似的在自己脊背上乱捅乱刮，把脊背刮得红一道紫一道，直到渗出几粒血珠子，才恨恨地把老头乐扔掉。

他们经常为抓痒这样的小事吵架，有时甚至红脸，一连几天互不搭理，由此可见他们的感情不是很好，所以我猜来猜去，觉得他们能在这时候生出一个弟弟主要还是因为我。我是个残疾，两条腿像蔫豆芽，他们大约怕我这辈子娶不到老婆，会断了他们李家的香火，同时也担心我将来无依无靠，李玖妍总是要嫁人的，作不得太大指望。若是有个弟弟就不一样了，不但能传宗接代，还能捎带着照应他的残疾哥哥。一个"弟弟"解决了两个问题，否则他们哪来的动力？尤其是我爸，食品供应那么紧张，一个月难得见到几次荤腥，白天要上班，晚上动不动就开会呀学习呀，还要不断地写体会写认识写检查，因此他的精力应该是很成问题的。如今我也算是中年人了，也有过夫妻生活，我知道琴瑟和谐是怎么回事，更知道食物对于一个中年男人的重要性。俗话说男要吃女要睡，光吃这一条，我爸就不行。

我这样猜测——尤其是后一个原因——多少有点自艾自怜的味道，不过也不是完全没有道理，我爸爱不爱我我不知道，我妈毫无疑问是爱我的，或者说多少有一些爱我的，这一点我可以拿红枣作证。我妈长年胃寒，经常用一个黑药罐子咕嘟咕嘟地炖中药，吃药前她先滗出药汤，再用筷子从药渣里把那几颗煮得胖胖的红枣撸出来，拿给我当零食吃。我小时候记得最多的零食就是这种稀烂肿胀的红枣，虽然有一股浓浓的怪怪的药味，但毕竟还是红枣，吃着吃着就会吃出一丝枣香和甜味来。

我爸妈的感情不好大约有两个原因，一是年龄相差较大，二是门户不相当。我妈嫁给我爸时才刚满十七岁，是洋布店唐家的大小姐，而我爸还差两个月就过二十七了，又是贫寒出身，按通俗的说法是癞蛤蟆吃了天鹅肉。

我爸记忆最深刻的一件事，是我爷爷中风后不久，他跟我奶奶到他姨妈家走亲戚，临行前我奶奶再三叮嘱他要有眼色，要嘴乖，要叫人。到了姨妈家，我奶奶又用指头戳他的脊背，他便叫了那个富态光滑的女人一声姨妈。姨妈给了他一块银元。中午在姨妈家吃的饭，姨妈一块又一块地给他夹肥腊肉，他的鼻尖都被腊肉碰得油乎乎的。我奶奶说妹子你别给他撸了，他吃了不少啦。姨妈说这孩

子肚里没油水，让他多吃些。我奶奶便红了脸，却只好顺着姨妈说，你看你姨妈多疼你！当时是四月天，腊肉已经有些涩气，我爸开始还吃得香喷喷的，可吃了几块就吃不下了，又怕我奶奶说他不懂规矩，便硬着头皮吃。结果那些麻涩的东西全粘在喉咙里，弄得他像撕破布似的打油嗝，在回来的路上就开始拉稀。我奶奶便将一腔怨气泼给他，你看你，吃不得就莫吃，像前世没吃过似的。那时候我爸才六七岁，不会说委屈，他想起了兜里那块银元，把气撒在银元上。他掏出银元，用力把它扔进了油菜地里。

油菜正在开花，黄灿灿的一大片。我奶奶兜头给了我爸一巴掌，就追着那块银元钻进油菜地里去了。我奶奶是一双小脚，土地又松软，不落实，所以我奶奶像是飘过去的。油菜花眨眼间就把她淹没了，只见油菜花左摇右晃，不见她的人影，直到天都快黑了才见她从油菜花里拱出来，身上沾满了碎花瓣，一崴一崴的，边走边捏着衣角擦银元上的泥土，走到我爸跟前，又顺手给了他一下。我奶奶说，看不出来，你倒还有些志气。

我爸之所以要给我们讲这一段，不是要诉苦，而是得意，顺带对我们进行励志教育，因为我奶奶夸了他有志气。他说："人是三岁看大，七岁看老，你奶奶眼睛毒，我才刚刚七岁，她就看出了我有志气。"

他十五岁到一家米铺里当学徒，后来经亲戚介绍，又到盐务局下面的公司去学徒。他能娶到我妈也是因为他有志气。这回说他有志气的是我外公。他们经理爱打麻将，我外公也爱打麻将，我爸在一旁伺候茶水和点心。我爸年轻时大约长得还斯文，人也精明，又是学徒出身，懂规矩，站在那里看牌不声不响的。我外公便随口问他一些家长里短，又叫他上桌打几把："你替我几把，换换手气嘛。"我爸连忙摇头说不会，连牌都看不懂。我外公打着哈哈说："是志趣不在牌上头吧？"我爸说："我哪里谈得上志趣，是真看不懂。"我爸回答得很聪明，经理在这儿，他一个伙计怎么能上桌呢？他说自己不懂，也等于表白自己不会暗中给经理透牌。

我外公认真看看他，点点头说："好，年轻人有志气！"

我外公那时候大约五十出头，但看起来却是个痨病鬼一样的糟老头子，他一生都像点灯熬油似的熬在牌桌上，把自己熬干了不说，还把一份大家业输得只剩下一个洋布店。他一面反省自己是个败家子，一面快乐地赌个不停，他说赌是一种病，人是奈何不了病的。但他知道不能把女儿嫁给一个赌鬼，他总结自己的人生经验，得出的结论是人不怕穷，就怕赌，只要沾上了一个"赌"字，这个人就没救了。既然我爸天天看牌都"看不懂"，那就是一辈子跟"赌"字无缘了。我外公因此就断定这是一个靠得住的人，打定主意要把女儿嫁给他。

经理跟我爸说这事时，我爸怎么也不敢相信，一脸懵懂，像听不懂经理的话。经理说李德民你没听见我的话？我爸说听见了。经理说那你还傻看着我干什么？我爸说经理，我是个老实人，我知道自己的斤两，怎么敢这样想呢？经理哈哈一笑，说不是你想，是人家想，是人家洋布店唐家看中了你。我爸还是像受了惊吓似的，戳在那里，呆呆地看着经理。

我见过我妈做姑娘时的一张照片，这张照片有点泛黄，我妈在照片里像个朴素的女学生，梳着齐耳短发，一件短短的中式褂子，袖子也是短短的，露着一小截圆滚滚的手臂；下面是一条深色大摆裙，裙褶挺括括的，裙子下面是白袜子和圆口黑布鞋。脸形有点像桃子，浑圆饱满，眼睛和笑容都是干干净净的。笑也是浅笑，抿着嘴唇，不露一点牙齿。而我爸怎么说也不可能有一丝学生气，他是学徒出身，见人点头哈腰，毕恭毕敬，虽然不粗鄙，但俗气却是在骨子里的，就像从腌菜缸里拿出来的白菜早已不是白菜一样。就是这样两个人，由于我外公一句话，便成了夫妻。但从另一张照片来看，这也没什么不可以，照片也是黄黄的，上面的三个人是他们和我姐姐，我爸穿的是灰色中山装，头发抹得油光光的，完全是个旧时小职员的做派；我妈则比较时髦，头发烫了点波浪，穿了旗袍，又开过了膝盖。旗袍上有小碎花，质地像是丝绸，有些发亮。他们的表情比较一致，都带着一点笑意，只是我爸稍稍有点拘谨，似乎还是脱不掉自卑；我妈却很自然，她正在哺乳期，怀里抱着孩子，笑意像波光一样在眉眼里闪动，又甜蜜又柔媚，一看就是个刚做了母亲的少妇，居然没有一点学生气了。

我妈再也没有出现过这样的神情。记事以后，我只见她一天到晚忙进忙出，打扮上则完全是一副妇女干部的样子，梳着齐耳短发，喜欢穿双排扣的灰色列宁装。而实际上，她只是个工人文化宫的图书管理员。她的甜蜜和柔媚，还有滋润和风韵，只在那张多年以前的旧照片里。

我外公把家当败完了，他就死了，一只手还在摸牌，身子却往桌底下溜，溜下去便再也起不来，翘了辫子。翘辫子是我们这里的说法，翘了辫子就是死了。他来人世一趟似乎就是为了败他们唐家，而且赶在新中国成立之前把唐家败了个精光。他的时间掐得真准。他是神还是鬼，是救了唐家还是败了唐家，真是不好说。所以后来我妈戴高帽子也是走走过场，无非说她是破落资本家的女儿。

　　我爸的问题要复杂一些。关于"三反"、"五反"和"老虎"，我不大清楚，我只知道"老虎"是贪污分子，因为我爸在东门盐业公司当经理，就成了东门盐业公司的"大老虎"。办案人员要李"大老虎"把吃进去的东西都吐出来，李"大老虎"说："我冤枉啊，我没有贪污啊，怎么敢贪污呢？"办案人员便拿出雷霆手段，给他戴上手铐和脚镣，关进一间黑屋子里。关了多少天他忘了，人家再问他时，他便又是眼泪又是鼻涕，承认了，带人家回老家去取赃物。老家不远，过了东河大桥往东再走三十几里就到了。有三个人押着他，满眼都是开得很灿烂的油菜花，他迈着两条肿胀的腿，看着泱泱黄花，想起当年我奶奶钻进油菜地里找一块银元的情景，不由得鼻子一阵阵发酸。那三个人催他快走，他唉唉地叹着气说："走不动呀，近乡情怯呀。"人家说这时候你还掉什么文？他说："不是掉文，实在是怕见老娘啊！"他边走边掉泪，恳求说："我一定老老实实把东西交给你们，但我也想请你们给我一点薄面，在我老娘面前对我稍微客气些，不要呼喝，我怕吓着她老人家。"那三个人同意了，快到我们老家时，他们把手枪放进枪套里，用衣服遮住。我爸很感激，千恩万谢，差点要趴下去给人家磕头，被人家拦住了。人家说李德民你干什么？你少来旧社会那一套！

　　在老家厨房那面斗砖墙的墙腰上，我爸敲破了两块斗砖，把手伸进墙洞里，像掏麻雀窝一样，掏出了两个油纸包。办案人员解开捆扎油纸包的细麻绳，揭开油纸，再把里层的报纸揭开，便看见了金条和银元。他们又把东西按原样包好，当场给我爸开了一张收条，即收到贪污分子李德民所退赃物金条多少银元多少云云。

　　人家写收条时，我爸低声对人家说："这个厨房是四九年初夏时砌的，这堵墙还是我亲手砌的，很多人都看见的。"人家说："你会砌墙？"我爸说："你们看看墙就知道，砌得凹凸不平，实在不像样。"人家把收条给他，他把收条折了一折，放进口袋里，又指指人家手上的油纸包，说："你们还可以看看里面那几张报纸。"人家说看报纸做什么？他说："包东西的报纸是旧社会的，那上面有日期，你们一看就知道的。"人家说你想让我们知道什么？知道你还留着旧社会的报纸？我爸还想辩解，想告诉人家这包金银是他贪的旧社会的，跟新社会没关系，可是看一看我奶奶，满头灰白，坐在灶前啪哒啪哒地拉着风箱烧火，我爸的喉咙里咕的一响，咽下了一口唾沫。

事实上那包金银真是他一九四八年在河边守盐卡子得来的。他跟我妈结婚后便小小地发了一点迹，他们经理看我外公面上，帮他一步步疏通关节，最后把他调去管了盐卡子。所谓盐卡子就是设在沿河大小码头上的盐务稽查站，专查那些走私盐船，这是一个肥差，我爸也很快就摸到了门道，从那些私盐贩子手上得了不少好处。当时局面很乱，能捞的都在捞，但我爸毕竟出身寒门，胆小，捞到手以后又忐忑不安，便想了一个自认为很绝的办法：回老家去翻修祖屋，顺便把老厨房拆了，自己亲自砌墙，搭了一间新厨房。别人见他自己动手砌墙，觉得奇怪，连我奶奶也觉得奇怪，但他没跟我奶奶说实话，还学我外公那样，跟人家打哈哈，说砌着玩玩，看看我能不能砌出一堵墙来。

当着我奶奶的面，从自己砌的墙肚子里掏出来一包东西，我爸感到非常惭愧。可我奶奶只是稳稳地坐在蒲团上烧火，煮了三个秤砣蛋，她拿了一只瓷调羹，端起碗，颤颤巍巍地把一碗秤砣蛋送到儿子手里。我奶奶说，德民哪，打湿了牙再走吧。一句话把我爸的眼泪说出来了，我爸赶紧背过身去。

大约过了有大半年，我爸忽然被有关部门叫去，莫名其妙地领到了一笔钱。这是一笔什么钱呢，是退赔吗，如果是，那就是说他没贪污。可他究竟贪没贪呢，却没有谁明确地说过什么，或者给过他片纸只字，只是把那张收条要回去了。拿着那点人民币，我爸很茫然，两包金银，都是沉甸甸的，就值这一点？也罢，人家这还是补偿你，人家不补偿呢？你能搬石头打天？一时间我爸竟是百感交集涕泗横流，又对人家千恩万谢鞠躬作揖，说感谢政府还了我一个清白，弄得人家直摇头，不知道跟他说什么。

我爸用这笔钱买了两块手表，一块大一些，算男式，一块稍小些，算女式，他和我妈一人戴一块。他说财去人安乐，权当一个纪念吧。纪念什么呢？不知

道。其实用不着他自己纪念，人家也惦记着这件事。他毕竟手脚不干净，或者，毕竟是查过他了，有芥蒂了，不好再用他了，便让他在南杂店给顾客称盐打酱油。这是他从前当学徒时干的活，转了一大圈，他又干回去了。他称盐的手艺很绝，从不给人足秤，总要少个一钱两钱的，可秤杆却是翘翘的。翘秤一翘，顾客心里自然高兴，所以翘秤杆又叫"给笑脸"。运动一来，革命群众一揭发，一顿拳打脚踢，给他新账老账一齐算。

揭发他的是一个叫苏酒糟的人，苏酒糟揭发了他，却又偷偷地送给他一瓶虎骨酒，说喝了虎骨酒伤容易好。苏酒糟推心置腹地对他说，老李呀，按说我们是师兄弟，我不该揭发你的，可是我想来想去，还是不能不揭发，你思想有问题呀，如今是社会主义，我们是在给党和国家做事，你还搞过去那一套，有什么意思呢？党和国家不要你这么搞，群众痛恨你这么搞，你这叫两头不讨好，是不是呢？我爸说老苏你揭发得好，谢谢，谢谢噢！

我爸买的两块手表都是瑞士表，声音很好听，纯粹，干净，圆润，像古筝一样。有些手表的声音就不是这样，听起来让人觉得那就是一块干燥的薄铁皮。

那天晚上我妈要生我弟弟了，她一只手捂着大肚子，一只手撑着后腰，用力皱着眉，嘴里发出咝咝声。我爸正在洗脸，问她是不是发动了，她点点头，我爸便扔下毛巾，搀着她去了医院。我姐姐也去了，虽然我爸妈戴高帽子使她觉得很丢人，有段时间都不理他们，但在这件事情上她没有袖手旁观，而是帮着我爸，搀着我妈的另一条胳膊。他们晚上去医院有点危险，那时候街上已经有人在用钢管铁棍打来打去了，有时候还用枪。枪声不是很脆，噗啾噗啾的，偶尔有几颗流弹掉到人家房顶上，将瓦片打得吭啷吭啷直响。不过那天晚上我没听到枪声，我听到了手表的声音。我爸把他的手表忘了，它正躺在桌子上嘀嘀嗒嗒地响着，那么清脆，我听着听着就有点呆了。

我撑着凳子挪过去，先看了它一阵子，才犹豫着把它拿起来。它冰凉，圆润，沉甸甸的。它的年龄似乎比我稍大一些，天天都在我爸的手腕上，好像是他的手腕的一部分。我把它捏在手心里，又把手压在耳朵上，然后一点一点地把指头松开，听着听着就觉得有一股清清亮亮的水在柔柔地响亮地漫过了我的耳郭，然后我就忘了自己在哪儿了。我以为自己正很健康地在大街上走着，在河风吹拂着的东河大桥上走着，一直走过了河对岸那些稀疏的树木和房屋密集的村庄。田野无边无际。所有遥远的、隐约而模糊的景致，就像万花筒一样从我眼前掠过。我比风都轻，我御风而行。我在飞。

我不知道自己是怎么睡着的。大概是凌晨，我姐姐回家后，把我推醒的。她说你怎么趴在凳子上睡觉呢？她又说你看没看见爸的手表啊？我摇摇头。我枕在耳朵边的手悄悄地动了动，把表握在手心里，然后又把手藏进衣兜。她四下里看着，又跑到我爸妈房里去找了一遍，说："奇怪，家里没他的表，叫我找什么表？"

她把我抱到我的竹床上，帮我脱掉套在脚上的鞋，打来一盆水，给我洗脸洗脚。她给我搓腿时老捏我的腿骨，似乎怀疑我腿上根本没长骨头。我的腿细瘦灰白，跟蛇一样又凉又软，而她的手茁壮红润。她一边用脚布给我擦脚，一边问我："你猜妈生了个什么？"我摇摇头。我的心思在我的手心里，瑞士手表就在那儿响着，可她一点也没听见，她说："一个弟弟。"

她去倒水时我把手表塞到了我的枕头下。我睡的这张竹床缺了一条腿，那条腿是用几块砖代替的。天气似乎是初夏，竹床上铺了张草席，我躺在草席上一动不动。瑞士手表隔着芦花枕头在我耳边响着，声音很小但很清晰，可我没有再梦见自己奔跑。早晨醒来后我怔怔地坐着，又把表捏在手心里。手心里的汗把表都浸湿了。

我姐姐已经煮好了水泡饭，给我盛了一碗，她自己吃完了，又去厨房里给我妈煮面条。她很会做家务。她对做家务有一种热情。除了做家务，她还对毛主席像章充满了热情。她有十几个毛主席像章，大小都有，有一个比酒杯口还大，我们都叫它"红太阳放光芒"。那时候老鼠街一带的小青皮们最喜欢抢像章，还专抢女孩子的，他们一箭双雕，把像章和胸脯都按住，意味十足地抓一把。我姐姐也被人家这么抓过几次，衣服都被扯破了，但她不怕，她把破洞补好，再将"红太阳放光芒"扣在补丁上。那天她胸前戴的就是"红太阳放光芒"。她用毛巾包一只装满面条的搪瓷把缸时，忽然看见了桌子上那块汗腻腻的手表，她眉一跳，转脸看着我：

"李文兵，怎么回事？"

我不看她，我趴在凳子上，仰脸看着西北角上的那根烟囱和它喷出的烟。烟囱是发电厂的，很高，喷出的烟像乌云一样。

她出门时狠狠地按一下我的头。

她提着一把缸面条，兜里揣着我爸的瑞士手表，从老鼠街到红旗路五金交电门市部门口，在那里挤二路公共汽车。下车以后，在去妇幼保健院的路上，她碰到了她的同学魏红。魏红是个很热情的人，那时候在"丛中笑"战斗兵团当宣传部长。魏红吃惊地说："李玖妍，你怎么还在给你妈送面条呢？你要做逍遥派吗？"李玖妍说怎么了？魏红说："你不知道斗争多激烈？人家要抢我们的阵地呀！"李玖妍一听，叫魏红等等她，然后风一般跑进医院，把面条和手表往我妈的床头柜上一放，转身就往外跑。

三天后我看见了我弟弟，我妈抱着他从医院里回来了。

我和李玖妍都不喜欢李文革，特别是我，简直有点嫌恶他。他皱头皱脑，身子红红的，像一只小老鼠一样蜷缩在我妈怀里，两条红腿不停地蹬着。他特别会哭，声音又大，纯粹是个哭鬼转世。我爸跟我妈讨论，这孩子为什么这样哭呢？得出的结论是我妈的奶水太稀了。我妈握着一只胀鼓鼓的乳房，把奶水挤到我爸手心里。她挤出来的奶水很急，像小孩玩的竹筒水枪，嗞嗞地响。我爸伸出舌尖在手心里舔了舔，说："好像连奶腥味都没有，怕是稀了。"他又眨巴着眼睛，吧唧吧唧地咂几下舌头，肯定地说："稀了，的确是稀了。"然后他们又商量，是给我妈补奶呢，还是直接给我弟弟喂奶糕子？因为刚生了个儿子，又这样商量来商量去，他们的关系得到了一点改善，我爸趁机把衣服掀起来，把背转给我妈，我妈便给他多抓了几下。我爸难得这么舒服一次，他龇着牙，把方案拿出来了。他说："还是两个都补吧，要是你的奶好了，就用不着再花钱了。"

我爸本想叫李玖妍去买猪蹄髈，可李玖妍说我哪有时间？他只好自己的事情自己干。连着三天，他一次比一次起得早，却每次都是空手而回。他便到百货大楼去买回来一只粉绿色的圆形小闹钟，凌晨两点半，闹铃一响，他就爬起来骑着自行车往副食品公司跑，一边跑一边打呵欠，可结果还是落在人家后面。他恨得咬牙切齿，把闹钟调到凌晨一点，终于排到了第三名，把两只猪蹄髈买回了家。

为了买猪蹄髈，他熬得眼圈发黑，眼珠子上兜着血丝，呵欠打得下巴都要掉下来了。后来通过别人介绍，他认识了在东门副食品公司开票的周师傅，和周师傅做了朋友，情况才有所好转。他不用起那么早了，只要头天跟周师傅打个招呼，第二天早上去拿就是了。为了报答周师傅，他利用业余时间给周师傅打了一套捷克式家具。

那阵子李玖妍确实没有时间，她戴着那枚"红太阳放光芒"，跟着魏红他们起早贪黑。有一天回来了，腰上竟别着一把驳壳枪。我想摸一下枪，她打掉我的手说，别乱摸！我妈像怕冷似的抖一下，说，你怎么有枪？我爸也抖一下，说，你也上过阵？你开过枪？她翻翻眼睛说，这有什么？

那把枪后来不见了，说是交上去了。没过几天，她又和别人一道扒火车去了北京，一伙人像搞地下工作一样，半夜里集中，大约是魏红，用指节敲我们家的门，笃笃笃，笃笃笃，前三下后三下，我爸迷迷糊糊地说谁呀？等他磨磨蹭蹭爬起来，李玖妍早走了。

她回家时我们都吓了一跳。她的头发乱糟糟的，脸上结着垢疤，身上脏得像巷口上东风理发店里的刮刀布。我们以为那是个叫花子，看了半天才知道是李玖妍。两个月不见，她长了许多见识，她问我们知不知道哈尔滨有多冷？见我们一脸茫然，她便炫耀地说："一溜清鼻涕淌下来，眨眼就变成了冰！"

她说狗不理的包子真鲜，全聚德的烤鸭肥而不腻，又香又脆。这事后来我也听人说过，人家说的是排队领馒头，跟抢一样，所以烤鸭估计是她吹的。她还给我们吹什刹海，说什刹海的冰真厚，她走在冰上一点动静都没有，就像走在大马路上。她还去过天坛，去过颐和园，还和魏红把《毛主席语录》按在胸口上，站在天安门广场照了一张相。她们挺胸昂首，神情庄严而肃穆。她们的手上都长了黑色的冻疮，手背肿得高高的，像个包子。她老抓手背，说痒。她又脱掉鞋子和袜子，一股臭脚味顿时弥漫开来，把我们熏得喘不过气来，她却一点都不觉得不好意思，很骄傲地叫我们看她的脚。我们看见她的脚后跟裂着很深的口子，里面的肉都冻黑了。

在如何消灭藏在她头发里的大虱婆这件事情上，我妈费尽了心机。起初她想

用开水烫死它们，可是李玖妍的脑袋怎么办呢？那还不烫熟了？为了不殃及李玖妍的脑袋，她不知从哪儿弄到了一瓶酒精，用酒精给李玖妍洗头。酒精差一点把她们都熏醉了，她们的脸都是红彤彤的。大虱婆的尸体灰黑油亮，虱仔则像白芝麻，黑白相间，在脸盆里浮了一层。我妈吸一口凉气，声音发颤，说："真亏你受得了！"我妈因为用力给她抓头，奶水都溢出来了，白花花的。

我妈的奶水不少，就是稀，那时候她胸脯上老巴着一些稀淡的奶花子。

为了使我妈的奶水浓稠起来，我们家的肉票差不多都拿去买了猪蹄髈，结果把我妈吃得连说话喘气都冒出一股猪毛味，可奶水却还是稀稀的。两个月以后，我妈吊着眉对我爸说："不吃了，再说也老了，吃了也是白吃的。"幸亏我妈吃腻了，我们才又尝到了一点肉味。以前我们只能吃猪头肉，我爸的刀功好，把猪头肉切得很薄，薄得透明，然后又给我们定标准，一餐三片。每片都薄得像糯米纸，进口就化掉了。现在好了，我妈不吃蹄髈汤了，我们终于可以吃肉了。说是油豆泡烧肉，闻起来也是那个味道，可还没翻几下，嘴里还没什么感觉，就找不到肉了，碗里全是油豆泡。

说起来还是要怪李文革，因为他要吃奶糕子。那阵子我黄皮寡瘦满脸菜色，而李文革则像个小地主，手臂和腿都跟藕泡一样。他都胖成这样，我爸还口口声声说他可怜："这孩子可怜，全靠奶糕子喂大的，别看他胖，他这是虚胖。"

我真想对我爸说，你让我也虚胖虚胖吧。

我爸打家具是从我手上的那只凳子开始的，看我天天在地上爬，他就给我打了这只凳子。自从被人用枪押回老家去掏墙肚子，他就像一棵断了根的草一样蔫掉了。虽然没人当面叫他贪污分子，但从经理到一个称盐的售货员，等于从楼梯上摔下来，那么大的响动，摔得那么惨，谁不知道呢？好在他就是这么摔摔打打过来的，会自己给自己治伤。他治伤的办法就是学做手工活，最初是他们南杂店换柜台玻璃，他自告奋勇给玻璃师傅打下手，结果就学会了划玻璃。然后他又学着做镜子，找一小块平板玻璃，用细砂石和涂有红铁粉的油毡稍稍打磨一下，往上面浇一层水银，再涂一遍清漆。他学会了做镜子之后，我们家里便到处都能看到镜子了。不是那种大镜子，他弄不到那么大的玻璃，他弄得到的都是些不成材料的小玻璃。比如家里窗户破了，他便拿几块小玻璃做成镜子拼上去。我数过我们家里的镜子，一共九块，最大的是厨房窗户上的一块，大约有半个平方尺。

他给我打的这只凳子虽然粗笨，但非常结实，凡是接榫的地方都拴了横楔，无论怎么摔打都纹丝不动。他大约天生就是个当木匠的好材料，那些刨凿钻锯拿起来就会用，什么东西只要看几眼就差不多了。给我打了凳子之后，又给家里打了一张饭桌，给我姐姐打了一张五斗书桌，一张捷克式单人床，都打得相当精致相当有水平。他的木工工具越来越齐全，名声也越传越开，左邻右舍和南杂店的同事都会请他帮忙打点东西。他身体单薄，气力不足，又是下班后去帮人家干活，所以出活特别慢。但既然东西打得好，又不要花工钱，人家当然乐意。人家也不好意思让他白干，会请他吃饭喝酒，有时候还会送几包烟给他抽抽。吃了别人的就省了家里的，虽然省不了多少，但居家过日子，省一个是一个。

因为常给人家打家具，灰呀汗呀，还有木屑子，所以他老是痒，却不肯洗澡，非要我妈催命似的催，才一脸烦躁地把大木盆提到房间里，把椅子凳子之类的东西移开，在桌子和床之间放下大木盆，再从厨房里把烧好的水提过来，关上房门，像个女人似的坐在盆里洗，一边洗还一边抱怨："麻烦，洗一个澡真麻烦！"

李文革学会走路不久，李玖妍便下乡插队去了，她说这是响应毛主席的号召。那几天我爸一下班就闷着头锯板子刨板子，要给李玖妍打一只箱子。除了上箱锁和装提手，这只箱子没用一颗钉子，全是榫头咬榫头，咬得严丝合缝。他还给这只箱子漆了生漆，颜色是当时最时兴的猪肝色。这是他最近学会的手艺。要把东西漆成猪肝色，一般要用猪血调灰，因为有副食品公司的周师傅，所以我爸要搞点猪血还是比较容易的。只是生漆这种东西容易让人过敏，我爸漆了这只箱子之后，连脑门都肿起来了。

我姐姐提着这只箱子出门时，我妈叫她等一下，一边说一边摘自己手腕上的瑞士手表。我爸见我妈摘手表，似乎想拦住她。他说："哎哎，哎。"但我妈没理他。我妈说："以后我再买一块吧，现在我戴不戴表都无所谓，她出门在外，有一块表方便些。" 我妈说的没错，工人文化宫的图书室里已经没有几本图书了，图书都被人抄走了，连书架子都被人推倒在地，她被下放在电影院，拿一把

用高粱秆扎的笤帚，天天灰雾腾腾地扫地。一个扫地女工，灰又那么大，表都看不清，戴表干什么。

我很羡慕地看着李玖妍戴上了我妈的瑞士手表。我想手表这种东西真是奇怪，怎么她一戴了手表就立即显得成熟起来，完全像个大人了呢？

李玖妍用戴着手表的手提着箱子，箱子似乎把她的手臂拉长了，她的手臂比衣袖长了一截，手腕和表都露在外面。她背上背着被子和席子，一只手提着网兜，另一只手提着箱子，像一只骆驼那样走着。酱色塑料凉鞋的底很硬，在麻石上发出咯咯的声音。我爸忽然追了上去，我妈也追了上去。李玖妍再三说过不要他们送的，可他们还是追上去了。他们一前一后地跑着，李文革跌跌撞撞地跟着我妈跑，没跑几步就栽倒了，趴在地上哇啊哇啊地哭。我妈回头叫我："兵子你带着弟弟呀！"他们在巷口上追上了李玖妍，我妈先给她卸下了背上的被子和席子，又接过那只箱子，都交给我爸，自己提着那只网兜。李玖妍没有跟他们争夺，他们接过去了她就让他们接过去了。她到底还是让他们送了。

我拄着凳子挪过去，骂一声哭鬼，把李文革拉起来。李文革还在哭，但他的哭声被锣鼓声和鞭炮声盖住了。这些声音离老鼠街很近，就在巷子外面的什么地方，顶多就是隔了一条街，或者就在红旗路或胜利路，反正不会太远，否则不能这么响，像一群强盗一样冲进了老鼠街。老鼠街是一条又老又窄的深巷子，哪怕只是一只趿板子走过，巷墙都会发出咣咣的回声。所以那天巷子里一直在咣嗡咣嗡地响着。

后来我妈的手腕上一直空空荡荡的。

第二章　清凌凌的溪水

　　李玖妍插队的地方不远，在我们这座城市的西北方，叫金竹人民公社。路不好走，弯多路窄，坑坑洼洼，坐汽车要颠一天。她写信回来说，那天他们从中午到黄昏，整整颠了十个小时零二十一分钟。她下车时打开电筒看了看表，已是晚上七点二十五分。看来我妈把瑞士手表给她真是给对了，要不她哪有这么准确的时间。

　　晚上七点二十五分的金竹人民公社的所在地——好像是个小镇子——黑灯瞎火的，山影像墨一样泼下来，远远地看见几点光亮，开始还以为是萤火虫，后来才看出来那是灯光。而萤火虫呢，就在她眼前飞，星星点点，绿莹莹的，弄得她很兴奋。金竹镇旁边有一条溪流，水声很清亮，她用了一个形容词："清凌凌的"。清凌凌的水声使他更加兴奋起来，他们颠了一天，满头满脸都是汗腻腻灰蒙蒙的，听见清凌凌的流水声，都哇一声尖叫起来。他们用手电照着，嘻嘻哈哈地跑到溪边去，蹲在石头上，掬起溪水浇在脸上。溪水很凉，洗过的脸被山风一吹，别提多清爽，感觉自己一下子就纯净透明了。

　　她和魏红都被分到了潭底大队沙口小队。第二天一早，她们就跟着来接她们的沙口小队的队长顺着那条小溪往下走，队长个子很矮，很黑，像个黑树墩，可走路却跟风一样，她们要小跑着才能跟上他。山路上的景色很好，她看见了几只鸟，长长的尾巴，花花绿绿的羽毛，离得很近，就在岩壁上的树林里。她快活得尖叫起来，小队长说这是野鸡呐，大家又尖叫一声。她没想到野鸡这么漂亮。她夸张地说，以前只知道孔雀漂亮，现在才知道，野鸡不比孔雀差。一条蛇从她和魏红的脚边钻进杂草丛里去了，她和魏红都吓得不敢走了，腿都有点软了。她们的眼睛不敢东看西看了，死死地盯着脚下，可是走了一阵子，她们又忘了，眼睛被路边的野花吸引住了。小队长说这是野菊花，这是红蓼花。她们又尖叫起来，兔子兔子！小队长说那不是兔子，是山鼠。中午时分——也就是十二点零七分——她到达了沙口小队。沙口小队就是沙口村，就是窝在山腰里的一个小村子，村里的房子都很矮，堂屋里都煨着一个火塘，墙壁是用泥糊的，被火熏得乌七抹黑。

她在信中说山上的树很茂密，树叶都开始红了，有的已经红透了，举目望去，真是层林尽染；山风不大，好像是从溪水里生出来的，裹着一股湿润和凉意，悠悠地吹着，满山的竹梢和树叶发出沙沙的响声。山是层层叠叠的。那条溪流跟在他们脚边绕着，有时候被芭茅和灌木遮住了，但水声却没断过。到了沙口村，溪面宽阔了一些，溪边上长着一些芦苇。芦苇长得不高，矮墩墩的。但芦花开得正好，白晃晃的。有几个女人蹲在溪边石头上洗衣服，高高地举着捶棰，捶得噼啪直响，水花溅得老高。见他们来了，女人们直起腰来看他们。村里的男女老少也都来看他们。村里的人不多，大约一二百人，个子都不高，面孔都是黑黢黢的。村里的狗很凶，像要吃人似的，颈毛都竖起来了，龇着牙冲他们狂吠，但村里人把它们赶开了，用脚踢它们，踢得它们夹着尾巴汪汪叫。她听村里人骂狗骂得有意思，他们骂狗是"炒辣椒的"。

午饭是在小队长家里吃的，小队长老婆已经把饭做好了，一起上桌的还有两个比他们早来几天的知青，一个叫王大勇，一个叫詹少银，是被队长请来作陪的。王大勇是育才中学的，既然是育才中学的，大概是个干部子弟；詹少银是八中的，家住羊角巷，离我们老鼠街不远。大家见面很热情，都握了手，握得紧紧的。桌旁还坐着他们的房东。他们的房东是抓阄抓出来的，沙口村的许多事情都是用抓阄来决定，这次也一样，有多少户人家就做多少个纸团子，再把纸团子放进一只煨水用的黑瓦罐里，就在他们来的前一天下午，大家轮流伸手到瓦罐里抓

第二章 清凌凌的溪水

纸团子。谁抓到写了"女"字的纸团子，谁家里就住女知青，而抓到写了"男"字的纸团子的，自然就是男知青的房东。

几个房东都显得很拘谨很木讷，只有队长不停地请他们吃。小队长说，大家不要客气呐，吃呐，随便吃呐。他们吃了烟熏干笋、山菇炖鸡、糍粑、辣椒粑、紫苋菜、蕨菜。蕨菜有点苦。山菇炖鸡很鲜，她觉得自己没吃过这么鲜的东西，但她不好意思老往那里伸筷子。他们还喝了人家自己酿的红薯酒。她只喝了几小口，舌头都辣麻了。后来小队长老婆又端上一碗红烧山鼠肉，小队长说吃吧，这就是你们说的兔子。但他们谁也不敢吃。小队长就笑了，说比兔子肉还好吃呐。小队长还说自己是个泥脚杆，以后要多多地向知识青年学习，说得他们心里热乎乎的。他们便硬着头皮尝了尝山鼠肉，发现味道真的不错。

她的房东叫黄德厚，队长说平常大家都叫他蔫瓜。蔫瓜四十多岁，但出老，皱巴巴的；他老婆也出老，看起来比蔫瓜还出老。蔫瓜有三个儿子，老大二十一，老二十九，老三十七，都长得像蔫瓜。她住在蔫瓜家的小披屋里，床是用石头架起来的一块竹板，铺了稻草，软软的很舒服。只是屋顶的草苫上挂下来许多灰绺子，黑绒绒的一条条坠在那里；还有窗子也太小了，简直不能算做窗子，只是在墙上留了个一块砖坯大小的洞，洞口还被蜘蛛网封住了。蜘蛛网一层又一层，光都透不进来。她想把蜘蛛网扯掉，可是房东说不要扯，留着它吃蚊子。沙口村的蚊子那可真叫大，一只只都跟小蜻蜓似的。他们熏蚊子不是用蚊香，而是烧一堆艾草。他们不烧明火，用暗火沤，说是沤艾烟。她看见家家户户门口都飘着一团艾烟，像轻纱一样，整个村子烟蒙蒙的，被艾烟罩起来了。艾烟很好闻，有一股又青涩又苦辣的香味。

和她同分在沙口村的是魏红和徐小林，他们都是同学。魏红的房东叫黄细毛，徐小林的房东叫黄九银，是村里的会计。沙口村的人都姓黄，那个矮树墩似的队长也姓黄，叫黄跃春。

在这封信的末尾，她简单地说了说她的感受。她说这里的一切都是陌生的，新鲜的，淳朴的，比如现在她一边在油灯下写信，一边听着屋外的秋虫鸣唱，心情就像被水洗过一般纯净。她说月色迷蒙，山影如墨，大地在呼吸，而她则感到了这种呼吸，感到自己跟大地连在一起。她叫家里放心，这里虽然艰苦，但她感

到很快乐，她很喜欢这个地方，一定能够和贫下中农打成一片。

这是她下乡插队后写给家里的第一封信，又是晚饭后写的，无论是身体还是精神，感受都很鲜活，所以信写到末尾就忍不住要抒抒情。

晚饭是在房东蔫瓜家吃的，这是她在沙口村吃的第二餐，吃的是南瓜粥和红薯。南瓜粥和红薯都很香，蔫瓜的老婆许凤英还特意给她煎了一个荷包蛋，她不肯吃，说她是来接受再教育的，以后还要天天在一起吃饭，不能搞特殊。许凤英说就一个蛋，不特殊。她说就我一个人吃，怎么不特殊呢？许凤英说那就今天特殊一下，以后不特殊了。许凤英不容分说地把荷包蛋按在她碗里，她觉得夹来夹去不好，也不卫生，就吃了，然后就回到小披屋里写信。抬头她写"亲爱的爸爸妈妈和弟弟"，落款时写上了时间。她以后的信也都是在晚上写的，抬头也都是"亲爱的爸爸妈妈和弟弟"，落款也都有准确的时间，某年某月某日，夜，几点几分，然后是"女儿玖妍于油灯下"。

信是我爸读的。以后的信也都是他读的。他对于"亲爱的爸爸妈妈"特别有感触，说她长大了，懂事了。每当读到"女儿玖妍于油灯下"时，他都会下意识地抬眼看看电灯，不管白天黑夜，不管灯是不是亮着，他都要看一眼。我妈也像被传染了似的，也跟着他抬眼看一看电灯，也一样不管灯是否亮着。这时候他们都不说话。后来我也跟他们一样，也看看那盏从天花板上吊下来的白炽灯。不看灯的只有李文革，他太小了，还什么都不懂。

李玖妍第二封信的内容是禾桶。她说沙口村打谷子用的是禾桶，禾桶四四方方的，有桌子那么高，桶板很厚，在桶沿上又绑了一块宽宽的木头。四块木头在四个角上交榫，榫头像黄牛角似的叉在那里。起初她不知道这种像怪兽似的器物是干什么用的，见他们把一些这样的桶抬到田里来，还猜他们是要在这里洗澡。写到这里她嘲笑自己，真是四体不勤五谷不分，不认得韭菜和麦苗，还以为人家要举行一种类似沐浴斋戒般的仪式来庆祝丰收，却没想到这是一种农具，是要打谷子的。他们打谷子都是在下午，太阳开始往山那边斜了，清早割倒的稻子已经在田里晒得酥蓬蓬的，这时候抓起一把稻子，用力甩起来，稻穗打在桶壁上，砰的一声，谷子便全落进了桶里。她说她已经学会了打谷子，也能像他们那样，甩得那么有力，甩出一声砰响。这是她学会的第一件农活。她很诗意地说，禾桶是收获的象征，它们砰砰地响着，此起彼伏，就像一面又一面大鼓，鼓声响彻了山野，金色的谷子在禾桶里涌动飞溅，桶里的谷子越来越多，那情景真是令人感动。

她的第三封信很短，是在水库工地上写的。她没说他们怎么修水库，怎么挑土抬石头筑大坝，而是带点炫耀地告诉我们，她手上已经长出茧子了，肩上也长出茧子了。她很憧憬地说，我们修好了水库就可以建水电站，等水电站建成了，金竹人民公社就有电灯了，沙口村也有电灯了，她就不用在油灯下写信了，她的脑门就不会被油烟子熏得黑油油的了。接到这封信时已经快到阳历年了，天气变得有些冷了，老鼠街是一条窄巷子，晚上风从巷子里穿过时会发出阴森森的呜呜声。

她的第四信里除了说她要回家过年之外，还是说水库。她说现在她才知道什么叫人多力量大，那真是千军万马，人山人海，到处都是红旗，到处都是广播，到处都是号子。她说她也学会了喊号子。起初她喊不出来，觉得不好意思，后来受到大家感染，张嘴就喊出来了。喊出来了才知道，劳动时是多么需要号子，号子一喊，就感到浑身的力气在噌噌地往上长。说了劳动号子，她又说她在水库工地上碰到了一个人，是她们七中一个叫乔冬桂的女老师。乔老师是个戴着厚厚眼镜片的干瘪女人，教过李玖妍的时事和政治，后来学生批斗她，在一间实验室里关了她两天。当时正是盛夏，她嘴唇都干裂了，快要渴死了，就用实验室的烧杯接自己的尿。尿也只是一点点，她哭着把那点尿喝了。学生们放她出来时，她躺在地上一动不动，像个死人，大家蹲下去看她还会不会喘气，却从她嘴里闻到了一股浓浓的尿臊味，从那以后大家总觉得她有一股尿臊味。

李玖妍没想到有尿臊味的乔老师也下放在金竹。她看见乔老师趴在刚修一半的大坝上，用一把扫帚似的大排刷写标语，弄得满身都是白花花的石灰水。她不好意思叫乔老师，她有点尴尬，因为她也批斗过乔老师，还亲手给她戴过高帽子，按过她的脑袋，给她剪过阴阳头，踢过她瘦伶伶的膝盖和屁股。不过现在乔老师好像没有尿臊味了，头发也长好了，是直溜溜的短发，显得干净利索。而且乔老师的胸襟很宽阔，不计较李玖妍踢过她给她剪过阴阳头，先跟李玖妍打招呼。乔老师朝她用力挥手，大声喊李玖妍，李玖妍李玖妍！乔老师提着大排刷和

美手

装石灰水的洋铁桶，笑眯眯地站在坝脚下等着李玖妍，反倒让李玖妍感到局促不安。乔老师感叹地说："哎呀呀，真想不到，你看你，来农村的时间不长，进步这么快，起初我还以为这个喊着号子抬石头的姑娘是本地人，没想到竟是你。"

乔老师还叫李玖妍看看她，是不是也有了些变化？李玖妍说有。乔老师说从哪里看得出来呢？李玖妍说你原来很白的，现在变黑。乔老师笑着说，光黑是不算数的，太阳一晒，不就变黑了嘛。李玖妍就不知道该说什么了，指着标语说，这些标语写得真大，真气派。乔老师便谦虚地说，这算什么？我才做这么一点，还很不够；尤其是跟你们年轻人比，还差得太远。乔老师表示要好好向李玖妍同学学习，努力改造世界观，她要李玖妍同学帮助她，监督她，多给她提宝贵意见，千万不要给她留情面。

修电站水库时，李玖妍连雪花膏都不搽了，任由一张脸被寒风刮得糙糙的。她说贫下中农都不搽雪花膏，所以我也不搽。她把带去的雪花膏锁在那只猪肝色的箱子里。家里给她寄了两副棉纱手套和一副垫肩，但她都不用，过年时又带回来了。

后来她才知道，贫下中农不搽雪花膏，但搽蛤蜊油，于是她也搽蛤蜊油。

李玖妍的信上大致就是这些东西，禾桶啦，修水库啦，挖沟排冷浆水啦，筑田塍啦，碰到了哪些熟人啦，等等。她很少说她自己，吃得怎样，住得怎样，沙口村人对她好不好，房东一家人对她好不好，她跟其他插队知青的关系如何，她都不说。事实上这时候她跟那个叫詹少银的已经很不错了，可是她除了在头一封信里顺便提了提詹少银，而且是一笔带过，之后便再也没有提到过这个人，好像她对这个人一点也不感兴趣。

其实在她提到的几个人当中，詹少银家是离我们家最近的。他爸妈都是区被单厂的，被单厂就在东河区区政府的东边，红旗路西头，厂区靠河，厂里没有宿舍，他们家就住在沿河路的羊角巷。沿河路和红旗路隔得很近，我们家在红旗路菜场买菜，在东门副食品公司买肉，他们家一样，买菜也是在红旗路菜场，买肉也是在东门副食品公司。也就是说，我们两家很可能会吃到同一块地里的菜，同一头猪身上的肉。詹少银的爸爸叫詹二牛，前些年被单厂发火，他参加救火时被烧伤了，他的同事们有时候会开玩笑叫他男向秀丽，背地里就叫他詹疤。詹疤喜欢喝点酒，喝了酒脸上的疤就通红发亮，这时候你就可以当面叫他詹疤，他一点也不生气，但他老婆会生气，老婆骂道："你们要烂嘴呀，嘴里要生蛆呀！"他们家也有三个孩子，詹少银是老大，最小的是一个女儿，叫詹小燕。如今这个詹小燕跟我是同行，也是个书商，专做少儿刊物，有两本还做得很不错，都能印到四五万份，算是在这一行里站住了脚。

　　元旦一过，年味就越来越重了。腊月二十六或二十七八，我们家里总要来两个乡下亲戚。是什么亲戚我不大说得清楚，反正不是很亲的那种，大约只是姑表亲，我喊女人是金秀姑姑，喊男人是细宝伯伯。他们都是我们老家的人。我们老家已经没什么人了，我奶奶在一九六三年就死了，据说是吃多了红薯叶子，胀气死的。细宝伯伯总是穿一件灰袄子，今年是灰袄子，明年还是灰袄子，袄子的下摆绽出了口子，吊着发黑的棉花团团；金秀姑姑虽然不是老穿一件秃袄子，会换一件罩袄褂，也会浆洗会缝补，但身上的补丁实在太多了。我印象最深的是她屁股上补着一块日本尿素袋子，上面还隐约可见"株式"二字。他们的脸色都不好，年年都是那样，青黄青黄的。他们不是结伴来的，而是一前一后地来，腊月二十六，金秀姑姑来了，腊月二十七，金秀姑姑前脚走，细宝伯伯后脚就来了。他们带来的差不多都是红薯和印花米团子（米团子上都点了一点红），我妈给他们的东西也基本上是一样的，一小包油豆泡，一斤可以熬油的肥膘肉，半斤白糖，一包油糖果子或大麻枣。除此之外，我妈还要给他们一点钱，一块蓝色或灰色的平布，再拿几件旧衣服（都是已经打了补丁脱了颜色，不能再穿了的）。他们接过东西时都是又谦恭又感激的样子，而且还要说许多感谢的话。我妈总是叫他们不要说。我妈说："亲戚路上，就不要说这些了，越说越生分了。"

　　金秀姑姑和细宝伯伯似乎是一个标志，他们来过之后，我们家就开始过年了。李玖妍是除夕早晨回家的。她坐了一天车，似乎一点也不累。她的变化很明显，人整个大了一圈，而且脸变黑了，皮肤也粗糙了。以前她是细皮嫩肉，白里透红，现在是粗皮黑肉，黑里透红。她的手也是黑红黑红的，有几个指头上还缠着胶布。胶布已经泛出黄黑，显得比较脏。

我妈说："胶布都没有吗，都黑了，会感染的。"

但她说不要紧，她说她从来不感染。她用缠着胶布的手拧毛巾，好像很有力气，一把就拧干了，然后她用力擦脸，擦得红扑扑的直冒热气。她把擦过脸的毛巾扔回脸盆里，弯腰拖过那只印了"上海"字样的灰色人造革旅行袋，嗤的一声扯开拉链，把她带回来的东西都拿出来。我们一家人都看着她，她给我们带来了陌生和新鲜的感受。她把东西都放到桌上，说这是薯片，这是香菇，这是笋干。我爸看着那些东西，还用手摸摸，用一种很见过世面的口吻说："这笋干好，比人家送给我的好，人家送给我的是板笋，你这是笋尖子，是用烟熏过的，叫烟笋。"

李玖妍这时显得很自豪，说："那当然。"想想又补充说："这都是金竹的特产，在金竹，这种东西就跟柴火一样。"

我妈把肉饼汤和馒头端到她手上，说再不吃就凉了。她便一边吃一边告诉我们，金竹那地方家家户户都会做笋干，他们剥笋就像鱼贩子剖鱼似的，先在当中划一刀，左一撇右一撇，就壳是壳肉是肉了，然后把笋肉扔进大铁锅里，煮过之后再装笼。笼是笋笼，用木条子钉的，长方形的，把笋肉一条条压在笋笼里，又把笋笼抬到溪水里，在上面压几块大石头，浸它个把两个月再起笼，剩下的就是晾晒了，晒得一敲当当响，就成了笋干了……她说得头头是道，但等后来我也有点见识了，就知道她说的这些全是她听来的，那时她应该还没见过人家怎样做笋干，她是秋天去的，秋天没笋，人家做不成笋干。

吃了东西，她用巴掌擦一把嘴。我妈说："你怎么用巴掌擦嘴？"她说："这有什么，我们那里都是这样擦的。"

除夕夜要守岁，我爸用木炭烧了一个火盆，李玖妍问家里有没有红薯？我妈就把金秀姑姑和细宝伯伯带来的红薯拿出来，李玖妍扔了几个在火盆里煨着。她一边翻动红薯，一边说沙口村的火塘，——沙口村的火塘上都吊着一只巴满烟垢的大瓦罐，他们的细伢子喜欢在火塘里煨红薯，那些细伢子就是红薯喂大的。红薯皮已经焦糊了，在火盆里发出扑哧扑哧的响声。她用火钳把它们夹出来。煨出来的红薯香喷喷甜丝丝的，我们刚吃了油豆泡烧肉，现在又吃煨红薯，肚子便不由分说地鼓起来了。先是我爸放了一个屁，接着是我，然后是我妈和李文革，最后是李玖妍。我爸放了屁便掩饰地干咳一声，我妈则忍着，一点一点将它放出来，只有李玖妍，放了屁却咯咯地笑着，说红薯就是屁虫，只要一入冬，沙口村人就有放不完的屁，他们自己开玩笑说这哪里是沙口村，明明是一个屁村。我妈皱着眉。我妈显然不喜欢她这么说话，左一个屁右一个屁，一个女孩子怎么这么说话？

李玖妍说魏红头一次下田被大蚂蟥吓得又蹦又跳，跳到田塍上一边哭一边发抖；徐小林躲着房东半夜吃饼干，吃得吱喳吱喳地响，弄得房东黄九银的老婆以为老鼠在啃红薯片，蹿下床来举着笤帚四处找老鼠。她还提到了另一个比他们早去半年的王大勇，说王大勇说话结巴，每次喊她，都是李李、李、李玖，——妍，连脑门上的青筋都暴出来了……她谁都说到了，就是不提詹少银。我爸妈也想不到这一层，他们只是云里雾里地听着，不知道她有意漏掉了一个人。

李玖妍带回来的薯片，我妈在正月初一就炒给我们吃了。用细沙炒的，酥黄焦脆。还有香菇和烟笋，我们也都尝了尝。我妈用香菇蒸了一个蛋，一人几调羹；又浸了两片烟笋，切成笋丝，跟白萝卜丝胡萝卜丝豆腐条混在一起，炒了一碗"和菜"。然后我妈就像藏宝一样，把剩下的东西全藏起来了。她叫我爸把它们包好，我爸手巧，又是学过徒的，包东西很在行，他用报纸把它们包得方方正正有棱有角，像礼品盒似的。李玖妍显有点不屑，她似乎很愿意看见我们吃她带回来的金竹特产，她骄傲地说："这东西还怕没有？以后我再拿回来就是了！"但我妈不听她的。我妈就是这样，有点东西总要留起来，也就是说比较喜欢囤积，在处理这类事情时又特别独断专行，不管别人高不高兴。她打开一个橱子，一样一样都放了进去。

李玖妍变得有些大大咧咧了，唯有漱口时细心，也很肯花工夫，早晚都漱，所以她的牙齿还是跟过去一样白。而且由于脸黑，牙就显得更白。她又充满了快乐，喜欢笑，我们家的光线从来都不好，所以那年过春节，我总觉得她像个《人民画报》上的古巴黑人似的。古巴黑人举起一只拳头，张着嘴，露出两排白花花的牙。

她本来喜欢做一些家务的，这次回家却不做了，忙着到处串门。她和她那些下乡插队的同学一起，呼噜呼噜的一大帮，今天呼噜到这家，明天呼噜到那

家。我特别喜欢看她骑车，她骑的是我爸的车，两臂带一点内弯，圆圆的肩膀耸起来，那样子真是意气风发。一辆破车被她这么一骑，似乎变了样，我趴在凳子上，看着她骑出了巷子。

跟她最好的还是魏红，魏红来我们家的次数也最多，来了两个人就躲到房间里。有一回她还留魏红在我们家里过夜，跟魏红叽叽喳喳地说个不停，说一阵子，又嘻嘻哈哈笑一阵子。她们似乎有说不完的话，说着说着就吃吃地疯笑。她们的声音从壁缝里漏出来，仿佛在黑暗里放着一种光，我形容不出那是一种什么样的光，只觉得它照亮了我，使我不但看见了她们的欢乐，还看见了她们说的那些人和事。那都是那个金竹的叫沙口的小村子里的人和事。那个小村子被秀丽的群山所环抱，到处是奇花异草，丘壑间烟霞缭绕，还有清凌凌的溪水和绿莹莹的萤火虫。太阳是金色的，月亮是银色的，风是带着浓浓的花香的，人们是欢乐祥和的。那里没有烦恼，那里的烟笋像柴火，薯片堆得比山还高。那里的水像美酒。那里的空气都是甘甜的。那里所有的事情都让人满心欢喜，就是一些鸡毛蒜皮的小事，都值得她们这样说个不停，也值得她们这样笑个不停。我羡慕得要死。我简直很嫉妒了。我更恨自己是个残疾。我极力想象，那个沙口村是个什么地方呢，到底有多美呢，我姐姐是不是真的去了一个仙境呢。

她带着一帮人呼噜到我们家时，我爸妈也是分外热情，把糖果点心花生瓜子都捧出来，坐在一旁听他们说那些发生在乡下的有趣的事。他们还留她的同学们吃饭。他们跟同学们都熟了，知道谁是谁了，——那个叽叽喳喳不停嘴的圆脸姑娘是魏红，那个高鼻梁眼睛有点往里眍的小伙子是结巴子王大勇，徐小林戴了一副四百度的近视眼镜，詹少银虽然不大说话，但他笑得很特别，没有过渡，张嘴就笑出来了，笑得还很响亮。同学们走了，他们就一个个评头品足，轮到詹少银，他们才想起来还不知道这个人叫什么名字，就问李玖妍："那个那个……笑起来挺突然的，吓人一跳的，叫什么名字呢？"李玖妍淡淡地说："詹少银。"我爸说："哦，詹少银。"我妈皱着眉头想了想，说："你以前没提过这个人哪，跟你在一起的吗？"李玖妍说："老提他干什么？他不过也在我们那里插队，比我们早三个月就是了。"

其实不光是詹少银，李玖妍不愿提及的事情还有很多，比如她忽然看见房东家的墙壁上有一只眼睛，她就只字未提。这看起来是一件小事，但也许就是这件小事，作为一个契机，催发了她的爱情。当然，这一点恐怕连她自己都不明白。

她才刚到沙口村不久，就学会了打谷子，她看见自己的汗像闪着亮光的珠子，大滴大滴地落在泥土里，落进了沙口村的敞着正方形的口子、颜色灰黑的老禾桶里。蚱蜢和蛾子都飞了起来，草屑和灰尘，还有谷粒，也飞了起来，——这些她在信里也说过了，但她没说草屑、灰尘和谷粒粘在她脸上，又从衣领里钻到了她胸脯和脊梁上。她觉得它们像会蜇人的毛毛虫一样。晚上收工后她匆匆喝了两碗南瓜粥，就忙着躲进西边小披屋里去洗澡。在沙口村洗澡跟在家里洗澡的情形大体上相似，都是用一个大木盆。她把蔫瓜家的大木盆提到小披屋里。蔫瓜家的大木盆比我们家的大木盆要高一些。蔫瓜老婆给她从灶膛里又出两瓦罐热水，把水倒进一只提桶里，又兑了些凉水给她提过去。她说这几罐水就是给你煨的，你放心用。她出去时又顺手带上了门，还叫李玖妍从里面扣上门搭子。李玖妍坐在盛满热水的大木盆里，内心充满了感激。

李玖妍以为关上了门窗，门窗上又糊了旧报纸，就可以像在家里一样点着灯洗澡了。所谓灯，其实就是一只小玻璃瓶和一根铁皮管子，铁皮管子里面插了一根用草纸搓成的灯芯。小玻璃瓶里的柴油是她自己买的。屋顶上盖的是草苫，因为时间久了，已经变成了酱黑色。泥巴墙也是酱黑色的，有几处还泛着斑花的白硝。李玖妍无意中看见黑乎乎的破墙缝里有什么在闪动。是不是一颗栎树籽呢？沙口村的女人会用栎树籽做栎籽豆腐，她见过她们用溪沟里的卵石捶栎树籽。栎树籽圆溜溜的，表面透着一抹油光。可是栎树籽怎么会一眨一眨，跟人眼一样？她看见它眨了一下又一下。她的汗毛就竖起来了，身子也一阵阵地战栗起来。她张了张嘴，喉咙却缩得紧紧的，像被什么箍住了。她用双手抱住胸脯，又将身子侧过去，腾出一只手去抓脱在澡盆边的衣服，用衣服掩住胸脯。她又把裤子抓过来，朝柴油灯扔过去，她想灭了那盏灯。可是裤子松垮垮地飞过去，一小半搭在桌面上，一大半挂在那儿。灯也只是忽闪了一下。她又抓起毛巾扔过去，毛巾也偏了。她没办法了，手上只剩下一件衣服，她用衣服包着上身，光着屁股从澡盆里跳起来，跑过去把灯吹灭了。

虽然灯灭了，她还缩在那里不敢动。她不知道那只眼睛还在不在。后来她哭了。她越想越怕。以前洗澡时有没有那只眼睛呢？他是谁？她的哭声就像一只萤火虫，划着一道忽高忽低、闪着黄绿光亮的线条飘到了蔫瓜老婆许凤英面前，许凤英光着薄脚板啪哒啪哒一路响亮地跑过来，在外面用巴掌砰砰地拍那扇用毛竹片钉成的门。

"是你么李玖妍？李玖妍你哭什么呢？是不是有没长脚的东西钻到屋里去了？"

许凤英说的"没长脚的东西"是蛇。李玖妍魆魆地说："没什么。我没哭。"许凤英不停地拍门："咦，我明明听见有人在哭呐，那是谁在哭呢？"

第二天李玖妍把所有掉了泥的地方都用报纸贴住了。她故意请许凤英帮忙，叫她端来一小碗南瓜粥当糨糊。许凤英心疼南瓜粥，粥是端来了，却十分不情愿地说："不就是掉了点泥嘛，贴它做什么？"李玖妍说："我怕漏风。"许凤英说："屋里的墙漏什么风？"她眨巴着眼睛看一阵子李玖妍，忽然明白过来，脸色便沉下去了。许凤英说："莫不是怕有人觑你吧？莫非你昨晚上哭就是因为有人觑你？"李玖妍不吭声。许凤英说："谁觑你呢？"

许凤英的瘪脸越拉越长，下巴都快掉下地了，听见猪在外面唔啰唔啰地叫，她便搓着手转身走了："要贴你自己贴吧，猪在叫我呢！"

许凤英那张脸从此就冷下去了。她不警告蔫瓜和三个儿子，甚至都不暗示一下，却在李玖妍面前冷着脸。李玖妍不但要看她的冷脸，还要面对蔫瓜和那三个儿子。李玖妍知道，一定有一个人。她怀疑那个脸上疙疙瘩瘩地长着骚疮的十七岁的老三，他那张竹床就贴靠那面破泥墙，还有一张黄渍渍的烂蚊帐罩着。

这件事李玖妍不但在信里没说，对谁也没说。这种事在乡间很多，所以李玖妍不跟外人说也是对的。一盆污水浇下来，脏了别人更脏了她自己。可是没过两天，那张刚贴上去的报纸又被人戳了一个洞。她只好在墙上钉一个钉子，将一个草帽挂在那里。再洗澡时她穿着衣服，把毛巾伸到衣服里去洗，一边洗还一边心神不定地盯着那个草帽，盯完了草帽又盯着墙上的白硝，结果就在离草帽不过半尺的地方，她又看见了那只乌亮的、像栎树籽一样的眼睛。好在她准备得充分，除了穿着衣服，还在澡盆边上放了一只小凳子，灯摆在小凳子上，噗地一口就将灯吹灭了。

但她还是什么也不说，只是在小溪边洗衣服时，跟詹少银商量，想和他换房东。詹少银答应了。他们提出换房东时，许凤英很吃惊，问李玖妍："好好的为什么要换呢？是我许凤英什么地方对不住你吗？"许凤英的意思是这样一换她就吃了大亏，上面虽然有口粮分下来，还有伙食钱，但男女吃起来不一样啊，男知青吃得多，女知青吃得少，况且是抓过阄的，怎么能说换就换呢？她坚持要李玖妍说出理由来，否则她是死也不肯换的。李玖妍觉得许凤英是欺负人，是谅她脸皮薄，不好意思说，便咬咬牙，直通通地说："理由就是不方便。"许凤英瞪大眼睛问她："怎么个不方便？你要说清楚！我们还要在沙口村做人呐，我的儿子还要娶老婆呐！"许凤英竟不依不饶，还撒起了泼，她一屁股坐在门口，巴掌在地上拍起了一团黄灰，非要李玖妍说清楚，不说清楚老娘就不活了。幸亏那个矮树墩似的小队长黄跃春出面，跟许凤英说了半天好话，最后自己做了詹少银的房东，李玖妍才得以从蔫瓜家的小披屋里搬了出来。

李玖妍这一走，伙食钱和口粮都是别人家的，吃到嘴里的肉都飞掉了，许凤英想起来就心疼。她吱呀一声关上大门，从蔫瓜到三个儿子，一个一个问，是哪只鬼？三个儿子都说自己没做这样的事，许凤英说莫非是我？许凤英一把撩开泥墙边发黑的蚊帐，指着墙上那几个洞说，我抠的，是我抠的吗？许凤英照着老三脸上就是一巴掌。老三说不是我抠的，是原先就有的。许凤英又是一个巴掌扇过去。许凤英说原先有的你就看人家？我说你就是一个畜生呐！没想到话音刚落，就听见门外有细伢子一边笑一边大声学她，——你就是一个畜生呐！许凤英急忙打开门，细伢子们哄一声四散飞逃，许凤英青着脸对三个儿子说，这下好了，你们都不要娶老婆了！

在这段时间里，李玖妍在给家里写的一封信中夹了这样一句话：看来向贫下中农学习也不能一概而论，不能什么都学，因为他们头脑里也有很不健康的东西，甚至是很肮脏的东西。我爸读信时在这里停顿了一下，就像做一个眉批，他说："怎么能有这种想法呢？就是有，也不要轻易说出来嘛，口无遮拦，不知道藏奸哪。"

李玖妍的新房东家没有儿子，只有两个女儿。大女儿嫁了，小女儿叫黄花

萍，那年才十六岁，李玖妍以后就跟黄花萍一起睡。第二年过国庆节，李玖妍还把黄花萍带到我们家里住了几天。黄花萍用橡皮筋扎着两根粗辫子，辫梢有点黄，进门时怯生生的，又容易害羞，见了我爸妈，脸红得像一只熟番茄。我爸妈对她很客气，叫她小黄，拿油豆泡烧肉给她吃。她好像不习惯"小黄"这个称呼，脸红得更厉害。李玖妍白天带她上街看游行，晚上带她去广场看焰火，临走前又和我妈一道带她逛了一趟百货商店，给她买了一块白底碎花布料和一双尼龙袜子。尼龙袜子是刚刚时兴的东西，就袜子而言，这是棉纱时代和涤纶时代的交汇点。我都没穿过这种袜子。我穿袜子纯属浪费，所以我穿的全是李玖妍穿烂了的袜子。我妈把李玖妍的烂袜子补一补，就是我的袜子。

我猜李玖妍和詹少银的爱情大约就是从换房东这件事开始的。李玖妍为什么要换房东，詹少银想必是心知肚明的，在这件事情上他们很默契，而爱情说到底就是两个人达成的某种默契。当然以上只是我的瞎猜，对他们的爱情我知之甚少，我甚至还不如黄花萍。

前些年的五月间，我终于去了一趟金竹，见过黄花萍。这个当年扎着两根粗辫子的红脸蛋姑娘如今已是个五十出头的正在发福的女人，我见她时她早不在沙口村了，而是坐在金竹镇街边的一个小摊后面，摊子上撑着一把大大的遮阳伞，伞下摆着一堆低档皮鞋和一些花花绿绿的廉价服装。她不认识我了，我也看不出那就是她，但我知道是她，别人指着她说，那个女人就是黄花萍。我的朋友小鸡公便把我推到她的小摊前，她看看我，又看看我的轮椅，再看看站在我后面的小鸡公，脸上有些迷茫。她大概已经看出来了，我们不是来买她的东西的人，她的顾客都是些当地人。

我朝她点点头，说："你是黄花萍？"她犹豫着说："你们是……"我笑一笑，说："其实我们认识，我是李玖妍的弟弟，我叫李文兵。"她愣了愣便赶紧站起来，脸忽然笑大了一圈，像个盆子，嘴里不停地哎呀着："哎呀呀……是你呀，李、李李……"她耸起眉头用力想着。我说："李文兵。"她像老母鸡拍翅那样，响亮地拍一下大腿（一听就知道大腿上的肉很厚实），说："对对，李文兵，兵……兵子，是吧？兵子！"我笑着点点头。她却在摇头。她一边摇头一边感叹："我怎么会想到是你呢？想不到的啊，做梦都想不到的。有多少年了呢？"她一边说一边掐着指头算年头，算来算去把自己吓了一跳："二十年？不止不止，快有三十年了吧，哎呀，一转眼这么多年了！"

黄花萍也说不清李玖妍和詹少银究竟到了什么程度，她说大家只是觉得他们谈得来，却没见过他们怎么个好法。也许他们是背着人偷偷好的，就是好，也没好多久，因为詹少银很快就参军走了。詹少银参军以后，经常有信寄给玖妍姐，大家这才恍然大悟：他们怕是在谈恋爱吧？那个又高又瘦的乡邮员老麦，每回骑一辆绿色的自行车来送信时，总是用一只脚点在田塍上大声喊，李玖妍，部队上来的信！玖妍姐便脸红红地跑去接信。大家便笑老麦，说老麦你怎么光说部队？是部队上的谁呢？老麦说我只知道信封上盖了部队上的三角章，我知道是谁呀？大家说哦呵，小李子，那到底是谁呢？玖妍姐呢，脸更红了，红得都看见血在脸上跑，接过信就飞快地揣进兜里，像怕人抢去似的。大家又笑闹一阵子，说小李子你看信哪，怎么不看呢，想一个人躲在被窝里看哪？

我问黄花萍对詹少银是个什么印象？黄花萍想了想说，人还算过得去吧，嘴巴严，为人也还好，可是，——黄花萍忽然变得谨慎起来，边说边拿眼睛在我脸上扫来扫去，见我脸上没有动静，她才接着说，——人心隔肚皮呐，他究竟怎样我哪里说得清呢。我接住她的话头说，他阴？喜欢打肚皮官司？黄花萍稍稍迟疑一会儿，说老弟，我知道你的心思，可是这叫我怎么说呢？我们平头百姓哪里知道什么，知道的也是听人家瞎说的。看来黄花萍这个人有点狡黠，一面顺着我的心思说话，一面又对我存有戒心。她撇开刚才的话题，又跟我说信的事，说好几回看见玖妍姐躲着她给詹少银写信，她好奇，伸头去看，刚瞄到"亲爱的"几个字，玖妍姐就警觉了，红着脸，双手把信捂得严严实实，不让她看。她偏要看，玖妍姐便趴在桌上，用身子把信压住，说去去去，小丫头装什么疯？

我开玩笑似的问黄花萍："除了亲爱的，她还在信里写了些什么呢？你没有偷偷地看过吗？你一次都没偷看过吗？"黄花萍连连摇头，说："没有没有，莫说玖妍姐不给我看，就是给我看我也看不懂，我是个半文盲，不认识几个字的。"她想想又说："再说，我怎么能偷看呢？我不是那样的人，人家给我看我就看，不给我看呢我是绝不会偷看的，这个规矩我是懂的。做人要守本分，凡事都要讲个分寸嘛，你说是不是？"

　　金竹镇就是一条长街，街上新铺了水泥，两边的房子显得有些零乱，但也都是新的，看得出都是这些年陆续建起来的。街两边不是小摊就是小店铺，酒店音像店服装店都有，连洗头店按摩店洗脚屋都有了。街后是山，街前也是山，溪水——除了漂着几个或红或白的塑料袋子，似乎还是"清凌凌"的——就在街前的山脚下流淌，看过去闪闪发亮。空气很清爽。阳光从南边照过来，参差不齐地落在街面上。街上一半是阴影一半是阳光。一只母猪领着猪崽哼哼唧唧地横过街去，在黄花萍的小摊边留下了几泡屎尿。猪屎不臭，但猪尿很臊。黄花萍一边说话一边盯着还在冒热气的猪屎猪尿，皱着鼻子骂："挨刀的！"又扭头对旁边小摊上一个年轻妇女说："看看这些炒辣椒的瘟猪，它往哪里屙不好！"她骂了猪又顺便问候我爸妈，她对当年到我家做客还记忆犹新，还记得那块布料和那双尼龙袜子。我说我爸还健在，我妈过了，翘了辫子了。黄花萍大约不懂"翘辫子"，但她知道什么叫"过了"，她眨巴几下眼睛，眼睛就有些湿红了，她感叹地说："伯母是个好人呐。"

第三章　上海牌人造革旅行袋

　　那年在金竹镇，黄花萍一定要留我们吃午饭。她家就在小镇上，是一栋两层小楼，有一个院子，躺在院子里的黄狗翻身跳起来，竖起颈毛朝我们嗷嗷叫。她儿子出来喝住狗，又进屋去摆桌凳，找茶叶给我们泡茶。她说她儿子已经结婚了，孙子也两岁多了。她进屋把孙子抱过来，指着我，要孙子喊爷爷。我吓了一跳，心想我还差一点才到四十呢，你就敢喊爷爷？连说喊不得。黄花萍说按辈分算，他不该喊你一声爷爷吗？我想想也勉强有点道理，就让他喊了，又想不能白捡人家一声爷爷，便摸出五十块钱，说爷爷给你买糖吃。黄花萍打架似的推开我拿钱的手，说要不得要不得。我说要得，这是爷爷给孙子的，怎么要不得？我把钱给孙子，孙子很乖，张开胖手，很利索地把钱抓过去了。黄花萍说这伢子！顺嘴又问我，你的细伢子好大了吧？我说我还没有细伢子。黄花萍便下意识地睬一眼我的腿，我很明白她的意思，她大约在心里说你怕是老婆都没有吧。这时候，她儿媳妇——那个坐在她旁边小摊上的年轻妇女原来就是她儿媳妇——突然问我是不是个大老板？儿媳妇起初有些腼腆，但没多久就不腼腆了，她盯住我说，你肯定是个大老板。我说不是，她说扯谎，又转过脸问小鸡公，他是不是扯谎？小鸡公便夸她有眼力，一眼就看出了谁是大老板。黄花萍听了，瞪大眼睛，用力哑着嘴，连说没想到，又说这怎么想得到呢？她忽然盯住我的耳朵，很夸张地哎呀

一声，说原来你连耳朵都是红的呀，这可是有讲口的呐，这是跑火呐，跑大火呐！

跑火是省城的流行说法，想不到她也会说。

我的耳朵的确是红的。它们已经红了好多年了，我姐姐没了多少年，它们就红了多少年。可今天黄花萍说它们红是因为"跑火"，叫人黯然，且无话可说。

不知道五十块钱在黄花萍儿媳妇的眼里有多大？要不她不会说我是大老板。我穿得很普通，外面是牛仔夹克，里面是毛线衣。毛线衣还是我自己打的。我姐姐没了以后，我妈花了大约两个月的时间，教会了我打毛线衣，如今我身上穿的毛线衣都是自己打的。我一共给自己打过五件毛线衣，三件毛背心。我只会打平针和元宝针，不会打花，所以我的毛衣和毛背心都是一抹色的，新的看起来也像是旧的。可我不在乎。我不但做刊物，做书，还做过教辅材料，古今笑话，反正什么赚钱我做什么。我在这一行混了快二十年，虽然不算大老板，但一件羊毛衫还买得起。起初连小鸡公都鄙夷我，他没见过我打毛衣，说我抠，他说兵子你屁眼都抠出了油，多少年的毛衣你还穿。他说了几次，我便给他讲我学打毛线衣的故事，他听完了朝我伸大拇指，说兵子你行，我服你这一点。

我一般不讲这件事，如果我讲，那我肯定有用意，比如跟人家谈业务谈不下来，就在适当的时候扯一扯这件事，对方便会对我刮目相看。我承认我是一个爱用心机的人。一个残疾不用心机不行。除了心机，我别无长物。我没有连滚带爬地流浪乞讨，没有靠吃低保吃救济挨日子等死，而是像一个正常人一样体面地活着，靠的就是心机。我不用心机也对不起我爸妈，否则他们死了还要为我担心。我猜我两岁以后——据说我是在一岁零七个月时得的小儿麻痹症——就变成了他们心里的一块石头，想扔又扔不掉，只好沉甸甸地坠在他们心里。他们以为我这一辈子会很可怜，会挨饿受冻贫病交加，会白来人世一趟，最后一个人孤零零地死在某个角落。他们做梦也想不到李文兵会有今天——他不但能找到食，还能找到这么多好食。不仅他们想不到，我自己也想不到，包括所有认识我的人，都想不到。有时候我在前面走，会听见后面有人说"这个人是个飞天拐子"，我就知道人家是在说我。我一点也不生气，人家说你是"飞天拐子"就说明你是个不一般的拐子，再说做一个"飞天拐子"有什么不好呢，谁肯给一个一般的拐子推轮椅？谁都愿意看你爬。小时候我就常在地上爬。隔壁巷子里的一拨孩子很恶劣，看见"拐子兵"就要狠狠地作弄一番，把我的凳子抢走，一阵猛跑，把凳子放在巷子口上，然后笑嘻嘻地站在那里看我爬，眼看我爬到了，他们又飞快地把凳子拿走，我愤怒悲伤而且无奈，可他们却充满了快乐。他们那么喜欢看我在地上爬。可是你成了飞天拐子，就再也没有人能在你身上兑现这种快乐了，就有人尊重你，还愿意推你，你想去哪里人家就会把你推到哪里。

小鸡公不是专门给我推轮椅的人，给我推轮椅的是一个叫王麦多的齿轮厂下岗工人，小鸡公只是出门在外时顺便推一推。他做这一行比我早一些，现在给我打下手，心里怕是有些不服。我们是穿开裆裤玩大的，他原本是个有点骄傲的人，走路时喜欢拿脚尖一踮一踮，要不我们也不会叫他小鸡公。小时候他肯跟我玩多半是为了看我的连环画，我有很多连环画，都是我妈从工人文化宫给我拿回来的。我妈大约想让我成为一个知识残疾，除了连环画，她还把其他的书拿回来。但那时候我只喜欢连环画。

他家在沿河路上，与詹少银家离得很近，只隔了一条巷子。他爸爸就在我们巷口上的东风理发店上班，他妈妈在废品收购店，我姐姐在信里描绘过的那个沙口村的许凤英，就有点像他妈妈。有一天他鬼鬼祟祟地把一本破破烂烂的书塞给我，说是他妈妈收来的，又拿嘴对着我的耳朵说："绝对是禁书。"吓得我汗毛都竖起来了。他又对着我的耳朵说："躲到厕所里去看哈。"我躲进厕所里看了一下午，看得心惊肉跳，以为真是一本禁书，因为它讲的全是男女生殖器以及和生殖器有关的东西。再后来他就给我看手抄本了，他没有再说是他妈妈收来的，但照例要叮嘱我，一定要躲起来看。

看手抄本时小鸡公已经是个插队知青了。他插队跟我姐姐插队不一样，我姐姐去插队就像志愿军跨过鸭绿江一样，雄赳赳气昂昂，而到了小鸡公他们，则一个个蔫头蔫脑，像被霜打了的茄子。不插队是不行的，他爸爸蔡麻子帮他在医院里搞了一张证明，说蔡国华同学小时候很调皮，崴伤了脚没有及时治疗，导致右脚踝关节有点错位，并且使右腿肌肉发生了一点萎缩，比左腿细了两个公分，应该算做残废了。可是当他们把证明拿到居委会，居委会的妇女们就心明眼亮地笑了，她们说这样的证明我们见得多了，得过三次脑膜炎的都有，你这算什么？她们问蔡麻子，是不是一定要把证明留下来？蔡麻子还傻傻地问，留下来有用吗？她们笑眯眯地说，没用，不过你一定要留下来也可以，我们会把它交到街道办，街道办会把它装进你儿子的档案袋，然后你儿子到哪里，这个档案袋就会跟到哪里。蔡麻子赌气说，要跟就让它跟吧，我一个剃头的有什么办法？结果小鸡公冒充残疾不成，最后还是乖乖地插队去了，档案袋里却有一张残疾证明。

小鸡公去插队时很小，不到十六岁，回城后在家里待了大半年，所谓待业，然后就非常幸福地进了新华书店。他能进新华书店全靠他爸爸蔡麻子。蔡麻子几年来都给一个风瘫老头上门服务，剃头修面，挖耳朵剪鼻毛，直到老头翘了辫子，还扎扎实实给他剃了最后一个头，把老头冰凉的脑袋刮得像个光葫芦。老头的儿子在市劳动人事局工作，为了替父亲报恩，通过关系把小鸡公安排进了新华书店。小鸡公原以为自己也要做剃头佬的，还在我头上练过几回手艺，却没想到能进文化单位。不知道是不是被书香熏得，他变得越来越讲斯文了，有时候还喜欢咬文嚼字，尤其喜欢跟人讲真诚。后来他又喜欢写诗，那时候很多人都喜欢写诗，而且很疯狂。我没读过什么书，但我也喜欢写诗，只是我从来不好意思把诗拿给人看。小鸡公不一样，他认为自己的诗写得很好，常常在跟人讲过了真诚之后，又要求人家读他的诗。他抿抿嘴唇，很像一回事地说："哪天我再给你看看我的诗，你看了就会更理解我，你会跟我做割头换颈的朋友。"

其实他没有一个可以割头换颈的朋友。就是我，他也不见得就肯割头换颈，他背着我说过我的坏话，他说李文兵那个人其实是很虚伪的。他这样骂我是不对的，假如他说我偶尔有一点点虚伪，我没意见，谁没有一点虚伪呢。"很虚伪"则是彻头彻尾的虚伪，小鸡公这样说显然过分了。虽然在某些问题上我会把自己藏起来，但这跟虚伪不虚伪没关系，经验和教训告诉我，凡事都要讲分寸，嘴上要有把门的，嘴上没把门的人是一定要倒霉的。

那年我在金竹镇沙口村时，黄花萍很热情，让儿媳妇一个人守摊子，自己带我们去了沙口村。李玖妍的房东——也就是黄花萍的父母——还健在，如今这两个老人一个耳背一个眼花，眼花的把一只耳朵对着黄花萍，耳背的把脸凑过来看我。黄花萍说了半天，眼花的听明白了，把瘪嘴对着老头的耳朵，大声说："玖妍呀，玖妍，听到了吗？这是她老弟，唉，老弟，玖妍她老弟呀！"见老头还不明白，老太婆便摇头叹气，说："聋了，聋到底了，打雷都听不到了。"

黄花萍撸起袖子，揭下父母的床单，拿到溪边洗去了。小鸡公把我推进了左边的厢房。房间不大，约十个平方米左右，有一股干霉味。墙也是泥糊的，颜色黑黄。墙上还有一张褪了色的革命样板戏《红灯记》的剧照，耷拉着一个角，却没遮去李铁梅的脸。房间里没床，我猜床原来就摆在李铁梅下面，那个位置适合摆床，但现在叠放着两条长凳。靠墙角是一张没漆的光板桌子，木头颜色是暗沉沉的。我把轮椅摇过去，在桌子前坐着。桌面上蒙了一层灰，我用手把灰抹掉，还能清楚地看到几点洇在木纹里的蓝墨水。我想这大约是李玖妍当年写信或写思想汇报时洒落的。我下意识地抬头看看，结果看到了一只十五瓦的电灯泡。两个老人跟在我们后面，我问眼花的："什么时候装的电灯？"这句话她怎么也没听明白，我就指指电灯，结果耳聋的却伸手把灯拉亮了。

李玖妍虽然有几封信都提到过修电站水库，但再往后却没有了下文，没说电站发了电，也没说沙口村点上了电灯。倘若沙口村点上了电灯，她绝不会漏掉这么辉煌的一笔，她一定会告诉我们。这说明沙口村那时候还没有电灯，她写信时点的只能是柴油灯。后来我在窗台上发现了一个小玻璃瓶，窗台很窄，位置也高，齐了小鸡公的肩膀，窗条是三根竖着的没剥皮的小棍子，小玻璃瓶紧靠着一根小棍子。小鸡公拨掉蜘蛛网，把瓶子拿过来，原来是一盏自制的油灯，灯管里还有用草纸搓成的灯芯。我接过来闻了闻，依稀还有一股柴油味。这种气味一下子就沉到我心里去了。

我对老婆婆说："我想要这盏灯。"老婆婆眯着眼睛看那盏灯，我又说了一遍，她听清了，说："你们那里还没有电灯吗？"我说："纪念。"不知她听没听清，她说："唉，一个旧灯盏，要就拿去吧。"

那天我还去蔫瓜家看了看。村里人大约有些好奇，他们都远远地看着我们。一些人家门口的晒簟上晒着笋干薯片和油茶子，空气里有一股莫名其妙的臭脚味。我们走过一条用煤矸石填起来的土公路，到了蔫瓜家。从前李玖妍在信上说蔫瓜家是泥墙草屋，如今的房子却是又高又大，院墙也是高高的，门楼柱子上还贴了红墙砖。只可惜蔫瓜没福气，十年前就翘了辫子。他老婆许凤英还在，干瘦得像个黑漆漆的骨头架子，见了我们就问是不是买煤？她的嘴漏风，把煤说成"回"，她说："是买回的吧？买回找他们，我不管。"她说的"他们"是指她那三个儿子，听黄花萍说那三个儿子都在开小煤矿，发了点财。我对她说我不买煤，只想看看她家的旧房子。她倒是一点不聋，但脾气很大，瞪着灰眼珠说："看旧房子做什么？"我说不做什么，就是看看。她说："一栋破屋有什么看头？拆了！早拆了！"我又问她还记不记得李玖妍？她立即警觉起来，眼睛便像利刺一样刺了我一下，说："你是哪个？"我说："随便问问，听说这个人过去在你家住过。"她的头摇晃起来："你莫提那个贱货还好些，提起来我就生气。"我问她生的什么气？她说："你说生的什么气？她一个小贱货，却平白坏了我儿子的名声，说我儿子看她洗澡，我儿子会看她洗澡？你打听打听，哪个不说我儿子本分？可怜我三个儿子，都打光棍打到三十几岁！真是老天有眼呐，她没得到好报应，听说很惨呐，很可怜呐，可我的儿子呢，你去看看他们的老婆，个个都一朵花似的！"

我走时，她又像利刺似的看我，说："你说你到底是哪个咿？"

我说："李文兵。"

她说："李文兵又是哪个咿？"

我笑笑说："就是你刚才说的那个小贱货的弟弟。"

按理我不该跟她笑，要板着生铁脸，但我还是笑了笑，我用嘴角往右挤，把笑意控制在一个很小的范围里。我这种笑应该叫皮笑肉不笑。平常小鸡公说我这是阴笑，还说这么笑很伤人，尤其伤人自尊。当然那天他不这样认为，凭他插队时跟乡下人打交道的经验，他认为我这么笑是没一点用的，乡下人根本不睬你这些的，而对付这种乡下泼妇，你只有破口大骂，否则她是油盐不进的。我摇摇头说："她还给我姐姐吃过一个荷包蛋呢。"

我们带着柴油灯回去时，在村头碰到了黄跃春，就是当年的小队长。他还跟李玖妍信中描绘的那样，像一个黑树墩，只是头发全白了，脸皱得像树皮。黄花萍跟他打招呼，他看看我和小鸡公，和黄花萍说了几句话，便低头走路。他前面走着几只黑山羊，他走路时眼睛盯着他的山羊屁股。我看着他和山羊走过去，心想这就是黄跃春？

当年黄跃春没少拿我们家的上海奶糖和油豆泡，还有咔叽布料，花洋布，衣服，鞋子，尼龙袜，还有烟酒和蛋黄酥。当然，拿过我们家东西的不止他一人，拿得最多的就是主任兼书记杨老八。李玖妍从插队的第二个春节开始，就给人家送东西了。看着她提着沉甸甸的上海牌旅行袋歪着身子走出家门，我妈有时候会像个家庭妇女那样叹一口气，自言自语地说："这都是从牙缝里抠下来的。"

以前我妈是很注意自身修养和气质的，生怕会沾上一般家庭妇女的习气，比如穿衣服，她只穿列宁装和上海装，做饭做家务时宁肯换一件旧衣服，也不肯系围裙。她不唠叨，不咒人，不说或尽量少说市井俚语，不大声喊叫，不抠抠索索婆婆妈妈，就是要抠抠索索婆婆妈妈也绝不说出来。可现在她没办法了，不知不觉地就换了一副平常家庭妇女的神态了，尤其是说上面那句话时，完全是那种家庭妇女的惯常口吻，可见日子真是一口锅，人又是多么的不经熬。

李玖妍也在变，并且变得很快，这符合辩证法。在沙口村的第二年五月，她就好意思跟别人争荣誉了。她写信回来说，沙口村评知识青年积极分子，她没评上，但她觉得这不是她不努力，而是有人戴了"有色眼镜"。他们评的是结巴子王大勇，她想如果王大勇比她积极，比她更不怕脏不怕苦不怕累，她没话说。虽然王大勇人不错，可是作为一个积极分子，他确实不够格，一个平时吊儿郎当的人，怎么能当积极分子呢？她和魏红都不服，两人在溪边洗衣服时说好了，大家分头去问，一定要问个清楚。李玖妍便去问小队长黄跃春，这个积极分子是怎么评的？没开会没投票，凭什么就评出来了呢？黄跃春只是嘿嘿地笑。她觉得这里头一定有名堂，她又找了大队书记兼革委会主任杨老八，杨老八也是嘿嘿地笑，笑过之后就批评李玖妍，你还要求入党，却跟人家争荣誉，这不好呐！这么多知青，你看谁像你这样问？李玖妍被杨老八说得发愣，怎么会是我一个人这么问呢？

她找到魏红，说大家说好了的，你怎么不去问呢？魏红说，我问了啊。李玖妍说你问了谁？魏红说，都问了啊。李玖妍说，那他们怎么回答你的？魏红想了想说，这还用说，他们怎么回答你的，就怎么回答我，他们是怎么回答你的呢？

李玖妍摇摇头，不愿再说了。她开始对魏红不满了，心想魏红这个人真看不出来，原来这么有心机。

她想来想去，还是不服，问一问怎么了？她又跑到金竹镇去找她的老师乔冬桂，这时候乔冬桂已是金竹人民公社知识青年办公室的主任了，结果乔冬桂也批评了她。乔冬桂说，李玖妍哪，你的表现我们都是看在眼里的，都是知道的，所以你要相信组织，组织上有组织上的考虑，组织上不光要看你的实际行动，还要看你的思想和灵魂，你要自觉地在灵魂深处闹革命哪，从这一点来看，你做得还是很不够的。乔冬桂还推心置腹地对李玖妍说，以后无论干什么，最好都要先想一想，比如这件事吧，你这样问来问去，个人的目的又这样明确，人家对你会是个什么印象呢？乔冬桂还告诫李玖妍，一个人要宽以待人严于律己，不要光看别人的短处。

李玖妍听出来了，乔老师其实是什么都记得的，挨踢，阴阳头，喝尿，她都记得，而且记得相当深刻。既然这样，她就不指望乔老师能说出什么太公正的话了。她在信中用一种很不屑的口吻说，动不动就拿思想灵魂来压人，其实全是扯淡。但她学聪明了，既然没有公正，她也就不能太诚实。你在一个不公正的环境中讲诚实，只能说明你是个傻瓜。怪不得魏红虚晃一枪，推她上前，看来魏红比她聪明。于是她马上变得很谦虚了，表示接受批评，经过深刻反省，认识到他们的批评是一针见血的，她应该检查对照自己，特别是灵魂深处，扫帚不到，灰尘不会自己跑掉，所以她应该勤奋地打扫。

她这时候大约是很矛盾的。她要求进步，努力表现，就是夏天她都没歇过一天工。她在信中描绘的夏天是这样的：沉甸甸的稻穗，毒辣的阳光，被阳光晒死的枯皮一搓就掉下来了，镰刀把手指割得血都止不住，腰硬得弯不下去，一弯下去就像折断了；汗从腰上顺着胸脯倒流到脖子上，又从脖子流到下巴上，和从脸上从鼻子上流下来的汗水汇集在一起，大滴大滴地滴下去；她身上的痱子密密麻麻，一层摞一层，痱子头像沙子一样泛着涩光；她的腰上贴着三块风湿止疼膏，晚上睡觉时在腰下面塞个枕头；她的满是血泡的手上裹一条手绢，用缠着胶布（胶布上还洇着血）裹着手绢的手割稻子插秧，手发炎了，化脓了，她把脓水挤掉，撒上消炎粉，再缠上胶布，继续割稻子插秧。她忍住恶心，将从胃里翻上来的东西一口一口地强咽下去，做出一副不怕猪粪不怕牛粪不怕冷浆田更不怕蚂蟥的样子。她学会了打谷子，喊号子，还学会了挑担散窖，插秧耘禾扯稗子，连沙口村的口音都学得八九不离十了，可是却眼睁睁地看着一个比她表现差多了的人成了积极分子，她问一句还要挨批评，她想再不公正也不能这么不公正吧？组织上的眼睛在哪儿呢？她想了好几天，又点起柴油灯，向大队革委会汇报自己的思想。

她说我并不是见荣誉就上，见困难就让，这一点组织上也应该是看得见的，我只是就事论事，想把事情搞清楚，想知道自己的差距在哪里。比如说不怕脏不怕累，吃苦耐劳，事事带头，在这些方面我是不是做得还不够？还要怎样做？她恳请他们给她答复，并且指出她的不足，今后她会更严格地要求自己，会像打扫卫生一样打扫自己的思想和灵魂。

她绕过黄跃春，把思想汇报直接交给了杨老八和乔冬桂，希望杨老八或乔冬桂会找她谈话，结果没有，谁也不找她。到了年底，刚当上积极分子不久的结巴子王大勇又光荣入党，这一回李玖妍做得很好，她一面祝贺王大勇，一面再写思想汇报，还是写给大队革委会和知青办，她说她看到了自己和王大勇同志之间的差距，她一定要以王大勇同志为榜样，虚心向贫下中农学习。

很显然，她已经学会了怎样说违心话了。

学会说违心话不久，李玖妍就开始在信里发牢骚了。起初还只是发一些小牢骚，还不能上纲上线，我爸妈也并不在意，他们认为她插队的新鲜劲过了，冷下来是正常的。后来她的牢骚比较频繁了，他们还是不怎么在意，顶多也就是在回信时顺带开导她几句。直到她突然在信中大发牢骚，他们才感到不对头。她情绪激烈，不仅话说得极端，连字都是张牙舞爪的。她说她是一点一点看清楚的，劳动再积极、表现再好都是没用的，什么都没你的份。等人家打起背包兴高采烈地走了，我们才知道人家上大学去了，当了工农兵学员了！他凭什么？不就是有个好爸爸吗，靠边站了站，又起来了，一起来就把儿子弄走了。人家自己都说了，不是他老子靠边站了，人家下都不下来，直接就进部队。什么灵魂深处闹革命啊，扎根农村一辈子啊，全是说给我们平头百姓听的，糊弄人的。阳光是人家的，雨露也是人家的。你们知道最让人伤心的是什么吗？受骗。你满腔热血，可是你忽然觉得你被骗了！

我爸妈看信看得脸色都变了，然后你看我我看你，不知道该怎么办。

没过几天，她又来了一封信，她说那天她想去公社革委会打听一下情况，走到门口时吓了一跳，停满了小吉普！还有两辆小轿车，一辆是上海牌，一辆是伏尔加。一个跟她一样来打听消息的知青告诉她，这都是省里县里来的，都是来给亲属朋友要招工或上学指标的。那知青又说，这么多小车，你来有什么用？莫说你走来的，你爬来的都没用啊。她说那天她的心都寒了，她算是彻底明白了，原来上上下下都是说一套做一套。她以前是太天真了，她上当不怪别人，只怪自己。现在她什么也不想了，只想表现得再好一些，看能不能给自己争取到一个机会。虽然她知道这很渺茫，但她还能做什么呢？也只能是这样了。她说你们就看吧，不用多久，广阔天地里剩下的，就全是我们这些平头百姓的儿女了。

我爸妈又对着这封信愣了许久，最后是我爸把这封信拿去烧了。烧信时他沉着脸，干咳了两声，想说什么又没说，等信烧完了，才说："我原来还说她懂事了，她懂个鬼事哟，这样的事要她说？"

我妈想到了副食品公司的周师傅，对我爸说："要不，你也拜托一下周师傅吧？"我爸说："这要从上面伸手下去的，要开吉普车去的，老周哪有这个本事？谈都不要谈。"我妈问他："我们能托到这样的人吗？"我爸想了想，摇头说："莫说人，鬼都托不到一个。"

我妈说："那你还不赶快回一封信去？她这样不平衡是要出问题的，叫她注意自己的嘴巴。"我爸说："以前不都是你写的吗，怎么这回又叫我写？"我妈说："这回你来写，你给她忆忆苦，叫她不要胡说八道。"我爸说："我忆什么苦？"我妈说："你不是老说你多苦多苦的吗？你不是还往油菜地里扔过一块钱吗？"我爸苦笑一声："那算什么，人家忆苦都是吃糠啊咽菜啊。"我妈便愣愣地看着我爸："咦，你没吃过糠吗？"我爸说："没有。"我妈又愣了愣，然后很不屑地说："我以为你受过多少苦，原来你连糠都没吃过！"我爸便有点不好意思了，讪讪地说："苦也是苦，只是还没苦到那一步。"我妈说："那你还老说！"我爸说："其实真苦到那一步的也不多。你想啊，那时候是拿什么碾米？哪有细糠？你就是想吃，粗糠谁咽得下去？就是掺再多野菜也咽不下去，噎也噎死你。"

两个人终于把吃糠说清楚了，才又扯到由谁回信这件事情上，结果是他们合伙给李玖妍写了一封回信。我爸到底还是忆了苦，他说有一年过年，家里什么也没有，我奶奶就烧了一大锅开水，水都滚烂了，我奶奶还往灶里添柴，为什么呢？就为了让自家的烟囱跟别人家的烟囱一样冒烟，要有热气从瓦缝里飘出去。我爸兄弟俩则站在灶台边一碗一碗地喝开水，一边喝一边大声说话，妈，你盐放少了，鲜味没调上来！妈，再撇掉些油吧？油太重啦！哥，你还吃呀，不怕撑死呀？老二你还说我，你看你这个西瓜肚！我爸忆完苦，说，所以，妍子啊，你心里要放平些，天下是人家打下来的，人家有功嘛。不是人家把天下打下来，我们不还在吃苦吗？你看现在，我们过年多么丰富啊！

我妈则针对李玖妍的活思想进行批评教育，我妈举例子说，近水楼台先得月，自古如此，这种事也值得生气？有什么想不开的呢？当年你爸能去管盐卡子，那样一个肥差，为什么会落到他头上，不也是因为你外公有面子有门路吗？

可是没过多久，李玖妍竟在信里骂人了。他们的忆苦思甜和批评教育似乎没起什么作用，李玖妍在信中也不提一个字，只是骂人。她以前不怎么说人坏话的，可现在她不但说人坏话，还骂人了，足见她变得有多快。她第一个骂的是她的同学徐小林，说徐小林真会假积极。她和徐小林的关系本来还是不错的，徐小林还到我们家来过，我爸妈还托他给李玖妍捎过东西，但只在转眼之间，他们似乎成了敌人。她说徐小林这个人太厉害了，太会用心思了，他前不久不小心被一种叫"狗屎婆"的毒蛇咬了，他就抓住这个机会，还没消肿就来上工。他上工就上工吧，也不是多重的活，只不过撒撒红花草籽，可是他没撒两把，就晃啊晃啊，晃得别人都看着他，他才往田里一倒。人家把他扶起来，他看看天，说太阳怎么是两个影子呢？又看看山，说山怎么也是两个影子呢？怎么这么奇怪呢，我眼里怎么尽是两个影子呢？人啊树啊，还有狗啊牛啊，都是两个影子。人家说你还没好呐，你这是眼花呐。人家叫他回去休息，他又扭扭捏捏，坚决不肯去，说什么轻伤不下火线。你看他，装得多像，多会演戏，不就是为了表现吗？他这么会装，会演，咬他的就不该是条"狗屎婆"，应该是眼镜蛇或五步倒，看他还怎么装，怎么演！

又过了一个月，她来信说她发现徐小林不但假积极，还拉拢腐蚀贫下中农干部，偷偷地给小队长黄跃春送东西。她说她看见黄跃春的儿子黄泥鳅在吃蛋黄酥，心想黄跃春怎么买得起蛋黄酥呢，一个工才值几分钱，他拿什么买蛋黄酥？就是买得起，金竹镇上也没有卖呀，他在哪儿买的呢？于是她就问黄泥鳅，谁给你吃的？黄泥鳅香喷喷地说，小徐。她又问黄泥鳅，小徐还给你吃了什么？黄泥鳅警惕地眨着小眼睛，说我不告诉你。可见徐小林不止送了黄跃春蛋黄酥，一定还送了别的东西。你们看看这个人，他躲着自己的房东吃饼干，却偷偷地给队长家里送蛋黄酥，他的目的是什么呢？他怎么好意思送人家东西呢？他怎么一下子变得这么庸俗，这么卑鄙，这么龌龊了呢？

接着她又发现，原来不止是徐小林，魏红也送的。于是她又开始骂魏红了。以前她跟魏红好得像一个人似的，可现在她连魏红也骂，而且比骂谁都刻薄。她说真是知人知面不知心，原来以为魏红只是偶尔用点心机，本质上还是单纯的，现在我才知道，最厉害的就是魏红，比徐小林还厉害一百倍！魏红不止送黄跃春一个人，还送大队革委会主任杨老八。还有，魏红不止送东西，居然还厚着脸皮认干亲，有事没事都往黄跃春家里跑，帮人家做饭洗衣服，叫黄跃春老婆做姐姐，叫黄跃春也不叫队长，而是改口叫黄哥，黄哥哎，黄哥黄哥！大队革委会主任杨老八成了她表舅，副主任都是她表叔，潭底革委会主任和副主任全成了她家的表亲。有时候去大队部开知青会，就见她东窜西窜，嘴像抹了蜜，表舅哎，表叔哎，笑起来跟母鸡下蛋一样，咯咯咯，浑身乱抖，活像一只骚八哥——这句话大概是跟沙口村人学来的，——哪像个知青？跟街上的流氓雀子差不多——"雀子"是我们这一带巷子里的话，专指女流氓，年纪小的是小雀子，年起大的是老雀子——我真想不通，魏红怎么变得这么快？什么手段都拿出来了，不仅庸俗，还下贱，人格尊严都不要了，真是堕落。那些贫下中农干部也是的，怎么一个个都像黄世仁似的，那么贪？

李玖妍什么人都骂，骂得这么粗鄙刻薄，我爸妈除了感到很诧异很担心，同时还感到了一种压力。我爸读信时，我妈也没心思听了，她低着头，在心里盘算手头上的那点钱。她对我爸说："她在嫉妒。怎么办呢？"我爸说："是呀，怎么办呢？"我妈说："这事不能拖了，这孩子完全变了，再拖下去不得了。"

我爸说："那怎么办呢？"我妈忽然火了："怎么办怎么办，刚才的信不是你念的？"我爸便皱着脸看我妈。我妈瞪着他，说："我脸上写着字？你没看到她信上说人家是怎么做的？"我爸一下醒过来，脸松开了，连连点头："对对对，像我们这样没有背景的，这也算是一条路。"

我妈本来打算要买一块上海表的，现在决定不买了，她说反正这么久不戴表了，也习惯了；接着是我爸的烟，我妈坚决要他戒了，她说就是没有这件事，你也是该戒的，支气管又不好，喉咙里老是咝咝作响，还抽什么烟；再就是李文革戒奶糕子，——不管他是不是虚胖，他已经四五岁了，无论如何也不能再给他吃奶糕子了，再吃就真是娇生惯养了。刚戒奶糕子时他们还用豆浆骗骗他，到后来连五分钱一把缸的豆浆也不给他喝了。他们给他准备了一些珠子糖，他吵着要豆浆喝时，他们就给他一粒珠子糖。

我妈虽说是小姐出身，一旦婆婆妈妈起来也是真厉害，原先我们家一个月吃四次肉，每个星期一次，基本上都是五花肉烧油豆泡，现在她拍板了，改为一个月吃两次，一次猪头肉，一次五花肉。毕竟吃肉是大事，所以在具体吃法上她很花了一番心思：猪头肉不卤，白切，蘸酱油和醋，这样吃起来油重一些；五花肉呢，除了逢年过节时跟以前那样拿油豆泡烧一烧，平常只用白萝卜或冬瓜炖。也就是说秋冬季节我们就吃白萝卜炖肉，春夏时则吃冬瓜炖肉。而关于炖肉，我爸妈的说法是白萝卜炖肉补中益气，冬瓜炖肉清火解毒，都比油豆泡烧肉好。至于省下来的豆票，可以买油豆泡送人，乡下人没有油豆泡，给他们送点油豆泡，他们应该很稀罕很高兴的。

李玖妍回家过年时，我爸妈想先跟她忆忆苦谈谈心，再跟她讨论送礼的事。但他们想来想去，该说的话都在信上跟她说了，再也没有新鲜的了。他们原以为肚子里还有一些话的，可是到了要说的时候才发现，除了担心，没有别的，只好把那些话再说一遍。李玖妍很不耐烦，说："把喝开水当吃肉，这能说明什么？我还不知道什么叫苦？我的苦你们哪知道？只会说这些，有什么用？耳朵都起茧了，烦死了！"后来听他们说到送礼，她愣了愣，撇撇嘴说："送礼？送什么礼？我才不会像他们那样庸俗，我不好意思。"

我爸妈被她弄得糊里糊涂，摸不清她到底在想些什么。为了说服李玖妍也庸俗一下，也给干部送送礼，他们苦口婆心地劝了她很久，他们说这件事不能说庸俗不庸俗，俗话说人求人一样高，可是我们要求人呀，干指头蘸不到干盐，这个道理都不懂？再说风气是这样的，一个人是拗不过的，而且也没必要去拗，拗是要吃亏的。比如一片林子都是歪着长的，都朝一个方向斜着，就你直直地戳着，那么在别人看来，真正歪斜的是你，别人才是直的，因为就你跟别人不一样，所以这不是庸俗不庸俗的问题，更没有什么好意思不好意思，这就是人情世故，一个人不能不讲人情世故的。

李玖妍说："我才不管这些，不就是扎根一辈子吗？"我爸说："你别光说气话呀。"我妈说："你看你，叫你不要拗嘛，一辈子的事，你拗什么呢？"李玖妍说："我说什么气话？我拗什么？我心里不服！"我爸说："这有什么服不服的？你是年轻，没吃过亏，吃过一回亏你就不会这样说话了。"李玖妍冷笑着说："我还要吃多大的亏？"

李玖妍的手放在大腿上。因为寒气太重，她两只膝盖不停地晃动。她的手也跟着晃动。她的指关节上似乎永远缠着胶布，不是食指就是大拇指，有时候十个指头有八个指头都缠着胶布。胶布依旧有些泛黄。她跷起一个指头，喳的一声把黄渍渍的胶布撕开，然后又粘上去。她不停地弄那块胶布，撕开，粘上去，再撕开，再粘上去，直到胶布一点黏性也没有了，便干脆把它扯下来，用两个指头搓来搓去。

我爸口都说干了，喉咙里吱吱喳喳，像在拉一把生了锈的锯，让人心里发毛；我妈则不停地用舌尖舔上唇唇突，她那里有一小块紫色的冻痂，因为不停地说话，冻痂已经翻翘起来了，有一条红线似的血丝正在往下爬。李玖妍还在没完没了地搓那个胶布团子。那天晚上我坐在一旁翻一本连环画，一边偷偷地看我爸妈的嘴，看他们嘴里乱动的舌头，我觉得他们的舌头马上就要起泡了。

不过到最后我也没看见他们的舌头起泡，因为李玖妍没等他们舌头起泡就被他们说服了。李玖妍的眼睛里始终有一种很混浊的东西，先是在眼底，然后就慢慢地浮上来了，颜色就像从发电厂烟囱里漫过来的烟尘一样。她咬了咬嘴唇，扔掉被她搓得发黏的胶布团子，对那两个舌头快要起泡的人说："好吧，既然要送，那就送吧。如果你们一定要这样做，家里又有那个钱的话……我真是无所谓的。"

我妈赶紧说："有有有，怎么没有呢。"

我爸说："你放心，我们有准备的，作了计划的。"

李玖妍看看他们，又强调说："真的，我无所谓的，我只是觉得这样很窝囊，心里不知道是什么滋味。"我爸妈同时点头。我爸说："知道知道，你无所谓，是我们要这样做。"我妈说："做人是这样的，大家都走这一步，又不是你一个人这样，别想那么多。"

他们这时候才感到口干舌燥了，便一人端起一只茶缸，咕嘟咕嘟地喝白开水。喝了水，他们就和李玖妍正式讨论送礼的事了，具体送哪些人，送些什么东西。这一次讨论得比较顺利，李玖妍虽然说是无所谓，但送什么人，送什么东西，都是她参照比较了魏红和徐小林送过什么东西之后才拿的主意。到我上床睡觉时，我爸已经戴着老花镜，趴在那儿在写购物清单了，李玖妍说一样他写一样。第二天上午，我妈就到百货大楼去采购了。我妈不是一次性采购，而是今天买糖果和蛋黄酥，明天买解放鞋和油豆泡，后天买花头巾或花布，等元宵过了，李玖妍要走了，她的东西也买齐了。我爸把她买的东西分门别类，糕点糖果和饼干都一包包地包好了，还在纸绳子下面塞了一方红纸；酒是两瓶一扎（一瓶高粱酒，一瓶杂酒），烟是四盒一份（分别是大前门、壮丽、飞马、庐山）。其他的如衣服鞋子、咔叽布花洋布、头巾手绢尼龙袜之类，另外包了一包，外面再包一张油纸，以免糕点一类的东西走油。他叮嘱李玖妍，一定要背着人，要偷偷地给人家，最好是晚饭后，跟串门一样，东西也不要拿在手上，能藏的藏着，能掖的掖着。他还做样子给李玖妍看，把一扎酒掖在袄襟里，先用一只手按住，再把另一只手笼过去。他笼着手，指头在袖子里托着酒瓶，走了两步，问李玖妍，会了吗？李玖妍点头。李玖妍表现得非常谦虚，也非常好学，我爸说一句，她点一下头。我爸说你来一遍试试，她就老老实实地来一遍试试。

这一回李玖妍跟初去时一样，那只旅行袋鼓鼓囊囊的，很重，又把她的手臂拉长了。

那是一只蓝灰色的大号上海牌人造革旅行袋，很结实，估计拿它装生铁砣都

没事。那时候许多出门的人都喜欢用这种旅行袋，大概就是看中了它结实。除了旅行袋，李玖妍左肩上还挎了一只洗白了的黄书包（里面装了一套换洗用的内衣内裤和牙刷毛巾）。因为右手提的东西太重，需要用力，右肩势必要扛起来；而右肩扛起来，左肩则必然顺势溜下去，所以那只黄书包便也跟着从肩上溜下去了。李玖妍只好用臂弯挂住它，再把它拉上去，可它立马又溜下来了。提过重物的人都知道，如果一只手在提东西，另一只手也一定要相应地挓挲开来，否则便没有平衡感。我见过一个独臂男人提东西，虽然他另一条胳膊只剩了一小截，可就那么一小截也要挓挲开来，很可笑地挑起空袖子，让空袖子迎风飞舞。李玖妍虽然没有那么可笑，但也显得很别扭，因为要把书包背带按在溜着的左肩上，挓挲着的便只是一只肘拐子，猛一看还以为是一截残肢。

这一年国庆节，李玖妍又回家来了，走时又是那样：左手提旅行袋，右肩挎黄书包，大幅度地侧着身子，脖子往右斜伸，右腮帮子被压进了锁骨，大半个脑袋歪过了右肩。老鼠街很窄，她的身体歪得太厉害，脑袋都差点要顶到巷墙上。比脑袋离巷墙更近的是像残肢一样挓挲着的肘拐子，我在后面看着，担心她那只肘拐子会把巷墙戳出几个洞来。

第四章　蛔虫

李玖妍就这样从家里往沙口村搬东西，一年两趟，春节一趟，国庆节一趟。国庆节挨着中秋节，两个节撺在一起，也算一个大节，这样的大节是不能放过的，所以她也要回家来搬东西。起初她搬得还不是很多，还不大影响到我们的生活，但后来就越搬越多了，就影响到我们的生活了。她越搬越多是因为她越送越不踏实，你送了这个，那个送不送呢？虽然我爸教过她，要怎样背着人，怎样偷偷摸摸地送，但俗话说得好，若要人不知，除非己莫为，人家知道你送了主任，副主任怎么想呢？你光送大队干部，小队干部又怎么想呢？俗话还说了，宁空一村，莫空一丁，既然你开了头，送了，那就不能漏掉一个。关于这一点，也有俗话：你知道哪尊菩萨妆了金呢？于是她就像个肯卖力气的搬运工一样，眼看着就把我们家搬空了。

对于一户人家的"空"，我认为没有谁会比我的认识更深刻。一户人家怎样才算空了呢，不是家徒四壁，不是钱袋子空了，或者米缸空了，而是肚子。如果你觉得肚子空了，空得你一天到晚惦记它，不停地吞口水，那么你家里就是空了。那几年我正在长身体，除了腿哪儿都长，因此肚子比任何时候都空得厉害。这时候光吞口水是没用的，越吞口水它越空，最后它会逼得你胡思乱想，比如油腻腻的红烧猪脚或红烧排骨，直想得你满口冒水。而巷子里又总是有一点风，总是把别人家做饭炒菜的味道吹过来，真要把人逼上绝路。这就叫恶性循环。我常常是一边咕嘟咕嘟地吞着口水，一边告诉自己别瞎想，可这同样是恶性循环——你越是叫自己别想，心里越是想得厉害。意志在这时候不起半点作用。更为严重的是，肚子一空蛔虫就猖獗起来，它们到处乱钻，肆无忌惮，畅通无阻，好几次都快钻到了我的喉咙口了，我把指头塞进喉咙里去抓它们，它们又狡猾地缩回去了。我徒劳一场，还抠得自己呃儿呃儿地一阵干呕。干呕是最难受的事，肠胃都要倒出来了，眼前就像飞着一群金光闪闪的蚱蜢，就像是从肚子里飞出来的，飞到眼前来了。

那时候我满脸虫斑，头发又枯又黄，晚上睡着了就咯吱咯吱地磨牙。我开始仇恨那只大号上海牌人造革旅行袋，我觉得它是一个强盗，它从我嘴里抢东西。有一天我趁家里没人，把我爸的剃须刀片卸下来，恨恨地在那只旅行袋上划了两道半尺长的口子。

就为了这两道口子，我爸接连在我头上凿了几个炮栗子。他看着我，明知故问："你说，这是谁干的？"我说不知道。我还假聪明，怕脸上藏不住，装出一脸的无辜，拄着凳子往外走。谁知这一走，正是此地无银三百两，我爸眼都不眨一下，手又长，一把就揪住了我，二话不说就凿炮栗子。因为业余做木匠，不是拿斧头就是拿刨子，他的指关节很硬，跟石头一样，几个炮栗子一凿，我眼前又冒金星。他边凿边问："你还想走？你这么坏！你说你割它做什么？它碍了你什么事？"我当然不说，因为这时候说或不说都没有意义。我也不是不懂事，其实没腿的人懂事早，我不过是被肚子弄得没办法，就是换了神仙也要割那两刀的。可是我爸还要继续凿我的炮栗子，他说："看我不凿通你的脑壳！"

我被他凿得昏昏沉沉的。我看着飞跳的密密麻麻的金星，气鼓鼓地说："我就是要割它，它把东西都装走了，我不割它我还留到它？"

我喘口气又说："它装走的都落到了我头上，只有我一个人饿肚子，你们经常在半夜里偷着给李文革吃米糕，以为我不知道？他舔嘴巴我都听到了！"

我接着说道："我知道，我割它也是白割的，没用的，今天割掉了，明天你们还会给她买新的，我就是故意要割给你们看的！"

我爸愣了一阵子，又扑过来，准备接着凿我的炮栗子。我透过闪跳着的金星的缝隙，隐约看见一个奔过来的硕大的影子。我对影子说："你打我就能封住我的嘴？"

我妈伸手把他拦住了。我妈说："你也是，手发痒呀？打几下就算了，还左一回右一回的！"我爸气呼呼的，不肯善罢甘休，说："他阴坏！听到他说什么吧？一肚子坏心思！你就要你自己？别人都不要？你弟弟才多大？他半夜里吃一点米糕子你心里就过不去？"我妈叹一口气，说："也是，该打。可是割都割了，你打死他也没用。"

需要着重说一说的是李玖妍——她是当事人，而且是重要当事人，但我自始至终没听见她说一句话。她怎么不说一句话呢？她在干什么？静静地待在一旁看着？我不知道。那天晚上我看不清什么，我眼前的那许多金星直到我睡着了才渐渐沉寂下去。

我妈几乎花了一个晚上来缝这两道口子。她在巷子口对面的鞋匠秃顶老宋那里讨了两块灰色人造革，把它们折了两折，再一剪两半，里面托一块，外面盖一块，把两道口子都缝上了。我妈过去没有钻研过女红，所以针线非常一般，歪歪扭扭，甚至有些粗糙。她戴一个铜顶针，扎一针顶一下针屁股，看起来比人家扎鞋底还费劲。

然后她就往包里装东西，用糖果点心布料以及解放鞋尼龙袜包括油豆泡，把它塞得鼓鼓囊囊的。第二天一早，李玖妍就歪着身子侧着脑袋提着它赶车去了。

李玖妍往潭底大队和沙口村搬了那么多东西，却没有打动贫下中农干部。她在信里说，黄跃春还好一点，毕竟同在一个生产队，还说几句客气话，但他只是个小队长，没什么权；那个副主任也还好，他家的狗拦在门口龇着牙朝她叫，他还踢了狗，还叫她莫怕；最要不得的是杨老八，权在他手上，便端足了主任的架子，连笑脸都不肯给一个。他只瞄一眼她的东西，把嘴一扭，意思是叫她放在桌上。他接都懒得接。她放下了东西，他坐也不叫她坐一下，而是急着叫他的女人把东西拿进房里去，怕放在外面难看。那个头上总是包着一块绿头巾的女人就当着她的面，把东西从桌上一样样全抱走了。她站在那里看着，心里是一种说不出的滋味。她不甘心放下东西就走，想跟杨老八说两句话，又不知道怎么开口，看

见他们家地上又是草屑又是鸡屎，她就拿起扫帚给他扫地；扫地时看见门角落里一只凳子上搭着一堆脏衣服，又拿个盆子给他搓衣服，搓好了再端到溪里去洗；衣服洗好了，晾到竹篙上去了，见他老婆提着一桶潲水去喂猪，她赶忙过去搭一把手，她老婆说一桶潲水还消两个人？我锅碗还没洗呢。她便又去给他们家洗锅碗，抹灶台，抹桌子……都忙完了，便将热水瓶提过来，给杨老八杯子里加点水。她说："杨主任……"杨老八摆摆手，叫她走。杨老八说："你想说什么我知道的，你还是先回去吧。"

她想既然人家这样说了，那就什么也不用说了，说破了反而不好，只要安心等着就是了。于是只要有空，她就到杨老八家里去，见什么做什么，有衣服洗衣服，有被子洗被子。看见要做烟笋，就拿刀剐笋皮；看见猪圈里的猪粪，就铲进簸箕里挑到他家菜地里去。魏红本来就是三天两头往这里跑的，所以她经常会在这里碰到魏红，这时候她总是有些尴尬。但魏红一点也不尴尬，魏红说，李玖妍你把这堆衣服洗了吧，过一会儿又说，李玖妍你只洗了衣服，你看那些鞋子还丢在那里，你也不刷一下？魏红变成监工了。李玖妍在心里骂，以为自己是谁？什么东西！她说魏红你光长一张嘴，你怎么不去刷一下呢？魏红翻翻眼睛，说，你这个人怎么这样？没看见我在给我表舅妈打毛衣吗？李玖妍就压不住心里的火了，想跟魏红吵架了，她说魏红你说清楚，我到底怎样了？难道这是你魏红家，你来得我来不得？我来了你心里就不平衡？魏红却不接话，干脆不理她了，眼里没有李玖妍这个人。魏红欢快地叫着，喂喂喂，表舅妈表舅妈，你看啊，我在这里给你间一点花色，怎么样，好不好？

表舅妈说，好，好好好。

魏红所谓的表舅妈，就是那个包绿头巾的女人。那女人都闲得有些发胖了，魏红没事就偎着她坐在大门边，两个人有说有笑，经常笑得咯咯的。

李玖妍说，魏红，你回答我！

魏红说表舅妈你要看准噢，不要等我打出来了，你又说不好噢。

表舅妈说你这鬼丫头，我说好就好，你放心打就是了。

她们合伙把李玖妍晾到一边，不但凸显了李玖妍的小气狭窄，还让她想吵架都找不到对手。虽然她恨得咬牙切齿，也只好一个人生闷气。等到秋天，招工的来了，没她的份，招生的来了，也没她的份。她再去问杨老八时，杨老八推着自行车往外走，一边跨上去一边说："不急嘛，一步一步来嘛。"她就跟着杨老八跑，说："杨主任我怎么能不急呢，我看见魏红不是走了吗？"杨老八说："魏红是魏红，你是你，各人的情况不一样嘛，又不是刀切豆腐，哪能一般齐呢？"李玖妍着急地说："可是我和魏红都是最早一拨的呀，再说魏红也不比我多出一天工啊。"杨老八说："那照你的意思，把魏红拿下来，把你换上去，你就没意见？"李玖妍说："我没那样说，我的意思是魏红能走，我为什么不能走呢？"

她跟着杨老八的自行车跑到了机耕道上。机耕道是新修起来的，又暄又软，杨老八骑不动了，便用脚点住车子，扬起下巴问道："李玖妍，你这是在质问我吗？你要一直跟着我跑下去？我现在到公社革委会去开会，要不你就这样跟着我跑，跑到公社革委会去，当他们的面质问我？"李玖妍说："杨主任，我怎么敢质问你呢，我只是想跟你说说我的情况。"杨老八说："你那点情况我还不清楚吗，你先是想当积极分子，想入党，现在呢是一心想离开农村，想进工厂，还想上大学，你看我说的没错吧？"

她的脸一阵红一阵白，咬住嘴唇站在那里。

杨老八吊起眉毛看着她，又问她，还要不要跟着他跑？见她不吭声了，杨老八嘿嘿一笑，骑着车子歪歪扭扭地走了。

李玖妍说杨老八的话就像是一个耳光，抽得她都站不住了。当时她站在机耕道上，附近田头翻窖肥的人都扭头朝这边看着，挑窖肥的人也朝这边看着。她感到很屈辱，差一点就哭出来了。她咬紧牙关，拼命忍着，好不容易才把涌出来的泪水忍回去了。她让泪水往心里流。她感到泪水像锥子一样锥到心里去了。她在信里骂道，什么贫下中农，什么杨老八，简直就是个彻头彻尾的势利小人，一得势就成了刘文彩！

魏红上的是省师范。徐小林跟李玖妍一样，没走，还在沙口村。李玖妍说，尽管徐小林"轻伤不下火线"，用尽了心机，贫下中农还是看出了他假积极，而且还有点怀疑他的家庭成分。至于贫下中农凭什么怀疑徐小林的家庭成分，李玖妍没有细说，因为她急着要骂魏红。魏红俨然成了她的死敌，她充满嫉恨，一口咬定魏红是只"雀子"。她说假如她魏红不"雀"的话，怎么轮得到她？她到底凭什么？她连蚂蟥都怕，她还吓唬别人，说是她外婆说的，蚂蟥会钻进人脑壳里，会把脑髓统统吃光，吃成一个空脑壳，像石膏一样，一敲一个洞。可是她却走了，上了师范，凭什么？就凭她是一只"雀子"！以前我说她是"雀子"你们还不信，你们是没看见她那副"雀"相，看见了都要吐！人家杨老八靠在那里抽烟，她要故意贴着人家走，一会儿拿个盆，一会儿拿块抹布，走进走出都用大腿和屁股去碰人家。那么宽的门，走不下她，非要贴着人家？杨老八家的厅堂小，饭桌靠一边摆，只留个过人的地方，明明看见杨老八要过来，她也不等一等，就那么迎着人家挤过去；你要挤过去也行哪，你侧着身子呀，可你看她是怎么侧的？先拿个屁股上前，结果两个人就那样塞在那里。杨老八也不怕当着老婆的面，就那样不要脸地一下一下地拱她，她双手撑着桌子，翘着屁股软软地弯在那里，笑得浑身发颤。杨老八一边拱一边说，熟透了熟透了，哎呀喂熟得脱了核了喂！你们说说，她是不是一只"雀子"？沙口村的贫下中农都知道的，背地里都说她是"草绳子系腰"。"草绳子系腰"你们懂吧？草绳子呀，想得到的，就是松垮垮的，又贱又随便的。她不但跟杨老八"雀"，还送给杨老八一台缝纫机，她让她家里把缝纫机托运到金竹镇，把提货单寄给杨老八。杨老八故意躲着人，趁傍晚把缝纫机提回来，可大家还是看见了，都话里有话地说，哎呀老八主任发了大洋财呐。这说明群众的眼睛是雪亮的，他老婆下猪崽似的给他下了一窝，工分又不值钱，不是发洋财他拿什么买缝纫机？

如今我经常能看见魏红。我的文化传播公司对面就是解放路小学，魏红在解放路小学当校长。说实话我一点也看不出来她从前"雀"过，也许上了点年岁，就收敛了，不"雀"了？——她看起来像一个很尽职的校长，早晨来得早，下午走得晚。走路的姿势显得很矜持很有教养，步子不大，两只脚走在一条线上，中规中矩。身上总是职业套裙，颜色庄重大方，最鲜艳的是衬衣领子，她把它翻在外面。这说明她不仅要庄重，还要漂亮，只是那条曾经被"草绳子"系过的"腰"已经很不漂亮了，粗得一塌糊涂。好几次我在路上碰到她，想起"草绳子系腰"，便忍不住朝她腰上看，结果找不到她的腰。她很敏感，知道有人在看她，但她大约忘了从前在李玖妍家里见过我，或者想不起来我就是李玖妍的弟弟，所以不明白这个坐轮椅的家伙为什么老盯着她的身段瞟来瞟去。不过她并不生气，她很大度，有一种你爱看就让你看个够的意思，将下巴微微一扬，脚下还带点弹性地走过去。

前不久我又碰到了她，这一次我跟她打了个招呼，我称她为魏校长，她狐疑地看着我，谨慎地笑一笑，然后问我是谁。我告诉她我是李玖妍的弟弟，她有点愕然，接着就点点头，说："记得记得。"一边点着头，一边就感叹起来："哎呀，人这一辈子真是的，一转眼就多少年了，真是白驹过隙呀。"我说："是呀是呀，是有点太快了。"扯了几句闲话，我突然问："不知道你还记不记得，当年你送没送过杨老八一台缝纫机？"她耸起眉心问我："杨老八是谁？我为什么要送他缝纫机呢？"我说："你忘了杨老八？他不是你们大队的书记兼革委会主任吗？你不是还喊他表舅的吗？"她装模作样地想了一阵子，这才点点头，笑笑说："哦，杨老八，是呀是呀，杨老八。可是，我没送过他什么缝纫机呀，我为什么要送他缝纫机呢？"我说："是呀，为什么呢？"她撅起嘴，一副思忆的样子，然后摇摇头："这是怎么说的，怎么会传出这样话？"我又问："那么表舅呢？他真是你表舅吗？还是你故意那样喊，跟他套近乎的？"她不思忆了，盯着我，说："看起来当年在背后编排我的人还真不少呀，又是表舅又是缝纫机，你这都是从哪儿听来的呢？"我说："我姐姐。"为了表示惊愕，她将眉毛跳得老高，说："你姐姐会说这种话？我不信，我们一直是很好的朋友嘛，记得那年我离开金竹去上师范时，她怎么也舍不得，一定要把我送到金竹汽车站。我再三说不要耽误你上工，她才算了。她还不住地抹眼泪呢，到现在我还忘不了她抹眼泪的样子呢。"

见魏红说话这样滴水不漏，我便一心要戳穿她。我问她知不知道什么叫"草绳子系腰"？不想魏红很坦然，想都不想就说："知道呀，怎么会不知道呢？当年在金竹时，动不动就会听到这句话。"她像讲课时作词语解释那样，对"草绳子系腰"作了详细注解。她说所谓"草绳子系腰"呢，通常是用来喻指那些生活作风不正派的女人的，是一种小范围的具有区域性文化特点的乡间语言，虽然很生动也很形象，但同时又明显带有一种亵玩和侮慢的色彩，这说明金竹这个地方封建思想还是比较严重的，对妇女也是极其地不尊重；而妇女自身又不觉悟，常常在私下里互相攻击，今天说这个"草绳子系腰"，明天又说那个"草绳子系腰"，她不知道这句话终究有一天会落在自己头上。

我听出了魏红的意思，她是在含蓄地指责李玖妍，事实上"草绳子系腰"这句带有"亵玩和侮慢色彩"的话最后确实落在了李玖妍头上。

说了"草绳子系腰"，魏红就不想再跟我说下去了，她又不着边际地感叹了几句："是呀是呀，看到你我真不知道说什么好。你姐姐的事呢我也听说过一些的，是呀是呀，很可惜的，可惜了呀。可是现在还说什么呢，毕竟是过去了，向前看吧，一切向前看。"我在心里说魏红你妈的你站着说话不腰疼，但嘴上却附和她说："是呀，不向前看怎么办呢。"

魏红是一张团圆脸，福相，眉目也还善，看起来不像个奸诈之人，所以我不敢肯定她说的是否全都是假话。

我之所以要找魏红证实缝纫机的事，是因为那段日子太让我刻骨铭心。我总觉得这件事情或许还有另一种可能，——那就是李玖妍太急了，编了一个魏红送缝纫机的故事，目的在于刺激我爸妈，给他们增加压力，迫使他们加紧从牙缝里抠钱。当然从李玖妍的秉性来看，这种可能性不是太大，但根据当时的情况来分析，也并非完全不可能。眼看着别人阳光灿烂地走了，她却像沉在东门外河里的一块石头，泡都不冒一个，情急之中编一个这样的故事也是有可能的。反正不管怎样，我妈抠钱的手段确实更厉害了，因此我们家的日子过得愈发地暗无天日。我的肚子空得像一个深不见底的黑洞，我吞下一口口水，要等半天才能听见它落下去的声音，而且能感到它是直接落在哪一截肠子里。听到它落底的声音——那声音清亮得就像细雨中悬在瓦檐上欲滴未滴的一颗水珠子——我就觉得我看见了我的肠子：干净，透明，又薄又亮，就像被刮过的准备用来做香肠的肠衣。

一天下午，我终于抓出了一条蛔虫，它顺着我的食管爬上来了，在我喉咙口里探头探脑，弄得我喉咙里胀胀的痒痒的，是那种想咳嗽又没法咳出来的感觉。我拼命忍住干呕，眼泪都被出来了，弄得泪眼婆婆，终于用两片指甲掐住了它，把它从喉咙里扯出来。在扯它出来的过程中，我的喉咙里有一种怪怪的滋味，说滑不是很滑，说痒不是很痒，都有一点。还有一点紧张，一点兴奋，最后扯它出来的一瞬间，我浑身打了个抖战。它的样子有些诡异，阴郁灰白，弯弯曲曲，长度约等于一根筷子，只是太瘦，比我以前吃宝塔糖打下来的瘦多了。我看了它一阵子，便叫我妈，那天我妈正好在家里，我要让她看看这条蛔虫。我用指头拈着它，让它晃动，对她说这是从我喉咙里爬出来的。她竟一点都不惊讶，很平静地看看蛔虫，又看看我，然后把脸皱起来，说："扔掉吧。"

我有点不甘心，把蛔虫扔在门墙下的雨檐沟里，然后我坐在门口守着它。雨檐沟里巴着一层黑色的垢皮，它弯曲着躺在那儿显得很刺眼。我就是要它刺眼。我爸回家时，它已经不那么光滑了，身子变得有些干涩灰暗了，我就故意用一根小棍子拨弄它。我爸果然朝它看了一眼，大约没看清楚，问我拨的什么东西？我说，一条蛔虫啊。我爸说谁把蛔虫扔在门口？我说除了我，还有谁？它从我喉咙里爬出来了。我爸跟我妈一样，也不惊讶，他又看了看蛔虫，然后看看我，但他没说话，而是从厨房里拿来了火钳。火钳头对于这条蛔虫来说太大了，他费了很大的劲，还把我的小棍子拿过去帮忙，才把蛔虫夹在火钳上，然后他用火钳举着它，往巷子北头的缩在偏巷里的公共厕所里去了。

我爸妈太让我失望了，我都生生地扯出蛔虫来了，可是他们竟然无动于衷，可见他们多么麻木不仁。他们不是想办法改善我们的伙食，或者也像对李文革那样，给我吃一点偏食，哪怕半碗水泡饭也行。可他们不是。他们又给我买了几粒打虫药。看着打虫药，我的心一沉到底。这就是残疾。一个残疾在他父母眼里就是这样不值钱。他们一边要顾着李玖妍，一边要顾着李文革，至于残疾李文兵，对不起，管你肚里有食没食，吃打虫药吧。你抠出了一条蛔虫，你不吃打虫药吃什么？

我还能做什么呢？我能把肠子掏出来给他们看，说你们看看我的肠子多透光啊？

因为缺乏营养，再加上打虫，我瘦成了皮包骨，就像我姐姐的小学课本里的一篇课文说的那样："三根筋挑着一个头。"我的胳膊也快跟我的腿一样，变成两根软牵牵的蔫豆芽了，我的凳子沉得像一块死铁，从老鼠街到红旗路中学，大约不足一千米，只走了五百米我就提不动它了，好不容易挪到了我们初一（三）班门口，第一节课已经快上完了。我们的老师本来是天塌下来都不管的，可能那

天觉得我实在太过分了，便很客气地问我："李文兵同学，还有五分钟下课，你看你是进来呢还是在外面等着？"全班同学故意——我一听就听出来是故意的——哄堂大笑，笑声持续了至少一分半钟，我的脸立即紫成了一只茄子。那五分钟比五年还漫长，我既不好意思进去，也不好意思站在门口。我是真正的进退两难。

有一天下午放学回家的时候，我昏昏沉沉地倒在街边一棵鸭嘴树下，多亏了一个叫苏晓晓的女同学，她把我和我的凳子都扶起来，还给我吃了一颗全世界最甜的水果糖。鸭嘴树正在开黄花，阳光正在斑驳地落下来，我嘴里含着一颗水果糖。我真是感激万分。苏晓晓是我爸的同事——现在是他的领导——苏酒糟的女儿，比我大三岁，也是个残疾，不过她只残了一条腿，后来我们还谈过一阵子恋爱。

第四章 蛔虫

第五章　茅草苑（1）

　　李玖妍不但把家里搬空了，还自作主张，把我妈给她的瑞士表送给了杨老八。她把那只表装在一只信封里，沿溪边走了两华里来到大队部，双手把这只信封交给了杨老八。杨老八正叼着一支烟蹲在大队部门口晒太阳，大队部门口的阳光很好，把溪边两棵老柏树上的霜和墙脚下的薄冰都晒化了。杨老八被烟熏得眯着泡泡眼，接过信封时顺手掂了掂，感觉是沉甸甸的一坨，眉眼便跳了几跳，问李玖妍，这是什么？

　　李玖妍说："入党申请书，请杨书记好好看看。"说完了转身就走。

　　李玖妍回家过年时，我妈盯着她空荡荡的左手腕，盯了半天，说："你的手表呢？"李玖妍正撸起袖子帮我妈洗碗，她斜着眼角看看我妈，然后垂着灰蒙蒙的眼睛，淡淡地说："送人了。"听李玖妍的口气，好像那不是一块瑞士手表，而是一片鸡毛，可见她已经不拿东西当东西了。我妈很吃惊，愣了半天，问她送给了谁？李玖妍皱皱眉说："还能是谁？杨老八。"我妈说："他敢接？"李玖妍说："他有什么不敢接的？你以为是什么？不就是一块表吗？"

　　我妈又愣了半天，转身从厨房里出来，压着声气把这事告诉我爸，没想到李玖妍像尾巴似的跟她在后面。李玖妍说："妈，我到底做什么了？不就是送了人家一块表吗，你这样鬼鬼祟祟干什么？"我妈张了张嘴，想说什么，却被我爸抢先说了。我爸朝我妈眨一下眼睛，说："送了？送了好，他接了，更好。他接了，那就是有眉目了。"我妈还想说话，我爸又抢过去，他很热烈地表扬李玖妍说："想不到你有这样的头脑，这件事情办得很好，是大手笔，既然零敲碎打不起作用，倒不如拿一块表砸晕他。"

因为没有了手表，李玖妍以后给家里写信时落款上便只有年月日，没有精确到几点几分的具体时间了。而自从李玖妍的脾气变坏以后，我爸也就不大读信了。我们家没有读信这个节目了，李玖妍的信来了，他一个人先看，看了又给我妈看，有时候还要叮嘱一句："看了记得要烧掉啊。"其实用不着他叮嘱，我妈一般都站在炉子边看，看了就把它扔在炉口里，一股火蹿上来，它就化成了灰烬。

虽然我爸在旧社会混过，也熟谙贿赂之道，可他只说对了一半。他翻的是老皇历，贫下中农杨老八不像他想象的那样没见过东西，那样不经事，一块瑞士手表就能把他砸晕。他充其量也就是动了一点心思。他倒是给了李玖妍一个招工指标，但招工单位却是个小小的县水泥厂。他派他十岁的儿子给李玖妍传话，把李玖妍叫到大队部，他背看手站在两棵老柏树下，代表潭底大队革委会正式通知李玖妍，说经沙口小队全体贫下中农推荐，潭底大队革委会认真讨论研究，一致认为李玖妍同志能虚心向贫下中农学习，一不怕苦二不怕死，表现突出，符合选拔招工条件。

李玖妍马上给家里写了一封信，把这件事告诉我们，说要是不出意外的话，不消一个月，她就可以把户口迁往县城，到厂里去上班了。她显然想适当地掩饰一下过分的兴奋，毕竟忍不住，于是她很矫情地说，想到就要走了，她心里忽然有一种说不出的滋味，这时候她才知道，原来她是舍不得金竹的，舍不得沙口村的，毕竟在这里生活战斗了这么多年，她对这里是有很深很深的感情的。结尾时她更矫情，她说亲爱的爸爸妈妈（她忘了她还有亲爱的弟弟），你们就等着我的好消息吧。

这是她在这几年里情绪最为饱满的一封信，而且开头一个"亲爱的爸爸妈妈"，结尾一个"亲爱的爸爸妈妈"，弄得我爸妈都有点受宠若惊了。我爸读了这封信。信不长，不足一页半纸，他却读得像有三页纸那么长，有好多话他都重复着读。读到最后一个"亲爱的爸爸妈妈"时，他忽然把一只手伸到口袋里左摸右摸，我妈问他摸什么，他用力吸吸鼻子，又哈一声，说："我想抽一支烟。"

他已经戒了两三年，忽然又想抽，而我妈竟让他抽。我妈不但让他抽，还急着要去给他买烟。这时候我妈真是非常贤惠啊。她跷起兰花指，单用无名指，分别拭了拭两个眼角，将两点亮晶晶的泪花拭去了，然后抿着嘴笑一下，说："你等着。"

我妈边说边开了门往外走。我爸说："都这么晚了，你到哪里买烟去？"我妈抬头看看巷子里昏暗的路灯，也醒过来，噙着泪花笑道："我真是昏了头了，都分不清白天黑夜了。"她轻轻地叹一口气，给我爸许愿说："等妍子上班去了，我也不管你了，你想抽就抽吧。"我爸说："她就是去上班，也是在水泥厂上班，那个杨老八啊，眼光不一般哪，太高了，一块瑞士手表，在他那里就换了个水泥厂。"我妈说："这就很不容易了。"我爸说："假如他不收东西，我没话说，可是他收了东西，那就要讲究的，我出什么价你办什么事嘛。一块瑞士手表啊，就是放在当年，也能办成一件大事的！"我妈撇一下嘴，说："也许如今人家不放在眼里呢？"我爸就摇头，说："不得了不得了，瑞士手表都不放在眼里，那要什么？吃人哪？"

他们互相看看，接着又笑了，笑得很亮堂，就像被一道阳光照亮了。

李玖妍这封信给我带来的好处就是吃了两顿油豆泡烧肉。我们家的油豆泡烧肉好像从来没放过这么多肉，筷子伸下去，碰到的都是肉，而且还是有红有白的五花肉。我们家的生活终于得到改善了。我吞肉时听见喉咙里发出了咕咕的声音。我的喉咙就像个没见过世面的新郎官，又兴奋又紧张，我嘴里还在嚼，它就张得大大的，一跳一跳地在那里等着，我还来不及把肉香味细细地嚼出来，它就把肉从我牙缝里扯过去了。

我妈不但贤惠了，也特别地慈爱。一开始她不停地给我夹肉，后来注意到了我的正在战栗着的喉咙，便用一种很揪心的样子看着我，叫我慢慢吃，不要急。她说以后就好了，以后我们有的是肉吃，我们一个星期吃它一次。我贪心地说一个星期两次，她马上笑着答应我，好好好，依你，一个星期两次，让你吃个够！说着还拿她温暖的手按一下我的脑袋。

我妈说这些话时，眼睛又一点一点地湿了。那几天她的眼睛特别容易湿，湿了就显得特别亮。她真的以为李玖妍马上就要离开沙口村了，我们家的日子就要过出头了。

我妈的话说早了，"意外"出现了，我们没有等到李玖妍的好消息。回头想想我们家的那一场空欢喜，真叫人无话可说。早知道煮熟的鸭子会飞掉，倒不如干脆就没有这只鸭子。

这件事为什么会是这样的结果，其实是说不清楚的，比如政审这一关你就说不清楚。人家会给我爸妈单位和老鼠街街道革委会各寄一份调查函，分别调查我父母的出身、历史和政治面貌，而我爸光"贪污"这一项，就是说有就有，说无就无。我妈的家庭成分虽然高一些，但前面既有"破落"二字，也就可以理解为一般市民。可人家究竟是怎么说的，怎样去理解的，就不好说了。作为当事人，李玖妍是不可能知道的。李玖妍只知道问题出在体检上，她没过体检这一关，她的处女膜没有了。她被詹少银把处女膜给弄破了。

假如她是别的毛病，比如胃病，关节炎，甲状腺，乙肝，甚至地中海贫血，都不要紧，但处女膜不行。当然，如果政审特别过硬，又有合适的人打个招呼，这里那里都招呼到了，说不定也能网开一面。可是到了她这里，政审是肯定不过硬的，更没有谁帮忙打招呼，运气还不好，本来生产水泥，处女膜破不破都一样，可是人家偏不要，人家说怕一粒老鼠屎坏了一锅羹，把水泥厂搞得骚气熏天。其实这只是个借口，人家口袋里有人，谁叫你的处女膜破了？正好，我拿口袋里这个顶上去。对李玖妍而言，这就好比偷鸡不成蚀把米，不但没混进工人阶级队伍，反倒暴露了自己的处女膜问题。处女膜问题是不暴露则已，一旦暴露，就不仅仅是处女膜问题了，它变成了一棵树，一棵上大下小形状怪异的树，树上不长果子，只长帽子，比如道德品质败坏，资产阶级思想，等等，随便哪个戴在你头上都合适。更头疼的是你不仅要戴那些乱七八糟的帽子，还要回答人家的提问，——你的处女膜是谁搞破的，谁？所以你必须交出一个人来。

所以说处女膜不单单只是处女膜。后来我跟苏晓晓谈恋爱时，就接受了李玖妍的教训，我只摸裤腰以上，不摸裤腰以下。其实我是很想摸到下面去的，比如摸一摸苏晓晓那条健康的腿，一个没腿的人多么羡慕一条健康的腿呀，那条腿虽然裹在裤子里，却总是那样胀鼓鼓地吸引着我，弄得我喉咙发紧，心里痒痒的。但因为有了李玖妍的前车之鉴，我就是不把手伸过去，我怕到时候管不住它，怕它会顺藤摸瓜。我不让我的手离开苏晓晓的胸脯。我不但有前车之鉴，还看过小鸡公给我的那本破破烂烂的小册子，因此我知道这个部位是摸不出什么问题的，随你怎么摸，你的手一拿开，它立马就会复原。苏晓晓的胸脯这么好，弹性这么足，简直不等手拿开，它就迫不及待地复原了。李玖妍和詹少银就不一样了，他们既没有前车之鉴，也没有看过什么小册子，根本不去考虑能不能复原的问题，一个没有管住自己的手，一个没有管住自己的裤腰带，结果就留下了后患。

李玖妍是临到要体检时才意识到自己有问题的。她翻来覆去想了很久，想到了一棵茅草兜。"茅草兜"是流传于我们巷子里的一个故事：说是一个戏班子下乡演出，乡下条件简陋，乡下人的茅厕更不讲究，漏风漏光不说，关键是太脏，脏得人下不了脚；当时又是夜晚，所以那个弹琵琶的女的就约了个伴，是一个管服装的，准备一起摸黑钻小树林子，可小树林子太黑了，两人没敢进去，就钻进了旁边的芭茅丛里，却不想那管服装的一蹲就蹲在一根被人割剩的茅草兜上，结果那东西自然是戳破了，好了也是疤疤癫癫的。那个倒霉的老公后来还自嘲，说其实疤疤癫癫的更有味道。讲这个故事的人叫费曼香，就住在我们老鼠街北头的一条小偏巷头上，从前跟人家搭过草台班子，讲这个故事时已经是个小老太婆了。

因为在草台班子里唱过戏，还唱的是彩旦，所以嘴上有些功夫，一件这样的事情被她说得婉转曲折，有声有色。别人说费伯娘，怎么那么巧，就戳了那儿？就是瞄也不见得瞄得那么准吧？费伯娘说这就叫巧，世上的巧事多呢。费伯娘为了强调故事的真实性，还说出了那个弹琵琶的女孩子的名字，原来就是她女儿。费伯娘说这我能瞎编啵？她女儿是她在草台班子混生活时生的，现在在我们市采茶剧团弹琵琶，极少在老鼠街出现，几乎没人跟她打过照面。我也没见过。不过我跟她儿子很熟，她儿子叫吴爱国，和她女儿不是一个爸爸。她女儿的爸爸早死了，吴爱国是她跟我们巷子里一个姓吴的钣金工生的。

李玖妍想到了"茅草兜"，心里就定下来了。"茅草兜"就是她的救星。

这对于她来说太简单了，根本不需要多费脑筋，一切都是现成的，她只要移花接木，把别人换成自己，于是她就带着她的关于"茅草蔸"的故事来到县城。她知道体检是分科的，别的科她都没问题，所以她的目标很明确，经过一番打听，她找到了县人民医院妇科主任的家。敲开门之后，她先作自我介绍，再说明来意。她希望陈主任能给她一点关照。陈主任问她："需要我关照你什么呢，你什么地方有问题吗？"李玖妍支吾了半天，还是不好意思明说，便先做一点铺垫，说自己想加入工人阶级队伍的愿望太迫切，就担心体检不过关，谁能保证自己的身体完好无损，不出一点问题呢。陈主任严肃地说："有问题就说有问题，不要支支吾吾转弯抹角。"李玖妍就红着脸小声说："我碰到了一棵茅草蔸。"陈主任不明白："什么？"李玖妍的脸红得更厉害，她说："陈主任你是知道的，乡下到处是茅草蔸，田野上又没有厕所，急起来了大家就钻茅草丛的，有一回不小心就、就……那样戳了一下。"陈主任说："戳了哪儿？"李玖妍连耳朵根都红了："那儿，出血了。"陈主任眨一阵子眼睛，说："这是什么时候的事？现在好了吗？"李玖妍稍稍松了一口气，说："有两三年了，就怕会影响体检。"陈主任叫她放心，说又不是兵检，没那么严格的，再说年轻人的身体，一般来说都不会有问题的。听陈主任这样说，李玖妍便以为陈主任是答应了她，赶紧把带来的烟笋和香菇拿给她。陈主任说："不要搞这一套！"一边说着，一边把她推出门。

第二天，李玖妍躺在县医院妇产科的小床上接受检查时，陈主任问她："是一根怎样的茅草蔸？"李玖妍说："就是、就是人家割剩下的茅草蔸，很尖的……"陈主任说："那茬口呢？毛糙不毛糙？"李玖妍说："好像、好像是……反正是镰刀割过的。"陈主任抬起下巴，冷冷地说："你没说老实话，你那里没有被茅草蔸戳过。"李玖妍的脸都红得要渗出血珠子了："那会不会……有问题呢？"陈主任板着脸反问她："会有什么问题？"

李玖妍高高兴兴地回到沙口村等消息，可是等来的却是杨老八的一顿臭骂。杨老八把她叫到大队革委会，当着几个副主任的面，劈头就是一句："你怎么搞的？本来家庭出身就不硬，还把那东西搞破了？"李玖妍一脸懵懂。杨老八说："蚌壳子，人家说你的蚌壳子破了！"杨老八这么一说李玖妍就明白了，她知道当地人说的"蚌壳子"是什么，她听见耳边嗡的一声。杨老八的苦瓜脸拉得那么长。杨老八说："你傻瞪着我做什么？谁搞的你找谁去！"李玖妍傻呆呆地说："找谁呢？"杨老八说："找谁你问我？是我搞破的？"见李玖妍的眼睛木木的，杨老八就冷笑："找谁都没用了！自己不过硬，还偏要争什么指标，这下好了，死心了！"李玖妍喃喃地说："怎么这样呢……"杨老八又骂："不这样还怎样？蚌壳子破了是长得齐的么？多少人眼巴巴地盯着指标，你破了人家正巴不得。你不行，那好，人家顶上去！"李玖妍说："你帮我打个招呼吧……"杨老八气得差点笑起来了："什么？我给你去打招呼？我吃了蠢药？我涂自己一身污血？"

几个副主任听得笑起来了。李玖妍看看他们，好像不明白他们笑什么。

那时候稻花还没扬起来，正是拔稗子的时候，可李玖妍拔的却是青禾。她魂不守舍，噗啾一声，将一根正要吐穗的青禾拔在手上，等黄花萍发现了，她手上已经拔了一把青禾。黄花萍小声叫她："玖妍姐玖妍姐。"她很茫然地看看黄花萍。黄花萍问她："你看看你拔的是什么？"李玖妍看看手上的青禾，"哦"了一声，说："我的眼睛好像有点花。"黄花萍把玖妍姐手上的青禾拿过来，和自己手上的稗草混在一起，悄悄地丢在田里，又用脚把它们踩进泥巴里，可是过一阵子再看玖妍姐呢，拔的还是青禾，噗啾一声，一根青禾，噗啾一声，又是一根青禾。她想玖妍姐怎么连稗子和青禾都分不清了呢？她看着玖妍姐的眼睛，发现玖妍姐的眼睛很木，就像是木头上雕的菩萨眼，蚂蚱和蜻蜓就贴着她的眼睫毛飞过去，她的眼睛眨都不眨一下。黄花萍就知道玖妍姐的心思不在稗草上了，可她又不知道出了什么事。她怕别人看见玖妍姐在拔青禾，整个下午都跟着玖妍姐，隔一阵就说一声："玖妍姐眼睛看清楚噢，我们是在拔稗子噢。"

晚上躺在床上，她本来想问问玖妍姐，怎么没一点心思了呢。她叫了两句玖妍姐，玖妍姐都没吭声，也就算了。玖妍姐真是一点心思都没有了。第二天一大早，天还没亮透呢，鸡才刚啼了第二遍，玖妍姐就起床了，提着旅行袋走了。黄花萍问她去哪里，玖妍姐说："我有点事情，人家问起来，你就说我有事回家去了。"

李玖妍又带着香菇烟笋去找陈主任，她沿着那条清凌凌的溪流走了十五里

山路，路边的野花呀野鸡呀什么的她早已是视而不见了，急匆匆地赶到金竹镇，搭班车去了县城。到县城时天已擦黑了，她找到陈主任家里，一见陈主任就哭起来。"陈主任你答应了我的，你说了没问题的，你怎么这样欺骗我呢？"陈主任眉一竖，反问她："我答应了你？我答应了你什么？欺骗了你什么？你的处女膜破了，但身体没问题，我说错了吗？"陈主任叫李玖妍不要在她家里哭，这样影响不好，她推她出去，说："出去哭哈！"李玖妍把住门框，赖着不走，要求陈主任再帮她检查一次。陈主任说："难道我错了吗？"李玖妍说："陈主任，你就改一下口吧，你现在说是茅草兜也行呀。"陈主任说："我为什么要改口？假如是茅草兜，我看一眼就知道的，不是茅草兜我怎么可以说是茅草兜呢？"李玖妍说："是不是都在你一句话，我们家一点背景都没有的，我的指标是拿我妈的手表换来的呀！"陈主任冷冷地说："对不起，你拿什么换的是你的事，我是一个讲原则的人，我不能说假话欺骗组织。"李玖妍又哭起来。陈主任说："哭是没有用的，破了就是破了，但跟茅草兜没关系，至于是强奸还是通奸，还是你拿它换什么，都不关我的事，我只负责体检。"

李玖妍已经顾不得别的了，她低三下四地说了许多哀求的话，包括我们家怎样从牙缝里抠钱，怎样一点一滴都省下来买东西送人情。但陈主任一点也不动心，她鄙夷地说，社会风气就是被你们这样搞坏的；又说自己问心无愧，是你自己害了自己，你自食其果。最后李玖妍没办法了，对陈主任说，我爸还有一块瑞士手表，我爸说过的，谁帮了我他就把表送给谁。但陈主任不是杨老八，陈主任严厉地说，居然把歪门邪道搞到我这里来了，你看错了人！

陈主任后来把这件事向医院革委会作了汇报，医院革委会表扬了她，并就此事向金竹公社革委会打了一个电话，算是作了一个通报。客观地说，陈主任还是个有些分寸的人，她汇报时只说李玖妍如何企图用一块瑞士手表收买她，她如何义正词严，却并没有提到"茅草兜"，所以金竹方面暂时还不知道有一棵那样的"茅草兜"。

李玖妍从陈主任家里出来时天已经很黑了，她提着那只装着香菇和烟笋的旅行袋在街上走了许久，后来走进了一家旅社，第二天一早去县汽车站，搭车回城。

那天李玖妍下了车之后没有直接回家，而是去了解放路邮电大楼。她花八分钱买了一张邮票，又花两分钱买了两张信纸和一个信封，正好是一毛钱，然后她就趴在柜台上，铺开信纸，准备给詹少银写信。拿起柜台上专门为顾客预备的蘸水笔，却不知该如何落下去，泪水在她眼眶里直打转，一滴两滴，都滴到了信纸上，笔尖上的蓝墨水也滴下来了。她把这张滴了泪水和墨水的纸抓在手上，捏成一团，在剩下的一张纸上简单写了写事情的经过，然后她写道：詹少银，我恨死你了，你这浑蛋你把我害死了，那天我说了我怕我怕的，你非要说不怕不怕，现在好了，我进不了水泥厂了，我一切都完了！被你毁掉了！她把这几十个字写得大大的，每个字都面目狰狞张牙舞爪，把信纸都戳破了。信写好了，邮票也贴上去了，却又犹豫了，她一手拿着信，一手提着上海牌旅行袋，在邮电大楼门前走过来走过去，来来回回走了十几趟，才狠狠心将信塞进了邮筒。然后她转身回到汽车站，她忽然不想回家了。我回去干什么呢？她在售票处排了三次队，三次都排到了窗口，人家问她去哪里，她却一脸茫然。后面的人催她，快点快点！她便快快地从窗前走开。她低着头在街上逛来逛去，逛到下午，太阳偏西了，才咬咬牙回家了。

那年我和小鸡公去金竹，回来时也是在县城上的车（车站很小，房子很旧，后面有个大院子，窗户换成了铝合金的）。我们在县城住了一夜。那一夜我不知道小鸡公去了哪里。小鸡公有一个毛病，爱嫖，在家里还好一些，只要一出门，则必定要嫖一嫖。他的好嫖似乎跟他自命诗人有关，他说诗人从来爱青楼。但究竟是诗人爱青楼，还是为了一个诗人名分而爱青楼，恐怕他自己也说不清。我们两个人出去，他从不安安稳稳睡一个觉，总是一个人走掉，到半夜里才回来。那天也是那样，他晚饭都不吃，打个招呼就走了。在嫖这件事情上他比写诗有才情，鼻子比狗还灵，闻一闻就知道该往哪里走。不过他倒不勉强我，也不骂我虚伪，通常是他嫖他的，我睡我的。他回来也是很准时，嫖完了就回来，决不拖泥带水，早晨我一睁眼，就能在对面床上看见他。

那天上午他一边打着呵欠，一边推着我往街上走，我们一路打听当年那个妇科医生陈主任。我问了一些在县城广场上蹦蹦跳跳的老头老太太，他们当中好多

人都还记得这位三十年前的陈主任，他们说陈主任是从省城大医院里下放来的，医术了得，最拿手的是治妇女不孕不育，哪怕是十几年不开怀的"石货"，只要经了她的手，说不定就怀上了，只可惜没几年又被调回去了。老头老太太们众口一词，都说那可是个打着灯笼都难找的好人哪，不管你是当官的还是平头百姓，人家都是一视同仁，又不要人家谢，真是积了大德呀。这些话我听得很郁闷，我郁闷了一天，我是怀着一种酸溜溜的心情回来的。

从金竹回来后，我特意去人民路看过一次专家门诊，坐在那里的所谓专家，就是当年县医院的陈文玉主任。这回给我推轮椅的不是小鸡公，是我们公司那个叫王麦多的一米八的大个子，陈文玉隔着老花镜看着王麦多把我推过去，问我们干吗，我说看病，她冷冰冰地说："不知道这是妇科吗？"我说："我就看妇科。"我叫王麦多出去，自己把轮椅摇到她跟前。她用长满细褶子的胖指头敲敲桌子，说："跟你说了这是妇科，你怎么回事呀？"我说："我来问问我姐姐的病。"她这才温和了一些，说："你姐姐怎么不自己来呢？"我说："她死了。"她愣一愣说："喂，你要干什么？是要闹事吗？我告诉你，有什么事你先找医疗事故鉴定委员会，确定是我的责任你再来找我，现在请你出去！"我笑笑说："你误会了，你没给我姐姐治过病，你只是给她做过一次妇检。"她又愣了一阵子，说："妇检？什么妇检？"我问她还记不记得三十年前在县人民医院时，有一个叫李玖妍的女知青找过她？记不记得给这个女知青做过妇检？记不记得妇检结果？她立即把脸耷拉下来，说："我行医这么多年，看过多少病人？三十多年前的事我怎么记得？"她又敲敲桌子，叫道："下一个，下一个！"我看见她的肥硕的、仍未塌下去的胸脯也跟着抖了几下。她大概有六十多岁了，还有这样的胸脯，真是不简单。我提醒她说："茅草蔸，记得吗？她跟你说过茅草蔸，她说她的处女膜是被一棵茅草蔸戳破的，但你说不是，记起来了吗？"她真生气了，胸脯大幅度地耸一耸，像滚过一个大浪，人好像是被这个大浪提起来了，霍地站在那儿，说："我记这些乱七八糟的东西干什么？你这个人怎么回事？怎么纠缠不休？我还要不要工作？"我说："你为什么就不肯回忆一下呢？"她仰脸朝门外叫道："保安！保安！"两名保安闻声冲了进来，王麦多也冲了进来。王麦多横着膀子，凶狠地说："谁敢动兵哥？谁敢？"

王麦多在齿轮厂工作了十几年，忽然成了下岗工人，我把他招进了公司，他对我感激不尽，正愁没机会报答。他瞪眼捋起袖子，一副随时准备拼命的架势。我说："王麦多，算了，我们走吧。"想想我又说："我们本不该来的。"

那年夏天，李玖妍回家时我正趴在凳子上写作业，她的影子不浓不淡地压过来，边缘部分毛茸茸的，把我的光线遮住了。她戴着一顶已经变色发黑的麦秆草帽，穿着一件白竹布短袖衬衫，蔫耷耷地提着旅行袋站在门口。那只旅行袋离我的脑袋不远，我闻到了一股香菇和烟笋的味道。那应该是县人民医院的陈主任没要的香菇和烟笋，她就那样提回来了。才是六月初，她的脖子上和胳膊上就麻麻疙疙地摆满了大头痱子。黄昏时的阳光已经开始泛红，从对面巷墙上反射过来，像明亮的灰屑落在她的肩背上。我妈就坐在我旁边一只小凳子上看一张报纸，因为离得太近，又是逆光，她又黑，而且黑得发涩，我妈用力眯起眼睛，好不容易才把她看清了，然后我妈就像一朵阳光中的向日葵那样笑着。

"事情都办好了吧？说了什么时候去上班吗？户口呢，迁了吗？"

我妈一口气问这么多问题，李玖妍一个都不回答，只见她咬着嘴唇，眼里渐渐涌满了泪水。我妈看见泪水很吃惊，笑容在瞬间僵死，向日葵迅速凋零，连颜色都变黑了。

"喂，你哭什么？你好好的哭什么？嗯？"

李玖妍的泪水落下一滴，又落下一滴。我看见泪水落在她脚上。她脚上还是刚插队时穿的那双酱色塑料凉鞋，被补得疤疤癞癞的鞋面上全是黄灰，还有脚趾头上的黄灰，都被泪水溅起来了。泪水落下去，一小片黄灰就飞起来。她嘴唇上也有泪水。她的喉咙好像被哽住了。她呃了一声，头一低就进了房间。她从我身边走过时，带着一股汗馊味和热风。我妈不住地眨着眼睛，愣在那儿，愣了一会儿，也跟在她后面进房间去了，嘴里一边不停地问着："这到底是怎么啦？啊？进门就哭？出了什么事？你说呀！你不说你要急死我呀！"

我听见李玖妍在呜呜地哭。我妈的声音里充满了惊疑。"莫非？啊？"我妈的"啊"拖得那么长，似乎拖得越长希望就越大，可是她"啊"了半天，希望还是破灭了。我听见李玖妍哽咽着说："我……完蛋了，我的手表白送了，打了水漂了……"至少过了五分钟,我才听见我妈又说话了:"不是都说好了的吗?怎么说完蛋就完蛋了?是政审不过关?"我妈一再追问,李玖妍便含糊着:"不知道,政审的事……我怎么知道?"我妈说:"那到底是因为我呢,还是因为你爸呢?你没问一句?"李玖妍说:"我问谁,谁会跟我说这个……我说了不知道的,你不要问了好不好……"

然后李玖妍就只是哭,后来哭又变成了抽泣。

我爸下班回家时,李玖妍已经不抽泣了。我爸看见那只放在桌上的旅行袋,知道李玖妍回来了,他跟我妈一样,也以为是好消息来了。他的样子竟然有些轻佻:"哈哈,是李玖妍同志回来了吧?喂,人呢人呢?怎么不见人呢?"

我妈急匆匆地从李玖妍房里跑出来,一个劲朝他摇手,把他拉到厨房里,然后他们就在那里喊喊喊地说了许久。我听见我爸不断地发出一个重重的充满疑问的音节:"嗯?""嗯"到后来,他不"嗯"了。他没一点声音了。我妈从厨房里出来了,他还待在里面,过了大约半个钟头,他才从厨房出来了。我看见他的脸垮得厉害,脸色黑得吓人。

那天晚上我爸就那样勾着头黑着脸,一个人呆呆地坐着,坐了一阵子,出去买了一盒"梅雀"烟。"梅雀"烟很经济,一毛七分钱一盒,戒烟以前他就专抽"梅雀"。他往嘴里塞了一支"梅雀",手抖抖地划火柴,划断了三根火柴,第四根火柴才把烟点着。他几口就把一支"梅雀"抽成了烟屁股,又摸出一支,伸出左手大拇指,在指甲上笃笃地顿一顿,把烟头顿空一截,尽管手还有点抖,却还是将烟屁股接上去了。他抽烟确实很专业,只有烟灰,没有烟屁股,烟屁股都变成了烟雾。他烟雾腾腾。他就像一个从里往外冒烟的人。

他接第五个烟屁股时,李玖妍忽然又抽泣了几声。抽泣声从板壁缝里漏出来,我爸像被人抽了一鞭子,身子一哆嗦,手又抖起来了,这回他怎么也接不上烟屁股了。他的脸一点点变青,又变紫,连暴出来的筋都是紫的。他扔掉烟屁股,火星子溅得老高。他说:"怪我呀!"过一会儿又说:"当年我怎么就没跟他们要个明白些的说法呢?"又抖抖地点上一根烟,又划了半天火柴,抽一口,摇摇头:"不行,这件事我一定要跟他们说说清楚,我要跟他们赌咒发誓!"他说着站起来,这里走两步,那里走两步,走得也不急,像散步,忽然在房门口站住，对房间里说："妍子你听着，我李德民要是贪了公家一分钱我就不得好死！我今晚就不得好死！你好生看着！你们都睁开眼睛看着！"

那天晚上我爸抽掉了一包"梅雀"烟。我妈说别抽了，他像没听见，闷着头抽他的。

第二天一上班，我爸就去找南杂店的领导，他眼睛上兜着血丝，脸又黄又黑，像敷了一层烟膏，说话时满嘴烟臭，把领导熏得皱眉皱脸。领导一边听一边摇头。领导怪他不懂事，说："老李呀，不是我说你，你也太不懂事了，这不是组织上的事吗？莫说我不知道这些事，就是知道，我能跟你说吗？"

我爸拔腿就走，又去找公司革委会。公司革委会主任不是别人，就是曾经给我吃过一颗水果糖的苏晓晓的爸爸、检举过我爸称盐时"给笑脸"的苏酒糟。我爸仗着跟苏酒糟在一个柜台上学过徒，一直喊苏酒糟做"师兄"。"师兄"从一个柜台营业员到领导岗位，可以说是一蹴而就，或者说坐直升机。他长了一个酒糟鼻子，从前在南杂店时大家都叫他苏酒糟，他走上领导岗位后，大家便一律改口叫苏主任。但这天我爸既不叫"师兄"，也不叫苏主任，还是叫他苏酒糟。本来我爸也想改口叫一声苏主任的，大约心里憋着一口恶气，就直接叫苏酒糟了。我爸说："苏酒糟，哪天我去你家，把我打的床和柜子桌子都拆掉。"苏酒糟说："我没说打得不好呀，你拆它做什么呢？"我爸说："不拆我过不得。"苏酒糟笑道："莫非你想重新给我打一套？"我爸这时候真不简单，不枉在旧社会生意场上混过，愣了愣，转转眼珠子，用力咽下一口唾沫，竟把一口恶气也咽下去了，兜头接过苏酒糟的话，说："重新打一套？你有木头吗？有木头的话我就给你再打一套。"苏酒糟说："木头还不好办？你肯打我就有。"我爸又吞血一样吞下一口唾沫，说："那好，我给你打。"

我爸真的又给苏酒糟打了一套家具。

李玖妍这次在家里住了五天，五天都是气闷闷地待在家里，中间只出去了一次，中午没回来吃饭。我妈那几天真不容易，自己心里一团乱麻，还要对她格外小心。她喜欢吃小鲫鱼，那天我妈就煎了一碗小鲫鱼，还氽了一碗肉片汤，焖了一碗烟笋，可是左等右等都不见人，只好叫我和李文革先吃。我们吃完了，我妈也吃完了，她却回来了。我妈看着她的脸色，说："我们等你吃饭等了半天呢。"她也不作任何解释，不说自己去了哪里，只说一句我吃过了，就躲进房间里。我妈便摇头，闷闷地叹气。

那是我爸妈最憋闷的日子，就像出了一点黄晕的梅雨天，弄得他们时时刻刻想出油汗。他们说话都憋着喉咙，听得我喉咙里都像长了毛。尤其是我爸，回到家里就是一副罪孽深重的样子。想想也是，一个人活着活着，没想到活到一把年纪，没给儿女一点好处，反倒牵连儿女，耽误儿女的前程，不是罪孽是什么呢？估计他心里是扎着一把刀子的。他大约把给苏酒糟打家具看成是赎罪，下班回家就闷着头蹲在门口磨斧凿和刨刀，把它们磨得雪亮，用大拇指一刮，发出清脆的沙沙声，吃过晚饭就带着磨好的工具去了公司仓库门口的一个毡棚里，在那里熬夜给苏酒糟打家具。平常他帮人家打点家具都是慢腾腾地磨洋工，这回给苏酒糟打家具像拼命，整套家具只花了一个月的时间，星期天也不歇一下。一般是半夜里才从毡棚里出来，一路咳嗽着，咳到巷子口里就把我咳醒了，我就知道是他回来了。

打好了一套家具，他就对苏酒糟说："苏主任，我有一件事想求你。"苏酒糟说："叫什么主任，苏酒糟嘛。说，求我什么事？"我爸说："苏主任是这样的，前不久人家推荐我们家妍子进工厂，可是不知道怎么回事，被卡住了。"苏酒糟说："哦，这是好事呀，是被谁卡住的呢？"我爸说："不知道是不是因为政审，我就是想问问，这政审是怎么回事？"苏酒糟嘿嘿地笑着，说："我操，给我打了一点东西，就以为什么都可以问？"我爸说："那当然那当然，我是不该这么问的。"苏酒糟又笑："什么该问不该问，多大的鸟事，问吧问吧。"我爸这时候有点奴颜婢膝了，他讨好地看着苏酒糟："我是说，我们这里会出什么材料呢？会不会翻我的历史旧账，还说我贪过污呢？"苏酒糟说："谁家没有小孩？关系到小孩子嘛，应该不会有这种事吧，有这种事我能不知道？谅他们没这么大的胆子，敢瞒着老子干这种烂鸡巴的事！"我爸说："可我听说是这么回事呢。"苏酒糟就重重地翻一下眼皮，说："扯淡吧？真的？那好，等我查查看，查到了看我不脱他一层皮！我看他下回还敢不敢！"我爸把眼圈弄得都有点红了，一个劲地点头："我不说什么了，我就拜托你，若是今后还有这种事，苏主任你一定要关照一下。"苏酒糟说："一定一定！"我爸得寸进尺，又说："苏主任哪，我真的不是什么贪污犯，这点苏主任你应该清楚的，我确实一点都没贪过，哪怕贪了一点点，我都不得好死。我敢拿我的儿女赌咒发誓！"苏酒糟在我爸肩上亲热地拍两下，笑着说："明白，明白明白！你看你，赌咒发誓干什么？不用不用！"

这以后，一直到现在，只要提到苏酒糟，我爸就发感叹："那个人哪，油是油了一点，君子如水，小人如油嘛，当然不能说他有多好，可你也不能说他有多坏。他就是那样一个人，喜欢走点顺风罢了，可是，人嘛，谁又不喜欢走顺风呢？"

苏酒糟后来倒霉了，成了准"三种人"，也就是那种在"说清楚"运动中说不清楚的人。"说清楚"运动到底怎么回事我也说不清，我只知道人家说苏酒糟没说清楚，于是他只好又回到南杂店做老本行，跟我爸站一个柜台，负责卖酱菜。又过了两三个月，我就跟他女儿苏晓晓谈恋爱了。苏晓晓是苏酒糟家的老大，比我高两个年级，从小学到中学都跟我在一个学校。那回我摔倒后她扶我起来并给我吃了一颗水果糖，除了她本性善良之外，还因为她也是个残疾，——这一点我在前面说过，说到底我们是惺惺相惜；但仅凭这一点，我们还是谈不起恋爱的，关键是我们在一起卖过三年冰棒，而且她说她喜欢我的豆芽腿。我那两条软绵绵的豆芽腿有什么好？她喜欢得这么奇怪，这么病态，叫我自己都想不通，可她说她就喜欢那种滑滑的软软的感觉，摸上去柔若无骨，感觉像婴儿一样。她还把她那条残腿和我的腿放在一起，摸摸我的腿又摸摸自己的腿，说你看，你的像没长骨头一样，我的多难看，骨头包多大？这样就开始了，等过几天她再摸我的腿时，我就不客气了，摸了她的胸脯。我先把手放在她肩上，然后往下一滑，就滑到她胸脯上了。她身子一抖，说你该死！但只说不动，由我摸。开始是隔着衣服摸，摸着摸着我的手就钻进她衣服里去了，贴肉摸。其实我也在发抖，而且抖得比她还厉害，不过摸了几回就好些了，不抖了。她的胸脯真不错。那时我们相处得确实很亲密。她梳两根齐胸的粗辫子，颧骨稍稍有点宽，嘴巴比较大，嘴角边有一颗小黑痣。因为发育得很好，走路时又一歪一扭，所以给人的感觉是前翘一下后翘一下，一上一下，两"翘"都比较高。她那条好腿很丰腴很粗壮，这种丰腴和粗壮是一种充满生机的感觉，这一点从她的脚脖子就能看出来。她的脚脖子非常圆润，白里透红，长着细细的浓密的汗毛。汗毛是浅褐色的，让人想入非非。

有一天我摸她，大约摸得有点过分，把她摸得不省人事。开始时她还比较正常，跟以前我摸她时一样，浑身抖抖的，呼吸越来越急促，我摸到她哪里，她哪里就蹦起一片鸡皮疙瘩。可是摸到后来，也就是摸到了她乳头上，她猛喘几下，突然往后一倒，双目紧闭，没一会儿两个嘴角里都流出了白沫。我被她吓坏了，手足无措，不明白她怎么这样。过后我知道这是羊角风，我就再也不敢摸她了。她比我大三岁，她爸爸苏酒糟说女大三，抱金砖。不要说金砖，金山我都不敢抱了。我们在一起时，我坐都不敢挨着她。她知道我是吓着了，便鼓励我别怕，说她这个病不要紧的，几年也难得发一次的，这次是不巧让我碰上了。凭良心说，她很难得，喜欢我的腿，脾气又好，说话从来不高声大气，声音就跟棉花糖似的。她问我："假如人家问起你，我为什么会好好地就发病了，你会怎么说呢？会不会说是被你摸得呢？"我说："没人知道你发病，所以也没人这么问。"她说："傻瓜，我是说假如。"我说："那我就承认是被我摸得。"她又骂我是傻瓜，她一本正经地说："你真傻，这种事也有明说的？再说哪里一摸就会发病呢，跟你说了是碰巧的，不信你再摸摸看？"她腰一紧，胸脯翘过来，我犹豫了半天，还是不敢把手伸过去。我说："我信我信。"

我不但不敢摸她，还有意无意地疏远她，待在一起也是心神不定，到后来便有点躲她了。不过我还没决定要不要她，我只是在犹豫。我说不清我在担心什么。我得承认，我自私、胆小，什么事都要尽量算计清楚。苏晓晓虽然对我很好，可她会不会是一个麻烦，一个累赘？她的羊角风几年发一次？发起来危险不危险，会不会闹出人命？人命可是关天的。再说我也确实怕看那种口吐白沫的样子，她发起来是不是一定要吐白沫呢？

苏酒糟见苏晓晓抹眼泪，以为我占了便宜又不要他女儿了，于是气势汹汹地来找我，开口就问我碰没碰过他女儿。我说："怎么算碰呢？"他想了想，说："别的不提了，你就说她还是不是黄花闺女吧。"我松了一口气，说："如果原来是，那么现在肯定还是。"苏酒糟说："你敢保证吗？"我说："当然保证。"苏酒糟点点头，恶狠狠地说："能保证就好，不过我要告诉你，你要是敢骗我，我会把你的脑壳扭下来当尿壶。"我又保证说："没问题的。"苏酒糟说："那好，那你以后离她远点。"

苏酒糟便不再为难我，我们不谈了他好像很高兴，虽然他说过女大三抱金砖之类的话，但在他心里是认为我配不上他女儿的，他女儿除了偶尔会发发癫痫，哪样都比我强，而我再怎么说也比他女儿多残了一条腿。他用一种蚀本打倒算盘的口吻说："也好，人家是两个人四条腿，你们呢，两个人才一条腿，真在一起的话，将来怎么过日子？"

这事被苏晓晓知道了，屁股一翘一翘地跑来臭骂了我一顿。

"李文兵我问你，你怎么敢保证我是黄花闺女？你凭什么？你有什么资格？好像我苏晓晓就认识你一个人，好像我只跟你一个人谈过恋爱，好像我让你检查过似的，你检查过吗？你倒想！你做梦吧，你撒泡尿照照自己吧！现在不说话了？哑了？什么德行！无情无义，自私自利，一个冷血动物！"

第六章 茅草兜（2）

因为处女膜问题，李玖妍在金竹出名了，先是潭底大队几个副主任讲笑话一样讲她怎样求杨老八帮忙，紧跟着，她的老师、金竹公社知青办主任乔冬桂又接到了县人民医院的电话，但乔冬桂没有找李玖妍谈话，而是将此事通报了潭底大队革委会。这样整个事情就非常清楚了。天底下什么事情传得最快呢？当然就是这种事情了。于是李玖妍的名字就像插上了翅膀，飞遍了金竹人民公社的山山水水。原来不知道李玖妍的，现在差不多都知道了。李玖妍在前面走，后面就有人朝她指指点点，说这就是那个李玖妍呀。

这也难怪，在金竹那种地方，"处女膜"绝对是个很生僻的词，因此便愈发地显得新鲜和刺激。金竹四面环山，山后面还是山，所以当地人不大知道处女膜，他们的生理卫生知识相当陈旧，他们只知道开苞和破红，现在出了这件事，他们就知道处女膜了，知道破红原来就是破了处女膜。他们几乎是带着一种考究的目光盯着李玖妍的屁股，他们当然知道处女膜不是长在屁股上，他们之所以要看李玖妍的屁股，是因为他们有他们的讲究，他们认为一个闺女变成妇女的主要表征就是屁股，结果他们发现，果然不一样了。李玖妍虽然瘦了，但她的屁股却比较肥，走路时所产生的震颤也比较明显。他们心满意足地说，这就对了，这就好比发了窠的母鸡，屁股松了嘛。

李玖妍瘦下来了，这是谁都看得见的。李玖妍原来并不瘦，以前我说她乌皮黑瘦，那是因为她黑，结实，用我们巷子里的话说，她长的是"奸肉"，意思是她的肉是看不到的，她的肉都长在该长的地方，长在被衣服遮住的地方。而现在她瘦得很快，就像晒在坪地上的被浸得胖胖的笋干，眼见得小起来了。她的脸变小了，颧骨变高了，衣服显大了，裤子也显肥了。似乎从前对她的认识不够深入，现在无论谁看见她，都要先紧盯她一眼。这一眼既有质量又有分量，李玖妍就这样被人盯瘦了。

大家之所以这样盯她，是因为都想知道那个人是谁，——她怎么还不把那个人交出来呢？她总不会自己把自己搞破吧，一定有一个人的吧，那个人是谁呢？他们猜来猜去，也不好确定那个占了这么大便宜的狗东西究竟会是谁。会不会是那个早就当兵去了的詹少银呢？从乡邮员老麦送信的情况来看，詹少银跟她的关系已经明显冷下来了。老麦站在田塍上喊李玖妍的次数越来越少，原先最少半个月喊一次，最近一段时间，两个月都难得喊她一次。原先只要那个瘦麻秆似的老麦一喊，她就连蹦带跳地跑过去，现在她却是蔫耷耷地走过去，看那样子就像是做了亏心事似的，有思想负担了。再说，假如真是詹少银，那就该另当别论了，年轻人"偷冷饭"嘛——两个人干柴烈火，等不得办喜事，先偷吃几口，算多大的事呢？可是，假如真是"偷冷饭"的话，她干吗瞒着不说？詹少银不是革命军人吗，也许说了人家还不好把她刷下来呢，说不定还会把她当军属对待，会照顾她一点呢。

所以大家觉得那个人似乎不应该是詹少银，而是另有其人。

潭底大队革委会作为一级组织，指派妇女主任专门负责这件事。妇女主任大约二十七八岁，是个在县城读过高中的回乡女青年，不但管妇女，还捎带管知青。李玖妍左右都归她管。她先问李玖妍，你是不是想过要收买陈主任？李玖妍很干脆，说："没想过。"妇女主任说："你没说过要给她手表？"李玖妍说："没说过。"妇女主任说："可她说你说过。"李玖妍说："她胡说。"妇女主任说："她为什么要胡说呢？"李玖妍说："我怎么知道？"妇女主任笑一笑："那你说，你找没找过人家？你不会连这个也不认账吧？"李玖妍说："我为什么不认账呢？我找她那是因为她错了，我想叫她再给我检查一次。"妇女主任说："她怎么错了呢？你不是那样的吗？"李玖妍说："是那样的，但不是像她说的那样的。"妇女主任说："那你倒是说说，你是怎样的呢？"

　　妇女主任完全是一种揶揄的口吻，是看笑话的样子，李玖妍便不说话了。妇女主任刚结婚不久，对男女之事也算是一通百通，却还不怎么好意思大刀阔斧地什么话都说，她尽量回避某些字眼，绕来绕去地绕了半天，最后把自己绕毛了，眉毛一竖，说："你们这些知青，总以为自己了不起，别人都是乡巴佬，可以随便哄的。你哄谁呢？是那样的又不是那样的，莫非你那里不是肉长的，你破得会跟别人破得不一样，你还会破出花来？"

　　妇女主任连这样的话都说了，就说明她拿李玖妍没办法了，她气呼呼地跑去向杨老八汇报，说这个头她剃不了。在场的除了杨老八，还有一个工作组的瘌痢头组长。杨老八说："算了吧，八哥骑在牛背上，本来就是没斤两的事。"但那工作组组长不同意，对妇女主任说："你把人给我叫来，我就不信这个邪。"

　　妇女主任巴不得有人伸头揽事，当即就把李玖妍叫到大队革委会办公室。瘌痢头组长看看李玖妍，点点头，说："你就是李玖妍？"李玖妍说："是。"组长说："听说你的头很难剃，是吧？"李玖妍不吭声。组长说："你要知道，不是我们要你说，而是上级要你说，上级正在查，谁占了女知青的便宜谁就要倒霉，所以你不要有一点顾虑，更不要隐瞒，大胆说，是怎么回事就说怎么回事，是谁就说是谁。"杨老八隔一阵子看一下他的瑞士手表，他已经养成了看表的习惯。组长不满地说："老八主任，你老看表做什么？你有急事吗？"杨老八说："我急个屌。"组长又问李玖妍："怎么不吭声？是不是人多不好说呢？"

　　组长认为拷问这种事时还是人越少越好，便暗示杨老八和妇女主任都走，由他一个人来问。杨老八走时，朝妇女主任挤挤眼，妇女主任则鬼鬼地笑一笑，扭脸对组长说："阎组长，人交给你了，我不管了啊。"阎组长说："放心吧。"

　　等他们走了，阎组长掩上门，对李玖妍说："现在就我们两个人，我保证替你保密，你可以说了吧？"李玖妍说："我说什么？我没什么可说的。"阎组长是个急性子，瘌痢头都急红了："李玖妍，我是代表工作组问你，你要好好配合，有一说一，有二说二，不说是过不了关的。"李玖妍不吭声。阎组长又说："你不说就是包庇，你包庇他就说明你是情愿的。你是情愿的吗？你回答我。"

但李玖妍不回答他。阎组长说："不说话？想扛过去？你不但犯了生活作风错误，还包庇坏人，你说这对你有什么好处呢？"

阎组长边说边在李玖妍面前踱来踱去，李玖妍的脸朝着一扇窗户。窗户外有一片白白的茅花。茅花刚刚开放，在山风和阳光中摇晃。李玖妍就那样脸朝着窗户说："我在县医院就跟陈主任说过的，是茅草蔸，可她不信。"阎组长一愣："什么什么？"李玖妍又说："茅草蔸。"阎组长说："你说是茅草蔸？"他把斑花发亮的癞痢头凑到李玖妍面前，李玖妍闻到了一股腥味。李玖妍做一个深呼吸，坚定地说："就是茅草蔸。"阎组长眨眨眼睛，突然笑了起来，笑得肩膀一抖一抖的。阎组长说："谁会信呢？莫说人家还是个妇科医生，就是我也不信。"李玖妍说："我说的是真的。"阎组长说："你骗鬼吧，茅草蔸那么邪性？它成精了？它是公的还是母的？它长了眼睛，知道要往那里戳？"李玖妍说："反正是茅草蔸。"阎组长做一点让步，说："那好吧，那我就听你说说茅草蔸吧。"李玖妍说："去年秋收时，钻到茅草丛里去解手，刚蹲下去就碰到了一棵茅草蔸。"阎组长听着听着又笑起来，一边笑一边摇头，说："亏你想得出来，可是傻瓜都知道，不可能是茅草蔸，怎么可能呢？"李玖妍想了想说："有人可以作证，就是茅草蔸。"阎组长说："谁作证？"李玖妍说："黄花萍。"阎组长说："黄花萍是谁，她凭什么给你作证？"李玖妍就告诉他黄花萍是谁，然而阎癞痢说："你找一千个人作证都没用。"李玖妍说："那天就是黄花萍跟我一起钻的茅草丛，她怎么不能作证呢？"阎组长还是摇头，说："关键是你说得太顺了，一个磕巴子都不打，人家即便有这种事，也不会像你说得这么顺溜。人家会打磕巴子，会有顿号，还会有省略号，人家说不出这么完整的句子。"李玖妍不由得愣了愣，阎组长扬扬下巴，得意地说："看什么看？以为我们大老粗真没一点文化？跟你说，我当兵前也读过中学的，我有文化。"李玖妍定了定神，说："那你就应该知道，生活中常常会有偶然的。再说我又没说假话，打什么磕巴子？不信你就去问黄花萍嘛。"阎组长严肃地说："这种把戏也拿来跟我玩？你以为我是三岁细伢子？你一个姑娘家，说这种话好意思？不红脸，不打磕巴子？因为你想好了，横下了一条心，所以你才不打磕巴子！"

李玖妍没想到这个癞痢头阎组长比狐狸还精，不过还是嘴硬，说："信不信由你，反正我没说假话。"

　　从大队部回来，她就交代黄花萍说："如果有人问你，你就说我被茅草蔸戳了。"黄花萍傻傻地问："茅草蔸？为什么要这样说呢？你什么时候被茅草蔸戳了？"李玖妍说："你就这样说吧，你说那天我们两个人一起钻茅草丛，我蹲下去就哎哟一声，然后我就出了血。"黄花萍说："你哪里出血了？"李玖妍说："你就说你看见了血，你看见血流下来了，你还看见血滴在地上。"黄花萍说："可我什么也没看见哪。"李玖妍说："你一定要说你看见了，懂吗？你说了就帮了我，不说就害了我，你说你是愿意帮我呢还是愿意害我呢？"黄花萍愣神想了一阵子，脸忽然被血涌红了，红得放亮，她说："玖妍姐，你是说茅……茅草蔸？"李玖妍点头说："难道不是茅草蔸吗？你说是不是茅草蔸呢？"黄花萍用力点点头，说："好，那我就说茅草蔸，说你哎哟一声，然后我就看见了血，血还滴在地上。"黄花萍的眼睛亮亮的，好像她真的看见玖妍姐被一棵茅草蔸给戳着了，她想了想又补充说："我还应该说茅草蔸尖尖上也有一点血，对吧？"李玖妍说："对。"

　　黄花萍当时很激动，她很愿意给玖妍姐作证，她想玖妍姐是个什么脑子呀。她无比敬佩地说："玖妍姐，你是怎么想出来的？你真是太聪明了。"李玖妍说："你说什么呢？这不是真的吗？怎么说是我想出来的呢？"黄花萍说："对对对，不是你想出来的，是真的！"

　　那几天黄花萍一想到茅草蔸心里就扑棱起来，她巴不得马上有人来问她，只要有人来问她，她就说茅草蔸，说看见血滴在地上。可她等了一天又一天，却不见谁来问。她答应了玖妍姐，她做好了准备的，却总没人来问她，一个鬼都不来问，这使她憋得很难受，仿佛端着猪头找不到庙门。她问玖妍姐："怎么还没有谁来问我呢？"李玖妍便叫她耐心些，再等几天。又等了几天，李玖妍好像也沉不住气了，她说："黄花萍，要不你到大队革委会去，找工作组的阎组长，你就在他面前晃悠，假如他问你呢，你就说你是沙口村的黄花萍。"黄花萍说："我说黄花萍就行吗？"玖妍姐说："他知道你的，听说你是黄花萍他自然会问你的。"黄花萍说："他怎么会知道我？"玖妍姐说："他肯定知道，肯定会问你，就看你敢不敢？"黄花萍反倒有些犹豫了，觉得那个瘌痢子凶巴巴的。李玖妍激她说："你要是不敢就算了。"黄花萍想想又不甘心，鼓起十二分的勇气，说："要不我还是去吧，反正就是说一句话，他还能把我吃了？"

可是在大队革委会办公室里，黄花萍的勇气全泄掉了。阎瘌痢问她晃来晃去的是不是有什么事，她就有些慌了，血红着脸，结结巴巴地说："我来、来给李玖妍作、作证。"阎瘌痢说："那好呀，那你就说说吧。"黄花萍说："玖妍姐那那那、那事，是是是，茅茅茅、茅草茒，我们去撒、撒尿，玖妍姐忽然叫，哎哟，哎哟哎哟……"阎瘌痢一听就笑了："被茅草茒戳到了？"黄花萍赶紧点头："嗯。"阎瘌痢又说："戳进去了？"黄花萍没来由地慌乱起来，嘴里说"嗯"，一张脸已经红得不能看了。阎瘌痢盯着她问："老实坦白，谁教你的？"黄花萍愣愣的，不但慌乱，而且紧张了："没没没、没谁教我，是我我我亲眼看见的，我还看看看见血血血、血滴滴滴滴在地上。"阎瘌痢说："你哪只眼睛看见的？左眼呢还是右眼？"黄花萍正琢磨着是说左眼好呢，还是说右眼好，可是阎瘌痢不容她琢磨，阎瘌痢又问："哪里的血？怎么滴的？滴在哪里？"黄花萍说："就是那那那……"黄花萍血红着脸"那"了半天，还是不好意思往下说。阎瘌痢把脸一变："你一个黄毛丫头，吃了豹子胆，敢跑来欺骗工作组？"黄花萍说："我我、我……没、没欺骗。"阎瘌痢嘭地拍一下桌子，喝道："你还强辩？信不信我叫民兵把你抓起来？"黄花萍被吓哭了，眼泪扑簌簌地往下掉。阎瘌痢哼一声说："知道怕了？我看你还敢不敢瞎说！"

"茅草茒"在工作组组长阎瘌痢那里未获通过。说到这件事，如今已做了奶奶的黄花萍还深感愧疚，说自己一点用都没有，本来是想帮玖妍姐的，却吃不住吓，反倒露了马脚。黄花萍又骂阎瘌痢，说那个阎瘌痢比鬼都精，他就是一只猫，闻不得一点腥，闻到腥味他头皮都会发红光，他会轻易放过你？

阎瘌痢对被他吓得眼泪汪汪的黄花萍说："好了好了，不抓你了，你回去给我通知李玖妍，叫她到工作组来办学习班。"黄花萍还想说什么，见阎瘌痢朝她挥手说走吧走吧，便抹着眼泪转身走了，走到门口，想想又回头问阎瘌痢："要不要叫她带铺盖呢？"阎瘌痢一边抓脖子上的痱子一边说："带什么铺盖？早上来，晚上就回去了！"

阎瘌痢办的学习班叫"思想教育学习班"，名额是分配到各村，又由各村报上来的，只有李玖妍是由他直接点的名。那天李玖妍确实是不准备去，她拿着锹跟大家一起铲草皮垒土墩子，可是到了上午十点多钟，工作组的一个小伙子骑着一辆破自行车来了，站在坡下喊黄跃春："黄队长，你们队里的李玖妍呢？怎么没去学习班报到？"他这么一喊，大家都看着李玖妍，都以为李玖妍不去是不行了。谁知道李玖妍犟得很，就是不去，她弯着腰低着头，使劲用脚踩着锹肩，撬起一块又一块厚厚的草皮。大家都站在那里看李玖妍铲草皮，工作组的小伙子也看着。他们看见有晶亮的水滴从李玖妍脸上掉下来。他们不知道那是汗水还是眼泪。小伙子对黄跃春说："黄队长你看怎么办呢？"黄跃春说："我是个磕头官，我有什么办法呢？要不工作组同志你先回去，我再做做工作，实在不行就叫阎瘌痢自己来，他是组长，他懂政策呐。"

小伙子走了，黄跃春却不做李玖妍的工作，只叫大家铲草皮垒土墩子。

下午阎瘌痢果然带着两个人来了，他先是土匪一样操娘倒灶地骂黄跃春，问他是怎么当的干部，又严肃地、比较文明地批评李玖妍，问李玖妍眼睛里还有没有工作组？后来他看见稻田里左一个右一个土墩子，觉得奇怪，顺口问了一句："你们这是起坟堆子呀？"黄跃春便堆着笑凑过来，告诉他这不是坟堆子，是搞科学种田。阎瘌痢便立即来了兴趣，在黄跃春的陪同下，他兴致勃勃地参观了这些散布在稻田里的土墩子。本来他是满头冒烟的，准备要狠狠地抓一抓李玖妍这个典型的，现在他决定不抓李玖妍了，抓土墩子。他觉得抓土墩子更有意义。一只手抓土墩子，腾出一只手来，还是可以抓一抓李玖妍的，这样就把一盘棋走活了。他批评黄跃春没有一盘棋的思想，为什么不早点向他汇报呢，为什么要偷着搞呢，科学种田嘛，要有组织有领导，要大张旗鼓地搞嘛。

李玖妍到底还是没上学习班，阎瘌痢把学习班解散了，带着工作组到沙口村蹲点来了。他说沙口村是一个新典型，他不把这个典型抓出来就不回去。

所谓科学种田就是用柴油灯诱杀晚稻田里的蛾子，具体做法是在田里筑一小土墩，土墩上搁一只大木盆，木盆里盛三至五成的水，再在水中放置一只类似中号油漆桶的洋铁桶，洋铁桶里灌满柴油，用一根指头粗细的铁皮管子和一组棉线做成灯芯。天黑后一个小时左右，便点亮这盏大柴油灯。灯光一照，只见蛾子不要命地涌过来，密密麻麻地将灯围住。到第二天早晨，大木盆里便会漂满蛾子的尸体。按道理完全可以不要大木盆，可是如果不要大木盆，蛾子的尸体就会落在稻田里，而落在稻田里就远不如落在大木盆里，满盆白花花的蛾子尸体会给人留下深刻印象。发明这项"害蛾诱杀法"的是跟李玖妍同来插队的徐小林。徐小林是越来越积极了，不但克服了半夜吃饼干的毛病，还利用工余时间研究科学种田，据说为了这项发明他做过无数次试验，熬了无数的夜，被毒蚊子咬得浑身是包，崴了两次脚，三次摔在泥坑里，还差点又被蛇咬了。而这回可不是什么"狗屎婆"，真是一条大眼镜蛇。他说那条眼镜蛇凶得很，足足追了他两里路。沙口村人撇着嘴说他"膨"。"膨"就是吹牛。这还不是吹牛吗？蛇又不是狗，它追你干什么？还追你两里路，你以为是白娘子追许仙呢。但阎瘌痢却对他很是赞赏，他来沙口村的当天就把他叫到跟前，狠狠地表扬了一番，把徐小林表扬得激动不安，像个小姑娘似的，连鼻子上几粒雀斑都红了。

阎瘌痢又把李玖妍找来，交给她一个任务，要她跟他一起去清点死蛾子，最后由她拿出一个统计数字来。他说："这是工作组对你的信任，你要振作起来，对得起工作组。"

于是每天早晨六点半或七点钟左右，阎瘌痢就带着李玖妍在田野上清点死蛾子。他们蹲在土墩子旁边，土墩子高约尺余，再加上一个大木盆，四周又是密不透风的正在孕穗的青禾，别人只能隐约地看见他们，可是谁都看不清他们到底在干什么。只有几个在田塍上放牛的老头看见他们怎么数死蛾子。另外就是一些细伢子，他们喜欢看死蛾子。老头和细伢子都说他们肩挨着肩，草帽碰着草帽，一个记数，一个数死蛾子。

记数的是李玖妍，拿着一个本子和一支笔；数死蛾子的阎瘌痢，手里拿根小棍子，拨出一小堆死蛾子，一五一十地数着。数了这一小堆，再估计大木盆里的死蛾子有多少个这样的小堆，再把散落在大木盆周围的死蛾子也估一估，这样数了十个左右的大木盆，就大致得出了每一盏柴油灯灭蛾的平均数。经过一个星期左右的清点统计，他们得到的数字非常喜人：每灯每夜的灭蛾数约是五千七百只。人们不好当面对他们这么数蛾子说三道四，就对这个数字表示怀疑，说那是蛾子，不是蚂蚁，盆子里就是满了，怕也装不了这么多吧？阎瘌痢说扯淡！懂不懂科学？科学是什么？科学就是算出来的，听说过用算盘算原子弹吗？不懂科学就别瞎放屁！

就徐小林的发明本身而言，因为利用了蛾子的趋光性，勉强跟科学沾边。但就其所耗柴油和人力而言，却很不科学。灯管太粗，灯芯头太大，加一次油只能烧半夜，下半夜必须加油。山里的夜风也捉摸不定，一口风扑过来，就把灯吹灭了。尤其是部分社员群众觉悟不高，不懂科学种田的重要性，你眨一下眼睛，他就把柴油偷回去点灯照明。如果是麻雀，你可以扎一个草人竖在那里吓吓它，但群众不是麻雀，你插在田里的"严防坏分子偷油"的牌子根本不起作用。真正戴了帽子的坏分子不敢偷油，敢偷油的都是根正苗红的贫下中农。所以要防偷油只有一个办法：大家轮流值夜。值夜是两人一组，上半夜五个组，下半夜五个组，分别守在村庄的东南西北和山背坡田上。除了防偷油，值夜的还要负责点灯和加油，如果夜风把灯吹灭了，也是值夜的事。最初阎痫痫和小队长黄跃春都没有考虑妇女，但沙口村人少，男劳力连老带少都算上也不足五十人，按一个晚上十组二十人算，也不够轮三个夜晚。没办法，只好把没奶细伢子的妇女也算上。所谓没奶细伢子的妇女，自然包括李玖妍和黄花萍这样的大姑娘。可是一把妇女算上来，麻烦也就来了，两个妇女一组吧，她们说我们害怕；一男带一女吧，她们说那我们更害怕；两口子一组呢，又正合适偷油。排来排去把阎痫痫排烦了，他三下五除二，快刀斩乱麻，让党员干部和武装基干一人带一个。妇女们七嘴八舌，说他们又不是吃斋的，他们更厉害呢。阎痫痫眼一瞪，说："谁敢吃荤你告诉我，看我不阉了他！"妇女们嘻嘻哈哈地说："他荤都吃了你阉他有什么用？吃亏的还是我们。"阎痫痫说："成心捣乱是不是？不相信工作组是不是？"

阎痫痫把自己也算上了，他又一次对李玖妍表示了充分的信任，不避一点嫌疑，对李玖妍说："你就和我搭一个组吧。"

尽管阎痫痫不避嫌疑，大家明里也不便说什么，背地里却认为他止有嫌疑，简直就是色胆包天了。在众人眼里，李玖妍就好比一个有缝的蛋，而阎痫痫就是那只苍蝇。一只苍蝇赖在一个破蛋上，干什么呢？这种事看一眼就明白，否则他那股邪劲从哪里来？

阎痫痫的劲头也确实太大了，大得让人不可思议，好像他不是爹生娘养的肉

081

体凡胎，一天到晚咋咋呼呼，却一点不知道累。一个科学种田的新典型倒是被他咋呼得有点名堂了，陆陆续续的，金竹公社所辖的各队各村都派代表来了，他们要学习"害蛾诱杀法"。沙口村变得热闹非凡了。沙口村的狗也有自己的事了，它们对那些陌生人一点也不客气，竖起尾巴对他们吠叫。沙口村的女人都忙着烧水，烧开了就抓一把自己炒的茶叶扔下去，然后用水桶装着，抬到田头去招待客人。会计黄九银则带了几个人杀猪，猪一叫狗就不叫了，都把腰塌下来跑去看杀猪，它们一脸馋相，摇着尾巴围着杀猪的腰盆转来转去。徐小林更是将自己打扮起来了，他背着（而不是戴着）一顶草帽，裤腿总是卷得一只高一只低，腿上总是巴着一些泥巴，衬衫扣子一粒都不扣，露出里面的白边红背心，红背心上印着几个颜体黄字：战天斗地。他撩开衣襟，让它们打着褶挂在膀子上，敞着这几个黄字，不停嘴地向人们介绍"害蛾诱杀法"。他连水都顾不得喝一口，嗓子都哑了，一开声就像撕破布。阎瘌痢的嗓子也哑了。阎瘌痢白天要接待方方面面的参观者，晚上还要照样值夜，一大早还要和李玖妍一起数死蛾子。小队长黄跃春心怀叵测，说话时的神情却又分明是在拍马屁，他说阎组长哎，你又不是铁打的，这样没日没夜的哪里吃得消呢，要不我来替你值几夜吧？阎瘌痢想都不想就说不要，好像那是多好的一份美差，生怕别人抢了他的。都知道下半夜难熬，他还偏要挑下半夜，离换班还有半个钟头，他就打着手电筒去叫李玖妍。他站在李玖妍和黄花萍的窗口（我就是在这个窗台上拿了一只旧灯盏），先用手电筒朝窗口晃两晃，然后就哑着嗓门叫李玖妍。他这样的举动更证实了大家的猜疑，不要说别人，就是黄花萍，也存了满肚子的疑惑。

如今黄花萍早不在金竹。那年我前脚从金竹回来，黄花萍后脚就带着儿媳妇姚翠英从金竹跑来了，说是来看看我们。名义上是看我们，实际上是探路，看看能不能把她的摊子摆到城里来。现在她就在白马庙开店兼摆摊子，专卖金竹干山货。白马庙是我们这一带最大的农贸市场，她刚来时，我帮了她一点小忙，给她办齐了证照，又给工商税务打了招呼，请他们帮忙关照关照。我办这些事比较方便，我只要找周师傅的儿子周跃进，他在工商局，比他爸当年还厉害，还神通广大，又刚提了市场科科长，正是新官上任爱用权的时候。他四下一串通，事情就好办了。黄花萍也活络，会打点，方方面面都细致周到，把生意做得相当红火。除了她老公，就是那个篾匠，还死守着金竹老家不肯来，一家人都来了，儿子两头跑货，她自己和儿媳妇坐店（她的店和苏晓晓的酱菜店挨得很近，店面大小规格也都是一样的），还带了两个金竹妹子做帮手。她那个孙子还叫我做爷爷。她儿媳妇姚翠英跟我老婆张海棠关系很好。张海棠原本也是乡下人，但她进城时间早，一身土气早脱光了，所以姚翠英便处处向张海棠学习，不但学穿衣服，还学化妆，学做派，但她的禀赋远不及我家张海棠，学了半天才勉强像个郊区女人。现在姚翠英是洋不洋土不土，头发焗得像黄麻，胸脯兜得像两只牛角粽子，屁股包得像个肉砧。她还把眉毛拔掉了，自己画两道黑线，代替眉毛。倒是那两个做帮工的金竹妹子学得快，尤其是一个叫毛丽枝的姑娘，本来就长得漂亮，又是一双狐狸眼，稍加打扮，人就显出来了，弄得黄花萍的儿子一天到晚魂颠倒。为此黄花萍忧心忡忡，好几次拉着我，悄声悄气地跟我商量，要我给她出主意。我说这还不好办，你开掉她就是了。黄花萍说："乡里乡亲的，再说又没捉到她的错，怎么做得出来？"她忽然问我："你那里要不要人呢？如果你那里要人，那就是顺水推舟的事。"

我只好帮她这个忙，让那个叫毛丽枝的金竹妹子到我老婆的"海棠书店"里去。我帮了她的忙，不知她怎么回事，转过头来猜我是不是对毛丽枝有意思，还跑到苏晓晓的酱菜店里，把她的担心告诉苏晓晓，说她觉得兵子看那个小狐狸时的眼神有点那个，担心自己做了一件错事，怕到头来会拆了人家的家庭。她要苏晓晓给她出主意，这事要怎么办才好？苏晓晓说鬼都没办法，他就是那样一个人，无情无义，还花。

离黄花萍的干货店不远，往右过来三个店面，就是苏晓晓的酱菜店。苏晓晓的酱菜店已有些年头了，跟我分手后不久，她就开了这个酱菜店。当年她爸爸苏酒糟就是个卖酱菜的，她子承父业，也卖酱菜。我去白马庙找黄花萍时（有时候是我自己把轮椅摇过去，有时候是王麦多推我过去），来去都要经过苏晓晓的酱菜店，有时候我也会进去坐一坐。她店里有两只凳子，是我爸当年给她爸打的，还有摆在柜台后面的一张捷克式五斗桌，也是我爸的手艺。我去了就会在我爸打的一只凳子上坐一坐。她对我不冷不热。有一回她笑模笑样地问我："听说你又想搞金竹妹子啦？"我说："瞎说。"她用指头从笸箩里拈起一根涪陵榨菜，扑哧扑哧地咬着，咬掉一半，又说："我是瞎说吗？"我说："当然是。"她再咬掉剩下的半根榨菜，还舔舔指头，说："你看你，从前是这样，现在还这样。是什么就说什么，干吗要遮遮掩掩呢？"我说我没遮掩。她说："那是还没上手吧？"我说："你越扯越远了。"她又拈起一根榨菜，边咬边说："如今的女孩子还不好上手？虽然你瘫了腿，可你有钱哪，女孩子嘛，都喜欢钱，你一勾搭不就勾搭上了？"我说："你也有不少钱吧？你怎么不勾搭一个呢？"她看着我，扑哧扑哧地咬着榨菜，突然一扬手，把咬剩的榨菜扔到我身上，说："狗东西，滚！"

她上回叫我滚，下回看见我，又说："到了门口都不进来，这样生分啦？"可是我一进去，她不是问我搞没搞到手，就是问金竹妹子味道好不好。把我搞得有点烦了，我就干脆说非常好，非常地道。她说："是吗？"说着又拿榨菜扔我，这回不是咬剩的，而是伸手抓一把甩过来，厉声说："狗东西！滚滚滚，滚远点！"弄得我回去就把金竹妹子给炒了，我对泪汪汪的金竹妹子说："你还是去找黄花萍吧，是她带你出来的，她总要对你有个交代。"

事情就这样被黄花萍搞得颠三倒四。像黄花萍这样年纪的乡下女人就是这样，不该狡黠时她狡黠得要命，该狡黠时她偏偏没一点眼色。我到她店里去就是想听她说说李玖妍的事，可她总是啰啰嗦嗦地跟我扯些市面上的事，而涉及李玖妍，如果我不问，她一般不说。"茅草苑"就是我问出来的，她一个孙子都有了的人，可是说到茅草苑，说到一些男女间的私密时，还显得很羞涩很忸怩，话也说得藏头露尾遮遮掩掩，不过我还是听明白了。我想李玖妍也是真为难了，把费伯娘的故事都拿来用了。黄花萍从茅草苑又说到妇科陈主任，说玖妍姐恨死了那个陈主任，咬牙切齿地骂陈主任不通人性，怎么求她都没用，心比石头还硬；然后她又从陈主任说到阎瘌痢，说到柴油灯和蛾子。她还特意强调说："那个死阎瘌痢呀，不知道什么意思，故意把自己和玖妍姐安排在下半夜，一到时间就站在后窗边，拿个手电筒晃几晃，哑声嘶气地喊，李玖妍李玖妍，值夜了值夜了！听他的口气，好像不是值夜，倒跟细伢子过年一样。"

我问黄花萍："那么玖妍姐呢，她高不高兴呢？"黄花萍犹豫着说："肯定是不高兴的吧？"想了想又强调一句："其实呢，玖妍姐高兴不高兴我也看不见，玖妍姐又不点灯的，她是摸黑穿的衣服，摸黑出去的呢。"

有一天阎痫痫的老婆来到了沙口村，到处找知青破鞋李玖妍。幸亏黄花萍机灵，见她气急败坏，便顺口说李玖妍到镇上挑柴油去了，然后又找到玖妍姐，拉着玖妍姐去山背坡田上给柴油灯加油。那个像白豆子似的女人找不到李玖妍，只好去找阎痫痫算账。她一把扯住阎痫痫，指着他的鼻子问他搞知青破鞋味道好不好？阎痫痫哼一声，转声想走，谁知老婆把他扯得死死的，衬衫扣子都扯掉了。两粒米色的扣子蹦得老远。阎痫痫露出了一大片赤膊。老婆的另一只手像钳子似的在他赤膊上钳了一下，说："想走？没那么便宜，说清楚了再走！"阎痫痫护住赤膊，威严地说："干什么你？注意点影响好不好？"老婆说："好，我给你注意影响，我放手让你在外面乱搞，我装聋作哑，一声不吭好不好？"阎痫痫瞪着眼问她："谁乱搞了？嗯？谁乱搞了？"老婆说："谁搞了破鞋谁就是乱搞。我问你，你们是怎么算死蛾子的？怎么算着算着就算到一起去了？值夜怎么也值到一起去了？"阎痫痫理直气壮地说："谁说到了一起？谁说的？"老婆说："头靠头手碰手，算不算到了一起？这是白天人家看见的，夜里人家没看见的呢，你们什么没干？"

阎痫痫的老婆是金竹公社的电话员，圆圆胖胖的，声音却又尖又高。她说："你个死痫痫啊腥痫痫，你打个搞科学种田的牌子，你搞个鬼的科学呀你？你明明是搞那个不要脸的破鞋，那个草绳子系腰的！不要以为破鞋就可以乱搞，正在风头上呐，小心要吃子弹呐！"因为女人是电话员，说话时一般按普通话咬字发音，所以她这一番话在沙口村人听来觉得特别有味道。阎痫痫头皮都气红了，挺着身板呵斥她："什么吃子弹，瞎闹嘛！"电话员说："瞎闹？谁不知道你？你不偷吃你就过不得！你是不是这样想的，——反正是个破东西，反正不会留一点疤迹的，搞不搞都一样，是不是？你心里是不是这样想的？"阎痫痫说："你这纯粹是造谣！"电话员撇撇嘴说："那你说说，人家为什么只喜欢造你阎国富的谣呢？"阎痫痫说："没有调查就没有发言权，你可以去调查嘛，搞清了情况你再说话嘛！"电话员冷笑一声，说："等我搞清楚了，你们把私伢子都生出来了！"

女电话员这么一闹，看热闹的人就多了，于是什么话都出来了。李玖妍的名声就彻底烂掉了。原来李玖妍真是跟了阎瘌痢了。李玖妍真是一根草绳子系腰了。李玖妍是个彻头彻尾的烂货了。最要命的是，听说李玖妍跟阎瘌痢都搞出了私伢子了。

女电话员闹过之后的第二天，金竹公社革委会的一个副主任来了，同来的还有知青办主任乔冬桂。副主任是一张国字脸，刮得溜青，下巴有点兜，很威严。他们先找了小队长黄跃春，又找了几个放牛的老头和几个男女社员，一个个都谈过了，再找阎瘌痢。三个人关在一间屋子里谈了很久，谈话时他们抽了很多烟，烟从门窗缝里飘出来，使那间屋子看起来云遮雾罩。大概是被烟呛的，屋子里的乔冬桂咳出来的声音很难听。谈话结束后，乔冬桂冲出来大声咳嗽，阎瘌痢则站在门口跟国字脸副主任说笑。乔冬桂好容易咳完了，喘吁吁地喊一声李玖妍，阎瘌痢这才走了，跟李玖妍打照面时还说了句什么。

乔冬桂拦在门口问李玖妍："刚才他跟你说什么？"李玖妍说："他问我死蛾子清点好了没有。"乔冬桂说："就这一句？"李玖妍说："就这一句。"

这一次门没关上，就那样敞开着。李玖妍进去后先拿扫帚把地上的烟头扫了扫，拢在门角落里；又拿过热水瓶，给副主任和乔冬桂的杯子里都添了点水，然后才坐下来。里面的烟雾淡了些。那里原本是队部的仓库，暂时摆了几张桌凳做工作组办公室，李玖妍坐下之后便低着头，只见国字脸副主任说几句，乔冬桂又说几句，然后是李玖妍摇摇头；他们又各说几句，李玖妍又摇摇头。好像他们负责说话，李玖妍负责摇头。

后来国字脸副主任出来了，留下乔冬桂单独跟李玖妍谈。乔冬桂曾经是她的老师，而且是女老师，女老师对女学生有些话总要好说一些。事实上这样的考虑是对头的，师生关系就是不一样，李玖妍到底对乔冬桂说了一些实话。

她们的谈话过程以及所涉及的内容大约是这样的：

乔冬桂说："李玖妍，还记得我们在水库工地上见面吧？那时候你刚来不久，充满朝气，积极向上，多好啊！怎么几年过去，你没有一点进步，还弄出了这一堆事情，说老实话，我是有些痛心的。我也想不通，你究竟是怎么回事呢，

你能告诉我吗？"

李玖妍不吭声。

乔冬桂叹口气，又说："我知道你对我还是有芥蒂的，可是不管你信不信，我真的不计较你们。那时候你们还小，不懂事，再说那是运动，我也应该正确对待。所以，"乔冬桂适时地作了一个停顿，满怀感情地看着李玖妍："如果你愿意，你觉得我还有资格当你的老师，那么今天的谈话，就算是我们师生之间的一次交流，一次谈心，除了组织，决不会有第二个人知道，你看这样行吗？你还能把我看做你的老师吗？"

李玖妍犹豫着点了一下头。乔冬桂也点一下头，说好，又说谢谢你，然后她微笑着问李玖妍处女膜是怎么破的？李玖妍咬咬嘴唇，看样子还在犹豫。

乔冬桂就给她吃定心丸，鼓励她："这事呢，也是不好说。可是，刚才我不是说过吗，我会给你保密的，你还有什么顾虑呢？你就放心大胆地说吧。"

乔冬桂一边等着，一边又说："一个女孩子，远离父母，孤身一个人在这里插队，又碰到这种事，压力确实太大了；可是你要是不说，你还给他瞒着，不等于把事都放到自己一个人身上？你的肩膀是铁打的？你扛得起吗？你不要前途啦？你值吗？"

李玖妍眼里忽然有泪花了，她泪蒙蒙地看着她的老师，说："其实，我是很害怕的，我不肯的，可是他太冲动了……"

乔冬桂点点头说："是这样的，都是这样的，男的都容易冲动，都是图一时之快；他只顾自己的感受，从来都不肯替女方想一想……"

"我之前不肯说，是听说他就要入党了，怕这事会影响他……"

"每个人都要对自己的行为负责，他做了，他就要负责，所以你应该说出来。"

"詹少银。"

"哦，是他？你喜欢他吗？"

李玖妍不吭声。

"怎么，你不喜欢他？那你们怎么会？他强行？"

"不是。"

"那你们两个谁主动？你还是他？"

"我说不清。"

"你不说他冲动吗？那你呢，就同意了？"

就像挤牙膏一样，她问一句，李玖妍就说一点，又问一声，李玖妍又说一点。李玖妍就这样，一点一点地坦白了她和詹少银的那点事。她说他们只有过这一次，开始是抚摸，是在体外。后来他想进去，特别想，她也不知道自己想不想让他进去，可还是稀里糊涂地让他进去了，到最后要射了，他又拿出来了，说是怕她怀孕。

乔冬桂的呼吸明显有些急促起来，她说："你有些晕，是吧？"

李玖妍费力地想了一阵子，老老实实地告诉老师："我不知道我晕不晕。"

于是老师又有了新问题，老师本来就有抠问题的习惯，老师说："你怎么知道他要射的呢，你有感觉是吗？你不是说这是你第一次吗，那你是怎么回事呢，第一次就能感觉到这个？你是怎么感觉的呢？"

李玖妍说："是他说的。"

老师说："那他怎么知道自己要射了？难道他不是第一次吗？"

李玖妍说："他说是的。"

老师说："他就拿出来了？拿出来就射了？"

李玖妍说："拿出来了，射了。"

老师说："多吗？"

李玖妍说："什么？"

老师说："就那东西，就是，就是他……射的？"

李玖妍没回答，看一眼老师，又把目光垂下去。

老师问了最后一个问题："疼吗？"

李玖妍点点头说："疼。"

李玖妍一直低着头，等老师继续提问，可老师忽然不说话了，这才抬起头看老师。她看见老师瘦而薄的两颊浮着两团潮红。老师被她看得有些慌乱，便掩饰地笑一笑，双手按住面颊，一上一下地揉着。老师说："本来，嗯，我不想说的，但是，我是你的老师呀，是不是？所以，我还是要说一说。"李玖妍不知道老师要说什么，就等着。老师站起来，一顿一顿地走了几步，似乎要让自己平静下来。老师背对着李玖妍，忽然说："李玖妍啊李玖妍，假如我是你妈妈，今天我就要打你几个巴掌！"李玖妍哆嗦起来，泪水一下子涌出了眼眶。她说："乔老师，我心里一直很歉疚，我对不起你，我批斗过你。"这时乔老师把身子侧过来，也有些激动，说："不说那些啦，接受这个教训吧。"

乔老师掏出自己的手绢递给李玖妍，李玖妍擦眼睛时，她又在屋子里踱来踱去。她两颊上的潮红终于褪掉了，脸上又有了那种既平静又温和的微笑。

她说："李玖妍，今天我们来的主要目的想必你也知道，刚才我们说的这些，只算敲了一下边鼓，现在我们进入正题，——我问你，你和阎组长到底有事没事？你要说老实话。"

李玖妍眼睛还是湿的，她问乔老师："你说什么？"

乔冬桂说："我问你和阎组长的事。"

李玖妍说："我和阎组长有什么事呢？"

乔冬桂说："这就怪了，他老婆闹什么呢？这种事，当老婆的最敏感。"

李玖妍定了定神，看着乔冬桂说："乔老师是什么意思？"

乔冬桂说："那他老婆干吗？无事生非？吃饱了撑的？"

李玖妍说："那你们去问他老婆吧。"

乔冬桂说："不要有情绪嘛，我们不能只听一面之词是不是？"

李玖妍说："乔老师，你到底想我说有事呢，还是没事呢？"

乔冬桂愣了愣，忽然又笑了："你看你，还是有抵触情绪，这我能理解。从个人感情上说，我当然希望你没事；从工作出发呢，我希望能把事情搞清楚，希望你能实事求是，对组织上不要有一点隐瞒。"

李玖妍说："我没有隐瞒。"

乔冬桂点头说："我相信你。那么他呢，他有没有这方面的意思？"

李玖妍说："刚才你们不是问过他吗？"

乔冬桂说："偏听则暗嘛，想再听听你说嘛，综合起来考虑嘛。比如他对你说过什么，或者，做过什么？你呢，又是个什么态度？"

李玖妍说："乔老师，我不是破鞋。"

乔冬桂连连点头："那当然那当然，关键是对方，对不对？"

李玖妍说："乔老师，你这么说又是什么意思呢？"

乔冬桂说："男的嘛，有几个不是那样的？"

李玖妍说："我说了没事，你为什么还要这样推测呢？"

乔冬桂叹口气说："傻孩子，我不是要对你负责吗？"

李玖妍淡淡地说："谢谢乔老师。"李玖妍把手绢还给了乔老师。她和乔老师都恢复了谈话前的神态，都很平静。李玖妍还手绢时又说："谢谢。"乔老师说："我这是公事公办，能理解吧？"李玖妍："能。"

谈话结束后，乔冬桂和国字脸副主任碰了一下头。国字脸副主任决定就地公布调查结果，乔冬桂说是否太匆忙了一点？要不先回公社汇个报再说？国字脸副主任说，就这么一点事，哪儿出的哪儿了，还拖它干什么？他叫小队长黄跃春敲钟。

那天黄跃春就在旁边候着，一听说敲钟，抄起一把铁锹，几步就蹿过去了。虽然手上拿着铁锹，可是因为个子太矮，黄跃春必须踮起脚尖，把手臂和腰身都极力向上拉长，才能勉强敲到那截槽钢。那截槽钢是真正的好钢，声音又干净又脆亮，而且尾音还颤颤的，很悠扬。黄跃春敲了三遍，每遍十几下，中间停顿时，他都扯开喉咙喊一声：

"开会喽开会喽！都来开会喽！"

等人们三三两两地聚拢了，天色已近黄昏，橘红色阳光在乔冬桂的眼镜片上晃来晃去。国字脸副主任站在一个石墩上，他首先纠正了小队长黄跃春关于开会的说法，他说其实并不是什么开会，而是根据他和乔主任所了解到的实际情况，并经他们研究之后，由他对一些问题作一个说明。他说："为什么要作这个说明呢，因为最近有一些谣言，说某某某怎么样，跟谁又怎么样，可是你有证据吗？你抓到了人家什么？没有嘛是不是？这种事不是好玩的，没有根据就胡说八道是很不负责任的，是破坏人家的名誉。人家的男朋友是什么？是解放军战士！是保卫红色江山的钢铁长城！人家那是亲密战友，是很崇高的，崇高你们懂吗？哎？崇高就是不像你们似的，把那点骚事挂在嘴巴上。你说你没事七猜八猜干什么？有力气你不放到田里去，不抓生产，一天到晚记挂人家？你数数你肚子里有几粒油珠子吧！说得严重一点，你这是要毁我长城哪！是完全可以给你上纲上线的！当然啰，关于这一点，大家事前可能还不大了解，所以今天我特意在这里作一个说明。不过今后要注意了，不要再捕风捉影了！把一个影说成一个饼，还添油加醋，说是个芝麻葱油饼。说得的说不得的张口就说，到时候弄得自己吃不了兜着走。你兜得住还好，只怕你兜不住！你一双作田人的手，除了一手老茧，还有什么？你说你兜得住什么？"

国字脸副主任说话时，底下不时地响起笑声。副主任姓潘，叫潘瑞祥，家里住在金竹镇旁边的潘家堡，从小受父亲影响，喜欢读《三国演义》。性情温善，为人随和，听黄花萍说，如今他已经退休了，自家有几亩茶山，平常就在茶山上转悠，闲时就读读《三国演义》。

潘瑞祥这一番"说明"，既开脱了阎痫痫，又给李玖妍的处女膜问题定了一个调子，这样一来，李玖妍的问题就简单多了，起码跟"破鞋"不沾边了，顶多也就是个"偷冷饭"的。当然，你都"偷"了，就不能太轻描淡写了，因此乔冬桂交代李玖妍，还是要有一个书面材料。要有认识，有态度，要斗私批修深挖思想根源。乔冬桂说，国字脸副主任也是这个意思，你就抓紧时间写吧。

国字脸副主任是吃了晚饭走的，陪他吃饭的有阎痫痫和黄跃春，杨老八也来了，杨老八还把年轻的妇女主任也带来了，一顿饭吃得有说有笑，热热闹闹。知青办主任乔冬桂没走，她留下来准备开一个现场会，号召广大知青向徐小林学习，掀起一个科学种田的新高潮，同时也顺便抓一抓李玖妍的材料，把这件事情作一个了结。

那天黄花萍听了那个国字脸副主任对大家说的话，有点想不通，玖妍姐到底怎么回事呢？你们既然是亲密战友，为什么还要赖茅草蔸呢？李玖妍的情绪似乎比平常好一些，她说你一个小丫头，脑子里乱七八糟地想些什么？黄花萍说，我就是不懂你为什么要撒谎。李玖妍说跟你说不清。黄花萍说怎么说不清楚呢？你叫我撒谎，只点了那么几句话，我不就懂了？李玖妍说这是两码事，你一个小丫头，真不懂这些事的。

其实那时候黄花萍不是什么小丫头，她什么都懂了，她已经长大了，是个红润健壮的大姑娘了，并且已经定好了婆家，过了明年正月就要嫁到金竹镇去，给一个瘦瘦的很精干的年轻篾匠做老婆。所以李玖妍这么哄人黄花萍心里是不服的，不过黄花萍在跟我说这些时已经一点不计较了，她说也怪不得玖妍姐要哄我，她跟乔老师说的那些话确实挺难出口的，挺羞人的。我问黄花萍，李玖妍跟乔老师说了什么你怎么会知道呢？黄花萍唉一声，说，怎么不知道啊？又没过几天，不一句一句地都传出来了吗？

从这天开始，李玖妍晚上便不要值夜了，而是写材料。写了几次，乔冬桂都不满意，她说李玖妍，这件事你一定要认真对待，要详细，不要含糊，材料这种东西是不能有一点点含糊的。李玖妍只好再写。她趴在柴油灯下写材料时，会突然骂一声，龌龊！把黄花萍从梦中惊醒，问她骂谁龌龊？她说还有谁，乔冬桂！黄花萍眨巴着睡眼说，玖妍姐你怎么骂乔老师呢，乔老师怎么会龌龊呢？李玖妍说，你光看到她表面，不知道她心里有多龌龊，她心里装的全是些下三烂的东西！

李玖妍把时间、地点、人物、过程和细节都交代得详详细细清清楚楚，然后又挖了挖思想根源。思想根源好挖，在资产阶级那里的，无产阶级要解放全人类，没那工夫，不像资产阶级那样腐朽堕落。但李玖妍却不忍心把自己往那里扯，她强调自己和詹少银只是不懂事，分别在即，一时头脑发热，没有控制住。乔冬桂对这份材料还是不大满意，说她写的不如她说的，她一写事情就变样了，怎么看怎么干巴，一点也不生动，完全没有了那种让人身临其境的感受。但她也提不出什么具体修改意见，说不细吗，已经够细了；说不清楚吗，究竟哪儿不清楚呢？只能说她文笔不好，勉强收下了。她用一个指头点点自己的脑子，语重心长地对李玖妍说："还是要警惕啊。"

我曾经拼命想象，山野间遍布柴油灯会是一种什么情景？

夜色大概是脏污了，不干净了，谈不上风清露白了。夜色应该像一张被抹了油彩的脸，而且是一片混浊的、黄不黄紫不紫的油彩。蛾子见了灯火注定要变得很疯狂，它们弄不好会撞到值夜人的脸上去。值夜人肯定是头重脚轻的，就像一只没放稳的麻袋似的晃来晃去。蛾子撞过来了，李玖妍就打一个激灵，还没过半分钟，她又晃起来了。但阎瘌痢是肯定不晃的，他精神应该是好极了，他的眼

睛一定是炯炯有神的。他其实也是一个残疾，——瘌痢瘌痢，一块光地；光地不光，杂毛黄黄。我们老鼠街的小孩很刻薄，看见瘌痢就这样唱。我们老鼠街还有一句俗话：十个瘌痢九个色。具体到阎瘌痢本人，他认不认为自己是个残疾呢？他一直想做李玖妍的工作，那么，他是怎么对李玖妍做工作的呢？他们在那样的夜晚，真的会什么也没做？东一盏灯西一盏灯，亮在那些坟堆似的土墩子上，天也静地也静，好像整个世界就剩下他们两个人。一男一女，或者再说得狠一点，孤男寡女。又因为静，便听见了许多东西在叫，比如青蛙在叫，虫子在叫。山也在叫。山上也有虫子，还有树蛙和岩蛙，还有飞禽走兽，还有草，有树。光是树叶发出的声音就宽阔无际，枫树叶、樟树叶、杉树叶、松树叶、茶树叶、桉树叶、栎树叶、榆树叶、柞树叶、槐树叶……几百种几千种树叶都在沙沙沙地叫着，几百种几千种大大小小的草也在叫着……阎瘌痢的身子里会不会也有什么在叫呢？不停地叫，拼命地叫，叫得他手足无措，他怎么办呢？起码，他会找一个草坡坐下来吧，然后拍拍旁边的草地，叫李玖妍也坐下来吧？草坡上的草一般都长得比较肥厚，草叶上已经开始牵上了露水，湿漉漉的，凉津津的，屁股坐上去很快就被湿透了。他会不会脱一件衣服给李玖妍垫一垫？他会不会说来吧，坐吧，我拿衣服给你垫好了？李玖妍坐下来之后，他会不会对李玖妍说，李玖妍同志，现在你打算怎么办呢？你看看你这个情况，很不好办呢，你还想不想要我同意你说的那个什么茅草苑呢？阎瘌痢是否真拿这件事跟我姐姐做过交易，——要我同意茅草苑也行，但你也要同意我一件事，你就先让我做一回茅草苑吧。假如他真这样不要脸，这样直通通地提出来，我姐姐怎么办？她怎么权衡这件事？她应该很清楚自己的处境，照这样下去，她的名声只会越来越糟糕，不管她怎样努力，她都是没有希望的，前途一片黑暗，她就真要一辈子扎根在这个地方了。而这个人说，只要你答应我的条件，我就帮你过这一关。过了这一关，就是柳暗花明了，天又是蓝的，太阳又升起来了，说不定从此就是一条康庄大道呢。她答不答应呢？这个人又进一步说，我是工作组组长，我说话是有用的，只要我帮你咬住它，那就是茅草苑。茅草苑算什么呢，它什么都不是，当柴烧都没人要它，嫌它带着土。这个主意好，真好啊。他也许还会像黄花萍那样，狠狠地夸她，说她聪明，主意想得很绝，把责任都推给一棵茅草苑，自己什么事也没有，撇得一干二净。他这么夸她当然也是一种策略，也是为了说服她，让她的心思活泛起来，让她明白这实在是一件对人对己都有莫大好处的事情。

那么李玖妍明不明白这是一件对自己有好处的事情呢？柴油灯、蛾子、蛾子翅膀翻动时抖落下来的蛾粉（蛾粉像灰尘一样，很柔缓地弥漫着飘浮着，泛出细碎的雾一般的紫莹莹的光亮）、呛人的油烟子、被油烟子熏到山脚边边上的萤火虫（一点一点的，看上去似乎比芝麻粒还小）、山影、黑糊糊的天空和迷迷糊糊的星光、漫山遍野的似有似无的声音……还有被呛晕了的昏昏然坠地的蛾子（它们落下时的声音就像稀疏的雨点打在草尖上）、还有这个就坐在她身边的阎瘌痢、还有阎瘌痢的声音和气息——所有这一切都令人张皇和迷乱，晕晕乎乎浑浑噩噩，李玖妍会做出一个怎样的决定呢？从她对她的老师乔冬桂说的那些话，又老老实实地写交代材料来看，阎瘌痢好像并没有让她的心思活起来，一点也没有。她真是个死脑筋，油盐不进，属于那种遇事不会转弯的一根筋，不知道权衡利弊，不善于变通，为了让阎瘌痢无机可乘，或者为了撇清自己，再或者为了过眼前这一关，她居然断了自己的后路，放弃了"茅草苑"，招出了詹少银。她为什么不肯跟阎瘌痢汤汤水水地搅到一起去呢，我不知道她是怎么想的，我觉得她想错了，无论拿什么时代的眼光来看，她都是走了一步错棋。所谓棋错一着满盘皆输。要不然你就一根筋到底，死咬住"茅草苑"也好呀。管你信不信，我就说是茅草苑，见谁都说是茅草苑，茅草苑茅草苑茅草苑，咬碎了钢牙不松口，死活都由你。

兵法有云，置之死地而后生，可惜她不懂。

第七章　一把蒲扇

一个人如果想瞒一件事，那就对谁也不要说，说了你就瞒不住了。李玖妍似乎连这一点也不懂，她不只对乔冬桂说了她的事，她还对我婶子也说了。她给我婶子写了一封长长的信，像竹筒倒豆子，痛痛快快地什么都说了。

我叔叔叫李德成，住在柳家巷。柳家巷在城西，属西河区，中间要经过白马庙，我婶子就在白马庙纺织厂上班。说到我叔叔和婶子，好像已经说到我们家的社会关系了。我说过我们家的历史情况，现在又要扯到我们家的社会关系。社会关系很重要，就好比一个坐标，历史情况是竖的，社会关系是横的。有了这一横一竖，就有了一个瞄准器，你就跑不掉了。难怪我们填表时都躲不掉这一项。我填过的表不多，但也填过几张，比如小学毕业要填，进中学要填，中学毕业还要填，这些表格里有一栏就是"社会关系"。起初我不懂社会关系是什么，问我爸，我爸说："你就写那个忘恩负义的东西。""忘恩负义的东西"就是我叔叔李德成。那个栏目里有一串扁长形的格子，我全空在那里，只用"李德成"占了一格。我们家的社会关系竟是如此简单，比历史情况简单得多，没有姨妈，没有姑姑。本来还有一个舅舅，是我妈的哥哥，在二轻局下面一个公司当会计，可是这个会计在一九六六年夏天死掉了，据说有人看见他用人民日报社论擦屁股，他就吓得上吊死了。好在他寡人一个，没有家眷，否则就害了别人。我舅舅一死，我妈就成了荞麦地里一根苗，这种情况在我们老鼠街叫做"不发旺"。我爸只有两兄弟，也不能算"发旺"。

照理我们家跟我叔叔家应该是非常亲密的，一来是亲兄弟，二来也没有别的社会关系，不跟他们家"亲密"就没有人可以亲密了。可事情往往就是这样，应该亲密的反而亲密不起来，我爸骂我叔叔是忘恩负义的"翻眼贼"，骂我婶子是"疤婆子"。他说我叔叔之所以变成了"翻眼贼"，全怪"疤婆子"，如果不是她调唆，他弟弟决不会跟他翻眼，做哥哥的当学徒供他读书，他好意思昧了良心当"翻眼贼"？所以"疤婆子"最要不得。事实上我爸没供我叔叔几年，我叔叔十五岁就到茶叶店里当了学徒，而且我叔叔也没对他翻过眼睛。我叔叔唯一做得不好的地方就是管不住我婶子。我婶子是个有觉悟的纱厂女工，对我妈的家庭出身很不满，我奶奶还在世的时候，她们妯娌间的阶级斗争就已经开始了。我婶子长着一张圆圆的桃子脸，左上眼皮上有一点疤，像粘着几粒白芝麻，满肚子都是斗争艺术和龌龊话，最擅长牵丝带草指桑骂槐。比如择菜择出了一条小青虫，她要先哎呀呀一声，叫板一样，引起别人注意，然后便撇着嘴骂小青虫，我最讨厌寄生虫！拿脚尖一搓，小青虫便成了一汪绿水。本来小青虫就是小青虫，可她偏要说寄生虫，还要踩死它。寄生虫是什么呢，不就是好逸恶劳的资产阶级吗？我妈挨了骂，不还嘴，她根本不会这一套，或者不屑于这一套，总之是不与我婶子正面交锋，而是在枕头边学给我爸听。我爸就拿出大哥的威风，叫我叔叔管管我婶子，——"老二，管管你老婆那张嘴！"我叔叔大约也管过一两回，可他奈何不了我婶子，我爸便怪我叔叔，骂他是个"翻眼贼"，纵容老婆骂嫂子。久而久之，两家越来越远了，只在过年时才互相走动一下，大人还不走，只叫孩子们走。先是"疤婆子"叫儿子李有志来给大伯大妈拜年，李有志来过了，我们家才叫人过去。本来我是长子，一般来说，过去的应该是我，但我的腿不行，所以每年都是我姐姐去的。

其实我婶子并不是个头顶生疮脚底流脓的角色，除了妒心重，嘴不好，心思还是好的。尤其对我姐姐好，她没有女儿，便口口声声要把李玖妍当女儿。李玖妍去他们家拜年，她除了给压岁钱，还总要留李玖妍吃一顿饭。压岁钱都是要给的，留饭也是要留的，李有志来了，我妈也留饭，也要给压岁钱。而我婶子总要比我妈给得多，比如我妈给李有志一块钱，我婶子就给李玖妍一块二。这多给的两毛不算什么，这只是一种礼数。你先来我后去，我一块钱你也一块钱，那就叫不懂礼数，是骂人，是就你的骨头熬你的膏。所谓礼数，全在这两毛钱里头。我婶子对李玖妍的好不在这两毛钱，在于一些女孩子的小东西，小时候是皮筋或发夹，长大了就是花尼龙袜或红围巾。李玖妍插队以后，我婶子还给过她一双厂里发的高帮工装皮鞋，说那种乡下地方，冬天能冷死人，春天又到处是烂猪泥，穿上这双鞋子你就不怕了。关心到这一步，这就真有一些母女的意思了。

像母女又不是母女，这样才有话说，才可以什么话都说。李玖妍有满肚子的话，她太想说给一个人听了，可是，这样的话能跟谁说呢，跟谁说都不合适，想来想去，也只有跟我婶子说一说。那回她在家里闷了五天，中间只出去一次，那一次就是找我婶子去了。可是看着我婶子她又说不出来，只好回到沙口村，点着那盏柴油灯，熬夜给我婶子写信。我婶子既然是无产阶级，娘家的家境可想而知，看看她的名字也想得到，王棉花，什么人家给孩子取名字会这么随便，看见什么说什么，完全不用一点心思？可怜王棉花小学都没毕业，像吃夹生饭似的，好不容易才把这封密不透风长达三页半纸的信啃下来，然后王棉花就开始伤脑筋了。毕竟不是母女，这事到了她这儿，叫她怎么办呢？她跟我叔叔商量，叫我叔叔以她的名义给李玖妍回一封信，问她是怎么打算的，跟家里说过没有？李玖妍回信说家里还不知道，她不敢说。我婶子又叫我叔叔代笔，这才怪她不懂事，到了这一步还不跟家里说？再说，这是什么事？你瞒得了一天还瞒得了两天？李玖妍马上回信说，婶子你不会去说吧？你不准说呀，你说了我会恨死你的。

他们想来想去，觉得还是应该告诉我爸妈。这不是一般的事，他们又是做叔婶的，不知道还好，知道了却不说，万一将来再有什么事，不说担责任，就是心里也过不去。日后李玖妍要怪他们，说他们出卖她，那也只好由她，他们不能跟她一样不懂事，把事情阴在肚子里，等着看我们家的好戏。到底还是亲兄弟，打断骨头连着筋。可是，这件事情怎样做呢？到我们家里去吧，这么多年了，兄弟妯娌间冷冰冰的，这样贸然闯过去，说的又是这样一件尴尬事，无论如何都有些唐突。而且还有一层，李玖妍把家里瞒得滴水不漏，却一五一十地什么话都跟他们说，这样明显的里疏外亲本来就够人家伤心的，再由他们把信拿过去，什么意思呢？两口子为难了许久，还是觉得应该把我爸请过来，若是我爸肯过来，做弟弟的自然就把信拿出来给哥哥看了；若是我爸端架子不肯来，那就对不起了，他们只当没有这回事，以后要是说起来，他们也是仁至义尽了，理是站在他们这一边的。

来请我爸的是我的堂兄李有志。李有志比我大一岁零三个月，穿着蓝背心和洗得泛白的蓝咔叽布松紧带短裤，拖一双人字形海绵拖鞋，怯生生地站在我家门口。李有志总是这么怯生生的，看了你一眼，就决不再看你第二眼。他像背书给老师听一样："大伯，我爸叫我来请你去我们家吃饭。"

那天是星期天，也碰巧是我爸轮休。李有志跟我爸说话时，目光慌慌张张地四处躲，恰似两只互不搭界的翅膀，东飞一下西飞一下，就是不落在我爸脸上。话说完了，也不等我爸问话，不看我爸的反应，转身就走。我爸听了一愣，像牙疼似的，咝的一声，腮帮子就往里陷进去了。他扭头看着我妈，说："有志他是说请我去吃饭吗？"我妈也在发愣。我爸又问我："兵子你听见了吗，他是不是说请我去吃饭？"我说："好像是。"我爸还是疑惑，要我学一遍，我就把李有志的话学了一遍。我爸把头往后一仰，不住地朝房顶眨眼睛，说："请我吃饭？哈，太阳从西边出来了？"他的身子小幅度地一仰一合，脑袋也跟着晃来晃去，但不管怎么晃，他的脸都朝着房顶。他说："老二搞什么把戏？我现在算什么呢？不红不白，一个称盐打酱油的，值得他请我吃饭？逢年过节都不请，这不年不节的，倒请我吃饭了！"

他就那么仰着脸看房顶，看了一会儿，再看我妈："亚蓉你说，他为什么请我吃饭？"我妈淡淡地说："我怎么知道？"我爸又问："那你说，我去不去？"我妈说："我说不去你会不去吗？"我妈跟着就朝他翻了个白眼，说："我管你去不去！"

我爸还是决定去吃这顿饭。我妈从柜子里拿出一包香菇一包烟笋，叫他带着，说既然你要去人家家里吃饭，还是带点东西吧，空着两只手不好看。

那时候是夏天，在我们巷子里，大家脚上不是一双呱嗒呱嗒的趿板子，就是刚时兴不久的塑料凉鞋和人字襻的海绵拖鞋，而我爸那天穿的是一双老式牛皮凉鞋。为了登他弟弟家的门，吃一顿莫名其妙的饭，他显得特别庄重，用香皂仔仔细细地洗脸，刮胡子，还顺带擦了擦身子，换了一件白竹布短袖衬衫。这就已经是沐浴更衣了，可他觉得还不够，想想又翻箱倒柜，要找一双将近二十年没穿的牛皮凉鞋。我妈说："这年头你还摆什么派头？"他很认真地说："这个派头是要的。"找出了牛皮凉鞋，又找鞋刷子和鞋油，好不容易找出来了，鞋油却干得像石头。他只好将鞋子拿到红旗路上，花一毛钱请鞋匠秃顶老宋帮忙，老宋给他把鞋子刷得油光锃亮。他又提着鞋子回家，找了一双酱底黑条花的尼龙袜子，套上了尼龙袜子，这才郑重其事地穿牛皮凉鞋。牛皮凉鞋一上脚，他的身条子就直起来了。

他响亮地说："我走哈。"

他没骑那辆破自行车，而是提着我妈给他的香菇和烟笋，挺直身板咯吱咯吱地走到红旗路去搭公共汽车。那天很热，不到中午，阳光就直落下来，巷子里涌动着紫灰色的焰气，把他腰以下的部位弄得影影绰绰的，到巷口时，他整个人都变成影影绰绰的了，只有脚上那双刚擦过的牛皮凉鞋还隐隐地晃动着一点光亮。

我婶子费劲巴力地准备了一顿饭，烧了我爸喜欢吃的腐竹烧肉，还有黄汤鱼和焖豆腐，又知道我爸不喝白酒，特意买了一瓶扎酒。扎酒其实就跟糯米酒差不多，颜色有点偏红，据说喝了养人的。这么难得的一顿好饭，可见真是把我爸当了稀客。然而我爸却一口没吃。他看了李玖妍写给我婶子的那封信就坐不住了，我婶子还在楼下厨房里忙着，他就从楼上下来了。他的脸黄得吓人，比黄表纸还黄，黄到尽头还泛一点青。他勾着头窝着背，两条腿硬得像两根棍子。他的膝盖好像不会打弯了，直直地捅在楼梯上。一条腿捅下去，又捅另一条腿。皮凉鞋的底很硬，把楼板捅得咚咚直响。

我叔叔连声叫着："哥，哥，哥——！"我爸头也不回。我叔叔追到楼梯口上看着他，我爸歪了一下，我叔叔便赶紧往下蹿两步，想扶他，但他顺手在护栏上一撑，又站稳了。我叔叔家住的是老灰砖洋房，一栋三层的洋房里住了七八户人家，挤得满满的。楼后面用砖和木板搭的一排矮窝棚是各家各户的厨房，顶上盖的有红机瓦，有牛毛毡和杉树皮，还有人干脆在屋顶上钉一块旧铁皮，再在旧铁皮上薄薄地抹一点水泥。我叔叔家在二楼，楼梯上的窗户下边就是他们家的厨房。厨房顶上盖的是牛毛毡，夏天的太阳直愣愣地烤下来，里面又是烟熏火燎，我婶子的圆领衫都被汗粘在了身上，人就像从水里捞出来的。听见楼梯响，又听见李德成叫哥，我婶子赶紧扯扯贴肉的湿衣服，把围裙套在胸前，从厨房里探出头来看。她看看上边的窗户，又转过来看楼门口。楼门口紧挨着后门，我爸下了楼，往左跨一步，就到了后门口。我叔叔跟在他后面。

我婶子看见我爸蜡黄着脸，就猜他没扛住，被一口气噎住了。我婶子就用眼神问我叔叔，我叔叔用眼睛回答了，并且用力点头。我婶子便说："哎呀他大伯呀，这是怎么回事？说好了吃饭的，菜也马上就好了，你怎么能说走就走呢？无论如何也要吃了再走呀。"我爸像没听见似的。我婶子又朝我叔叔使眼色，叫他拉住我爸，我叔叔挤挤眼摇摇头，还摊开两只手，意思是他拉了，尽了力了，可是拉不住呀。我婶子就故意骂我叔叔，但她不提李玖妍的那封信，她说："李德成你这个人怎么回事？一定是你不会说话，把大哥气到了吧？你看看你这张臭嘴！"我婶子骂了我叔叔，又对我爸说："他大伯，我从早晨忙到现在，你看看我这一身，哪里还有一根干纱？你一定要给我一个面子哈，哪怕有天大的事也要吃了再走，听到吧？不能走哈！"这回我爸听见了，他毫不犹豫地摇摇头。

他像一根弯棍子似的从我婶子身边走过去了，又直着腿往前走。走出了厨房和洋楼之间的窄巷子，推开一扇歪斜的木板门，就进到了柳家巷了。我叔叔和我婶子一直跟到门边。阳光很白，贴着巷墙照下来，把柳家巷照得一半阴一半阳。我爸不知道走阴处，在白晃晃的阳光里走着，已经快走到巷那头了，我婶子忽然发现他手上还捏着他们家的一把蒲扇，便踮着脚尖追上去。我婶子边追边说："他大伯，蒲扇呀，蒲扇！"她追到他屁股后头，嘴几乎贴靠了我爸的后颈窝，可我爸什么也没听见，只知道往前走。我婶子想将蒲扇从他手里抽下来，她弯腰捏住扇沿，抽了一下，没抽动，又连抽两下，还是没抽动。我爸捏得很紧。有人在抽他手里的东西，他也浑然不觉，依然勾着头直着腿往前走。我婶子不好硬抽那把扇了，她摇摇头，叹一口气，看着我爸一顿一顿地走出了柳家巷。

那把蒲扇就这样被我爸一直捏在手中。那是一把上好的蒲扇，扇中央用烟熏了我叔叔的名字。我叔叔还在扇的另一面熏了几根细瘦的兰花，是照着《芥子园画谱》熏的，兰花上面熏的是毛主席的《蝶恋花　答李淑一》，仿毛主席的手迹。后来这把蒲扇就放在了我们家里。我们家也没谁用过它，前些年搬家，我从一个柜顶上把它拿下来，它被压在一些旧报纸和一只纸箱子下面，已经变形了，有些糟了。我轻轻抹掉它上面的灰，见我叔叔的名字还在，兰花和《蝶恋花　答李淑一》也在，与我爸的血印子相叠印，只不过血印子变成了淡淡的酱黄色，不大像血印子了。

那天中午十二点半左右，我爸拿着这把蒲扇在白马庙街摔倒了。那时的白马庙街和今天的白马庙农贸市场是一个地方，就是黄花萍和苏晓晓摆摊开店的地方，当年也就是一条小街，如果是一个健将级的跳远运动员，估计一个健步就可以从街这边跳到街那边。群众商场的后门就开在西边街口上。我爸是在离群众商场后门大约一百米的地方摔倒的，他先是咳了两声，却什么也没咳出来，觉得有什么硌在心里，又用力咳两声，就咳出了一口血。然后他扶着一面墙，继续直腿弓腰地咳着，喉咙里的血腥味四处乱窜。血在阳光里显得非常刺眼，像一把闪亮的红刀子扎在地上，落地后又嗞的一声，把地面呛得冒起一股青烟。他手里的蒲扇也掉下去了。蒲扇把地上的血盖住了。他晃了两晃，就扶着墙一点一点地软下去了，就像一根面条浸在水里一样，软得又迅速又彻底。快要贴地时，膝盖再陡然打一个跌，整个人就一屁股坐在地上了。他脸上憋出来的猪肝色也一点一点地褪掉了，脸又变成了一张黄表纸，连爆出来的汗粒都是黄的。几个在路边跳橡皮筋的小女孩瞪大眼睛看着他。她们不跳橡皮筋了，飞快地把橡皮筋收起来，一边跑，还一边回头看我爸。

一个拖板车的男人从街口转过来，小女孩们指着我爸对拖板车的男人说，你看那个人快要死了。男人拖着板车，犹豫着往我爸跟前走，走了一会儿，站住，皱着脸朝我爸看着，又走，走了几步，又仰头看看头顶上的太阳，然后放下板车，蹲到我爸眼前；蹲了一会儿，缓缓地伸出一只手，拍我爸两下，我爸喉咙里"嗯呃"了一声，他就把手伸到我爸胁夹里，扶了一把，没扶起来。他发现这个人成了一截烂绳，扶到哪儿都是软的，便叫那几个还在朝这边看着的小女孩："哎，你们几个，过来帮我一把。"

小女孩们一听，都呱嗒呱嗒地跑掉了。

101

男人一屁股坐在车把上，点着一根烟，抽了几口，皱着眉头问我爸："喂，她们跑什么呢？她们认识你吗？你不是个坏人吧？你穿得不差呢，脚上还是一双皮凉鞋，少见呢。看你这身穿着，你会是个什么成分呢？要是成分好呢，我救你就算救对了，是救了阶级弟兄。要是成分不好呢，我救了个什么呢？可是我要是不救你呢，你八成要翘辫子，若是万一救你救出麻烦来了呢，那我不是没事找事？你说，我要不要救你？"

我爸脸上全是黄汗，张着嘴一口接一口地喘气。阳光落进他嘴里，映照出一点点灰红。男人看见白白的阳光在他嘴里变成了脏兮兮的灰红，便死命吸一口烟屁股，然后把它扔了，龇着牙吸一口气，说："好吧，老子碰碰运气吧。"

男人调整了自己的位置和姿势，骑马蹲裆，裆口对着我爸的头，然后弯腰，两手分别插到我爸两个胁夹里，拖死人一样，吭哧吭哧地把我爸拖到板车上。男人说你自己也动一下呀，你就全靠我来拖？男人又捡起那把蒲扇，也放到板车上。板车的轮轴大概很久没抹过黄油，一路上干干地叫着，吱呀儿，吱呀儿。男人走着走着就往后扭一下头，问躺在板车上的我爸："喂，你是谁？说呀，你叫什么？你家在哪里？"我爸紧闭双目，咬住牙关不吭声。男人说："你哪怕吭一声呀，让人心里有个底，不要叫人心里发毛呀。你吭一声我就知道你还是活的，知道你没死在我车上，你要是真死在我车上，我还怕我说不清呢。你还不吭声？你再不吭声我就掀你下去哈！我不跟你客气的！"

但他还是没有听见我爸说话。男人把车放下来，跑过去看我爸还在不在出气，他伸出一只黑糊糊的手，在我爸鼻孔边试了试，又跑回去拉板车。男人一边骂倒霉，一边吱吱呀呀地把我爸拖到了东河区医院。区医院里有几个人认得我爸，知道这个人是东门南杂店里称盐打酱油的老李，便要男人去南杂店把病人单位上的人叫来。男人不肯去，说我救人还真救出麻烦来了？医院便扬言要扣男人的板车，不准男人走。男人吵起来，说你们这些臭老九，敢扣押工人阶级？男人威胁说，明天我就贴你们的大字报！医院说你实行革命的人道主义，救人救到底，去把他单位上的人找来，什么问题都解决了。男人到底拗不过医院，只好丢下板车，来到东门南杂店。南杂店听说老李在白马庙吐了血，搞不清怎么回事，领导跟几个同事经过短暂的商量，对这个陌生男人说，这位同志你最好再辛苦一趟，去叫一下老李同志的家属，就在老鼠街三十七号，很近的。男人几乎气得要哭了，说，我今天撞到鬼了，撞到鬼了撞到鬼了！一边说一边骂骂咧咧地来到了老鼠街三十七号。

那天我就趴在门口翻连环画，忽然看见一个比非洲黑人还要黑的男人站在我面前，仰脸看我们家的门牌号。男人只用眼角挂了我一下，招呼都不打，便一步跨过来。他身上的汗味熏得我直皱鼻子。我大声说："你这个人怎么不讲道理，随便就跑进人家家里？"他这才问我："这不是老鼠街三十七号吗？"我说："是呀，怎么啦？"男人气哄哄地说："是还说什么？你是这家的儿子吧？你老子快死了！把我也害死了！"我愣了愣，说："你胡说，我爸在我叔叔家吃饭呢。"男人说："还吃饭？血都吐了一大摊，有没有命都难说！"我不知怎么头皮就麻起来了，汗毛也一根根竖起来。这天我妈没当班，在家，我朝厨房里喊："妈，妈！"我妈已经慌慌张张地跑出来了，说："怎么了怎么了？"男人见了我妈就说："你们当家的快死了。"我妈说："听见了听见了！可是，你是谁呢？你在哪儿看见他爸爸吐血的？你是不是搞错了？"男人很不耐烦地说："是东门南杂店说的，老鼠街三十七号，叫我来喊家属，你看是不是我搞错了？！"我妈张着嘴，不住地眨眼睛，说："怎么回事？"

那天下午（阳光已经歪斜了，缩到巷墙上长满锈渣子的墙巴钉上去了），我妈忐忑不安地跟着这个陌生男人去了东河区医院。一路上这个男人都在跟我妈说他怎么救的我爸，他怎么远远地看见我爸像一条虫似的蜷在墙根下，等他走近再看又怎么觉得我爸像一个死人，他又是怎么把我爸搬上板车的，他心里又是怎么想的。他说他是这样想的：做人哪，顶着一颗人头哇，哪能见死不救呢？这么大热的天，又是一个吐血的人，不救不是死定了？蚂蚁是一条命，蛾子是一条命，莫说这还是一条人命哪；若是就让他这么死掉了，他的老婆怎么办呢？他的孩子怎么办呢？若是上头还有老人，老人又怎么办呢？那可是断肠的事啊，是白发人送黑发人哪！

这个黑男人叫熊大头，是东门外码头搬运站的板车工。因为救了我爸，以后便成了我们家的常客，来了就将黄渍渍的汗巾往肩上一搭（他的汗巾就是一条白土布，很长，估计过了一米，织得比较疏松，也比较粗糙），见哪里方便就往里一坐，饿了就说有饭吗，渴了就问有没有凉茶。他老婆在乡下，给他生了一窝儿女，都张着嘴要吃喝，所以他还动不动就向我妈借钱。我妈脾气不错，总是客客气气，从未怠慢过他。只是在借钱这一项，我妈心里不舒服，在背地里说过些不好听的话，而且不只一次。

就在我爸吐血的第二天上午，我的堂兄李有志又拖着海绵拖鞋来了。他从来都是站在门口，不进来的。他好像没看我，而是看我家的桌子和墙。他说："蒲扇呢？"他的目光终于在我脸上晃一下，又说："你爸拿了我爸的蒲扇，蒲扇呢？"我那时还不知道蒲扇的事。昨天黄昏时我妈从医院里回来，给我们做了晚饭，然后就拿个袋子装了毛巾牙刷把缸和调羹，叮嘱我们早点睡觉，又叮嘱我们要闩上门，就急匆匆地回医院去了。我问李有志："我爸拿你们家的蒲扇干什么？"他说："他要拿，我怎么知道？"我说："我爸在医院里，你去医院里问他吧。"他终于看了我一下，然后目光又像被风吹起来的纸屑似的飘来飘去，飘了一阵子，好像还咽了一口唾沫，走了。

我以为李有志回家去了，谁知道他真的去了医院，问我妈要那把蒲扇。我妈从我爸的病床底下拿出了蒲扇，他看见有血，不肯接过去，说你们把我爸的蒲扇弄脏了，我不要。我妈忍着气说，那我买一把赔你吧。他居然点头说好。我妈只好带他去买了一把蒲扇。

当天晚上，我叔叔和婶子去医院看了我爸。他们先礼节性地安慰了我妈几句，接着就骂儿子李有志，说李有志是个猪头，其实他们就是叫他来看看大伯的，他却要什么蒲扇。他们说这孩子没用，没轻重，一把蒲扇算什么呢？这个猪头！

他们拿到医院里去的红糖、麦乳精和糖水梨罐头，虽说花了钱，也都是好东西，但我爸一样也没动，我妈把它们从医院里拿回家，锁进她房里的一个柜子里。既然我爸不吃，按理她就应该拿给我和李文革吃的，可是直到红糖化掉了，结成了糖粑粑，麦乳精里长出了带翅膀的小黑虫子，又长出了短短的茂密的灰绿色绒毛，糖水梨罐头的马口铁盖子锈成了黑红色的碎渣子，她也没拿给我们吃。我估计她是把它们忘了，那时候她经常忘事。有一天她打开柜子找什么，才发现

这些东西全坏掉了，便叹一口气，把它们当垃圾扔掉。扔这样的东西是一件让人很为难的事，毕竟是好东西，有心理压力，所以我妈扔它们时像做贼，趁晚上没人，偷偷跑到北头偏巷口上的厕所旁边，把它们扔在一只铁壳垃圾桶里。

　　我爸在医院里住了将近一个月。他后颈窝里本来就有几道皮褶，但还不松垮，吐血后那几道皮褶便松垮得不成样子了，而且总是汗津津的，还透着一股油膏气。出院时，医生叮嘱我爸千万不要动气，医生说你的病第一要静养，第二要营养，什么时候养到气血平和，什么时候才能说没事了。但店领导只让我爸养了一个星期，就催我爸去上班。领导说老李呀，要跟你打个商量呢，这阵子搞深挖洞，店里抽走了人，缺人手啊，你看你能不能一边上班一边养病呢？我爸只好又去给人家称盐打酱油。他吐血前身高一米七四，体重大约在一百二到一百三，现在不知道还有没有一百一。家里的一只药罐子成天咕嘟咕嘟地炖着，一包药要煎三道，早中晚各吃一道，一道就是满满的一大把缸。我们家里本来就有一股淡淡的药味，现在药味更重，都浓得化不开了，使人觉得药味是一种极有黏性的东西，它会紧紧地巴黏在我们身上，我们只要随便搓一下脸，或者搓一下手臂，就会搓出一条条酱黑色的黏糊糊的垢泥。苍蝇和蚊子只要飞到我们家里，就会立即变得笨拙沉重起来，像忽然得了病似的，翅膀都抖不动。晚上我们根本不用放蚊帐，没有蚊子会来咬我们。

　　平心而论，那时候我妈对我爸算是很不错的，除了侍候他吃药，每隔一天还给他炖一个一两半的肉饼汤。说到肉饼汤，这要感谢副食品公司的周师傅，不是周师傅帮忙，我妈是买不到那一两半肉的，那个操刀卖肉的胖子说什么也不肯剁一两半肉，说从来也没这样剁过肉，你是吃肉呢还是塞牙缝？又说猪都是长骨头的，把肉剁给你，骨头算谁的？周师傅就帮我妈说话了，他说裘胖子，人家这是当药吃的，你就剁给人家吧，也算积了一个德。周师傅不但管开票，还是副食品公司的会计，说话有分量。裘胖子说那好吧，看在你老周面上，我就积一点德吧。买肉没有问题了，可我爸不肯吃肉饼汤，他撮着脸说我不用吃肉饼汤。我妈知道他是怕打乱家里的计划，便给他算了一笔细账，说一天一两半肉，一个月花不了什么钱。一斤肉七毛六，一两半肉不过一毛一分四，四舍五入，也就是一毛一；两天才花一毛一，一个月才一块六毛五，一块六毛五算什么呢？什么都不受影响。听我妈这样算了账，我爸才勉强吃了肉饼汤。

这样一来，我们家的肉票便相当紧张了，我们又很久没吃过肉了。所以每次我爸吃肉饼汤时，李文革都会眼巴巴地站到我爸面前，吸溜吸溜地吮大拇指，弄得我爸吃肉饼汤像吃毒药，苦着脸，怎么也吞不下去。

我妈吓唬李文革说："你不怕死吗？你爸得的是肺痨，肺痨是会传染的，你吃了他的肉饼汤也会得肺痨的。"我妈还用一根指头在李文革胸前比划着："然后呢，你的肺就会一点点烂掉，会烂得像破棉絮，你怕不怕？"

李文革瞪大眼睛，一步一步往后退。他尽管贪吃，但更怕死。以后他不敢站在我爸面前了，他远远地看着，还是把大拇指放在嘴里，涎水顺着拇指根挂下来。那个拇指头被他吮得通红肥胖，像一截吃足了肥的红萝卜般鲜亮。那是左手的大拇指，如今他左右手的大拇指都一样了，都白皙细腻，指甲盖红润光滑。他读大学时看了许多书，尤其喜欢历史，还喜欢《周易》，毕业后立志从政，说这符合国情。起初他走得不怎么顺，但他有耐心，说万事开头难，慢慢等机会吧。因为懂得抓机会，所以这些年他越走越顺了，才三十出头就是个副处了，可他不自满，说照现在的年龄层次来看，他还不算到点，到点起码要是个正处，最好是副厅。他的女朋友换了好几个，最近的这个为他做过两回人流——医院里做广告说是无痛人流，但女朋友还是痛得哇哇直叫，不知道是医生骗人还是她装出来的——可他却不忙着结婚，而是忙着准备功课。他的功课分两部分，一是看一些必须要看的书，二是走一些必须要走的关系，总之他是摩拳擦掌地要参加副厅级干部的竞聘。他说从副处到副厅是一种跨越，是千载难逢的机会，他决不能错过，他早已瞄准了一个位子，希望能一箭中的。事实上他如愿了，果然是一箭中的了。

我爸一边吃药一边琢磨着怎么给李玖妍写一封信，他说我要在信里骂她个狗血喷头！我妈虽然没吐血，但一听我爸要写信骂人，便一再催他，你说写信的，怎么还不写呢？有我妈这样支持，我爸更是摩拳擦掌，说我怎么不写？我还跟她客气！他铺开信纸，把笔拿在手上，我妈趴在他旁边，两个人同仇敌忾，准备对

李玖妍破口大骂了，可是却发现不是那么好骂的。他们毕竟是父母，不能像泼妇骂街那样不管不顾，也不能劈头盖脸张口就骂，无论如何也要先开一个头，可是这个头怎么开呢？两个人绞尽脑汁，你一句我一句，总觉得不合适，还不如开门见山，口气稍稍和缓一些就是。可是我爸一落笔，才说了几句，发现还是像个口无遮拦的泼妇。我爸非常沮丧，又另起炉灶，想尽量掩饰怒气，可难度太大了，反而显得居心叵测阴阳怪气。我爸只好把信撕了，撕信时咬牙切齿。

我妈见他动了气，不敢再支持他，劝他说："你看你，又生这么大的气。要不还是别写了，等她回家来过国庆节，我来当面问她，看她怎么说！"

然而到了国庆节，李玖妍却没回来。

直到这年腊月二十九，乡下的金秀姑姑和细宝伯伯来了又走了，李玖妍才回来了。她显得很麻木，什么也看不见，既没有感到家里的气氛有什么不对劲，也没有看见我爸是一副病相。我爸的病是一望而知的。那一口血把元气吐掉了，不是有药和肉饼汤扶着，慢慢回了一点头，那副枯萎的样子恐怕还要严重些。可是李玖妍一点也看不见他的枯萎，她的眼睛干什么去了呢？厨房里一只黑药罐子在咕嘟咕嘟地熬着药，我妈手上垫着锅布，握着药罐子往一只搪瓷碗里滗药汤，我爸咕嘟咕嘟地喝药汤。别说看，就是闻一闻，也能闻出我爸的病来。那个救了我爸的板车工熊大头，来我们家时都把鼻子皱起来："你们家就是一只药窖啊。"可是李玖妍进了这只药窖却没一点感觉，耳朵鼻子和眼睛都成了一个摆设。

她的麻木连我妈都感到不满了。我妈说："她一点心思都没有，不知跑哪去了，她的眼睛也瞎掉了。"

我妈决定要跟她摊牌了。她把她叫过去，说："妍子你来，帮我洗萝卜。"

李玖妍站在水池子边洗萝卜时，我妈说："这几年国庆节啊春节啊，怎么都没见你那些同学来家里玩呢？"我妈又说："还有那个詹少银呢，他还在部队上吧？人家当兵都探亲呢，他怎么不探亲呢？"李玖妍这才开口说了一句话："我怎么知道？"我妈说："难道你们没有通过信？"李玖妍："通什么信？没有。"

李玖妍用力洗萝卜，弄得水哗啦哗啦地直响。锅里的油大约烧热了，我妈将包心菜倒下去，喳地爆起一声响。

107

我妈说："不会吧，你们没通过信？"李玖妍说："没有。"我妈说："真没有？"李玖妍说："真没有。"我妈说："有也不要紧的，通通信怕什么呢？"李玖妍说："没有就是没有。怎么回事？今天老说这个干什么？"我妈说："这个说不得？不就是说说通信的事吗？在一起插过队的，通通信很正常的。"李玖妍说："我说没有，你还老说。"我妈说："说这个你紧张是吧？"李玖妍说："好笑，我紧张什么，我没紧张。"

"李玖妍！"我妈忽然叫一声，"你的嘴巴真硬哪！我这样问你你都不松口？你要瞒我到几时？你以为你想瞒就瞒得住？我老实告诉你吧，你们的事我们都知道了！"

李玖妍那边的水声不响了，只听见我妈用锅铲在生铁锅里炒出来的吱喳声。过了一阵子，李玖妍又开始洗萝卜，又是使劲地洗，哗哗地洗，可她说话的声音却比洗萝卜的声音小得多。她说："好笑，你们知道什么？好像我真有什么事瞒着你们似的。"

我妈似乎是在橱子里拿碗，碗碰出脆亮的响声。

"我都跟你说到了这一步，你还敢瞒？！"

李玖妍洗萝卜的水声变得很慢了，响了一下，过一阵子，再响一下。

"那、那……那你、你们是怎么知道的？"

我妈哼一声："怎么知道的？你还有话跟我们说？你只会跑出去跟外人说！你让你爸的脸都没地方放！你把他气得吐血！他差一点就死在街上！"

水忽然哗的一声，接着我听见李玖妍大声喊我婶子的名字："王棉花！"

我妈说："你在这里喊王棉花干什么？这是她家呀？你自己做的什么事？你还怪人家王棉花？"李玖妍说："我自己做的事自己负责，我不要人家来嚼舌头！"我妈在用锅铲子敲锅沿，梆梆梆："人家王棉花是嚼舌头？人家不是为你好？那我们也是嚼舌头？有本事你到水泥厂去上班哪，你怎么不去呢？嗯？"李玖妍没回答。过了一会儿，我妈又说："你说你自己负责，那好，你将来怎么办，你说说看！"李玖妍把洗好的萝卜拿到筲箕里，萝卜上的水滴在水池子里，一滴一滴地响得很清晰。李玖妍说："我现在不想这些事。"我妈冷笑着说："你不想？你也不用想了，想也是白想。你真的完蛋了！"

李玖妍忽然低声抽泣起来。她似乎还站在水池子边，还有水滴进水池子里，叮咚一声，又叮咚一声。我妈放下了锅铲子，在切菜。我们家是一块老枫木砧板，总是翘翘的，放不平，切菜时便咯咯地响个不停，像一匹奔跑的马。

"哭有什么用？麻烦还在后面呢！不说别的，你的名声呢？我跟你说，这种事最坏名声，尤其在乡下。乡下人的嘴巴最喜欢嚼这种事，今后你什么都不要想了，你真要扎根一辈子了！"李玖妍的抽泣声停了一会儿，当抽泣声再响起来时，就像夜晚从巷子那头吹过来的风，寒气很重。"我……我哪想到会这样，我不知道会搞成这样的……"我妈说："你是死人哪？"李玖妍说："我都悔死了……"我妈说："知道悔了？晚了！倒不如跟他把关系公开，兴许还能挽回一些；再说明确了关系，这事也就清楚了，别人再要说什么，起码不能说你道德品质败坏吧？对不对？"李玖妍说："这……"我妈烦躁地说："这什么这？就这么说了，哪天就到他家去，当面锣对面鼓，敲定它。他家里好像就是区被单厂的吧，他爸爸就是那个脸上有疤的，叫叫叫……哎呀忘了，他爸爸叫什么？"

我爸在外面很响亮地接了一句："过去叫詹疤，现在叫芒果詹疤！"

"对对对，芒果詹疤。"我妈说。

李玖妍说："到人家家里去干什么？我不想去……再说，他也不在家。"

我妈很吃惊："你说什么？你不想去？你的名声都出去了，你在水里他在岸上，你还说不去？他不在，他父母在不在？"李玖妍身边那个水池子里的叮咚声是一串一串的了。我妈像是把刀拍在砧板上，哐当一声："不去不行，这事由不得你，我们都跟你去！"

不知李玖妍在干什么，我听见落在水池子里的叮咚声有些乱了。

"再考虑一下不行吗？影响多不好……"

"光明正大影响不好，偷偷摸摸影响好？你现在知道要影响？要影响你规矩些呀，别跟人家乱来呀！还来跟我说影响！你到底怕谁的影响不好？怕影响谁？你好意思！你大包小包提走的是什么？那是哪来的？都是我们从牙缝里省下来的！兵子从喉咙口里抠出了蛔虫，你知道吗？一条蛔虫啊，一根筷子那么长啊，活生生地扯出来，他肚里有油水，蛔虫会爬到他喉咙口来？可我哪有油水给他吃，我要刮给你呀，我偏心啊！我给你的一块手表，你就那样轻飘飘地送给了人家，你要送就送吧，你爸不是说你送得好，是大手笔吗？可是你怎么就不检点自己呢，还搞出一个生活作风问题来！好不容易到手的一个指标，花了多少心血，花了多少钱，就被你这样搞掉了！你对得起谁？一家人都在咬紧牙关熬日子啊，为了什么？你不会扪心自问，你不会自责？有你这么自私的吗？"

"我怎么不自责？我心里难过我不说就是了，我都恨死自己了……"

"那你刚才还说不去？你不想补救，不要挽回，你就这样沉下去？"

"要去我也不会现在去，现在我是死也不去他们家的……"

"你究竟为什么？你说你究竟为什么？！"

我爸听到这里倏地站起来。他一直在靠厨房的过道上坐着，我们家从厅堂到厨房要转一个小弯，形状像个摇把，他就坐在这个摇把的弯头上，旁边有他做的一面小镜子。镜子上也蒙着一层油腻，很模糊地映出他半个侧脸。厨房里的声音拐个弯就到了他耳朵里。过道上方还有一扇沾满油烟和灰尘的窗户，从紧闭的窗户玻璃上可以隐约地看见我妈和李玖妍的影子。他先在油腻腻的窗户上拍一下，又把脸扭过来左看右看，大约想找什么东西，忽然看见了那把搁在柜顶上的蒲扇，就是他从我叔叔家拿来的那把蒲扇，上面还有他的血印子。他蹿过来把它抓在手上，就气鼓鼓地冲到厨房里去了。我看见他的怒气像烟一样在头顶上飘着。他人跑进了厨房，如烟一般的怒气还在摇把似的过道上飘着。他好像把扇倒过来了，我听见他示威似的用扇把在什么地方敲了一下，应该是敲在案板上，响声是硬邦邦的，然后才是扇把打在袄子上的噗哒噗哒的声音。

我妈说："李德民你干什么？我这不在跟她说吗，你就知道她一定不会听？"

"我打醒她！我早就想打她一顿，我不打她我会气死！"

我从那扇油乎乎的窗户里看李玖妍挨打。我从来没见我爸打过李玖妍，李文革更没见过。李文革的脸都白了，眼睛盯着那扇油乎乎的窗户眨一阵子，又盯着我眨一阵子。

还是从窗玻璃上，我看见我妈好像在拖我爸，他们的身子挤在一起晃来晃去。我还隐约看见一只拿着蒲扇的手斜斜地举在那里，又忽然自己落下去了，就像被剁断了似的。过了一会儿，我爸从厨房里出来了，手上没有了蒲扇，他的手往下垂着，随着身子一晃一晃。我妈跟在他后面，一只手在他背上推着，另一只手拿着蒲扇。我妈踮起脚尖把蒲扇放回了柜顶上，她放了蒲扇又转过脸来，狠狠地白了我爸一眼："还会气成这样！"然后又赶紧回厨房去了。锅子里还热着菜，正发出哗哗叽叽的煎炸声。李玖妍还呆在厨房里，好像还是背对着窗户站在水池子边。水池子里不紧不慢的叮咚声一直没断过。

我爸打人时像一头牛，打了人以后就变成了一棵蔫耷耷的草，而且整个委靡下去了，连脖子都短了一截，陷到两根鼓突着的锁骨里去了，两只瘦肩膀跟骆驼似的，扛得高高的，脑袋则耷拉着勾下来。他的喉结骨碌了几下，咳了一声，跟着又咳两声，然后就咳个不停。咳了一阵子就弓着腰跑到外面去吐痰，他把痰吐在雨檐沟里。我妈从厨房里跑出来，一下一下地拍我爸弓在那里的脊背。她一边拍一边说：

"好了，都吐出来了。"

她蹲下去看我爸的痰。我爸自己也在看。巷子里的路灯早就亮了，可是照到雨檐沟里却是模模糊糊影影绰绰的。我妈又转身从房里拿出了一个手电筒，拧开屁股，把电池顺过来，再吱吱喳喳地拧上屁股，又蹲下去，用手电照着我爸的痰，仔细地看着。她说："好像还好。我还怕这一下你又要吐血，结果红丝都不见了，就是一点痰。"

等她再回到厨房，她对李玖妍说："你看你把你爸气得！他是想你好啊！要听话知道吗？"李玖妍没吭声，然后我妈就变成了一个天下最唠叨的女人，不住地说啊说。

这年春节李玖妍在家里只过了一夜。第二天一大早，天还黑着，巷子里还亮着路灯，她就走了，一个人赶车去了。这一天是大年三十，还没有人打爆竹，爆竹要等到晚上才打。广播也没响。广播没这么早。她至少提前了一个钟头出门，六点钟的车，车站也不远，沿红旗路往东，过了广场，再向南到前进路，就是走，顶多也就是三十多分钟，可她才四点多就走了。所以她走时四周非常安静。她蹑手蹑脚的，谁也没惊动，只开了厨房里的灯，匆匆洗漱了一下。她开门时我醒了，门搭子咔嗒响了一声，我刚睁开眼睛，就看见她的影子闪出去了，然后门又关上了。我愣了一阵子，就叫我妈。

我说："妈，妈，李玖妍走了。"

我妈披着衣服趿着鞋子出来了，吱呀一声打开门。我爸跟在我妈后边，也是披着衣服趿着鞋子。两个人脚在门里，身子却倾出去了，伸长脖子往巷子里看。巷子里除了路灯，什么也没有。我妈看着空荡荡的巷子，看着泛着青光的墙，还有跟着风跑着的一张破纸，说："大年三十呢，那有大年三十往外走的？她到哪里去过年呢？"过一会儿又说："她什么都没带，就这样空着两只手走了，不要给人家送点东西？人家年年得惯了的，忽然不送了，人家会怎么想呢？跪都跪了还缺这一拜？"说着，忽然就有点想要流泪的意思。

我爸把披着的袄子穿起来，又跑去房里穿长裤和鞋子。见我爸穿衣服，我妈也赶紧去穿衣服。我爸把自行车搬出去，一条腿才刚偏上去，我妈便慌忙往后座架上一跳，两个人就吱吱呀呀地赶到汽车站去了，估计扑了个空，或者就是李玖妍不肯回来，早晨七点半钟左右，还是他们两个人，吱吱呀呀地骑着自行车回来了。

跟往年一样，大年初一上午九点来钟，李有志就来了，我妈给了他压岁钱，又留他吃午饭，同时包了几样点心，叫我爸用自行车带我过去。我爸用自行车把我带到白马庙过去不远的柳家巷巷口上，把我和我的凳子都放下来，把那几包点心挂到我脖子上，说："记得怎么说吗？"我说："记得。"

我一个人撑着凳子来到我叔叔家的厨房里，我婶子正在那里忙着，见了我，有些愣，眨眨眼睛说："哎呀是兵子呀，你怎么没叫你姐姐跟你一起来呢？"我说："她不舒服，说头疼。"她脸上明显摆着失望和不高兴，说："哦，头疼呀，感冒了吧？"她仰起桃子脸，朝楼上叫一声，我叔叔便下来了。我婶子对他说："妍子没来呢，听说是头疼呢。"过了差不多有一分钟，我叔叔才快快地说："哦，头疼是吧？不来就不来吧。"

我婶子给了我压岁钱，一块二毛，一张一块的，两张一毛的，都是新票子。但我没吃她的饭，她再三留我，我都说不吃。我爸叮嘱过我的，我爸笼着手蹲在柳家巷斜对过的一处墙根下，说："你快去快回哈。人家留你吃饭你千万要推掉哈，你就说你走路不方便，怕回家太晚了，听到不？莫让我在这里久等哈。"

这个年我们家里过得很糟糕，三十晚上和初一早晨我们家连爆竹都没打，爆竹买好了，放在那里，但我爸妈没心思动它。看他们的样子，好像心思都烂掉了，晚上他们像两只鸽子似的在房里咕咕个不停。他们要商量怎么办？要不，我们自己出面，去找一找芒果詹疤？这样做合不合适呢？怎么跟人家开口，第一句话怎么说？……在夜深人静的时候，他们老躲在房里这么咕咕咕，让我产生幻觉，有一回我还梦见过鸽子，扑啦啦一大群，在我头顶上飞来飞去。我看见它们的羽毛忽忽悠悠地飘下来，落在我脸上。它们的羽毛冰凉冰凉的。第二天早晨醒来，我心里怔怔的。我发现落在我脸上的不是羽毛，而是雨水。下雨了。老鼠街的房顶上盖的都是青灰色的老瓦，雨水是被冷风从瓦缝里吹下来的，像粉末一样。

　　至于我爸妈找没找过芒果詹疤，我不得而知。我只听说过詹少银的爸爸詹二牛是怎么由詹疤变成芒果詹疤的。据说是上面要送给我们大家一只芒果，由谁去把这只金芒果捧回来呢，市革委会就通知各区往上报人，我们东河区报的是被单厂的救火英雄詹二牛，可是市革委会考虑到詹二牛同志满脸是疤，猛一看有点吓人，就挑了个会写革命诗歌的青年炼钢工人。詹二牛虽然没去北京，但毕竟是跟芒果有关系了，就凭这个，大家便把詹二牛的绰号由两个字变成四个字，叫芒果詹疤。这就很不严肃了，而且明显在取笑人家詹疤。然而就是这么一变，即使詹二牛没喝一滴酒，你也可以当面叫他的新绰号了，可他一点也不生气，芒果詹疤就芒果詹疤。

　　大约是元宵过后，李玖妍给家里来了一封信，她说你们说要把事情定下来，我知道你们是一心为我好，可我心里不愿意，我很犹豫。这是一辈子的事，我要想想清楚。这个人怎么说呢，反正我是失望了，觉得真是吹了的好。以前他还不虚伪，现在他越来越虚伪了，越来越会用心思了。他要么不说话，要说就是套话，还尽说豪言壮语，好像他不是在对我一个人说话，而是在对全国人民说话。说了你们也许不信，他在信里跟我说的话我都在报纸上找得到，都闻得到油墨味，一个谈恋爱都抄报纸的人，他还有一点点真诚吗？再说我怎么能跟报纸谈恋爱呢，将来还要跟他过一辈子？我真不敢想象。我太草率了，这件事我真的是做错了，从一开始就错了。我后悔死了，我宁肯一辈子待在农村，也不想跟这个人……

　　我爸妈看了这封信，神情都很茫然。

　　我妈愣愣地说："怎么办呢，你说，啊？"我爸则撮着脸，说："人家抄报纸不好？那是稳当！关键是，啊，关键是她已经跟了人家！木已成舟了！她那时候是死的？由着人家？如今自己已经有破败了，落下疤迹了，还想挑挑拣拣，还想跟人家吹，吃亏的是哪个？"我妈说："这样一来，她这个人不就算是毁掉了？"我爸说："就是毁掉了！"我妈说："劝劝她，再劝劝她。"我爸叹口气说："念在生她一场的分上，再劝劝吧，不劝怎么办？可劝是劝，也要她肯听哪！"

第八章　公章

虽然沙口村的"害蛾诱杀法"搞得轰轰烈烈，可到底没坚持下去，不等秋凉就草草收场了。从表面上看，它的夭折似乎还是因为阎瘌痢和李玖妍。要说也奇怪，这件事还一下子完不了，尽管国字脸副主任潘瑞祥给大家开了会，作了澄清，但问题是阎瘌痢的老婆不在场；估计就是她在场，全听见了，她也不见得就肯说停便停，一下子偃旗息鼓。那女人不傻，老公三月两月地不归家，她一个人睡冷被窝，睡得满腹怨气，这回既然闹了，何不一鼓作气把老公闹回家？也不白驮个"吵家精"的名声。就天天悲戚着一张脸，跑到金竹公社革委会办公室去闹，去哭，弄得所有人都不胜其烦。

公社革委会主任姓龙，长一脸络腮胡子，脾气又暴，大家背后都叫他龙胡子。龙胡子把潘瑞祥叫来问："老阎那事你到底搞清楚没有？"潘瑞祥说："问了一些群众，都没有真凭实据；再问老阎和那女的，都说是没影的事。"龙胡子说："我戳，不把他按在床上，谁会承认是有影的事？"潘瑞祥就点点头笑了。龙胡子便骂阎瘌痢："这个阎瘌痢搞什么鬼名堂？老婆都管不住，还搞什么搞？叫他死回来算了！"

阎瘌痢一走，诱杀害蛾的工作勉强还坚持了几天，然后田野上便见不到柴油灯了，一盏都不见了。沙口村人心里都巴不得，熬夜不说，鼻子被油烟子熏得乌油油的不说，牲畜只会拼命打喷嚏不会发情不会怀胎也不说，光说拉下的亏空，一个多大的窟窿啊！买柴油，买爆竹，买标语纸，买墨汁，买红颜料白颜料，买大排刷小毛笔，还有杀猪，买酒，一大锅一大锅的白米饭，说是队上出，队上从哪里出？羊毛不要出在羊身上？还不是一分一厘都要摊下来？看看各家猪栏里，还找不找得出一头一百斤重的猪？今年过年，怕是要过一个斋年了。明年后年也要过斋年。就算你把猪养大了，可那猪肉不是你吃的，因为你没有一点结余，有也到不了你手上，那是要填窟窿的，所以那猪肉不是猪肉，是穿的用的，是油和盐。

现在空气总算又清爽起来了。

在这件事情上阎瘌痢是有得有失，从结果看是失少得多，他毕竟是讨了点便宜的。因为他一走，事情就完了，这就造成了一个表象，好像他走了就塌了梁，稀里哗啦全散架了。其实散架的根本原因还在柴油，人们之所以忽略了柴油问题，是因为那个像白豆子样的电话员吵得太热闹，把龙胡子吵烦了，使表面现象掩盖了实质问题。事实上沙口村的科学种田并不是群龙无首，阎瘌痢走了还有乔冬桂，乔冬桂接过了阎瘌痢的担子。虽然乔冬桂及时撑起了局面，可是没有柴油，她也无能为力。她亲自带着几个壮劳力挑着木桶去镇上买柴油，但金竹生资门市部的殷主任两手一摊，说全国都缺油，钻山打洞都搞不到指标，储油罐都空了，一滴油都没有了，你们总不能拿我们去熬油点灯吧？

于是漫山遍野的柴油灯就这样熄灭了，土墩子被平掉了，大木盆也由各家各户领回去，用石头沉到溪水里浸几天，再用刷子使劲刷几遍，照样是洗澡盆。洋铁桶则全堆在工作组办公室，到秋后要放粮食，又用草绳把它们拴起来，都挂在横梁上。老鼠吃饱了就在桶里蹿来蹿去，即使在大白天，也能听见仓库里一片哐啷啷哐啷啷的声音。工作组随之解散，乔冬桂忙完了一些扫尾工作，然后就回公社去继续当她的知青办主任，前组长阎瘌痢还是武装部长，——其实也就是个干事，大家客气才叫他部长。

最失落的是徐小林，就像一块用烂了的抹布，扔在那里没人管。沙口村人懒得搭理他，就是小队长黄跃春，对他也是越来越冷淡。起初他还经常去公社革委会找找阎瘌痢，以为阎瘌痢对他有知遇之恩。阎瘌痢倒也勉励过他几回，叫他继

续用心研究科学，后来见徐小林老来，便不勉励他了，而是实话实说，叫他不要抱他的大腿。阎瘌痢说："你抱我的腿有什么用？我的腿细，你要抱就抱粗腿，你抱我的细腿是没有出路的。"徐小林只好又去找老师乔冬桂，在乔冬桂前不久召开的科学种田现场会上，她号召每个知青都要向徐小林学习，这话还在耳朵边呢。徐小林请乔老师给他指明今后的奋斗方向，乔冬桂说："徐小林同学，你一定要坚持你的理想，千万不能因为一点挫折就泄气呀。"徐小林说："我一定不泄气，一定坚持理想，乔老师你一定要多多帮助我，从各个方面帮助我。"乔冬桂说："我们都要下决心改造世界观，我们还是互相帮助吧。"

徐小林的喉咙一直没好利索，一开声就像在撕破布。他再也没给自己创造出像样的机会，直到一九七九年才离开沙口村，回城后进了粮食局属下的一家大集体面粉厂，三十二岁时才结婚，老婆跟他年纪相仿，也是个回城老知青，也是在粮食部门，具体说是东郊粮管所糠油厂的榨油工。开始时粮食部门还不错，可没几年国家变革粮食政策，不搞统购统销，他们的日子便艰难起来。先是他所在的面粉厂每况愈下，接着是老婆的糠油厂倒闭。糠油厂变成了养猪场，老婆在养猪场给人喂猪。有一天老婆骑车赶去喂猪，在东河大桥被一辆东风大货挂住了雨衣，东河大桥上风大雨急，雨衣飘得高高的，被货车挂住后连人带车卷到了车轮下。他转眼成了鳏夫，然后又成了一个酒鬼，专喝一两块钱一斤的劣质酒，好在还有一个女儿要他操心，否则他早把自己醉死了。如今他穷困潦倒，靠给人打零工过活。有一回我们公司清理仓库里的旧书刊，在街上找几个人帮忙，其中有一个就是他。但我却不敢认他了，他胡子拉碴，头发灰白，眼圈和印堂上都罩着黑晕。他从前到过我们家，那时候他还清秀，戴一副眼镜，现在他脸上没有眼镜了，颧骨便凸了出来，下巴尖得像锥子。他扛了一捆旧书回来，从我面前走过时，我朝他点点头，问他是不是姓徐？他瞪我一眼说："我做我的苦力，你当你的老板，干吗问我姓什么？"我说："老哥，你是不是叫徐小林？"他皱着脑门凑过来一点，用他的近视眼使劲看了我一会儿，说："你是谁？"我说："我姐姐叫李玖妍。"他歇气似的哦一声，默然一阵，说："你眼力好，让你笑话了。"

中午我叫人去请他吃饭，他不肯来，我自己摇着轮椅去请他，他才勉强跟我走。我们就在解放路上，在我公司隔壁的鱼香楼。我谁也没带，包厢里只有我和他。我问他喝什么酒，他说随便，我便要了一瓶泸州老窖。他把酒拿在手里，眯着眼左看右看，终于看清了，说："不瞒你说，我还没喝过这么好的酒。"三杯酒下肚，他眼圈和印堂上的黑晕转成褐色，眼睛开始有了亮光。他亮闪闪地看着我说："你姐姐害了我，你知不知道？"

我摇头说不知道。他长叹一口气，说："也是，那些事，你们怎么会知道？"于是他便说他的"害蛾诱杀法"，说阎瘌痢，说值夜。他又说其实值夜也没有什么，他巡夜时就碰到过，人家两个人坐在草坡上，隔得那么开，中间能过一头牛，除了说说话，能干什么呢？什么也没干。说人家这样那样，那都是大家瞎猜，以为阎瘌痢一定占了李玖妍的便宜。阎瘌痢可能是想入非非，但那是一厢情愿，李玖妍根本不是那种人，她肯定不会让阎瘌痢占一点便宜的。可是不管怎样，事情还是出了，他的大好前程被这件事情给毁了。他花了那么多心思，在黄跃春身上下足了工夫，才把土墩子垒起来，给自己创造了一个绝好的机会，假如不出那样的事，他绝不会是今天这副样子，也绝不会没喝过泸州老窖。他憧憬自己早已丢失的大好前程时依然是双目放光："那一定是上大学，当工农兵学员，然后分配一个好单位，最差也是个国营大厂吧，再然后呢，跟人家一样，拿国家的钱去进修，照样混一个研究生文凭，一步好了步步好啊！若是那样的话，你见了我知道我吃几碗饭？可是却一步踏空了！"

"说到底还是你姐姐，俗话说苍蝇不叮无缝的蛋，怪只怪她名声出去了，结果把我也害了。"他想想又说，"不过我不怪她，她原本也无心害我，都是碰巧，我们这代人本来就碰得巧，他妈的什么好事都碰到了，一点没漏，全都是他妈的兜头一碰。"

他没说缺柴油，他也算是当事人，应该知道缺柴油，可他却把这件事情忽略了。看来他是个相当片面的人。片面的人都容易钻牛角尖，一般来说，一个人事事都钻牛角尖就会过得很糟糕。我给了他一张名片，叫他有事找我。我说："尽管找，千万别客气。"他不住地龇脸挤眼角，挤了这只又挤那只，把两只眼角都挤出了稀黄的眼屎。他用力擦一把眼屎，打着酒嗝说："惭愧呀，兵子老弟。"我说："哪里，不是你，我到哪里去听这些事呢。"

这以后徐小林便老来找我，每次都是借钱，每次他都说实在不好意思，上回的还没还，倒又来向你开口。其实不止上回，上上回也不止，他一次也没还过。小鸡公说这下好了，你惹到了一个牛皮糖，黏在身上脱不掉了。有一次我也对徐小林说不好意思，最近资金周转不过来。他说我知道，没有像我这样不要脸的。我说要不过几天吧。他说能过几天我就不来找你了，我实在是过不去才来找你的。他想想又说，你千万不要误会，我绝没有你姐姐坑过我我就赖你的意思，你借给我的钱我一笔笔都记了账的，我一定会还你的，不还我就不是人。大前年三月，他女儿拿着一封信来找我，我不知道是他女儿，看了信才知道。他女儿已经是个大姑娘了。他在信里说他快要死了，他的肝硬得像一块石头。他交代了两件事，一是他一共欠我五千七百五十元钱，他把记账单夹在信里，说这笔钱只能由他女儿日后慢慢还我；二是希望我看在他曾和李玖妍一起插队的分上，在他死后多多关照他的女儿。他说他烂命一条，死不足惜，只是留下女儿一个人孤零零地在这个世界上，他实在放心不下。我看了信后鼻子发酸，心里更酸。我问他女儿，你爸爸现在怎样了？他女儿红着眼睛说，死了。我这才注意到她的水磨蓝牛仔衣袖上挂着一小片黑纱。

李玖妍和黄花萍也把大木盆拿回来了。她们拿着大木盆在前面走着，后面忽然有人叫一声："哎呀，好疼！"黄花萍不知道怎么回事，回头问那个喊疼的小伙子："猴子你怎么啦？你疼你怎么还笑呢，你不是吃了笑鬼尿吧？"小伙子却笑得更厉害。黄花萍觉得怪怪的，再看玖妍姐，竟板着一张血红的脸，一个人拿着大木盆走得飞快。

这以后黄花萍又不断地听见有人在玖妍姐后面冷不丁地叫疼。他们拖腔拖调："哎哟哎哟，疼嘛，人家好疼嘛。"大家便哄地一阵笑。黄花萍就知道这不是什么好话了，她问玖妍姐："他们这是干什么呢？什么意思呢？"玖妍姐白她一眼，咬着牙说："乔冬桂，都是她！没想到她会这么无聊，这么卑鄙，我找她去！"

那时候黄花萍像个尾巴似的跟着李玖妍，李玖妍去找乔冬桂时，她也跟着。李玖妍一见到还在沙口村做扫尾工作的乔冬桂，眉毛就竖起来了，她冷冷地说：

"乔冬桂同志，我问你，你再三向我保证过的，我跟你说的话你不会说出去，你还记不记得？"乔冬桂点点头，说："记得。"李玖妍说："那你为什么又说出去了？"

乔冬桂很茫然："我说出去什么了？"李玖妍说："你心里不清楚？"乔冬桂痛苦地说："李玖妍，我很难过，你就这么不信任我？你怎么能这样问我呢？"李玖妍说："那些话我只跟你一个人说过，如果你不说出去，别人怎么知道得那么细？"乔冬桂说："那你就怀疑我？你不应该怀疑我，我是一个讲原则的人，我可以用党性和人格保证，无论什么话，是我传出去的我一定会负责任，可是，不是我传出去的，我怎么跟你说呢？"李玖妍说："那是谁？你说是谁？给我交出一个人来！"乔冬桂气得浑身发抖，说："对不起，我没有这个时间，也没有这个义务，我还有工作要做，还要学习，还要写学习笔记，我请你出去！"

黄花萍后来也知道"疼"是怎么回事了，李玖妍对乔冬桂说过的话大家都知道了，但黄花萍还是认为那些话不是乔冬桂说出去的。黄花萍对我说，我凭良心说，乔冬桂真是个不错的人，她平常总是笑模笑样的，一点也不摆架子。工作组吃的是派饭，各家各户轮着吃，有好的有差的，乔冬桂不挑不拣，什么都吃得下去。光这一条，就比阎瘌痢强多了。阎瘌痢不见荤腥是要说话的，也说得出口，——你们家的鸡是白养的？一个鸡婆蛋都拿不出来？人家说前些时候被黄豺惊了，一直没下蛋呢。他说操，不下蛋你还养着它？杀了！乔冬桂呢，到了人家家里从来不看人家桌上的菜，而是往人家灶前蒲团上一坐，抢着帮人家烧火。人家说哎呀呀，烟熏火燎的，怎么能叫你做这种事呢？她说我怎么就不能做这种事呢，我也是从农村出来的呢。一句话说得人心里热乎乎的。她一边烧火一边跟人家拉家常，有说有笑，就像一家人似的。她兜里总有一个绿皮小本子，她动不动就掏出小本子，把人家的话记下来。起初人家见她老往小本子上记，心里发毛，问她是不是自己说错了什么？她说哪里呀，我是来当学生的，当学生的不要记老师的话吗？弄得大家是既高兴又不好意思，人家是大知识分子，是干部，却把我们泥脚杆子当老师，太客气了。这么客气的干部真是少见。沙口村人越来越信服她，晚上开会她给大家讲当前革命形势，讲路线斗争，大家哪怕听得呵欠连天，

美
手

眼皮子都在打架了，也要给她面子，男人强打着精神一筒接一筒地抽黄烟，女人则吱溜吱溜地纳鞋底。总之，在黄花萍眼里，乔冬桂是一个公认的好人，她通情达理，待人和气，从不扯闲言碎语，更不像金竹女人，把扯闲话当饭吃。听人说她老公以前犯过生活错误，搞过一个资产阶级破鞋，虽然后来不搞破鞋了，但也不肯再上她的床了，这样的事她都不哭不闹，修养真是好得不得了。她一家人在金竹，没人听到他们家里吵过一句嘴。她一点也不像当地的土干部，咋咋呼呼，粗得不得了，一口一个老子，一口一个戳你个娘，她是大事讲道理，小事也讲道理，她的道理是一套又一套的。尽管她的道理很大，大家听得云里雾里，不大懂，或者一点也不懂，但讲道理的总比不讲道理的好吧？

乔冬桂在离开沙口村的头天晚上，抽出时间来到黄花萍家里，找李玖妍谈了一次。她先检讨自己那天的态度，然后帮李玖妍分析目前的处境，她叫李玖妍不要背包袱，要轻装上阵，要受得了风言风语。她说为什么会有风言风语呢？人家说的是不是事实？这都要扪心自问。最后她拿出李玖妍写的材料，问李玖妍："你这上面写的是不是都是事实？"

李玖妍说："是。"

乔冬桂点点头，交给她一沓金竹人民公社革委会的红线横格信笺，叫她再抄一遍，字迹要工整，抄好之后，把两份稿子都送到公社知青办去。李玖妍不明白为什么还要再抄一份，乔冬桂说："因为我要对你负责，你看你不但涂改了，而且还不止涂改一处，这样人家就会问了，你为什么要涂改呢？另外也怕将来说不清楚，这事毕竟是我经的手，而我们又是师生关系，弄不好人家还怀疑是我帮你涂改的，你说是不是呢？"

李玖妍也很虚伪，她也检讨了自己那天的态度，再三表示那天她真是急了，昏了头，实在不该那样跟乔老师说话的。乔冬桂笑着摆手摇头，叫李玖妍别说了。她要李玖妍放心，她乔冬桂绝不是一个小肚鸡肠的人，绝不会计较她的态度的。她诚恳且温和地说："你看我一来就向你作检讨，就说明我在反省自己。我是将心比心，我问自己，这事若是放在我头上，我会怎样呢？我想我恐怕也不会有好态度的。"接着她又说："不过一码归一码，材料你还是要再抄一遍的。你就再辛苦辛苦，认真抄一遍，好吗？"

李玖妍在给乔冬桂的那份材料中说，事情发生在詹少银临走前的头天晚上，地点是在村后坪地上的干草堆里，他们选择的是那个有豁口的干草堆。豁口是为给耕牛下夜草时抽出来的，所以很不规则，像凹进去的坎洞，里面黑黑的，他们就是在那里做的那件事。起初他们并不想做什么的，只是想说说话，詹少银要走了，明天就要到镇上去集中了。那天晚上她送了他一套《毛泽东选集》，她在扉页上写道：雄文四卷伴征程，革命路上共前进。他则送了她一支钢笔。两人都很激动，不知道怎么表示，就说出去走一走吧。就出去走一走了。四周很安静，已经是冬天了，青蛙钻了洞，虫子用茧把自己包起来了，都不叫了。溪水也瘦下来了，不像夏天那样哗啦啦地响个不停了。人们都早早地上床沤被窝去了。沤被窝的好处是既省了灯油，又保住了肚里那点食。连狗都睡了。有月亮。月亮还很亮，只是不大圆，悬在村后山腰间的树梢上。月亮一亮，天空就显得高了，深了。小溪被照得闪闪发亮，露在水面上的大大小小卵石也都泛着光亮。他们在溪边走着，说着。詹少银很兴奋，马上就要奔赴军营，大漠孤烟，长河落日，他的脊梁沟里一阵阵发冷。他一把捏住李玖妍的手。李玖妍浑身一颤，要将手抽回来，同时听见了自己的心跳，咚咚咚，咚咚咚。可他就那么捏一下，又把手插进裤袋里。她就把自己的手也放进棉袄口袋里去了。

他们就这样不知不觉地走到了那块坪地上。坪地上有些风，她并不觉得冷，但詹少银怕她冷，说坪地上风大，我们找个地方避避风吧。于是她就跟他往草堆那儿走，靠在草堆上避风。草堆上大下小，月光照下来，阴影就像帽檐一样罩着他们。干草的气息很好闻，夹杂着一股土香。他们的身子在草堆上弄出了窸窸窣窣的声音。詹少银忽然问李玖妍，你说今晚上会不会打霜？李玖妍不吭声。詹少银说我真希望打霜，明天一早，满地白霜，我就踩着霜走了。他这么抒了情，便将手从裤袋里抽出来，抓住李玖妍的手腕，把她的手也从口袋里拉了出来。他又捏住了她的手。他说我看看你的手冷不冷。李玖妍心里又是咚咚地一阵乱跳，她又要抽回自己的手，但詹少银坚持说她的手冷，坚持要捏她的手，她就抽不出来了，就乖乖地让他捏住了。他捏了一只又捏另一只。他把她捏得心烦意乱。她说你放手。他不肯放。两个人你一拉我一扯，身子好几次碰在一起，每一次碰在一起，李玖妍都禁不住要战栗一下，詹少银也要战栗一下。詹少银的手都在战栗了。他突然松开她的手，将她抱住了，紧跟着就吻了她。李玖妍不止是震颤了，而是发抖，她反弓着背，一阵一阵地抖。她的呼吸都困难了，像喘，而且喘得很凶。她喘吁吁地说，放、放手。詹少银不吭声。她又说放手呀。詹少银也在喘，可他还是不吭声，只是把她抱得更紧，抱得她站不住了。她不说放手了，她忽然说我怕，我我我我怕。詹少银说不不不不怕。她又说我我我我真真真的怕。他还是那样说，不不不不怕。他们旁边就是那个豁口，他们就陷进那个暄软的豁口里去了。豁口里没有月光，月光离他们很远。月光像水一样漫在他们脚尖上，漫在豁口前面的大草堆上。坪地下边那些矮矮的黑黑的房屋都被大草堆遮住了。地上也散着干草，很厚，很酥软。她仰躺在干草上，他压在她身上。他们喘出来的气越来越烫人，跟火一样。她说我我我我怕。他说不不不不怕。他就这样一路"不怕"下去，她拦都拦不住。她一点力气都没有了。她的力气不知跑到哪儿去了。

我没有见过这份材料，关于这份材料的内容我是听黄花萍说的。其实这件事在金竹有各种各样的说法，添油加醋也是在所难免，大家传来传去，连季节都变了，冬天变成了夏天，还说他们不止这一次，他们早就干了，唯一没变的就是地点。在所有的版本里，地点都是堆在坪地上的某一个干草堆。

那年我到沙口村时，因为路不好走，便没去那块坪地，所以也不知道那里是否还有干草堆，但大致的情形我能想得出来。我和小鸡公曾经策划过一套反映当年知青生活的丛书，书中类似的情节经常出现，而且差不多都在干草堆里。可见干草堆成了一个俗套。他们为什么都要躲在干草堆里呢？当然，干草堆是个好地方，又软又暄，还有一股很好闻的气息，可是除了干草堆——或者麦秸垛——他们就真的没别的去处了吗？

然而乔冬桂却对干草堆很感兴趣，她不知道干草堆会在日后成为俗套，她认为干草堆很浪漫。李玖妍誊抄后的材料她又看了一遍，看到了干草堆，她还是忍不住微微一笑，评点说：你这里还是搞得很浪漫的呢。她把初稿放进李玖妍的档案袋里，把誊清稿放进一只大信封，本着认真负责的精神，她要把那份誊清稿寄给詹少银所在的部队，同时附上一份调查函，要求部队找詹少银同志核实一下，

第八章 公章

他是不是在入伍前的头天晚上，与这个叫李玖妍的女知青在干草堆里发生过性关系？同时，她还就李玖妍本人和她的家庭情况，向部队同志作了一个简单介绍。她的原则还是兼听则明，偏听则暗，无论什么事情，都不能只听一面之词，所以她要听听詹少银同志是怎么说的。她这样做当然是无可厚非的，她既要对李玖妍负责，更要对正在服役的詹少银同志负责。

　　大约等了小半年，等到这一年腊月，乔冬桂和全家要离开金竹了，回省城工作了，她寄给詹少银所在部队的信函还没有回音。

　　乔冬桂是这年腊月底离开金竹的，回省城后她没有再去学校当老师，而是一直在区委宣传部工作。东河区区委在红旗路西头，往北拐到金阳路上，离老鼠街不远，两站路。由于工作能力强，政治觉悟高，尤其是上下级关系处理得好，所以她在弃教从政的路上一直是顺顺当当的，从科长到副部长，然后又是部长、区委常委。后来退居二线，又在区政协副主任的位置上待了几年，正式退休后，她便在家里写回忆录。她有个儿子在司法部门混事，很孝顺，也很有钱，大约前两年吧，通过周师傅的儿子周跃进找到我，要我帮忙，弄个书号给他母亲出书。这种事我经常碰到，方方面面的人都有，说是帮忙，实际上是帮钱，对方能出个三分之一就相当不错了。周跃进说，这个忙你一定要帮哈，你不帮哪天人家找你麻烦我不管的哈。我口头上答应了，为此我去拜访她，跟她商量用个什么书名。她还住在区里的常委楼里，常委楼就在河边，隔着一条沿河路，站在宽大的落地窗前或是伸出去的大阳台上，眼前就是东门外大河。大河一般是春肥秋瘦——假如秋冬时节老下雨，它也会暂时肥一阵子——不管春夏秋冬，肥时都是浑黄一片，瘦时则白白亮亮，还会露出大片大片沙滩。黄昏时太阳斜过来，照出一道长长的、闪跳着的、其状如鱼鳞般的金色，很壮阔也很霸道地将河斜切为两半，两头都烟霭茫茫无尽头，真是独倚望江楼，斜辉脉脉水悠悠。我去时，她正在整理书稿，听说我是一位个体出版商，就摘下老花镜，用几根灰白干瘦的指头捋一捋染得乌黑但却是薄得不能再薄的头发，对着悠悠远去的金色河水感叹道，岁月无情哪。很有点壮志未酬身先老的样子。然后她就坐下来，跟我谈她的经历。她说自己如何坚持真理，在"文革"中如何遭受迫害，如何九死一生，如何为了信念喝自己的尿，在农村蹲牛棚、当"五七大军"时又如何进行社会调查，如何在社会调查的基础上开始了她的怀疑和反思，如何以革命者的博大胸襟对待曾经批斗过她的学生，并帮助思想上逐渐陷入迷茫的他们重新树立起理想和信念，等等等等，总之她的一生是革命的一生，是在磨砺中不断追求真理、不断奋斗进取的一生。她说，书名就叫"栉风沐雨五十年"，你看如何？我笑笑说，等我谈妥了书号再说吧。

乔冬桂离开金竹不久，也就在春节后二十天左右，部队的回函终于到了。接替乔冬桂担任金竹公社知青办主任的也是个下放干部，叫胡未发，是个斜眼男人，他拿着回函先掂了掂，再抽出一看，咂着嘴说，这么一沓，怎么回事嘛？回函信封是牛皮纸，长方形，比一般信封宽大一些，里面除了正式复函外，还有詹少银的亲笔证词和一沓李玖妍写给詹少银的信。斜眼男人胡未发戴上老花眼镜，趴在一张五斗办公桌上将回函及附件全看完了，然后他打开一只大木柜，从柜子里翻出了李玖妍的档案袋，将部队回函和档案袋都交给国字脸副主任潘瑞祥。潘瑞祥说怎么是部队来的？胡未发说这就要问乔冬桂同志了，可她又拍屁股走了，你看看，这事怎么办？潘瑞祥瞄了一眼回函，嘟哝了胡未发一句，你交给我？我往哪儿推？潘瑞祥也觉得自己作不了主，便将回函和档案袋交给龙胡子，并将情况作了个粗略汇报。龙胡子张口便骂："戳你个娘，知识分子就是麻烦，嫌老子活得自在了，屁大的事，却弄出天大的响动！"又炸雷一样问："哪只鬼给她盖的章？"潘瑞祥说她也没跟谁商量，自己做主，盖了知青办的章寄出去的。龙胡子说："拿着鸡毛当令箭，这种鸟人就管不得章子！"龙胡子当即叫潘瑞祥收回知青办的公章，并叫潘瑞祥把公章锁进抽屉里，说："你给我把住这个章子，不要没事给老子找事！"

龙胡子抓了半天头皮，没抓出主意来，便叫大家开会，把材料拿给大家看，问大家怎么办？大家看了材料，先嬉笑一通，被龙胡子捶一下桌子，操了几句老娘，便七嘴八舌地讨论，说这不就是个狗打花的事嘛，怎么扯出来这么多麻烦事？又说，还真是麻烦了，这事弄到这一步，就不是狗打花的事了，这事说小就小，说大就大；说小呢就是发了几句牢骚，发过了头而已，说大就不得了，句句都要命；而照现在看来，人家明明是当了大事了，连标点符号都上纲上线了，怕就不是好玩的，我们这一级怕是兜不住了。龙胡子最怕麻烦，听大家这么一说，瞪一瞪眼，拍板说："老子不兜就是了。"

龙胡子拍了板，当即由国字脸副主任潘瑞祥草拟了一份公函，然后盖上金竹公社革委会的大红公章，派专人将回函和档案袋送到县革委会办公室，也就是县抓革命促生产办公室，简称"抓促办"；"抓促办"几个主任副主任简单碰了一下头，统一了意见，也盖个公章，报到县革委会；县革委会这类事情一般归军代表管，军代表雷厉风行，公章啪地一盖，立即转到市革委会；然后市革委会再加个公章，一路往回转，回函和档案袋最后落在了县公安局，县公安局考虑到时间紧迫，连夜给金竹公社打电话，要求金竹公社直接抓人。

接电话的正是阎瘌瘌的老婆，那个像白豆子似的女人，激动得浑身发颤，啪地将笔一扔，拿着电话记录，风一样从电话室里蹿出来："潘主任潘主任！"正在暖烘烘地烤着木炭火值班的国字脸副主任潘瑞祥问她何事惊慌，她抖着泛白的嘴唇说："抓抓、抓抓抓、抓反革命破鞋！"潘瑞祥皱皱眉，要她说清楚，怎么回事？抓谁？谁是反革命破鞋？她说："还还还有谁，不不不就是那个沙口村的李玖妍？"潘瑞祥一惊，接过电话记录看着，发了半天愣，直到女电话员问他怎么办，他才悠长地哦一声，沉吟着说："那就抓吧，抓吧抓吧！"接着又说："你还戳在这里干什么呢？还不去把你家老阎叫来？"

第九章　你以为牢骚是好发的

奉命抓捕反革命破鞋的是武装部干事阎瘌痢，他起了一个大早，腰上扎一条牛皮武装带，武装带上再别一把驳壳枪，屁股上吊一副亮闪闪的手铐，带着两个武装基干，开着金竹人民公社那辆破吉普车，像蚂蚱似的，在坑洼不平的机耕道上跳了近两个钟头，天快白亮时才跳到了沙口村，机耕道却断了，他们只好把吉普车停在溪畔上，徒步进村去抓李玖妍。腊月连着正月，元宵才过去了没几天，正是闲散日子，沙口村还笼在晨雾里。一只狗发现了他们，叫起来，所有的狗都叫了起来。李玖妍被狗叫醒了，她不知道有人会来抓她，她懒心懒意地推推黄花萍，问她狗为什么这样叫？黄花萍贪睡，李玖妍连推好几下，她才勉强睁开眼睛，还没来得及开口，就听见有人在咚咚咚地捶门，又听见她爸爸一边干干地问谁呀，一边趿着鞋子跑去开门，接着她们便听见阎瘌痢在说话。

阎瘌痢说："李玖妍在不在？"

黄花萍的爸爸说："还在床上呢。"

阎瘌痢说："好，在就好，叫她起来。"

黄花萍的爸爸就叫："起来，起来啰，阎部长来啰。"

阎瘌痢说："你喊鬼？怕吓到哪个？"阎瘌痢大声喊："李玖妍，穿上衣服，出来！"

127

李玖妍看看黄花萍，黄花萍咕哝着说："这个骚痢痢，怎么又来了，还来得这么早？来了就叫魂一样，玖妍姐你别理他。"可是阎痢痢又喊："李玖妍你听到没有？你快点出来哈，不是好玩的哈，不要叫我冲进去抓你哈！"李玖妍不知道怎么回事，只好穿了衣服出来，才知道阎痢痢真是要抓她。她有点不相信，满脸茫然，愣愣地说："凭什么抓我？我做什么了？"

阎痢痢的脸色特别难看，瞪着眼说："凭什么？你还没醒梦吧？"

李玖妍更茫然："我醒什么梦？"

"要我点醒你？我问你，你给人家写过信吧？你还写过什么交代材料吧？还腆着脸说人家解放军同志跟你发生了关系吧？可人家解放军同志不认账，说没有这回事，还要你拿出证据来，你拿得出来吗？谅你也拿不出来！你说你这算不算栽赃陷害？你还在信里胡说八道些什么？你才多大？你能看透什么？你也真敢说！我都不敢学！你莫非吃过猛药？吃过老虎胆？还说贫下中农干部是黄世仁刘文彩，你吃饱了撑的？你拿他们比黄世仁刘文彩干什么？你以为在信里这么写写不要紧？你以为你说悄悄话呢，发点小牢骚呢，你没脑子？你读书读到书壳上去啦！你还听不懂？是吓蒙了吧？"

阎痢痢板着生铁脸，忽然咧开一个嘴角，干硬地笑两声："现在知道厉害了吧？看来真应了那句话，火烧芭茅心不死，不见棺材不落泪。你说你给人家写信就老老实实写信，你跟人家发什么牢骚？你以为牢骚是好发的？以为人家跟你一样没觉悟？"

李玖妍的脸一点点白下去："詹少银？你是说……詹少银？"

阎痢痢扭头问两名武装基干："我说了？我说了吗？"两个武装基干互相看看，都不吭声。阎痢痢便盯着他们问："我怎么说的？嗯？"直问得两个武装基干摇头为止，然后他对李玖妍说："看到了吧，我没说吧？"

李玖妍目光发直，摇着头说："这个人，真是的……"

阎痢痢问她："摇什么头？什么真是的？总算看透了是吧？伤心了是吧？你脑子里全是糨糊！"

李玖妍直直地盯着阎痢痢。阎痢痢说："你这样盯我干什么，盯着我我就不抓你？"阎痢痢摸出一根烟，低着头，窝着巴掌刮火柴。阎痢痢刮了三根火柴。

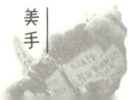

她一直那样盯着。阎瘌痢抬头吐出一口烟，问她："莫非你这样盯着我，我就会变成一尊菩萨？"

只有黄花萍看出来，玖妍姐不是盯着谁，而是在发呆。黄花萍看见她呆着呆着，眼睛蓦然湿了，泪水一下子灌满了眼眶，溢出来了。

阎瘌痢恨恨地说："早是死的？现在知道哭了？有什么用？晚啦！你就是眼泪流成河都没用啦！"他转过脸，朝武装基干挥一挥手，说："抓人！"

阎瘌痢嘴边浮着一团白气。

黄花萍是眼睁睁地看着李玖妍被抓走的。她过几天就要出嫁了，李玖妍从家里带了一条大红方格子头巾送给她，那是我婶子王棉花给她的，她一次都没用过。可是到黄花萍出嫁的那天，家里却拦着她，不准她把那条头巾带走，说是晦气，不吉利。

李玖妍走时天已经大亮了，地上的霜很白。霜铺在枯草上，铺在屋顶上，铺在小溪里的大小卵石上。狗还在叫，而且叫得更起劲。霜地里铺着一溜溜狗脚印子。村里人差不多都起来了，吱呀呀地推开门，笼着袖子站在门口或柴堆旁，伸着脑袋朝这里打望。他们门口的春联还是红艳艳的。蔫瓜和许凤英，还有三个儿子，也站在红艳艳的对联旁，一边扣扣子一边朝这里望着。小队长黄跃春迈着短腿一溜小跑，凑上来跟阎瘌痢打招呼。

"阎部长今天怎么这么早啊？"

阎瘌痢看看他，懒洋洋地说："吵了你的热被窝吧？"黄跃春说："哪里哪里，阎部长说笑话呢。"一边说话，一边眨巴着眼睛看武装基干和李玖妍。几只狗跟着蹿上来，竖着尾巴和颈毛吠叫。阎瘌痢用手背挥黄跃春，意思叫他回去，这里没他什么事。黄跃春便乖巧地笑着往后退，嘴里顺便"咄咄"地赶狗，用脚将地上的土块向狗踢过去："咄！咄咄！还敢叫？连阎部长都不认得了？不要命哈？明天拿辣椒烧你一锅！"

狗都被赶回去了，黄跃春也退回去了，沙口村只有黄花萍一个人还跟在李玖妍后面。李玖妍脸色煞白，她穿了毛衣和棉袄，却还像怕冷似的，两手相握着放在胸前，双臂紧紧地夹着身子。黄花萍问她："你冷吗？"李玖妍摇摇头。泪水从李玖妍的下巴尖上滴下来，滴在霜地上。黄花萍目不转睛地看着她。黄花萍还没听明白玖妍犯了什么事，多大的事，这一去什么时候回来，能不能赶上她出嫁？她想问问清楚，可是枪就在眼前，又不敢问。就这样一直傻傻地跟着，跟到村口上，被阎瘌痢赶回去了。阎瘌痢凶巴巴地说："你这妹子，头脑怕有毛病吧，这么不知道轻重，这也跟着？你怕是跟去有糖吃吧？"

阎瘌痢没铐李玖妍。上车时他大约想铐，伸手在屁股后摸了摸，却临时改变了主意，没把铐子拿出来。他对李玖妍说："走吧。"然后一只手帮李玖妍提着那只打了补丁的大旅行袋，另一只手拿着从李玖妍那里搜来的几本书——一本毛选，一本老三篇，另一本是掉了封皮的小说《红岩》——还有一个硬壳笔记本和一些信件。上了吉普车，他随便抽出几封信看了看，摇摇头说："你看人家解放军写的信，觉悟比你高多了。"

李玖妍忽然问他："我是个什么罪名？"

阎瘌痢讥讽地说："好得很，现行。"

吉普车还是像蚂蚱一样蹦着，在离沙口村两里左右的一个弯道上，李玖妍忽然对阎瘌痢说："能停一下吗？"阎瘌痢看见她脸色泛青，问她干什么，李玖妍说："解手。"阎瘌痢盯着她看了一阵子，说："麻烦。"在司机背上拍了两下，车子停下来，他自己先跳下去。李玖妍下车后就往溪边走，溪边有一溜茅草和灌木，阎瘌痢跟在李玖妍后面，走了几步，李玖妍回头看着他，他就站住了。李玖妍又走，阎瘌痢说："你想清楚，你要跑的话，我会用枪打你的。"他就站在那儿，看着李玖妍走到茅草和灌木后面，李玖妍蹲下去不见了，他便朝一个武装基干招手："过来盯一下，老子也去解个手。"他转到一丛灌木旁窸窸窣窣了一阵子，然后一边扣裤门一边探头问武装基干："人还没出来？"武装基干摇头说没有。他嘟哝着："又不是猪婆尿，怎么那么长？"说着便朝那一溜茅草灌木喊道："你解快点哈，出来哈！"还不见李玖妍出来，便提高声音说："还不出来？你再不出来我就过去了！"又等了一会儿，他就真朝那儿去了。他边走边说："我真过来了，我过来了哈！"

阎瘌痢走过去才知道，李玖妍骗了他。李玖妍根本不是解手，而是寻短见，阎瘌痢看见她用一只发夹在手腕上戳戳划划，把手腕弄得血糊糊的。阎瘌痢扑过去，把李玖妍按倒，从她手上抢下发夹，又顺手扔进了溪水里。冬天的溪水很浅，只是薄亮的一抹，一只发夹也能溅起几点水花。李玖妍挣扎时，一只鞋和小半截裤腿都伸进了溪水里，被浸得津湿，阎瘌痢抓着她的肩推着她往回走时，她的鞋子里发出咕哧咕哧的水声。

李玖妍只弄破了一点皮肉，没弄破血管。听见响动跑过来的武装基干刚好看见阎瘌痢扔掉个什么东西，阎瘌痢把李玖妍推过来时，他又看见了李玖妍手腕上的血。武装基干便骨碌碌地转着眼珠子，跑过去往溪水里看，浅薄的溪水下面是光滑的卵石和白白的沙子，他一看就看见了那只黑发夹，又几步跑回来，对阎瘌痢说："她好像掉了一只发夹。"阎瘌痢没好气地说："掉了就掉了！"武装基干鬼笑一下，又话里有话半庄半谐地问："怎么还弄出血来了？"阎瘌痢瞪一瞪眼，正色说："严肃点哈！"想想又说："谁知道她，得了软脚病一样，走路还会摔跤！"

阎瘌痢不但包庇了李玖妍的自杀情节，一路上还对李玖妍比较关照。他老看李玖妍那只湿了的脚，说："冷死你！"等看到潭底大队革委会门前那棵老柏树了，他叫车停下来，大声喊有没有人？喊了几句，有人答应了，推开一扇窗户，探着半个头来。他又喊："快去找杨老八，就说我瘌痢子来了！"他点着一根烟，抽到一半时，杨老八就来了，一边颠着小跑一边扣棉袄，还偷空睐着眼睛看一下手表。阎瘌痢说："老八你什么毛病哪，怎么还是老看表呀？赶快叫人煮面吧，要细挂面，一人煎一个荷包蛋，记得要多撒些胡椒粉啊。"杨老八说："什么事啊？"阎瘌痢便骂他耳朵被屎糊住了："下面，煎蛋，听不懂啊？"杨老八眨着泡泡眼，瞟一下两个背枪的武装基干，又瞟李玖妍，样子有些惊讶。李玖妍站在那里簌簌地抖着。杨老八把阎瘌痢拉到一边，用嘴努一下李玖妍，小声说："怎么回事呢？"阎瘌痢说："你大主任不知道怎么回事？难道没通知你？"杨老八摇一下头。阎瘌痢说："既然没通知你，那我就不能告诉你，你还是赶紧叫人下面煎蛋吧。"杨老八嘟哝着说："要吃我的，又要跟我卖关子。"阎瘌痢笑骂道："鬼样！"

杨老八正要去叫人，阎瘌痢又喊住他，叫他先弄个火盆过来。阎瘌痢说："不要拿炭屑子，搁几块好炭，这鬼天气，骨头都要给它冷断了！"杨老八说："不是要吃面吗，一吃不就热乎了？"阎瘌痢说："操，要个火盆，又不是要你老婆！"

火盆弄来了，阎瘌痢便叫李玖妍脱下鞋袜拿到火盆上烤，李玖妍不动，阎瘌痢说："莫非还要我亲自动手？脱！"李玖妍脱了鞋，他又叫李玖妍烤裤腿，他伸脚把李玖妍的腿拨过去，说："我在执行任务，你老实配合，否则别怪我对你不客气！"

等到把面端上来，只有三碗，阎瘌痢皱皱眉问杨老八："怎么才三碗？"杨老八说："都吃呀？"阎瘌痢问他："你想叫谁不吃呢？"杨老八咧咧嘴，只好又叫人端了一碗，放在李玖妍面前，却没盖荷包蛋。阎瘌痢说："老八呀老八，不是我说你，你也是台面上的人，你就缺一个蛋吗？"杨老八说："缺倒不缺，只怕吃出什么事来。"阎瘌痢说："就你肚子里鬼多！我就不信邪，一个蛋嘛，会吃出什么事来？"

杨老八只好又叫人去煎了一个鸡蛋，亲自搛过来，把鸡蛋盖在李玖妍碗里。李玖妍却呆呆地不动筷子。阎瘌痢说："你怎么不吃？"他看见李玖妍的眼睛里早没有泪迹了，干了，像蒙了一层灰，而且是灰灰地看着杨老八手腕上的瑞士手表。他以为她在看时间，便冷飕飕地哼一声，说："你还用得着看时间？你现在有的是时间。"可李玖妍还那样看着。杨老八被她看得浑身不自在，躲也不是，不躲也不是，便装着抓痒，把戴着表的左手藏到屁股后面。李玖妍忽然说："请你把我的表还给我吧。"杨老八皱一下脸，但他装憨，像没听懂似的。阎瘌痢一愣，厉声说："李玖妍，你要嘛老实吃面，要嘛老实坐着，若是再胡说八道我扇你！"李玖妍说："那是我妈的表。"阎瘌痢在下面踢了她一脚，对杨老八说："你到底叫哪只鬼下的面？"杨老八还没来得及反应，他那里就哗啦啦地将碗一推，说："打破了盐罐子！盐不要钱的是不？是叫人吃呢还是叫人不吃？"说着一把扯起李玖妍，吼道："走呀你！"

李玖妍只穿着一只鞋子，另一只鞋子和袜子还在火盆边烤着。阎瘌痢扭头叫武装基干给她拿着，自己抓住李玖妍一只胳膊，将光着一只脚的李玖妍推上了吉普车。车子开动以后，阎瘌痢便大声骂李玖妍："你脑子里真的全是糨糊？这时候你还有心思记挂一块表？"李玖妍仰着一张白纸似的脸，眼睛灰蒙蒙地看看他，又看前面，一声不吭。风将她的头发吹得斜挂在脑后。阎瘌痢叹一口气，把鞋子和袜子递给她，叫她穿上，同时莫名其妙地摇头，摇了几下，他忽然没头没脑地对李玖妍说了一句话："你呀你呀，还拿什么茅草菟骗我，你是眼睛没吃油呀，看不清好人坏人，到头来把自己弄得狗屎都不值！"

阎瘌痢嘴里没好话，这句话说得尤其邪痞。

大概是那年的农历三月初十左右，上午十一点多钟，阎瘌痢经过一路颠簸，终于把李玖妍押到了县城。本以为能交差完事，可县里说他们已经接到了地区的电话，还是请阎部长直接把人送到新洲去吧。他们将那份从金竹转出来的材料又交回给阎瘌痢，另外加了一纸公文，盖上大印，请阎瘌痢再辛苦一趟。新洲离县城一百几十公里，也是坑坑洼洼的沙石路，阎瘌痢头皮都红了，说，怎么这样啊，这么好的差事，你们就让我们金竹全包了？人家说你这个同志怎么这么计较？革命工作嘛，分什么你我？阎瘌痢虽然十分不情愿，但也没办法，只好将那辆破吉普加满油，又像蚂蚱似的开往新洲。他对李玖妍说："这下好了，县里都放不下你，要把你放到新洲去了！"到了新洲，天都黑下来了，好不容易才找到人，交割之后，人家说免得麻烦，要阎瘌痢将李玖妍直接送到看守所去。阎瘌痢说："我直接送到北京去算了！"人家就笑，说："用不着到北京，不远，往西不到十里，你踩一脚油门就到了。"阎瘌痢便又掉头往西北，嘴里骂骂咧咧，说这帮狗东西不像话，一个个都懒得屁眼出油，都生怕沾一下手；又骂李玖妍，你也是，插队嘛就好好插队，跟人家谈什么鸟恋爱，害得老子尾巴骨都颠断了。快到看守所时，阎瘌痢问李玖妍："要给你家里捎个口信么？"李玖妍摇摇头。阎瘌痢说："你要捎，我就想办法给你捎，捎个口信不要紧的。"李玖妍还是摇头。阎瘌痢说："不捎拉倒，你以为我愿意捎？"

交接时，阎瘌痢又和看守所所长吵了一架。所长是个黑黑的矮胖子，他一见李玖妍就皱眉头，扭脸问阎瘌痢："她反抗了吗？"阎瘌痢说没有。所长说："那犯人手腕上的伤是怎么回事？"阎瘌痢说她解手时摔了一跤。所长又问："你为什么没给犯人戴手铐？"阎瘌痢被他问烦了，说："操，人跑掉了吗？这不是交给你们了吗？"所长说："跑掉了就不是这样跟你说话了。"阎瘌痢一心想交差，不跟他纠缠，说："好吧，我承认错误，我思想麻痹，反正现在人在你们手上，你们爱怎么铐就怎么铐，关我屁事！"所长说："你这个同志怎么说话的，还有没有一点觉悟？"阎瘌痢忍不住，火蹿上来了："老子从天不亮跑到现在，米水没沾牙，你说老子没觉悟？"所长脸色就变青了，说："你充谁的老子？"阎瘌痢愣了愣，悻悻地说："我充我自己的老子，行不行？"

他们回到金竹以后，包括李玖妍撒尿，一只黑发夹，杨老八的鸡蛋，还包括吵架，包括阎瘌痢的那句痞话，等等，全都被人传出来了。是谁传出来的猜都猜得到，除了那两个武装基干，还有谁呢？加上新洲看守所的赵所长又适时地奏了他一本，阎瘌痢受处分是必然的。据说阎瘌痢被下放到一个小山村去放牛，一放就是三年半。那小山村极偏僻，出来进去只有一条路，还要翻山越岭。他那个白豆似的电话员也受了牵连，也跟他去了那个小山村。电话员一路哭哭啼啼，不停嘴地骂死瘌痢骚瘌痢。

大概是那年的农历二月头上，也就是李玖妍被抓后大约十天左右，我们家收到了一封信，信封上没有留寄信人的地址，落款处写着"内详"；信里的落款处则空在那儿，连年月日都没有；信里只有一句话，——你女儿在新洲看守所。我爸妈看着这封信，怎么也看不明白，我女儿在金竹呀，她跑到新洲看守所去干什么，他们觉得这是一封莫名其妙的信，要不就是寄错了。可是看地址和收信人姓名，又分明没错，那么这是个什么人呢，为什么要寄一封这样的信？他们忐忑不安，总觉得这里面有蹊跷，想来想去，便给李玖妍去了一封信，在信里问她，你最近还好吗？又说我们很想念你，记得给家里写封信。

那回去金竹，我曾经找过阎瘌痢，但没找到，黄花萍说他退休了，带着他的女电话员回了皖南老家。我拜托过皖南一个姓陈的分销商，请他一定帮忙，给我找到这个人，我说这个叫阎国富的人曾经有恩于我们家，我想当面感谢他。姓陈的分销商是个踏实可靠的人，然而至今也是没给我一点消息。

第十章　镜子里的阴翳

　　我爸妈终于知道了，那封既没有落款也没有具名的信是怎么一回事。三月已是初春了，却还是冷，阴阴地冷。我们学校没上课，大家都挖地道去了，我是个残疾，不能挖地道，只好待在家里。我看见街道上的丁珠玉主任来了，她后面还跟着几个穿宝蓝色制服的人。丁珠玉主任是我最崇拜的人，她原来在红旗路幼儿园当老师，后来被借到街道上教大家跳忠字舞，再后来就当了副主任，不久又当了主任。我之所以崇拜她，不是因为她当了主任，是因为她的忠字舞跳得很好。她腰是腰，腿是腿，屁股是屁股。像我这样的残疾，最崇拜的就是人家优美的腰腿和饱满的屁股，就像我后来崇拜我老婆张海棠。她还会办黑板报，我们巷口上就有一块水泥黑板报，她站在一只凳子上，用黄粉笔画向日葵，用蓝粉笔画向日葵叶子，用红粉笔画红旗和抄《人民日报》社论，用白粉笔写批判文章。她还会画愤怒的拳头和投枪一样的笔。她画的锹跟刀一样，锹铲掉毒草时，还带着一道气势恢弘的白光。这些拳头啊投枪啊锹啊什么的都要画在报头上，所以她要踮起脚尖，往后绷紧身子，而这时你就可以看到，她优美的地方不止在腰腿和屁股，还有胸脯和肚子，包括小肚子，都是优美的。

　　那天我妈也在家里。我妈早就从图书管理员变成了电影院守门的兼扫地的，而电影院不需要时刻守门或扫地，所以她给我的感觉是老在家里。她跟我一样，也在发呆，呆呆地看丁珠玉，看那几个完全陌生的宝蓝色制服。宝蓝色制服也在看我妈，是那种带点忸怩的样子，每个人脸上都没有表情。倒是丁珠玉主任大大方方地朝我妈点了点头，她认识我妈，当年她教大家跳忠字舞时还表扬过我妈，说我妈学习态度好，所以学得快，一学就会了。我妈受了表扬很高兴，回家后学给我爸听，还把刚学到的忠字舞跳给我们看。

丁珠玉主任跟我妈点了头，对宝蓝色制服说："这就是李玖妍的母亲，唐亚蓉。"

丁珠玉主任还是显得很年轻，也很漂亮，她跺脚的样子也比别人好看。她跺脚时胸脯和屁股都会有一种很生动的震颤。那阵子阴雨连绵，到处都在挖人防地道，挖出来的泥巴来不及运走，像小山一样堆在人行道上，所以丁主任他们的鞋底上都粘着厚厚的泥巴，进门之前，他们都用力跺脚。他们脚上的泥巴大部分溅在巷墙上，小部分溅进了我们家里。那天我爸不在家，也在挖地道，在解放路挖。我妈接待了他们。他们进门之后还忍不住跺脚。丁珠玉主任跺脚很有节奏，嗒，嗒嗒，嗒嗒嗒，像跳踢踏舞一样。但其他人就是乱跺了，他们一边乱七八糟地跺脚，一边问我妈一些问题，比如李玖妍在家里经常会说一些什么话？经常会去哪些地方？给家里写信时说过什么没有？信呢？

我妈稍微愣了愣，脸色就开始发白，说："她、她人呢？"一个宝蓝色制服说："你先回答问题吧。"我妈白着脸说："她……她说过什么呢？过年回来，除了给她叔叔拜一个年，哪里也不去的，只闷头坐在家里……"宝蓝色制服说："她跟你们不说话？"我妈说："说是说，可那都是些家常话……"另一个宝蓝色制服说："信呢？你先把她写的信找出来吧。"

我妈去找信时，有一个宝蓝色制服跟着她。丁主任也跟着。我妈找出了十几封信，宝蓝色制服皱一皱眉，说："她插队这么多年，就只有这几封信？"丁主任说："唐亚蓉，你再想想，她的信是不是全在这里，别的地方还有没有？"我妈的脸已经白得跟纸一样了，她说："她信写得少，她懒，不愿给家里写什么信的。"

丁珠玉叫我妈就在房间里待着，自己和宝蓝色制服出来了，顺手把门一带。她把脸转过来时忽然朝我笑了一下，或者说很像是笑了一下，然后问我："你姐姐的信呢？不止这些吧？你知道她的信到哪儿去了吗？"这时候她真的笑了，嘴角边都笑出了一个酒窝。她还用她的笔直的美丽的腿走到我面前，将身子俯下来，一只手搭在我肩膀上。她的气息毛茸茸地粘在我脸上。她对我充满期待。她说，嗯？她的"嗯"跟她的气息一样，跟她的腰腿一样，还跟她的酒窝一样。我觉得我有点晕。我用力咽了一口唾沫，我想我不能让她等得着急，我的舌头已经急不可耐了，它先动起来了，我再不张嘴就来不及了。我听见我急慌慌地说："烧烧烧烧……"她又朝我笑，比刚才笑得更有味道，更叫人晕。她这么一笑好像满屋子都是光亮。她说："别急，说慢点。"可是我说不慢了，我唯恐说慢了，我说："烧烧烧烧掉了，有有有有一些被被被烧烧烧掉了……"我看见她的笑容跑掉了，酒窝跑掉了，身子也跑掉了。都跑得飞快。她的身子那么一挺，脸和胸脯就嗖一声就跑掉了，那只温暖柔软的手也随之离开了我的肩膀。我听见她的声音在我头顶上响起来。

"唐亚蓉你听见了？你出来吧。"

我妈就出来了。我的嘴巴张着。我晕乎乎地看着我妈。

丁珠玉说："你刚才还说她信写得少？你怎么不说是你烧掉的？你为什么烧掉它？"

我妈飞快地剜我一眼，说："有时候逗炉子，顺手烧掉的。"

丁珠玉说："逗炉子？"

我妈说："逗炉子。"

丁珠玉说："是不是逗炉子，以后再跟你说。我问你，刚才你为什么拿眼睛剜李文兵？你剜他干什么？你怪他说坏了？他不该说吗？该不该？"

我妈看她一眼，僵僵地点点头。

"那你还剜他！"丁珠玉说着，和另外几个人对一下眼神，又对我妈说："不过唐亚蓉，我还是要先给你打个招呼，你也好有个思想准备。"

丁珠玉跟我妈简单扼要地说了说这件事，要我妈老老实实地把烧掉的信的内容交代清楚。他们的严肃像山一样压着我们。我感觉有什么塌下来了。我看见我妈扶着一把我爸打的椅子，木头似的站着，人家走了许久，她还那样站着，眼睛朝着地上。地上是丁珠玉他们踩下来的碎泥巴。那些泥巴黄不黄黑不黑，是一种不规则的放射状，从他们站立的地方向四面铺开。我妈就那样呆呆地看了许久，然后她手上不知怎么有了一块抹布，她用抹布擦板壁上的泥巴，没擦两下，又放下抹布，从门角里拿起扫帚扫地。泥巴粘在扫帚上，一扫，地上全是泥巴，但她还是扫，东一下西一下，把地扫得一塌糊涂。她就这样毫无意义地扫着，动作越来越大，越来越用力，扫帚上的泥巴又星星点点地飞到了板壁上，将板壁打得嗒嗒地一阵响。等到板壁和桌凳都糊满了泥点子，她终于不扫了，像扔标枪一样，将扫帚向我掷过来。泥乎乎的扫帚带着一股怨恨之气砸中了我的肩膀和脖子，我和我的凳子一起倒在地上。

她一屁股坐到那把椅子上，勾下头，把脸放进一只巴掌里。我看见她的整个身子都在抖动。那只托着脸的巴掌的背面筋骨暴突，样子有点恐怖。她突然"呃儿"一声，又短又急，而且很混浊，然后她就收不住了，不断地"呃儿"着，一声比一声响，身子的动静也越来越大。

我看见泪水从她指缝里流出来。

我爬起来，尽量不弄出响动。然后我趴在凳子上，抹肩膀和脖子上的泥。

她"呃儿呃儿"地哭了许久，直到我爸下班回家，还在哭。她的脸一直放在那只巴掌里。那只巴掌的背面已经不那么恐怖了，最恐怖的时候过去了，现在它湿漉漉的，皱巴巴的，既可怜又无助，泛着一种被充分浸泡之后的肿胀的灰白色。

那天晚上我们家断了烟火，没人做晚饭了。我妈不做，我爸也不做。李文革从外面疯回来，吵着要吃饭，吵了半天，便哭起来。哭是他的拿手好戏，声音又高，一开口就将我妈的嘤嘤声盖住了。我爸本来坐在门角里一动不动的，这时候他一脸烦躁，倏地站起来，一个箭步跨过去，将李文革从地上拎起来，举起一只巴掌。我以为这一次李文革一定要挨打了，但我爸的巴掌却没有扇下去，停在空中，落下去时跟断了一样。他把李文革放下来，重重地叹一口气，问李文革："除了吃，你还知道什么？"

李文革被吓呆了，可还是想哭，却不敢哭了，便用力撇嘴。我爸又叹一口气，说："你什么都不知道啊。"他带李文革上街去买了一包桃酥。李文革像搂宝一样搂着桃酥，边吃边鬼头鬼脑地拿眼睛瞟我，怕我吃他的。他一贯喜欢吃独食。他吧唧吧唧地吃得飞快，不到一刻钟，一个人吃掉了一包桃酥，被噎得直打响嗝，还把最后一块桃酥往嘴里送。他嗝出来的味道香喷喷的，还冒着一股猪油味，弄得我直冒冷汗，浑身发颤。我已经很久没闻过桃酥的香味了。但我咬一咬牙关，从舌根底下濡出一口涎水吞下去，再不看他的桃酥了。我知道我没有资格吃桃酥。我把烧信的事都说给丁珠玉了，谁还会给我吃桃酥？我老老实实地躺到我的破竹床上，眼睛直瞪着天花板。

因为要和饥饿作斗争，要防着蛔虫又从喉咙里爬出来，我一直没怎么睡着。

巷子里已经很静很静了，也没有风，外面墙上的破纸不会刮喇刮喇地叫，所以我觉得我爸妈房里的响动特别大，大到让人担心的程度。后来我听见房门开了，模模糊糊地，我看见我妈的影子从房里蹿出来，我爸的影子也蹿出来了。他们两个人好像是扯在一起的。我爸压着喉咙说："亚蓉亚蓉，我叫你想一想呀，半夜三更呢，你唱戏呀，你这是怕祸小了，你还想惹大祸呀！"我妈也压着喉咙说："你就知道祸祸祸！来都来了，还有什么怕的？割头是死，割屁也是死！再说我不过就是想去问问他，他儿子是个什么东西？有没有这样做人的？！"我爸根本不计较我妈忽然满嘴粗话，他求她说："跟你说了多少遍，不能去的，现在已经不是儿女的事了，没有这回事了！你懂不懂？性质变了呀，人家揭发你没有错呀！"我妈说："变什么变？人不能变成畜生吧？人都叫他睡过了，转背又揭发，畜生都不如啊！"我爸说："小声一点，你小声一点哪！"我妈说："还要怎样小声？我不说话？我装哑巴？"我爸说："你想想嘛，你能不能这么说话呢？该装哑巴就要装呀！"我妈说："我不装！要装也等我问过他再装！"我爸说："你冷静下来想一想，能问吗？你自己现在是什么人了？！"我妈说："我是什么人？我是李玖妍她妈！李玖妍吃了人家这么大的亏，我不该去问问？这还要想什么！"我爸说："哎呀，要想的要想的，不想怎么行呢，要想的呀！"

他们在门边扯来扯去，两个影子一直搅在一起，不断地将门碰出响声。我听见我爸说哎哎哎你怎么咬人哪，跟着又听见他嗥叫一声，声音抖抖索索地拐了好几个弯；接着我听见门吱呀一响，然后便看见昏黄的路灯光像灰尘一般涌进来，同时看见我妈的影子朝着灰尘般的光亮蹿过去。我看见她的头发被光亮和夜气撩起来了，恰似一小片飞着的泛着光亮的薄毡子；紧跟着这一小片薄毡子的是我爸的影子，我爸的影子也蹿出去了，像被我妈带出去的，像我妈的一件披风，薄薄地、很沉重地飘在我妈后面。

　　"亚蓉呀，亚蓉亚蓉！唐亚蓉！"

　　巷子里还是浮着泥浆。我看见泥浆泛着冷寂的光亮。泥浆使得他们的脚步声一点也不清爽，拖拖沓沓黏黏糊糊含混不清。他们没吃一点东西，连水都没喝一口，可是他们还在跑，还跑得这么快。我听见他们一前一后跑出了老鼠街，跑过了东风理发店，又跑到了红旗路上。他们越跑越远了，他们的脚步声像一条老鼠尾巴，由粗而细，由细而无。等他们回来时我已经迷迷糊糊地快要睡着了。我是被我妈的"呃儿"声——她又"呃儿"了——刺醒的。我说"刺"一点不夸张，那就是"刺"，一下就扎进肉里，呃儿——！又细又尖，像一根针，还有一道尖细的光亮。

　　我爸忍着伤痛——我妈那一口咬的是他的左手，戴手表的那只手，牙印子很深，陷在手背上，整个手背都青了——和饥饿追我妈，到底追上了，然后两个人像拔河一样在街上拔来拔去，一个往东一个往西。我妈渐渐地拔不过我爸了，被我爸拔得一步步跑回家了。她就骂我爸，李德民你个怕死鬼你算个什么东西你该硬的时候不硬你摸摸你裤裆里长的是什么你怕人家咬鸡巴？！我爸不吭声，由她骂。那天晚上我妈确实比较嚣张，比较悍泼，一点顾忌都没有，一点教养都没有，蛮横粗鄙、气急败坏、口无遮拦，斯文彻底扫地了。到了家门口，大势已去，她用双手死命地把住门条石，开始求李德民了，李德民我心里疼呀你不让我去我会疼死的！我爸一边扯她一边说，先忍一忍吧先忍一忍吧。我爸还许诺说，实在忍不住了你就咬我，你咬我好不好？

　　但我妈没有再咬他，也没有再蹿出去，心里疼得厉害时，她便像兜胃气似的"呃儿"一声。她几乎就这么"呃儿"了一夜。那一夜我又饿又困，好不容易合上眼，又被她的"呃儿"刺醒过来。她的"呃儿"把我扎得遍体鳞伤。

　　嚣张过后，我妈就蔫下来了，那情形就像我们学校里一只打过补丁的篮球，线头纰掉了，篮球便不是篮球了，瘪在那里像被人踩过无数次的一团破毡子。这辈子她也就胀鼓鼓地嚣张过这一回，然后不要说嚣张，她头都抬不起来了，再然后她连脸都洗不干净了。我爸的脸也洗不干净了。虽然他们早晚都要洗一把

脸——洗得很匆忙，尤其是晚上，就那么抹一把，然后就忙着写交代材料。他们在材料里反复申明，他们之所以烧了一些李玖妍的信，确实是无意的，确实是为了引火逗煤炉子——可他们脸上总是灰灰的，好像从发电厂那根烟囱里飘过来的灰屑全落在了他们的脸上。

那时候我一天到晚愣愣的，眉头总是皱着的。李玖妍在给詹少银的信上都说了些什么呢？我想说话原来这么危险，以后我要怎么说话呢？她是反革命了，那么反革命的弟弟算不算反革命呢？我这样想着，脸就渐渐地洗不干净了。起初我还不知道，小鸡公来找我，见面就问，你还没洗脸？我说洗了呀。他用一个指头在我脸上刮一下，然后看自己的指头，他的指头干干净净的。他说奇怪，又盯着我的脸看，又刮一下，又看自己的指头，又说奇怪。我就挪过去，对着我爸做的一面长条形的小镜子照了照，我看见自己灰蒙蒙的。我一只手撑着凳子，伸出另一只手，用袖头抹抹镜子，再照，镜子里那张脸还是灰蒙蒙的。我心里一沉，然后我经过一番激烈的思想斗争，吞吞吐吐地把这件事告诉了小鸡公。我请他帮我想一想，我要不要和我姐姐划清界限？他的样子非常惊慌，看陌生人似的看着我，还冷不丁地打了一个寒战。他缩着脖子，嗞嗞地说："怎么搞的，怎么有点冷呢？"说着原地转了两个圈，侧过脸，又说："这么大的事，李文兵你别问我，我不知道。"

大约有两个月左右的时间，他都有意疏远我，和我保持距离，但他好像没有把我告诉他的事说出去。守口如瓶，这是一种很好的品质，就凭这一点，我跟他的友谊一直保持至今。两个月以后，他又来找我借连环画。他看见我妈，悄悄地问我："兵子，你妈怎么回事，她不洗脸的吗？"

这就是阴翳了。阴翳就这样笼罩着我们一家人，最后连李文革脸上都是灰灰的暗暗的了。我说不清这种看得见摸不着的东西是怎么来的。一般来说，阴翳跟疾病有关，或者跟某种神秘经验有关——比如你印堂发黑，那你不是火焰低走霉运，就一定是重病在身。除此之外，就没什么可怕的了，就只是一种自然现象了，比如雨天里风一吹，雨粉一飘，再有铅云压下来，阴翳就出现了。可是我发现，阴翳在我们家变成了一种很诡谲的东西，它变化无常，无所不在。我发现这一点是因为我们家的镜子，就是我爸最初学手艺时做的那九面小镜子，它们对阴翳这种东西特别敏感，无论阴翳以什么形式出现，镜子都能把它照出来。比如镜子里照着我爸，或者我妈，无论是谁，也无论他们是背对着镜子还是侧对着镜子，我都能看见阴翳像灰尘一样粘在他们脸上，弥漫在他们头上，嵌在他们的褶沟里，或者像青苔似的长在他们的前胸或后背。它还会很投机很灵活地应对你的感受，你觉得它像青苔，它就变成墨绿色，觉得它是煤灰，它就变成灰黑色；要是你忽然又觉得它像一片霉毛，它便立刻变成了灰白色。总之，在那九面镜子里，我看见它这一刻是这样，下一刻又是那样，反正你不能想，你一想，它就照你想的样子来了。我想我爸的脸是不是有些乌青呀？我妈的腮帮子上像不像贴了一块膏药？我爸在镜子里的脸便果然乌青起来，我妈的腮帮子也会飞快地塌下去，仿佛真贴了一块黑膏药。

离开了镜子，我是不大看得到它在怎样变化的，只知道它像卤水一样腌浸着我们，把我们从里到外都腌得变色发紧。我们都被腌皱了。我爸妈就不消说了，他们皱得就跟缩了水再霉变的豆皮一样；然后是我，再然后是李文革，我们俩的皱纹都长在脑门上。我的多一些深一些，李文革的少一些浅一些。不过李文革的皱纹很快就消失了，他毕竟比我小八岁，被腌皱的皮肤容易再抻开，在他变成一个少年时，脑门就变得平坦光滑了。我却不行，我生出皱纹时的年纪不一样，我的皱纹是浅褐色的，至今还横在脑门上。

有一段时间我老在想，我们家的阴翳到底是一种什么东西呢？我想了许久，觉得它什么都不是，就是一种重量。无论它在镜子里还在镜子外，我都感到了它的重量。我还看见阴翳弥漫了老鼠街。老鼠街是我的出生地，也是我家门口，我天天趴在那里，它墙上有多少煤饼——人们经常把煤饼贴在墙上晾干——或是剥掉煤饼后留下的黑印子，地上哪儿有坑洼，哪几块麻石开裂了，我都一清二楚。它什么都在我眼里，它有一丝一毫的变化我都能察觉得到。那么窄那么深的一条巷子，可它并不幽暗，除了墙头上能照见早晨和下午的阳光，正午前后也有阳光落下来，但我知道我的感受跟阳光或阴雨没有关系，也跟巷子的深浅没有关系，不管刮风下雨，天晴天阴，即便是烈日当空，我都看见阴翳重重地压在那里。还有我们的邻居，——只要看一眼我们的邻居，你也能感到那种重量。你看他们的

脸色，看他们的眼神，再看他们的背影，大家都是老邻居，什么都瞒不过。这些在前街后巷住着的、从前跟我们家关系都不错的、我爸给他们打过凳子或修过柜子的老邻居，有时候炒菜缺小半勺酱油或两瓣蒜头，都会跑来跟我妈要的人，却忽然变得不认识我们了。他们从巷子里经过时，都尽量离我家门口远一些，尽量贴着对面的墙根走。若是迎面碰上我爸或我妈，也都装做没看见，他们的目光都变斜了，都斜在额角上。他们脸上没有表情，脚下慌乱而急促，倘若来不及把目光斜上去，便匆匆把头一低。

我爸妈真是特别自觉的人，只要出门，他们的眼睛就盯着自己的脚，假如不小心碰到了人家的目光，他们便觉得这是冒犯了人家，会赶紧向人家赔礼：对人家把脸挤一挤，弄出那种羞涩、灰暗、似笑非笑的表情，既尴尬又谦恭。我们的邻居也都是懂礼貌的，这时候也会勉强地皱一皱脸，算是回礼了。

有一天晚上，街道上开批判会，黄昏时丁珠玉主任派人来通知我爸妈，叫他们早点吃饭，吃了饭早点过去。来人说："丁主任说的，你们是站台子的人，要知道自觉，不要让群众等你们。"我看见我爸妈的样子有点紧张，甚至还有一点点兴奋（被阴翳罩着的双颊上都浮着一抹薄薄的绯红），两人都连连点头，一个说："一定一定。"另一个补充说："你就叫丁主任放心吧，我们不会误事的。"

这是我爸妈第一次站台子。几年前他们只戴过两回高帽子，这以后就没他们什么事了。到了各单位各街道几乎是定期开批判会的时候，他们跟大家一样，轻轻松松地吃过晚饭，夹个小凳子或小马扎，来到红旗路小学操场上，悠闲地坐在台子下面，一边跟邻居熟人打招呼一边等开会。可这回不一样了，要上台子了，他们就没心思吃饭了，我爸只吃了小半碗，我妈干脆没动筷子。然后他们就洗脸，一个洗了，又一个洗，都把肥皂打在毛巾上，双手按住毛巾在脸上反复地磨，磨出一种湿腻而粘连的声音。然后他们又换衣服，本来要换衣服的是我爸，他被南杂店抽去挖防空洞，身上花花搭搭的全是泥浆，可是，我妈见他换上了蓝咔叽中山装和灰哗叽呢裤子，不知是受了感染，还是觉得自己太不庄重，也换上了一件洗得泛白的蓝灰色列宁装。临走，他们又梳了梳头，一个人对着一面镜子。

我坐在竹床上，从后面看他们，闻着从他们刚换的衣服上透出来的那股子怪怪的味道。我没看镜子。我已经懒得看那些镜子了，我知道在镜子里他们的脸不是绿的就是青的。

但我看了他们站台子。他们站的台子就是我们体育老师领操的那个台子，用砖砌的，表面抹了一层水泥。台子前面摆着两张课桌，课桌腿上绑着一根竹竿，竹竿上吊着一盏一百支光的大灯泡。他们站在大灯泡后面，念批判稿的人站在他们前面。那天被批判的人叫孔老二，与他们无关，叫他们站在那儿不过为烘托气氛，也是批判会的一般格局，可是从他们的样子来看，好像他们就是那个两千多年前的孔老二。他们低眉垂首，神情沮丧——起初还有些羞涩和忸怩，大约二十几分钟过后，就似乎克服了这种毫无意义的害羞心理——目光像钉了一样钉在地上。比起那些老站台子的老油条，他们就像两个懂规矩的学徒。那些老油条虽然也是低眉垂首，却远不如他们虔诚，一双眼睛东溜西溜，腰疼了便把一只手藏到后面去偷偷地揉两下，肩膀酸了就暗暗地一耸一耸。他们则保持一个姿势，不乱动一下，像两棵勾着头的肃穆的树。他们的腰似乎是铁打的，肩膀也是铁打的，脖子也是铁打的。站到最后，他们才开始有一点微微的晃动，好像这两棵树已经被白蚁把蔸给掏空了。

美手

第十一章　臭虫和跳蚤

以前李玖妍每次回家，我妈都要叫她洗一个澡，把她的衣服呀包呀袋子呀，都扔进一只大木盆里，用沸滚的开水热气腾腾地泡一泡，免得她把乡下的臭虫跳蚤带回家来。因此在我们家里是难得见到臭虫和跳蚤的，即便有，也顶多是一两只漏网的，早被泡得奄奄一息了，咬不动人了。可是到了那年——大约是五月初，然后是六月初，我们家里先后来了两大拨臭虫跳蚤，而且一批比一批厉害，把我们咬得浑身红包，奇痒难熬。

第一拨臭虫跳蚤是我爸从金竹带回来的。他从区医院开出了一张病假条，把病假条交给工地领导时，他拼命咳嗽。那领导是个良善之辈，心软，见他黄皮寡瘦，脸色灰暗，又咳得这么难听，就把病假条收下了，于是我爸就偷偷去了一趟金竹，拿我姐姐留在那里的东西。作为一个女孩子的日常生活用品，那些东西实在是少得可怜，但作为我爸，一个人两只手，要把它们全拿回来，东西又显得太多了。被子、卧单、毯子、换季的衣服、凉鞋布鞋球鞋解放鞋，还有我婶子送给她的一双工装皮鞋，还有脸盆脚盆、洋铁桶，包括其他零零碎碎的东西，像席子草帽油纸扇和雪花膏蛤蜊油，最后还有一只漆成猪肝色的杂木箱，我爸用卧单把被子毯子席子包成一个大包袱，将衣服鞋子把缸草帽油纸扇雪花膏蛤蜊油和脸盆都放在箱子里，像个苦力，肩上扛一大包，手上提着箱子，洋铁桶则挂在腰上。

不知道他是怎么从沙口村走到金竹的，也不知道他是怎么挤上长途汽车的，反正他就那样回来了。他腰里系了一根草绳，洋铁桶就挂在这根绳子上。那天我趴在凳子上，看见他摇摇晃晃地从理发店门前踅进老鼠街，像一只螳螂那样一趴一趴地走过来。他的透着青灰色的脸被那个大包袱压成了一撮，紧贴着肩膀，五官窄窄地挤在一条线上，弓着背弯着腿，走一步，膝盖就把洋铁桶碰得吭嘟嘟直响。

本来他可以放弃一些东西的，像席子草帽油纸扇之类，还有那瓶其实已经不能用了的雪花膏——它已经干了，颜色发黄，像长了锈。特别是那只洋铁桶，我们家里还有两只洋铁桶，再把它拿回来就是三只了。我们家里根本用不着三只洋铁桶。他本来也想不要那只洋铁桶的，但黄花萍的父母说他们也不要。他们说你都拿走，不要留一点，我们是什么都不要的。他们还说我们一直在等你们来拿东西，等了这么久你才来。他们帮着我爸找东西，两个人都跟在我爸屁股后，生怕我爸漏掉什么。我爸腰上的草绳子就是他们绑的。我爸说这只桶子就算了吧，实在拿不下了。黄花萍她爸便立即找来了一根草绳子，他给我爸绑绳子，他老婆提着洋铁桶，他将绳子套住铁环。洋铁桶就这样挂在了我爸腰上。于是我爸动一下，洋铁桶就吭嘟嘟吭嘟嘟地响一阵。我爸才动了两步，黄花萍她爸忽然叫他等一下，急慌慌地跑到灶间，拿出来一只碗和一双筷子。碗是蓝边碗，碗沿上有一点浅褐色的疤迹，筷子则是极普通的一头方一头圆的旧竹筷子。黄花萍她爸说，她是认得这只碗用的，筷子我就随便拿了一双，只当是她的吧。黄花萍他爸把碗和筷子放到那只洋铁桶里，然后拍拍手，退两步，让到一边。我爸朝他点点头，说走啦，吭嘟嘟地走动起来，刚迈出他们家的门槛没几步，背后就响起了一挂爆竹，好像他们事先买好了一挂爆竹在那里等着。爆竹很短，不是过年放的三千响，三百响都没有，而是清明和阴历七月半上坟时用的五十响。

我爸听见响起了爆竹，便努力走得快一些。他知道人家放爆竹不是为送他，而是为了避邪、去晦气，人家巴不得他走得越快越好。黄花萍她爸踩着爆竹声，跟在我爸背后说："老李师傅呀，对不住啊。"我爸这才把脸扭回去，透过爆竹炸起的一点薄薄的硝烟，又跟他们点几下头，也说："黄家爸爸，惭愧啊，对不住啊。"

我爸把我姐姐的东西搬回来，头发就花白了。那天他扛着我姐姐的东西吭

嘟吭嘟地走到家门口时，我便盯着他的头发。从头发里能依稀看见他的头皮。他的头皮很难看，是青黄色的，像半生不熟的橘子皮。我记得连环画里有伍子胥一夜白头的故事，因此我知道有时候头发是会白得很快的。于是我又注意我妈的头发，我妈的头发还好，但脸上已经是惨不忍睹了，鸭蛋脸瘦成了刀角脸，颧骨和眉骨都弓在那里，干瘪的褶子歪歪扭扭地堆在腮帮上。他们都老得太快了。

我爸千辛万苦拿回来的东西，我妈却不愿动它们，让它们就那样堆在我的竹床边，堆了十几天，等到发现家里有臭虫和跳蚤了，我们被咬得睡不着了，她才懒洋洋地把它们打开来。它们被打开之后便散发着一股味道，我觉得那股味道里有一点我姐姐的味道。我妈闻着这股味道，过一会儿叹一口气，过一会儿又叹一口气。她花了两天工夫清理它们，该拆的拆，该洗的洗，却又没碰上好天气，那几天都是牛毛细雨，洗了的东西只好晾在家里。横七竖八地牵了几根绳子，上面晾着被单卧单和毯子，还有衣服和鞋子。家里本来就挤，现在又一下子被分割成若干个细长狭窄的小空间，光线也陡然昏暗下来，白天仿佛夜晚。

我天天放学后都趴在门口。家里不但昏暗，还郁积着冰凉的水汽，我觉得骨头缝里都是水。就是这么趴着，我的吊在屁股后的残腿还像是泡在水里。

天阴了大概一个星期左右，那些晾在绳子上的衣物开始长出黑点，发出一股碱水似的霉味。好不容易等到天晴了，衣物上的霉点却迅速长成了黑斑，我妈没奈何，大约怕黑斑里会再长出蘑菇来，只好强打起精神，把那些东西又重新洗一遍。

我妈最后清理的是那只箱子，箱子里除了一些单衣单裤，一大一小两只脸盆，一只搪瓷把缸，蛤蜊油雪花膏油纸扇和草帽，还有一沓信纸和几个信封、一面小镜子、一条用白棉纱勾的长围巾、两副同样用棉纱勾成的衬领、一根用三个毫米的细钢条磨成的钩针和两块花手帕，再就是胸罩（老鼠街的人不说胸罩，而是戏称为武装带）、袜子、裤衩和小背心，另外还有一条月经带。我妈拿着这些贴身穿的东西发呆，呆了半天，自言自语地说，她穿什么呢？拿什么换洗呢？她再也没心思洗它们了，她把这些东西都晾起来，晾了一个下午，又把它们一样一样都放回去，包括那十几枚毛主席像章。

我妈不打算再动这只箱子了。她把箱子搬进她房里，叫我爸帮她放在一只柜顶上。直到前些年我买了东门大河边的一套房子，我老婆张海棠清理东西准备搬家时，才把这只猪肝色的箱子从柜顶上搬下来。她先抹掉箱子上厚厚的灰尘，然后往箱锁和搭扣上滴了几滴豆油，等油慢慢地把铁锈吃透了，才打开了这只箱子。我曾经给她讲过这只箱子，还讲过我爸怎么把它搬回来的——我们家的事，我基本上都跟她讲过——可她左耳进右耳出，一点印象也没有。她翻了翻里面的东西，把毛主席像章挑出来，其他的东西，包括那只箱子，她都准备扔掉。她是这个家庭的主妇，主妇当然有处置旧物的权力，平常我们也都把这个权力给她，但这一次例外，我爸不给了，我爸阴着脸说："你扔扔看！"张海棠问他为什么不能扔，他不说，脸垮得越来越长。张海棠便不敢扔，但嘟哝了一句："要吃人似的，怕是个宝吧。"我爸梗着脖子了，气呼呼地将她拿出来的毛主席像章又放回到箱子里，坐在箱子上，说："你们走你们的，我不走，我就在这里守我的宝。"他本来没说过不走的，就为这么一点事，他突然拗起来，宣布不走了。我舌头都磨细了，我说你这是何必呢？再说那里洗澡也方便些。可他根本不讲道理。他说我洗什么澡？我用盐腌！他越老越倔，不能得罪他半点，张海棠得罪了他，他便把我也当做张海棠的同谋，一点也不肯通融。

其实我们都一样。不能说他矫情，所谓此一时彼一时，不好说他的。

第二拨臭虫跳蚤是我爸妈从新洲带回来的。新洲很近，距省城不过三十里，可是我妈还是怕会在那里多耽误了，给我和李文革准备了一钵咸菜，又煮了一鼎罐饭，烧了两瓶开水，然后再三叮嘱我，要带好李文革，要招呼他吃饭；若是他们晚上没赶回来，要叫李文革盖好被子，睡觉要记得闩门，如果人家问起来，一定要说他们回老家看亲戚去了。这是我对丁珠玉说了烧信的事以后，我妈头一回跟我这么说话，我受宠若惊，一个劲点头。

虽然再三叮嘱过了，我妈还是不放心，又写了一张纸条，拿一只搪瓷把缸压在饭桌上，什么时候吃饭，什么时候睡觉，什么时候叫李文革起床，都写得清清楚楚。还把我爸为起早买猪蹄髈买的那只闹钟也放在饭桌上。临走时又给我两斤粮票，三块钱，说如果时间长，饭馊了，就带李文革去买包子吃，千万别吃馊饭啊，吃了会拉肚子的啊，你千万要记得啊。我一边点头一边眨眼睛，问他们去哪里？我妈也眨了一阵子眼睛，反问我，刚才不是告诉你了吗，不是说回老家看亲戚吗？你没听见？你以为我们去哪儿？

我爸催她走。我爸说你跟他啰唆什么，他敢乱嚼舌头我就挖个坑埋了他！

他们去新洲时，我们这里在下雨，新洲也在下雨。那时候好像全世界都在下雨。我爸背着一个包袱，我妈撑着一把红油纸伞，两个人一路湿漉漉地去新洲。雨水将所有的浮尘洗净了，也把新洲的红泥泡软了。以前他们没来过新洲，不知道新洲的红泥有多红，黏性有多大，等他们下了长途汽车，一出新洲市区就知道了，满目都是湿红稀烂的红泥。他们奇怪这里的泥怎么这么红，泥浆怎么像血浆？黏性怎么这么大？一脚踩下去，拔出一坨泥，再踩一脚，再拔出一坨泥，没走几步，鞋就大一圈，再走几步，鞋又大了一圈。走不到小半里路，他们的鞋就不见了，只见两大坨红泥。他们拔不动这么两大坨红泥，只好蹲下来，捡一根小棍子或一个小石块，若是什么都找不到，便把一根指头插进泥里，贴着鞋面一点一点地往下刮。刮了鞋面又刮鞋底。刮干净了再走，走了一会儿又刮。等他们走到新洲看守所，他们的指头肿了，腿也肿了。

就像街道办的丁珠玉主任和宝蓝色制服们在我们家门口踩泥巴一样，他们也在新洲看守所门口踩泥巴。他们缩在红油纸伞下面，相继提起肿胀的腿，啪嗒一声踩下去，酽红的泥巴便飞溅起来。泥巴溅在看守所的大铁门上，发出带着钢音的砰砰声。他们扭脸朝发出砰砰响的地方看着，发现他们的泥巴溅到看守所的大铁门上去了，那些红色的泥巴有的像蛾子，有的像小虫子，有的像蚯蚓，有的像屎壳郎。他们面面相觑，忽然都意识到自己的冒失，于是他们不踩脚了，弓着腰去抹大门上的泥巴。

他们正在哧啦哧啦地抹泥巴，大门尖锐地响了一声，从他们手上移开了，跑到一边去了，同时有一根乌黑发亮的东西捅过来，对着他们，他们一边后退一边愣愣地看着那根东西，蓦地醒过来，那是一根枪管。他们惊慌地看着那根枪管，不知道该怎么办。还是我爸机灵，反应快一些，刷地一下，先把手举起来，我妈紧跟着也把手举起来。我妈举手的同时把伞也扔掉了。红油纸伞落在地上发出一声破响，但他们不管伞，还是看着枪，高举着四只手。冰冷的雨滴使他们皱着眉，撮着脸。

起初他们的手还是红的，尤其是手指头，但雨水一点一点地把它们洗白了。洗出来的红泥浆水顺着手指手背和手心漓漓拉拉地向下蔓延，流到他们的手腕上，又顺着手腕一直往下，大约流到了胁夹，他们的肩膀和手都在发抖，身子也在一阵一阵地打寒战。但他们还是坚持举着手。他们的胆子似乎大了些，敢把目光顺着枪管一点一点挪过去，结果他们看到了一件像枪管一样乌黑发亮的雨衣，然后又看到了雨衣的领子和帽子，帽子稍稍有点往里奔拉，露出一张窄窄的脸。他们的目光一触及这张脸，便飞快地缩回到枪管上。

"你们在干什么？"窄窄的脸问。

我爸又把目光往前挪，说："抹、抹泥巴。"

我妈也说："抹、抹泥巴。"

窄窄的脸说："抹泥巴？"

我爸妈同时说："抹、抹泥巴。"

我爸瞟一眼那张脸，忽然觉得自己没说清楚，怕这个端着枪的年轻人误会，于是又赶紧解释说："我们不是往大门上抹泥巴，而是要把大门上的泥巴抹下来。"为了说得更清楚些，我爸还特意演示了一下，用力跺一下脚，脚上的泥巴又飞起来。我爸说："你看，我们不小心把泥巴弄到大门上去了，所以我们要把它抹下来。"

拿枪的年轻人忽然嘿嘿地笑了几声，说："你们多大了？大老远跑到这儿来，就是为了抹泥巴玩？好玩吗？"

"我们是……是是是走亲戚，对，走亲戚，就是前面，前面那个村子。"

我爸结结巴巴地说着。

一些年以后他跟我说起过这件事，皱巴着脸问我："你说人是怎么回事呢？心里明明不是那样想的，可是心里一害怕，嘴巴就不听你的了，舌头也不听你的了，它就那样说了，你自己都听得发愣，心想干什么呢？自己怎么会这样说呢？"

让他感到欣慰的是我妈居然赞成他这样说。我妈看看他，朝年轻人点头说："是呀，我们走亲戚呢。"这时候他心里真是充满了温暖和感激，如果不是举着两只手，不是有乌黑的枪管和这个威严的年轻人，他都想抱一抱我妈了。他想什么叫相依为命相濡以沫夫唱妇随啊，这就是啊。俗话说得好啊，一床不睡两样的人，原来真是这样的啊。

年轻人摇摇头，用一只嘴角浅笑着，说："好啦好啦，别撒谎了，像你们这样的我见得多了，本来是想探监的，可是到了这个门口，又改口说什么走亲戚；就在前两天，还有一个说碰到了岔路神的，连撒了两泡尿，都没臊走岔路神，迷了路才走到这儿来的。"年轻人说着便把脸绷起来："说吧，是不是来探监的？想探的人是谁？叫什么？"

他们又面面相觑，都看见对方的脸上有点慌乱，但他们还是坚持"走亲戚"。他们对年轻人说，他们没撒谎，他们为什么要撒谎呢？他们探什么监呢？他们家又没人关在这里，他们真的是走亲戚的，他们的亲戚就在前面村子里。

年轻人把枪一收，背到肩上，眼睛看着他们。他们心里突突地跳着。年轻人忽然做了个手势，他们吓了一跳；年轻人又做一遍，他们就有点明白了。他们试探着，慢慢地把举着的手放低，一点点低下来，最后完全放下来。手放下之后他们都感到不自在，手忽然成了多余的东西，成了累赘。这时他们看见年轻人又做一个手势，好像是叫他们把伞捡起来。伞已经被风吹得跑到围墙根下去了。我爸慌忙弯腰紧跑几步，把伞捡回来，交给我妈。一个捡了伞，一个手上有了伞，两个人才算找到点感觉，知道把手往哪儿放了。

年轻人朝他们点一下头，又甩一下下巴，这回他们一眼就看懂了，他们侧转身，往刚才说的那个村子走去。那个村子被雨烟弄得像一团正在化开的湿墨，看不出远近。他们心里想走快些，可脚上还巴着一大坨红泥巴，勉强走了几步，只好又蹲下来，回头见年轻人还在那里看着，便各自指指自己的脚，又用肿胀的指头很夸张地刮泥给他看。年轻人好像懒得再管他们，一伸手，哐的一声，大铁门就关上了。

他们看着重新关上的大铁门，看着那上面还没被雨水洗净的一道道淡红色的泥迹，都忍不住叹出一口气，然后他们互相搀扶着站起来，又抬头看看左一道右一道横在墙头上的黑铁丝和一个留着黑黑的枪眼的岗亭，忽然发起愣来。愣了一会儿，我妈似乎想转身往原路上走，我爸及时扯她一把，摇一下头，撇起嘴，朝那扇大门点一点，又朝那个岗亭点一点，我妈便立即转过来，很自觉地跟着我爸往那个看不出远近的朦胧的村庄走去。她走几步又忍不住回头看一下，我爸又扯她一把，她就一直走，不回头看了。

他们还是走一会儿就要蹲下来刮一刮泥巴，就这样走着刮着，天色渐渐昏暗起来，那个村庄便一点也看不见了，跟天色一样了，身后那堵刷着白字的高墙也只是一点朦朦胧胧的影子，他们才不再往前走了。他们寻了一条路，绕过那道朦胧的影子似的白围墙，绕回到原路上。阴雨天没有黄昏，天好像刷一下就黑下来了。天黑下来之后我妈忽然哭了起来。她蹲了半天才蹲下去，蹲下去就哇的一声哭起来了，她边哭边摇头，她头发上的水珠子飞到了我爸的脸上。我爸拍拍她的背，又用肿胀的指头给她抠脚上的黏泥，抠净了，把泥乎乎的手在自己身上擦一擦，一只手伸到她胸前，一只手伸到她腋下，又抱又拖的，才把她弄起来。

"不哭，"我爸说，"亚蓉，不哭。"

我爸的那只手后来就一直插在我妈腋下，我妈也把一只手从他后背伸过去，抱住了他那根干瘦的腰。我爸把伞从她手上拿过去，自己撑着。我妈嘴里还在哭着，我爸那只插在她腋下的手就一下一下地用力，我爸用一下力就说一句别哭了，我妈则一边哭一边用脑门在他颈脖子和下巴上蹭着。后来我妈不哭了，我爸那只手还在一下一下地动着，我妈干脆把脑袋搁在他肩膀上。

天黑以后雨大了些，打在油纸伞上蓬蓬作响，脚下的呱唧呱唧声也变得越来越混浊。他们就搂得更紧了。大约晚上八点钟左右，他们才你搂我抱、恩恩爱爱、汤汤水水地摸黑趸回了新洲。赶车回家是不可能了，新洲很小，只有两家饭店，一家旅社，他们在东方红饭店吃了一碗光面，然后来到工农兵旅社住宿。

他们没有介绍信，好在还都带着工作证，人家问了他们半天，从哪儿来，来干什么，他们说走亲戚的，误了班车。人家看他们有工作证，身上又是水又是泥，便马马虎虎给他们登记了，让他们在上下两层的大通铺的下铺睡了一夜。既然是大通铺，那就什么都不能提了，汗酸味臭脚味、男女混住、粘满头屑且被油汗浸成黄褐色的枕头、臭虫跳蚤打堆、被头上全是黑得发亮的垢泥……我妈只脱了外面的罩衣罩裤，穿着湿了半截袖子的棉袄和湿了半截裤管的棉裤，就那样睡了。若不是罩衣罩裤上巴满红泥巴，怕旅社服务员骂她，她连罩衣罩裤都懒得脱。她不敢用他们的枕头，她枕的是我爸背的那个包袱，包袱里是李玖妍的几件换洗衣服。没睡一会儿，她就不枕包袱了，她听见旁边一个花白头发的男人在拉锯似的打鼾，便把脑袋挪到我爸的胳膊上，同时把身子侧过来，把腿和身子都往我爸怀里拱。她大约很久没枕过我爸的胳膊，没往我爸怀里拱过了，她一拱过来，我爸稍稍迟疑了一下，就伸手把她的腰搂住了。我爸像搂宝一样，在那张像马路一样宽阔嘈杂的大通铺上搂着她睡了一夜。

这一夜有许多臭虫和跳蚤钻进了他们衣服里，还钻进了他们头发里，钻进了他们腋毛里和大腿根下。他们浑然不觉。他们太累了，一个搂着另一个，睡得死死的。第二天一早，我爸和我妈相视一笑。我爸问我妈睡得怎样，我妈软绵绵地说："还好。"

她的声音魆魆的，我爸伸手摸摸她的脑门，感觉她有点发烧，便扶她去了新洲县人民医院，打了一针庆大霉素，再回到工农兵旅社，让她在大通铺上躺着，结果她又迷迷糊糊地睡着了。我爸不时地看一眼他的瑞士手表，守了她半个小时，然后拍拍她，又摸摸她的脸，说："亚蓉，不能再睡了，起来去赶班车吧。"她就爬起来，软耷耷地跟着我爸去赶班车。他们把臭虫跳蚤也带去了。新洲的人上车时都跟强盗一样，他们没抢到座位，我爸只好一只手抱着她的腰，一只手扳住她的肩膀，让她脸对脸地贴靠在自己身上，自己则靠着一根铁管子。他们前后左右都站着人，你贴着我我贴着你，估计这时候又有不少臭虫跳蚤钻到我爸妈身上来了。对于新洲的臭虫跳蚤来说，这两个人散发的是一种比较陌生的气息，这种气息大约会使它们变得特别亢奋，它们自然而然地就跳槽了，跳到我爸妈身上来了。

我爸妈当然是浑然不觉的。我爸靠的那根铁管子在不久前刚刷过油漆，还没怎么干透，他背上和屁股上都粘着一道蓝色的漆皮。车子走得平稳一些时，他还腾出一只手来，很细心地给我妈摘掉粘在头发上的草屑。我妈则很温顺地把脑袋抵在他胸脯上。

他们从新洲回来后很是恩爱了一些日子，真有点相濡以沫的味道了。他们在外面低眉垂首，回家后就你恩我爱，对对方都极为宽容，说话时也都是温声细语，总之就是尽量制造一种和谐氛围。我们家的生活也好了一些，最明显的是我们吃油豆泡烧肉的次数多了，而且还是货真价实的油豆泡烧肉。唯一让我们不舒服的是臭虫和跳蚤。那时候我们家里的臭虫跳蚤太多了，多到使人觉得空气里都充满了臭虫和跳蚤。从金竹来的第一拨才刚刚安家落户，马上又来了第二拨，这叫人如何消受得了？两拨臭虫跳蚤在我们家里胜利会师，我们便彻底遭了殃。它们会师以后拼命繁殖，速度极快，道行又高，想抓住它们比登天还难。跳蚤轻轻一蹦就不见了，臭虫虽然不会蹦，可它们会躲进垫褥或席子缝里，甚至还会躲进床板缝里。更为严重的是，我妈根本就没有心思去对付它们。我妈一点也不考虑怎么消灭它们，她宁愿像我爸那样，拿个老头乐吱吱喳喳地抓痒。她用老头乐是出于无奈，只要我爸在她身边，她就不需要老头乐，因为我爸很乐意给她抓痒。我爸就是她的老头乐。我爸表现得有点贱，会主动问她痒不痒，好像不给她抓痒他就过不得，有时候给她一抓就是半个夜晚，她都说好了，我爸还意犹未尽，说怎么就好啦，再抓两下吧。她也会给我爸抓。她居然也愿意，而且还是比较主动地给我爸抓痒了，看来他们的好真不是一般的好。

他们你抓我我抓你——喂，这里这里，哎噢哎噢，那里那里，哎噢哎噢。是这里吗？要过来一点？唔，还痒吗？再抓几下吧？要轻一点还是重一点？不轻不重是吧？他们抓着抓着就搂在一起睡着了。晚上抓痒抓累了，松塌了，白天就懒洋洋的，不要说消灭臭虫跳蚤，天塌下来都懒得管了。

我妈的懒散就是从这时候开始的，除了上班时在电影院把把门扫扫地，在家里笤帚都懒得拿一下。我们家的地上满是灰屑，桌子上也是灰黄灰黄的一层，越铺越厚，我们走路重一点，说话声音大一点，灰尘就会轻飘飘地蓬起来。我爸挖防空洞穿的脏衣服，今天脱下来搭在椅背上，明天从椅背上拿起来，又泥花花地穿出去。李文革的衣服挂破了，她让他就那么破着。李文革的裤子也破了，屁股都露出来了，她才勉强缝两针，比拿饭粒粘上去的还不经事，第二天李文革的屁股又露出来了，李文革便自己找了一块风湿止痛膏贴上去，才把屁股遮住了。好在她还没有懒到不肯做饭，还会想办法调养我爸的身体。我爸的身体也确实好些了，跟以往相比，饭量大了，脸上也有了点血色了。可是她为什么不管一管臭虫跳蚤呢？莫非她喜欢抓痒，天天晚上跟我爸那样哎噢哎噢地抓来抓去很有味道吗？

有我妈这样的家庭主妇，臭虫跳蚤就等于到了天堂。这些来自新洲的臭虫跳蚤都非常狡猾，它们见多识广，属于见过大世面跑过大码头的江湖老油子。那些来自金竹山旮旯里的土包子也被它们带坏了，也都油起来了。它们就像商量好了，就像一支统一了号令的队伍，一律昼伏夜行，鬼头鬼脑，专等在半夜里吃你。我们的背上，腰上，手臂上肚子上，屁股和大腿上，胁夹里和脚趾缝里，无处不是它们咬出来的红点子。它们并不在你刚躺下时就迫不及待地咬你，它们知道什么时候最合适，它们会耐心地等到你迷迷糊糊将睡未睡时下手，那时候你虽然感到有东西在你身上爬来爬去，可是你的眼皮已经相当沉重了，睡眠已经把你死死地抓住了，你明明知道那些龌龊而无耻的东西正在吃你，你也只好撒手不管了。你的眼皮就像被斩断了绳子的吊桥一样，无可挽回地落下去了。

第十二章　奶腥味

　　奶腥味是熊大头的老婆带来的，还是夏末的时候，熊大头就说要让老婆进城来生孩子，他说这是最后一个，生了这个就不生了。到国庆节，果然就把老婆叫来了。现在还和我们家有来往的就是这个熊大头了。以前熊大头老来跟我妈借钱，虽然借的不多，总是五块五块的借，可借了不还，我妈就觉得这个拖板车的不是借钱，倒像讨债了。他救了我爸一条命，我爸值多少钱，我们就欠他熊大头多少钱。我妈背后跟我爸嘀咕，我们自己还在从牙缝里抠钱，他倒好，把我们当摇钱树了，我们到底欠他多少呢？

　　所以尽管熊大头不像别人那样生疏我们，我妈并不觉得这个人有多好，这个人之所以不生疏我们，是他的债还没讨够。他叫老婆到城里来生孩子，要我妈给他老婆腾出一个房间，说到底还是在讨债。这笔债什么时候才还得清？还不还得清？由谁说了算？只能是由他熊大头啊。虽然这阵子我妈在人前极为卑谦，一副逆来顺受的样子，但面对熊大头，她的脸色还是有些不好看。她垂下眼睑，摸了一块抹布抹桌子。本来她想拿扫帚扫地的，反正地上也够脏的，他熊大头也不好说这是故意要扫他出去。可就在她伸手去拿扫帚时，看到了挂在一只钉子上的抹布，于是她改变了主意，选择了抹布。毕竟用抹布更委婉一些。

　　抹布已经很久没下过水了，干得像硬邦邦的布壳子，抹在灰蒙蒙的桌子上居然发出了咯吱咯吱的响声。熊大头说："你不打湿抹布怎么抹呀，你这叫硬抹。"

我妈不搭腔，就那样硬抹，抹来抹去竟把布壳子似的抹布抹软了，把一张桌子抹得比较干净了。被抹起来的干灰稀薄而缓慢地飞扬着。

她就在这一小片弥漫着的灰雾中问熊大头："你自己不是在牛街租了房子吗？"熊大头噗地一口将飞到他面前的灰吹走，说："你说那房子？那房子才多大？摆一块尺把宽的床板，就没有下脚的地方了，下雨还漏，滴滴答答的，你叫她怎么坐月子？"我妈说："可我这里也不宽敞，你叫我怎么腾呢？"熊大头说："嫂子你将就一下嘛，我侄女的房间不是空在那里吗？我老婆又不是外人，又不是长住，你腾一下有什么呢。人帮人嘛，是不是呢？"

熊大头说了"人帮人"，我妈就不好说话了。

但我妈没有把李玖妍的房间腾给熊大头，而是不怕麻烦地把自己的房间腾出来，自己和我爸搬到李玖妍房里。李玖妍房里摆的是一张我爸以前打的捷克式单人床，两个那么大的人，挤一张单人床不是件容易事，一定要亲密无间，否则挤着挤着就要掉下一个。好在那是他们空前绝后的亲密时期，因此也就没有发生过半夜里从床上掉下人的事。

那天熊大头喜滋滋地把老婆儿子从医院接到了我们家，我们家的空气立即变了味，奶腥气一下就把我们家的药味盖住了。我妈也奶过李文革，那时候我们几乎没什么感觉，那哪有什么奶腥味呢？即便有，跟熊大头老婆的奶腥味比起来，也是淡得不能再淡了。熊大头老婆的奶腥味又浓又酽，我感到我们家的空气都要结成白花花的奶皮子了，再加上小孩啼哭、尿布、熊大头一天几趟地跑进跑出，我们就觉得这不是我们家了，而是熊大头的家。心情最糟糕的大约是我爸，我猜他一定有一种受了侵略的感觉，进进出出都皱巴着脸，眉毛都打结了，动不动就牙疼似的咧一下嘴。后来他果然牙疼了，连带扁桃体发炎，腮帮子肿得像一面牛皮鼓，皱纹都没有了，又黄又亮，吃饭只能一粒一粒往下咽。

好在那些日子天气还好，尿布不需要晾在家里，拿一根带枝杈的竹篙竖着靠在巷墙上，可以挂许多尿布。但尿布挂在外面也有麻烦，那些尿布太引人注目，走来走去的人都要煞有介事地看几眼，看了尿布又看我们家里，目光一闪一闪。老鼠街人的德性很像乡下人，大白天只要有人在家里，一般都不关门。所以我妈关门不是，开门也不是，只好将门半掩着。可是一扇半掩着的门似乎更令人着迷，尤其是令那些脸上开始长皱纹和已经长满皱纹的女人着迷，经常有这样的女人拦在巷子里，悄声悄气地问我，兵子兵子，我问你，你们家谁生了孩子？我说我姨。她们说你姨？你还有一个姨？没听说过嘛。我说怎么没有？非要你听说过？就是我姨。

有一天我趴在门口——半掩着的门使我变成了两截，头在门外，腰以下在门里——我们巷子北头偏巷里的费伯娘拖着一双趿板子呱嗒呱嗒地过来了，费伯娘比别人啰嗦些，她一定要搞清"我姨"是什么姨，她小声说："你有一个姨我怎么不知道呢？"我说："姨就是姨，我们家有些什么亲戚你怎么搞得清楚呢？"费伯娘用指头点一下我的脑袋，点得很有点韵味，不愧是唱过彩旦的。她说："你个死兵子，嘴巴还挺严呢，是表姨吧？"我说："表姨不是姨吗？你真是多管闲事！"费伯娘被呛住了，她说："死兵子，问你一句就是管闲事吗？"我说："你不管闲事问什么呢？"

这话被我妈听见了，等费伯娘走了，我妈就过来拍拍我，表扬我说得好。渐渐地，我们都不烦那个叫水香的女人了。那个女人说话做事都跟熊大头不一样，熊大头不知道将心比心，她知道。她叫熊大头到他们乡下的家里去背米，叫他不要抠索，挑好的背，多背些。她用熊大头背来的米给我们做饭，那饭粒粒晶莹剔透，不用菜，入口就往喉咙里滑。她问我们好不好吃？我们说好吃，问她这是什么米，她说这叫柳絮米，是他们乡下最好的米。她乖巧而热烈地说，喜欢吃就好，多吃点，吃完了我再叫他去背。

她从里到外都乖巧活泛，处处小心，身体也壮，那个叫熊国庆的婴儿一哭，她就慌忙用奶头堵他的嘴。她撩衣服的动作又快又熟练，往上一撩，便恰到好处地撩出小半只奶。她说你个吵家精你莫哭呢，你哭得大伯大妈心里烦呢。她的奶那么饱，怎么吃也吃不完，所以熊国庆很少哭闹，像只懒猫似的只知道睡。她也不娇惯自己，在床上没躺几天，就趿着鞋子下床了，不但自己料理自己，还抢着帮我妈做事。她总是说："嫂子，你要上班的，我来我来。"起初我妈还假惺惺地跟她客气，说你还在坐月子呢。她再三说不要紧，还说这就已经是享福了。她

把拣菜、洗碗、擦桌子扫地，这些琐碎事都包了，手脚也麻利，跑进跑出都像一阵风。我们这个灰腾腾的家渐渐地变得整洁了，干净了，而且，明亮一些了。不知道是不是这个原因，我们脸上的灰暗——或者说阴翳——也都淡了一些，就是那九面小镜子，好像也不会再怪模怪样地作弄我们，不那么诡谲了，变得正经一些了。

有一天水香看见费伯娘提着小半桶洗过的衣服从巷子口走过来，便问费伯娘在哪儿洗的，费伯娘说你是兵子的表姨吧？她愣一下便连连点头。费伯娘又问，是血表呢，还是亲表？她咯咯地笑着，反问费伯娘，你看像血表吗？费伯娘笑着摇摇头。她便哎呀着，说还是这个伯娘眼睛厉害，亲的就是亲的，充不得血的，不像嘛！费伯娘被她说得咯咯地笑了。费伯娘说表姨是要洗衣服呀，那到河边去吧，那里洗得洒脱些。

于是水香卷起袖子，露着壮实的红红的手臂，把熊国庆的尿布和我们家的脏衣服都塞进一只洋铁桶，往东门外河边去了。她把我妈也感染了。我妈有时候也会跟她一道去河边洗衣服，两人一前一后走出老鼠街，横过红旗路，穿过对面的漕水巷，又下十几级台阶，然后坐在麻石台阶上，脱掉鞋袜，将裤腿挽过膝盖，蹲下去洗衣服。东门一带的女人都喜欢这样洗衣服，这样洗衣服又铺张又惬意，还可以吹吹河风，闻闻河腥气，再捎带着听一些家长里短，或者看看河里的船。河里什么船都有，油轮拖驳都有，还有机帆船木帆船，还有小划子。有时还能看到鹭鸶。鹭鸶站在船头横着的竹竿上。凡是站了鹭鸶的船都罩了个乌黑的涂了桐油的篾篷子。河里还有木排，一条长龙似的在河中间顺水往北漂去。这么好的景致，我妈却把它忘了。在水香来我们家之前，我妈已很久没去河边洗过衣服了。

水香另一个能让我们记住的好处是帮我们灭了臭虫和跳蚤。她先让我妈叫我们全家都洗澡换衣服，跟着就把我们家的床铺拆了，把草席和床板都搬到河边的麻石台阶上让太阳暴晒；又一壶一壶地烧开水，同时招呼我妈把用过的垫褥和被子也拆了，和换下来的脏衣服一道，全扔进我们洗澡用的大木盆里，撒上碱粉，用开水浸泡，从早晨泡到中午，才提到河边去搓洗；再到河边将晒得发烫的草席和床板抱回来，全摆在雨檐沟旁，均匀地往上面撒几把石灰，又提一把铝皮壶，用开水淋得它们发出吱吱的叫声。最后一件事是往我们床底下撒石灰，她说石灰咬手，坚决不要别人帮忙，结果石灰飞了她一身，把她弄得白蒙蒙的。

她灭了臭虫跳蚤，我爸妈没说一句好。本来也是，我爸妈正在恩爱着，她忽然插进来，害得他们挤一张单人床；挤单人床还不要紧，关键是只隔了一道薄板子，他们互相抓痒时便不好再哎噢哎噢地叫唤了；她又把臭虫跳蚤给灭了，我爸妈挺喜欢抓痒的，现在不痒了，还抓什么呢？

我对水香印象最深的是她撩起衣襟给熊国庆喂奶的样子，虽然这种事情叫人难以启齿，说出来连我自己都感到脸红，觉得自己很猥琐（此刻我正在和自己的猥琐作斗争）。但当时作为一个懵懂少年，我确实忍不住偷瞥过她喂奶，而且不止一次，我的眼睛非常不自觉，贼溜溜的。我看到她的奶很饱满，白森森的，像一只翻盖在她胸脯上的大瓷碗，奶头是枣红色的，听熊国庆吸得喷喷直响，好像那是一颗糖。

为了水香，我还跟火柴厂陈大炮的儿子打过一架，原因是陈大炮的儿子陈光辉朝我家窗户上扔了两块断砖头，打破了三块玻璃。那个窗户是我妈房间的窗户，我们家开在巷墙上的只有这个窗户，而当时住在我妈房里的是水香，砖头砸进来时水香没一点防备，她正坐在九斗书桌前挤奶。她将奶水挤进一只小瓷碗里，熊国庆吃不完她的奶，她就挤出来给李文革吃。但那天李文革一滴也没吃到，那只小瓷碗都被陈光辉的砖头打破了。陈光辉扔砖头用了很大的力气，哗啦啦一阵响，砖头和窗玻璃都落在书桌上，碎玻璃屑子溅得到处都是。水香一声惊叫，敞着怀就跑出来了。她那种满怀颤动的样子令我至今难忘。我的眼睛肯定受到了惊吓，它们像兔子似的东跳西跳，就在跳的过程中，它们瞥见了陈光辉的影子。陈光辉的影子飞快地闪了一下。我相当激动，我先是恶狠狠地叫他爸爸的名字，陈大炮——！然后又叫他，陈光辉——！我估计我的声音都追不上他，他早就蹿得没影了，钻到斜对面一条鸡肠子似的小偏巷里去了。

我回头看见我妈找出了一瓶红汞水，我就知道水香受伤了。我妈用背挡着我，给水香胸脯上涂红汞水。我听见水香在嗞儿嗞儿地吸凉气。

第二天上午，我便在学校里咬了陈光辉，他不知道我会咬人，也就不知道要躲着我，结果被我一把揪住了。我手上有力气，他怎么挣也挣不脱。我跟他一起

滚在地上，他用膝盖顶我，我不能用膝盖顶他，就一口咬住他的肩膀。这是我平生头一回打架。我把陈光辉咬得很惨，他叫得跟杀猪一样，把老师都引来了。老师好不容易把我们分开了，然后老师就让我撑着凳子跟她去了办公室，问我为什么咬人，我说他砸我家的窗户。老师四十多岁，长得很和善，没怎么说我，只叫我老实罚站。其实叫我罚站不过是一种形式，因为我不能站，只能趴。我在凳子上趴了一个上午。中午刚回到家里，陈大炮就揪着他儿子跑到我们家告状来了，陈大炮扒开陈光辉的衣服，要我爸妈看陈光辉的肩膀。陈大炮的脸都有些歪了，他问我爸妈："你们是怎么教孩子的？有这样咬人的吗？这还像一只肩膀吗？"我也偷眼看了看，也觉得那不像一只肩膀，倒像是一只放多了碱、被人咬了几口又丢掉的黑馒头。当着陈大炮和陈光辉，我爸狠狠地修理了我一顿，梆梆地往我头上猛戳炮栗子。我当然不服。我猜他巴不得有个机会名正言顺地修理我，自从我对丁珠玉说过烧信的事后，他没碰过我一个手指头，他把怨气都积在肚子里，今天他终于有机会发泄了。我愤愤地说："他打破的玻璃划伤了人！"但他像个聋子，根本不听我的辩白，只顾酣畅淋漓地埋头修理我。

还是水香把他拖开了，水香弯腰用身子护住我，对我爸说："打两下就算了，他一个残疾还敢欺负别人？想必也是急了才咬一口的。再说呢，人家这位大哥也不指望你把孩子打出好歹来，你若真打出好歹来了，人家心里也是过不去的。"

在拉拉扯扯当中，我的头不断地被她软软地碰一下，碰得我心里怦怦乱跳。

我们家还是赔了陈光辉五块钱的医药费。他打破的窗户被我爸用一块塑料薄膜蒙起来了，又削了几根细木条，用细木条把薄膜压上去了。若在以前，他一定要找几块玻璃，镀上水银做成镜子再安上去的。现在他就这么一蒙事。

因为被我咬过一回，在很长一段时间里，陈光辉都对我非常警惕，从不靠近我，看见我就绕着走，绕到一两丈远的地方，突然鬼叫一声："反革命！"然后撒腿就跑，并不跑远，跑一个五六步或七八步就不跑了，回头看我一眼，高高兴兴地走掉了。他不知道他一句"反革命"对我有多大的杀伤力，我甚至在陈光辉张嘴之前，脸上便火辣辣的，同时用一种祈求的眼神对着他，希望他不要说出那三个字，可他照说不误。

如今陈光辉再也不会远远地绕着我了，更不会牙黄口臭地叫"反革命"，他在一家印刷厂当业务员，一个月至少要到我办公室里来三次。光是我给他的业务，估计他到手的提成也够买个车了，所以现在他跟我公司里其他人一样，开口闭口都叫我兵哥，而且一见到我便满脸堆笑。我说过他多次，我说我们是老同学，你叫什么兵哥呢？可是这回说了，下回他又忘了，见了我，照样是那一句，——兵哥哎，然后笑容便风生水起，生动极了。

　　时间一长，我妈都有点离不开水香了，水香有许多乡下人的事说给我妈听。只要我妈没去电影院上班，她就跟我妈扯那些事，有时候我妈发着呆，水香这里照样说她的，说着说着我妈就听一些进去了。水香满月要回乡下，我妈留了一天又一天，她走时，我妈一百个舍不得，眼圈都有点红了，再三对水香说："你要常来，你答应我好不好？"水香答应了。水香换了叫法，她不叫我妈做嫂子，改叫表姐。因为巷子里的人都以为她是我表姨，她也就顺着人家的口气叫我妈表姐。她说："表姐，只要你不嫌我打扰，我一定常来。"

　　那段时间水香来得很勤，她很乐意到城里来，觉得这是一件很有脸面的事，她多少有点骄傲地对乡亲们说，她在城里结拜了一个表姐，她是去城里走亲戚。她抱着正在吃奶的熊国庆，挽着一只篮子，篮子里装着乡下人的礼物，一包干腌菜，几个芥菜米饼、半个南瓜或一些红艳艳的干辣椒。回去时我妈除了给她买车票，还要往那只篮子里塞几样东西，有时候是糖果和饼干，有时候则是几尺平布或一包油豆泡。

　　过年时水香也来了。不是水香，我们家的这个年就没了一点生气。那些天我们家里实在是太冷清了，冷清得不像过年。当然，年是要过的，你过不过不要紧，年是要过去的，年是长了脚的。年来了，你不理它是不行的，爆竹是要打的，对联也是要贴的，可是我们的乡下亲戚金秀姑姑和细宝伯伯却没来了，不知他们怎么得到的耳信，不再走我们这门亲戚了。还有一个人，那就是我的堂兄李有志，他每年正月初一都要来我们家拜年的，今年也没来了，以后也再没来过。我们都没料到他会不来。那天我爸表面上看不出什么，其实心里是在等他来的，可是等了一上午，结果是空等。李有志为什么不来呢？不用想我们也明白了，连

这点走往都不要了，这头亲戚就算断掉了。

水香是初七中午来的，初七是"上七"，在年腰上，俗话说"上七"大似年，是个大日子，可见她挑这个日子是很用了心的。那天飘了点雪，她抱着熊国庆在前，身上的罩袄褂浆洗得有棱有角，棱角上还薄薄地挂了些散碎的雪花；她后面是熊大头；他们一进门就带来了一股稠乎乎热烘烘的奶腥味。她说："表姐，表姐夫，新年好！我们来给你们拜年啦！"听到她这一声喊，连我爸都有点兴奋起来，我爸一个劲地对他们拱手，说："哎呀哎呀，你看看你看看，下雪呢，还来给我们拜年，这怎么敢当呢。"

第十二章 奶腥味

第十三章　詹少银同志

　　"上七"没过几天，小鸡公来了，一副告密的样子，对着我的耳朵，告诉我詹少银回家了。我把自己从家里挪到巷子里，叫小鸡公说详细一点。小鸡公说詹少银年前一个月就退伍了，那天他们家里还打了一挂三千响的爆竹，引得大家都去看热闹，他也在那儿，可是他没看见詹少银，这个詹少银像怕羞似的不肯出来见人。小鸡公家和詹少银家是前后巷子的邻居，上厕所都能碰面的。我说："那现在他在哪儿呢？"小鸡公说："听说过几天就要去上班了，好像是八里铺船舶修造厂。"我听了撑起凳子便走。"喂喂喂！"小鸡公一把扯住我，鼓着眼说："你想干什么？你可别连累我！"我说："放心吧，我怎么会连累你呢。"小鸡公便松了手，但眼睛仍是鼓鼓的，盯着我，要我保证不说是他说的。我说保证不说。小鸡公还是叫我不要去，他吓唬我说："人家只消一个指头，你就爬不起来。"

　　那时候我很矛盾。我老觉得我看见了我姐姐坐牢。我以为坐牢就是一间小小的冷冰冰的黑屋子，一个人坐在那里一动不动；假如动一下，又粗又黑的铁链子就会哗啦哗啦地响。因此那时候我对金属声很敏感，五金厂敲铁皮子的声音都会使我发愣。敲铁皮子的声音很响，它们隔着几条巷子还能传过来，像铁屑子一样落在我耳朵里，我听着听着就把它听成了铁链子的声音。我听见铁链子正在我姐姐身上响着，她破衣褴衫，头没梳脸没洗，眼泪流成了河。那些日子我想得最多的一件事，就是要杀掉那个狗日的詹少银。我幻想我有两条健康的腿，强壮的臂膀，像连环画里的那些武将——准确地说就是燕人张翼德或三拳打死镇关西的鲁提辖——那样勇武有力，须若钢针声如洪钟，吓也要吓死他，吓不死便一把按住，先是一顿暴打，然后手起刀落，像切瓜一样切了他。我做梦都梦到过这种情景。我还企图教唆李文革，我对他说，李文革，你知道我们姐姐到哪儿去了吗？被某某某害得坐牢去了；你知道坐牢是怎么坐的吗？拿铁链子锁着，一间屋子黑黑的，跟阴曹地府一样，一点光都看不见。我又给他讲一些复仇故事，我讲武松杀嫂，又讲越王勾践。讲越王勾践时，我觉得这个故事似乎不大对头，帝王家的仇跟我们家的仇不一样。我就不讲了。我说李文革，反正就是某某某，你将来一定要杀掉他。

有一回我妈听见我跟李文革说这种话，兜头一巴掌，不准我再说。她的样子非常生气，脸都气白了。她厉声说，这些事你从哪儿听来的？你想害谁？你说你跟他这样胡说八道你到底想害谁？你这样是会害死人的你知不知道！

我妈眼泪都急出来了。她将李文革赶走，还再三叮嘱他别听我的，她说根本就没有这回事，没有人害我们，我们也没有什么仇人，我们怎么会有仇人呢？没有。到晚上，她把李文革从我床上扯下去，不准他跟我睡。本来李文革已经在竹床上跟我挤了两年，我们一人睡一头，现在我妈靠着另一面墙架起了几块木板，单独给李文革搭了一张床。好像我是颗坏酒药子，会带坏了他们的宝贝李文革。

其实她不必这样的，因为李文革根本就不听我的，他没一点兴趣，他吃饱了就往外跑，去跟人家弹酒瓶盖。他兜里装的都是酒瓶盖，跑起来叽叽咯咯地乱响。人家骂他反革命，他不还嘴，站在一边看人家玩，若是人家发善心，允许他一起玩，他便满脸都是那种讨好巴结的笑。他弹酒瓶盖非常厉害，年纪小小的，眼法和手法却一流，不要说在老鼠街，就是在这附近几条巷子里，他都算得一把好手。他将赢来的酒瓶盖堆在一只抽屉里，谁也不能动他的，谁动了他一个他都知道，并且立即滚地撒泼，尖起喉咙做鬼叫。

但那天我确实不是去找詹少银打架的。我做梦都想杀这个人，可是这个人出现了，我忽然变得很冷静。我想我还是应该先把事情问问清楚再说，比如李玖妍在信上都说了些什么？她是不是真的说了很反动的话呢？假如她真的说了，那我就很为难了，我就不能给她报仇了。这是大是大非问题。什么是大是大非问题呢？我们政治老师说，大是大非问题就是立场和路线问题，立场和路线问题呢，说白了就是你到底站在哪一边。这就好懂了。我当然是不能站在李玖妍那一边的，我要坚决站在另一边，另一边代表了光明，代表了全人类的解放，我不能不喜欢光明，不能不喜欢解放。傻子都知道，这是一定要喜欢的。所以我要把事情搞清楚，我不能稀里糊涂地就跑去跟人家詹少银打一架。

我从老鼠街来到羊角巷，守在巷口上等詹少银。我在那里守了两天，我是吃了早饭去的，到快吃午饭时，又撑着凳子往家里赶，怕回家晚了家里会盘问。吃过午饭，我又咯咚咚咚地走过红旗路，穿过几条巷子，再顺着沿河路向西走，就到了羊角巷。我到了羊角巷就累得没什么气力了。巷口边有一家瓷器店，店里没什么别的瓷器，全是瓷碗，用草绳子捆着，一摞一摞地躺在店里。我就趴在瓷器店转角的地方。

那几天应该有不少人都见过一个十四五岁的残疾，趴在一只凳子上，头朝着巷子，两条豆芽腿软沓沓地吊在屁股后面。巷口上有风，风是从河面上吹来的。巷子那头就是东门外大河，可是我趴在这里却看不到河，羊角巷名副其实，就是一条弯弯曲曲的羊角，我只看得到缩进去的巷肚子，只能吹到拐了弯的带着河腥气的冰冷的风。

风把我的嘴唇都吹黑了。风还把一些零星的爆竹屑吹得满地打滚。年马上就要过去了，地上没多少爆竹屑了，爆竹屑从化掉的薄雪里裸露出来，又被人扫拢了，一个个都被雪水泡得胀胀的。詹少银家就在那堆爆竹屑过去一点点，他们家的人进进出出我都看见了，就是没见过詹少银。我辛辛苦苦守了几天，连他的影子都没看见。

我没想到会在红旗路上看到他。那天黄昏，我从羊角巷回来，看见他站在五交化门市部旁边，脸朝着老鼠街，身后是漕水巷。他的两个脚后跟在地上轮换地顿着。旁边是一棵树。树上光秃秃的，只有梢杪上还悬着两三片枯叶，在风里簌簌地抖个不停。一片枯叶落下来了，途中碰了几根树枝，七弯八拐地，滴溜溜地，落在了鞋匠秃顶老宋的摊子上——那时候我还没跟老宋学鞋匠——老宋大约也觉得那个人有点奇怪，不断地扭脸看他。他站了一阵子，又蹲下去，蹲了一阵子又站起来。

我叫他一声："嘻，詹少银。"

他扭过脸，愣愣地朝我看着。秃顶老宋手里捏着鞋锥子，皱巴着脸看我。我咯咚咯咚地走过去。我快到他跟前时，他忽然往后退两步，转身跑掉了。一个正在拼命逃跑的人，他离你最近的就是他的屁股，我对着那个屁股大声喊："詹少银你别跑！"

这几天我跑来跑去的，胳膊都肿了，但我还是咬牙提着凳子追他。

他一跑，我就觉得他是心虚了。他为什么一见我就跑呢？他肯定是心虚了。他肯定使了坏。这个卑鄙小人！我姐姐怎么可能说什么不该说的话呢？她又不是傻子！她跟我一样喜欢光明，喜欢解放！她还到过北京，到过天安门！她还在天安门前照过相！我忽然觉得正义在手，我要像咬陈光辉那样，狠狠地咬詹少银一口。咬过陈光辉我就知道了，我的牙齿锐不可当、锋利无比、所向披靡。我觉得我就是燕人张飞张翼德了，我喝断了桥梁水倒流，我手执丈八蛇矛，我的凳子就是一匹黑鬃马。我须发皆立豹眼环睁。我疾恶如仇有仇必报。我咬紧钢牙心里一个劲地催着我的马，驾，驾，驾——！

但是我的"马"却扑通倒下去了。马失前蹄了。它踩到了一颗小小的黑黑的鹅卵石，就从我手上飞出去了。我的身子也飞出去了。我的壮士情怀也飞出去了。风萧萧兮易水寒，壮士一去兮不复还。我飞出去了大约两米左右，噗哒一声落在地上。我的脸颊、下巴、手和肘弯都擦破了，都破得不成样子，露出了鲜红的肉，正在一粒粒地往外渗血珠子。但我一点也不觉得疼。我趴在那里，对着水泥地说，操！操操操！地上的灰土被我"操"扑腾起来，我的眼睛被迷住了，许久都睁不开。

我揉了半天眼睛，挣扎着把自己撑起来，然后就那么怔怔地坐着；坐了一会儿，又爬过去拿那只四脚朝天的凳子。我撑着凳子往回走时，鞋匠秃顶老宋还捏着那把鞋锥子，还皱巴着脸朝这边看着。那片枯叶也还躺在他的鞋摊上。

回家后我妈给我涂了红汞水，她说你怎么不小心呢？

第二天我又去了羊角巷。我觉得瓷器店里的人都认识我了，他们老看我，我就不断地挪地方，后来我挪到巷子里的一条小偏巷里，趴在那里看几个七八岁的小男孩弹酒瓶盖。我问他们认不认识詹少银？他们忽然往巷子里一指，说你问他妹妹吧，他妹妹来了。我就看见他妹妹走过来了，她拿着一个空酒瓶，好像是要去给她爸爸买酒。我稍微犹豫了一下，便对她说："喂，喂喂。"她居高临下地看了我一眼。她应该看见了我是个残疾，看见了我被风吹得乌紫的脸和嘴唇，还有我的鼻子也正在淌着稀鼻涕，可是她很骄傲，不理我，过马路走到对面去了。没过多久，我又看见她拿着一瓶高粱酒回来了，便把自己挪到巷子中间，趴在那里等她。她身上有一股雪花膏的香味。我说："喂！"她皱一下眉，说："小流氓！"

我没想到她出口骂人，还骂小流氓，有点发愣。弹酒瓶盖的小男孩们响亮地"噢"一声，立马跟着起哄。他们齐声说，拐子拐，拐子蹩，拐子是个流氓头！詹小燕将她小而圆的下巴向上一翘，身子一侧，想从我旁边过去。我就飞快地挪一下凳子，拦住她。她说："小流氓你想干什么？让开！"我说："我不是小流氓，我知道你，你叫詹小燕，对不对？"她哼一声，抬脚要从另一边过去，我来不及挪凳子了，便伸手一捞，捞住了她的衣角。弹酒瓶盖的小男孩们又说：揪住了，揪住了，小流氓把你揪住了！我说："詹小燕你别听他们瞎说，我就是问一问，詹少银呢？"她根本不听我的，涨红着脸说："小流氓你放不放手？"她揪住自己的衣襟，拧着身子使劲地往回扯，扯了几下，没扯开，便大声叫妈。

"妈，妈！快来呀妈！你看这个小流氓！"

她的叫声把我的耳朵都刺穿了。我慌忙把她的衣角放掉了。我说："你别叫，你这么叫人家还以为我真是小流氓。"可她还是一个劲地叫："妈，妈，小流氓呀，你快一点呀！"

弹酒瓶盖的小男孩们更加起劲了，他们一齐跳着脚，两手噼里啪啦地在棉裤上拍打出快乐的节奏，——妈呀妈呀你快点，小流氓就要跑掉了！

她妈就咚咚地跑来了。那女人很结实很粗壮，詹少银很像她。她一边跑一边大声问："在哪里？啊？小流氓在哪里？"

踢踢踏踏的，许多人都来了。都是跑来的。羊角巷的人，沿河街的人，都黑压压地跑过来了。我跑不掉了。我被人们里三层外三层地围起来了。她妈皱着眉，撇着嘴说："就是这个小拐子？"詹小燕带着哭腔说："就是他，他扯我的衣服！"我说我不是扯她的衣服，可是弹酒盖的小男孩们说，扯了扯了就扯了，摸了摸了又摸了！我说你们瞎说什么？她妈甩手就给我两巴掌："还强辩！你个死拐子，人还没长齐呢，就敢要流氓？"我说："我不是流氓，我要找你儿子詹少银……"我还没说完，又挨了她两巴掌。然后我就不知道是谁在打我了，因为有很多巴掌在我眼前晃动。我的鼻花被打出来了。有好几只手揪住了我的衣领子，还有好几只手揪住了我的肩膀，就像提一只布袋子，把我提起来了。我死死地抓住我的凳子。我的凳子也跟着我被提起来了。他们都说要把我送到派出所去。他们说真是不得了啊，这么小的一个拐子，我们看见他天天守在巷子口上呢，原来是在找机会要流氓！

我的鼻花红红的，滴在衣服上，又滴在地上。我刚张开嘴，鼻花就流到嘴里来了。我还没说话就满嘴是血。我说不成话了。就是说得成我也不会说的，我知道当着这么多人是不能说真话的，说了是要倒大霉的。

弹酒瓶盖的小男孩们不起哄了，他们挤在人堆里，眨巴着眼睛看我流鼻花。

我看见芒果詹疤从人群里挤过来。他按住我的头，用指头把我的头转过去，问我是哪里的，我不吭声。他在我屁股上踢了一脚，然后对大家说："算了，还是个小孩子，你送他去了派出所，他就有污点了，这么小就有污点，将来他不好做人。"芒果詹疤的意思是要把我押到我家里去，让我家里去管教我。大家都说詹师傅真是一副菩萨心肠，这个小拐子碰到了詹师傅，真是便宜他了。詹师傅谦虚地说："都是有儿女的人，将心比心嘛。"

人们就把我放了下来，我和凳子一齐跌在地上。等我把凳子扶正了，再爬起来，芒果詹疤就揪住我的后领子，问我家在哪里。我不说，我怕他们去我家，我宁愿去派出所。他就凶我，问我是不是想去派出所？我点点头。他感到很吃惊，说："我操，你还想去派出所？"他的话带着一股酒香。我又点头。他说："你说真的？你脑子没毛病吧？想想清楚，你真的愿意去派出所吗？"我就用力点头。我点头时，鼻花一串串地滴下来。他瞪一瞪眼说："那好，那我成全你，那我们就送他去派出所。"

人们就浩浩荡荡地押着我去派出所。

中午的阳光很暖和，风也不那么冷了。风吹干了路边的一些爆竹屑，爆竹屑就犹犹豫豫地跟着风跑了。我的凳子咯咚咯咚地响着。我的泪水和鼻花滴了一路。一个弹酒盖的小男孩从旁边的墙上撕下一点纸，卷了两个小纸团子，挤到我身边，悄悄地用手捅我的腰眼，把这两个小纸团塞给我，叫我拿它们塞住鼻子。他小声说："快塞鼻子，快塞快塞。"

这个小男孩就是如今给我推轮椅的王麦多。那时候他正在烂嘴角。他的嘴角上像巴着一泡黑鸟粪。他的耳朵冻得通红，细长条的眼睛又黑又亮。因为他的两个纸团子，我们成了比较好的朋友。他爸爸是河南人，喜欢吃臭豆腐乳，越臭越好。几年前他从齿轮厂下岗，我立即把他招进了公司。进公司的当天，他就表态说："兵哥，这辈子我就跟着你，我就是你的腿，你要到哪里我就把你推到哪里。"结果是我到哪里就把他带到哪里，他呢，无论到哪里，都要打听那地方有没有臭豆腐乳。

早知道躲不过家里这一关，我干吗要去派出所？派出所打电话给街道办，丁珠玉主任接了电话，又把电话打到居委会，最后是一个裹了脚又放脚的老太太一崴一崴地来通知我妈，等我妈赶到沿河路派出所时，天已经黑了。民警早就等得不耐烦，说电话打了快两个钟头了，你怎么才来？民警交代我妈，叫她要好好管教我。他说你想想看，一个拐子，也不大嘛，顶多才十五六岁吧？就知道拦住人家女孩子耍流氓，不管教将来还不要成个飞天拐子？他还戏谑地敲敲我的脑袋，说你这个葫芦里没好货，装的全是肮脏的资产阶级思想。

不消说我爸又修理了我一顿。"你还会耍流氓？……你怎么耍的流氓？"他一边打一边问。大约上回我咬陈光辉时他还没打够，而我妈这回也不拦他，她肯定是觉得这孩子该打。从派出所出来她就没跟我说一句话，她把我远远地甩在后面，一个人闷着头往前走。我挨打时她坐在小竹椅上，脸朝着门外，好像眼前发生的暴力事件与她一点不相干。我听见我头上发出类似敲洋铁皮的哐哐声，眼前飞起了许多小星星，金灿灿的一大片。到后来我爸不耐烦了，不戳炮栗子了，一个大巴掌使劲地掼过来，我就什么也听不见了。我的耳朵哐呜哐呜地响着，就像水面上的波纹一样，一圈圈地大起来，大到没有一点声音了（后来我知道这叫大

音希声），然后我的鼻花又流出来了，起初是一点，接着是两点，三点，再往后就连成一条线了。鼻花涌出来的时候鼻孔里热乎乎的。我低头看着自己的鼻花落下去。

我爸不看我的鼻花，他毫无人道地说："别以为流了几滴鼻花我就会放过你，你跟外人不是什么都会说的吗？怎么在家里反而不说呢，莫非一定要当着外人你才肯说？今天不说我看你过不过得去，我看你挨不挨得过明天！"

丢下这句话，我爸就匆匆地走了。他是抽空修理我的。他很忙。从新洲回来，副食品公司的周师傅就叫他去给人家打家具了。周师傅神通广大，给他介绍的都是一些干部。他像开肉票一样，给我爸写一张纸条子，他的纸条子都带着一股肥嘟嘟的猪油味，我爸便拿着这张纸条子去找人家，说是周师傅叫的。我爸做完了这一家，周师傅又给他一张纸条子。我爸就没有一点空余时间了，他把上班以外的时间全用上了。他就像一只陀螺，被一根看不见的鞭子抽着，越转越快，越转越急。下班后匆匆吃饭，吃了饭便往人家家里赶，近的走路，远的骑车，晚上十二点左右回家。回家后吃药，或者既吃药又吃肉饼汤。如果他十二点以前回家，我妈也碰巧没轮到在电影院把门，就会很贤惠地一边打毛线一边等他，过了十二点，实在等不住了，便把药和肉饼汤都给他坐在鼎罐里，他回家后自己端出来吃。他坐在饭桌上，背对着我睡觉的竹床，先咕嘟咕嘟地吃药，再吃肉饼，最后喝汤。有时候我被他吵醒了，便看见他身上和头上都挂着刨花和木屑。

他不光给人家打家具，还主动提出来要给人家划玻璃和做镜子，还给人家上生漆。他把全套都做了，把他的手艺一点不剩地都用上了。他的皮肤不好，尤其对生漆敏感，每回给人家漆完一套家具，立刻全身红肿，肿得厉害时脑袋像个笆斗，脸像个脸盆，眼睛只剩下一条缝。在我的印象中，他是肿了又消，消了又肿。但他却不肯停下来。他还把他的救命恩人熊大头也扯上了，求熊大头用板车去给人家拖木头。熊大头说老子认得他是谁呀，要老子给他拖！我爸说你不是帮他，而是帮我。熊大头却不过面子，但干活时总是黑着脸骂骂咧咧的。我爸和他从东门码头给人家把木头拖到楼下，又一根根给人家扛上楼去。见我爸扛得龇牙咧嘴的，熊大头便把木头从他肩上抢下来，说算了，我帮人帮到底，我一个人扛

171

吧。扛完了木头，我爸要请他喝两毛钱一瓶的橘子汽水，他说喝什么汽水，哪天喝酒！

熊大头扛了木头就要喝酒，我爸才不敢大包大揽，连木头都要给人家拖了。

我爸得到的好处就是街道上或单位上开批判大会时尽量不叫他站台子。他和我妈都不站。打家具和站台子有什么相干呢？从家具到干部，又从干部到站不站台子，我不知道这中间是怎么关联的。但事实就是那样，他给人打了家具，然后除非是有上级领导来参加的重大批判大会，平常无论是在街道还是单位，他们基本上就不怎么站台子了。

我不懂我爸——还有我妈，她特别支持他给人家打家具——怎么那么怕站台子？他那么拼死拼活就是为了人家不叫他们站台子，到底值不值？站台子又不是专门批斗你，你也不值得人家专门批斗，人家只不过叫你配合一下，象征性地站一站，比给人家打家具轻松多了，有什么呢？

我爸还有一件让我搞不懂的事，那就是他每做完一家，都要像留宝贝似的把那张纸条留下来，就好像它们是粮票或布票。那些纸条现在还在，那么厚厚的一叠，都泛黄了，用一根橡皮筋箍住，放在一只长方形的金边铁皮盒子里。那只铁皮盒子大约是四九年以前的东西，锈迹斑斑了，但印在盒盖上的一个西洋美人还清晰可见。我曾不止一次地翻过那些纸条，我觉得一张纸条就是一堆木头，当然，也是一个穿着中山装的干部。我爸能活到今天是很出人意料的，他变成了一只专吃木头的虫子，从一座大山似的木头堆里钻出来，居然活过了我妈，活过了周师傅，也活过了被周师傅写在纸条上的一些人，到底是为什么？一个病快快的人居然可以活得这么有韧性，确实令人费解。是否跟他变成了一条钻木头的虫子有关呢？如果真是这样，他要感谢周师傅。周师傅也确实没有亏待我们，帮了我们家不少忙，在我二十九岁多快三十的时候，又给我介绍了我老婆张海棠。

说到我老婆张海棠，我要特别感谢周师傅。周师傅对我说，张海棠是他一个朋友的乡下外甥女，如果不是眼睛稍稍有点破败，简直赛似天仙。他在张海棠面前也吹我，把我吹得天花乱坠，说我身残志坚，不但自食其力，还干出了一番大事业。说到张海棠的左眼时，他也抄袭费伯娘的故事，可见费伯娘的故事流传之广。不过他做了一点小改动，他不说茅草菀，而是说蒿梗子。他说张海棠的左

眼是小时候摔了一跤，被一截蒿梗子戳了一下，不用心是看不出来的。反正乡下地方，多的是蒿梗子或茅草兜，就等着戳这些有点破败的女孩子。不过等我见了张海棠，还是一眼就看出来，周师傅的话说过头了，张海棠的眼睛不是"稍稍有点破败"，而是有一只"狗眼珠子"。当然后来我也知道了，她的左眼根本就不关蒿梗子的事，戳瞎她左眼的是一只破碗，摔那只破碗的小伙子叫七罗汉，跟她睡过几次，可不知为什么又闹翻了，而且不是一般的闹翻，那个七罗汉抄起窗台上一只当猫盆用的破瓷碗摔她，她头一偏躲过去了，但溅起的碎瓷片却把她的眼珠子戳破了。因为蓄意伤人，七罗汉被判了三年，还赔了她一只"狗眼珠子"。在她家乡那一带，不把假眼叫假眼，而是叫"狗眼珠子"，他们想当然地认为那就是剜了一只狗眼塞在她的眼眶里。我跟她结婚时，她的"狗眼珠子"才安了一年，说实话，"狗眼珠子"确实不好看，像个黑白两色的塑料球。不过我还是很满意，她比我小几岁，身高一米六六，长圆脸，腰身跟丁珠玉主任有一比，整体看起来相当有味道，如果不是破了相，我是无论如何娶不到她的。她父母还有些古板，不放心，由周师傅领到城里来相亲，见了我的豆芽腿，立马面呈难色。两个老实巴交的乡下人当着我的面不好说什么，只是把像泥土一样的脸皱得紧巴巴的。背了我，他们对周师傅说："是不是残得太厉害了一点？"周师傅问他们："你们怕他跟你们一样，也要种田吧？"他们说那当然不是。周师傅又问："知道城里人靠什么挣钱吗？"他们回答不上来，周师傅说："难怪！"周师傅便点拨他们："脑子，知道吧？城里人靠的是脑子，不靠腿，腿没用的，多余。你看我有腿吧，可是我不如他，因为我没脑子。"

晚上我一直看着自己的鼻花，可是看着看着就看不清了，我的鼻花变得糊糊涂涂的了，好像不是在落下去，而是在往上飞。我感到我妈走过来了，她晃啊晃的，像个飘着的影子。她用手托住了我的下巴，把我的脑袋往后仰。我还听到她在说话，她像是站在很远很远的地方对我说，——你这孩子怎么这样不争气呀？你倒是仰着头呀，你就低着头让它这样流，不怕会流死你呀！你怎么啦你……她的声音越来越小，后面的话我听不见了，我觉得我一点点浮起来了，不知过了多久，我才又听见她在说话，她说好了好了，醒过来了。我看见了她，还看见了我爸。我爸头上有几片刨花，刨花有一股木香气……他们离我很近，他们的脸显得很大，脸色都很重，黑黑的。接着他们就开始分工，一个扶着我，一个端着碗，用调羹给我喂肉饼汤。我心里知道，肉饼汤是给我爸吃的，我就闭紧嘴巴，坚决不吃。我妈叫我张嘴，她像哄三岁的孩子似的，张着嘴说，啊，啊啊。我记忆中她好像从没对我这么"啊啊"过，现在她这么轻轻一"啊"，我就受不了了，乖乖地把嘴张开了。

这以后我就落了个小流氓的名声。

我也没有再去过羊角巷了。我为什么不去羊角巷呢？按理说我都是小流氓了，我还怕什么？谁敢惹流氓呢，小流氓也是流氓，也不好惹。可我还是怕。我毕竟不是个真流氓，没有人家那种气势。再说去了也是白去，据小鸡公说，在羊角巷里已经看不到詹少银了，詹少银连元宵节都没在家里过，就打起背包去了八里铺船舶修造厂，住到厂里去了，星期天和节假日也不回家。他爸妈都埋怨他，说这孩子当兵当出毛病来了，好像跟家里有仇似的，家里到处都长了刺，容不得他了。

八里铺船舶修造厂在郊区，沿东门外大河向西，再向北，坐公共汽车有二十一站。我从来没有坐过公共汽车，因为公共汽车太挤，我没法靠一只凳子爬上去。不等我靠近车门，我就被人挤倒了，而车子早就一溜烟地跑掉了。假如让我撑着凳子去八里铺呢，那么我一定要带上至少三天的干粮，一定要背一个水壶，然后风餐露宿星夜兼程。

我想来想去，只能写信了，便躲着我爸妈给詹少银写了一封信。我说詹少银同志，那天你站在红旗路五交化门市部门口干什么呢？看见我你又跑什么呢？后来我到羊角巷去找你，你妹妹又把我当成了小流氓，你爸爸还把我送进派出所。我怎么会是小流氓呢？你到过我们家里，你认识我的，是不是？我找你又不是要跟你打架，再说我是一个残疾，想打也打不过你。我就是想问问你，我姐姐给你写信时真说了反动话吗？她真是反革命吗？这是大是大非问题，希望你能回答我。我还告诉詹少银，这是我个人问他，跟我家里没关系的。我叫他不要把信回到老鼠街，而是回到红旗路中学初三（三）班。最后我向他致以一个崇高的革命敬礼，落款是"李玖妍之弟李文兵"。我在我妈的五斗桌抽屉里偷了一毛钱，买了一张邮票和一个信封，把信寄到八里铺船舶修造厂去了。我左等右等，足足等了半个学期，始终没有等到詹少银的回信。

我做梦也没想到詹少银会来找我。那天傍晚——季节好像是初夏——我撑着凳子从学校回家，走到五交化门市部门口，我突然愣住了，我看见詹少银朝我走过来。五交化门市部那一段路上的洋枫长得很好，街边被浓密的树叶子遮得昏昏暗暗的。我撑在凳子上，看着一步步走过来的似而非的詹少银，心想这个人是谁呢？他走到我面前，忽然朝我笑了一下，然后他对我说："李文兵，难道你不认识我了吗？"

我心里就突突地跳起来。我感到手心里冰凉。我咽下一口唾沫，对他说："你好。"他又笑了一下，笑得比刚才还充分些。我看见他的牙齿整齐而结实。他说："你好。"他说着蹲下来。他的脸离我这么近，我不但看见了他嘴唇和腮帮上灰青的胡茬子，还闻到了一股不浓不淡的汗味。我觉得他的汗味很好闻。可是我还是恍惚着，我想上次就在这里，那个跑掉的詹少银是谁呢，会是这个詹少银吗？他信都不肯回一封，怎么还会来见我呢？我是不是在做梦呢？我用一只手撑住身子，用另一只手掐这只手背。

他看见我掐自己，愣了一下，随即又笑了笑，说："你大约误会我了，你写给我的信我也是才收到的，我从八里铺调回来都快小半年了，信是人家转过来的。"

我说："上次那个从这里跑掉的人是你吗？"他点点头，很诚实地说："是我。"

可是，见了我他为什么要跑呢？他说是这样的：按理他是不应该跑的，他本来就是想去我们家里看看的，可是走到巷子口上，他实在是迈不开步子，毕竟有感情在那里，他又是一个很重感情的人，心想自己一个人痛苦就行了，何必让我们一家人也痛苦呢。俗话说人怕当面，原来人不是做了亏心事才怕当面的，他做了什么亏心事呢？还是感情哪。他一想到要跟我们一家人当面，要眼睛对眼睛，他就犹豫了。他怎么忍心当着我爸妈的面，看着他们的眼睛，把那样的情况说给他们听呢？再怎么说他们也还是伤心哪。他正这样想着，忽然听到我冷不丁地喊他，一时不知道该怎么办，干脆撒腿跑掉算了。他说我这么说你应该懂的，我看了你的信，感觉你不像这个年龄的人，你很懂事，比跟你一般大的人懂事多了，所以我就决定跟你谈一谈。他抬起手腕看看表，说我已经等了你差不多有一刻钟了。

　　你姐姐是怎么回事呢，想必你们也不大明白，心里挺恨我的。不光你们家，所有认识我和你姐姐的人，恐怕没有几个不在心里骂我是个卑鄙小人、踩着女朋友往上爬的。骂就骂吧，换了我我也会骂的。可是有谁知道我的苦处呢，这事能怪我吗？我跟她说过多少次，在信里不要发牢骚，就是发牢骚，你也就事论事，不要引申，不要涉及别的，更不要追根究底。她听吗？她根本不听哪！她偏要追根究底，好像要显得她多么深刻多么有思想似的，别人都看不到想不到，就她看得到想得到。她既不尊重我，也不替我考虑，一个人怎么能这样自私呢，你要表现你比别人看得深看得透，干吗一定要拉我垫背呢？你不考虑前途，我也不考虑吗？你不为家里着想，我也跟你一样？我又不是从石头缝里蹦出来的，我们都是平头百姓，我们的父母都不容易，都指望儿女能进步，能有点好出息，混出点样子来，可她左一封信右一封信，没有一封信不叫人提心吊胆的。她为什么要这样？她想干什么？那些信我看吧不是，不看又不是；放起来吧，你叫我把它放哪儿呢？大家都在营房里，我就一张铺，还要检查内务，我放哪儿？烧了吧，在哪儿烧呢？别人看见你烧怎么办？什么样的信，你要烧掉它？可是不烧吧，又担心有一天被人发现了。我真是为难死了。我只毁了一封信，我看了邮戳，那封信还是她在解放路邮电大楼发的，是直接骂我的，她体检不过关，被人家打下来了，可她写信来骂我，信纸都戳破了，全怪我，都推在我头上，说是我害了她，她的前途完了。你的前途完了，没指望了，你就指望我吧，两个人你总要保一个人吧？人家下象棋还讲究丢卒保车呢，可她不，她根本不这样想，不管会不会影响你，她只顾自己。我只好把这封信毁了。我不敢装着拉肚子，我是真拉肚子，我说拉不出大便，在卫生队弄了点泻药，结果吃了药就拉个不停，夜里一趟一趟地往厕所跑。上半夜我还不敢毁这封信，怕被人发现，我是下半夜才毁掉它的，我蹲在那里把它撕得碎碎的，又撒一泡尿，把碎纸片冲得七零八落。我做这件事时紧张得直发抖，虽然已经是下半夜了，还生怕有人来。我们那么大一片营房，只有这么一个厕所，谁知道什么时候有人来？还好没撞到人，真是万幸。为了这封

信，我拉了三天肚子，脚都拉软了，脸都拉黄了，跟得了肝炎似的。这以后，我最怕听到人家喊我拿信，人家说詹少银，你的信！我心里就打鼓。这个恋爱真是谈不下去了，谈下去已经不合适了。谈恋爱是为了什么呢，就是为了整天提心吊胆吗？将来我还要跟一个这样的人在一起过日子？这多危险！不要吓死人？好几次我都想跟她说，我们分手吧，可又一直说不出口……毕竟在一起插过队，又相处过一段，而且那时候感觉还不错，所以这样绝情的话不好说。现在想想真后悔呀！不该这么婆婆妈妈的，不该这么拖着的。感情这种东西，有时候真是害死人呢。后来呢，她果然把我扯上了，人家也果然来调查了，我怎么办呢？我能对抗组织，不把那些信交出去？既然交出去了，我怎么能没有一个态度呢？不拿出一个态度行吗？我作无谓牺牲，把自己跟她绑在一起？一个人倒霉总比两个人倒霉强吧？一家人倒霉总比两家人倒霉强吧？她是无论如何逃不脱的，要为自己的言行负责的，我为什么还要把自己搭进去呢？当然了，这是一件很痛苦的事，心里像压了一座山。可是痛苦归痛苦，打落牙齿往肚里吞，在人前还是要摆姿态，唱高调。到了这一步，只能变被动为主动了，不唱高调怎么行？唱高调也不容易呀，一个字，累，唱上去了你就下不来，你要端着，就像在台上唱戏。人家在台上唱戏的，端也就是端那么一阵子，我呢，时刻都要端着，你想想我的日子过得多么艰难？不过话说回来，这样做累是累了些，对自己倒也是个锻炼，一个人要想有点出息，还真要学会这一套。再说了，那么多人都端着，人家怎么不累呢？就你累？说明你火候不到嘛，心理承受能力差嘛，是不是……哎呀扯远了扯远了，今天我是竹筒倒豆子，什么都说了。你也看到的，在你面前我没端，也没唱，一点高调都没唱。我不是把你当小孩子，我真是把你当朋友，推心置腹地跟你谈，说的全是心里话。我也想找个人说说心里话，说了，心里就舒服多了。我要谢谢你呀。我的这些话呢，你可以对你父母说，但别跟外人说。另外呢，你告诉你父母，她一个人倒霉就算了，别一家人都跟着她倒霉。这句话很要紧的，要做到这一点不容易，就看心肠硬不硬得起来，懂不懂得权衡利弊。按说这话不该我说的，我是为你们一家人着想。你父母人很不错的，我对他们的印象很好。好了，今天就说这些吧。如果你也把我当朋友，今后有什么事可以去找我，我现在在区革委会办公室，还能办点小事，只要我能办到的，我一定办。我还要再叮

177

第十三章 詹少银同志

嘱你一句，我今天是感情用事，我可以不理你的，所以我跟你说的这些话你千万别对外人说，当然，你们说了我也不怕，我不会认账的。因为这些话我只对你说过，没对第二个人说过，而你呢，在别人眼里只是个小孩子，我会对一个小孩子说什么呢？没人会信的。所以到时候我只要说你们是想报复我，陷害我，倒打我一耙，人家却是想都不用想就会相信的。

　　起初他挨得我很近，还把身子倾过来，一只手搭在我肩膀上，样子有些激动，搭在我肩膀上的手不时地使劲一捏，把我肩膀都捏疼了。但慢慢地他就不激动了，手也从我肩膀上拿开了。他最后的那一番话说得我有点想发抖，我趴在树影里就像趴在他家门前的那条羊角巷里，感到冷风正像刀子似的扎在背上。他说完了就站起来，在原地踢了几下腿，他的腿大概蹲麻了。他对我说"再见"。他的"再见"比石头还硬，可脸上还笑着。他走出树影之后头也不回。马路上有汽车，还有自行车和行人。他的背影显得又高大又挺拔。他那两条腿也不错，很直，脚步非常有力。他的肩又平又宽，手臂像上操一样甩动着。

　　我缩在树影里看着他走远，心想我还要不要扑上去咬他？

　　我把詹少银跟我说的话告诉了费伯娘的儿子吴爱国。

　　吴爱国的绰号叫眯眼子，比我大，跟我姐姐差不多。他爸爸，就是那个敲铁皮的钣金工，前些年得病死了，费伯娘照例哭了一通，然后对吴爱国说，儿呀，为娘的指望全在你身上啦。吴爱国说，你老人家指望我？那就要记得每天晚上给我熬药噢。

　　吴爱国是个典型的药罐子，他的眼睛和身体都不好，他的眼镜片一圈圈凸出来，看人时必须把眼睛眯成一条缝，将细眼珠子对准凸得最高的那个点。他的头发像大旱之年的庄稼，枯黄枯黄的，眼圈上罩着黑晕。他的病是慢性肾炎。因为他坏了肾，所以老鼠街的人都把他当成一个废人，说费伯娘命苦，弹琵琶的女儿不登她的门，这个儿子又废掉了。那时候我不知道为什么坏了肾就是废人，所以我不把他当废人。他也不把自己当废人，对自己充满信心，自己给自己治病。他的药方子都是自己开的。他开的药很怪，比如鸽子屎，一般医生不敢用的，他敢给自己用。他的药经常是一家药店里抓不齐，抓一次药他要跑好几家药店，有时

候他还拿一把小铲子，跑到乡下去挖药。他看了很多医书药书，古代的现代的，看了就给自己开方子。平常他缩在家里糊火柴盒，除了抓药或挖药，再就是扛个大纸箱去给火柴厂送货，极少出来。可是只要他出来，而且碰巧被我看见了，我就会被他迷住。说不清为什么，我就是迷他的那种味道，那种病快快的、忧郁的、漠然的或者散漫的味道，我就像崇拜丁珠玉主任的腰和腿一样崇拜他的味道。

我和吴爱国交朋友靠的是连环画。我以为是人都喜欢看连环画，有一天他扛个纸箱子从我身边走过去，我大声说："吴爱国，我有连环画，你想看吗？我借给你看。"可他像没听见。等下次看到他，我又说："吴爱国，我不骗你，我真的有连环画，我真的借给你看，你看不看？"他看了看我，摇摇头，走了。我只好把连环画送到他家里去。我撑着凳子来到他家门口，他家的门半掩着，我把门推开，从口袋里掏出连环画递过去。他正在糊火柴盒，眯着眼睛忧郁地看我。我的手一直伸在那里。他想了想说："其实我不爱看连环画的。"我说："我给你挑的都是好看的。"他突然笑了一下，我没想到他也会笑，我傻傻地看着他。我说："我以为你不会笑，原来你会笑。"他便又笑了一下，拿糨糊刷子指指我手上的连环画，说："真是好看的吗？"我说："一定好看，不好看你骂我。"他放下糨糊刷子，把连环画接过去了，拿在手上翻了翻，又放到一边。我说："你不看吗？"他说："看，我晚上看。"

我再去他家时，他一见我就笑了一笑，他笑起来要好看一些，脸显得不那么黄。他问我会不会下棋，我说会下军棋，他说那好，那我们下军棋。他一边糊火柴盒一边跟我下军棋。我们下了几回军棋，他又教我下象棋。他长我七八岁，但我们还是成了好朋友。无论军棋还是象棋，我都下不过他，可他脾气好，愿意跟我下，我要悔棋他就让我悔。

一般情况下，在他家里我碰不到费伯娘。费伯娘好像只有一件事，那就是每天晚上定时定点地给儿子熬药，平常总见她闲着，拖着一双踢趿板子在巷子里跟人说话，不是在巷子这头就在巷子那头，所以我在他家里时感到很自在。他家里跟我们家里一样，也积了一股药气，比我们家里的药气还厚。我坐他家的凳子，凳子竟是黏黏的；靠着他家的桌子，桌子也是黏黏的，拿手抹一把，手上便沾了油膏似的黑褐色的药腻子。

他听我说起詹少银时很认真，但没放下糨糊刷子，趴在粘着一层药腻子的桌上，一边糊火柴盒一边听。我说完了就问他，詹少银的这些话能信吗？他没有立刻回答我，他糊了起码有五只火柴盒，才慢悠悠地说，能信怎样，不能信又怎样，有什么意思呢？

过了大约一个多月，我才把詹少银的那些话告诉了我爸妈。我爸定定地看着我，然后又那样看我妈；我妈跟他一样，也看着我，然后看着他。我爸问我妈，他跟兵子说这些干什么？我妈说是呀，他怎么跟兵子说这些？他们两个人一齐问我，你跟他说了什么吗？我说没。他们说真没说？我说真没说。他们还是怀疑地看着我，又问，他是在路上碰到你，还是特意找你说这些的？我撒谎说，我怎么知道？我妈说，以后若是再碰到他，你就绕着走。我爸严厉地补充说，听到没有？我很乖顺地说，听到了，绕着走。

不久后我初中毕业，我爸带着我到处求人，想找个地方让我学钟表手艺，可是走到哪儿都碰壁。他就把我带到街道办，一边跟丁珠玉求情，一边拎起我的豆芽腿，把我的裤管往上一提。我知道他是想启发人家的同情心，可为什么要向丁珠玉主任展览我的腿呢？谁不知道我是个残疾？我的灰白的、柔软的、细丁丁的腿就很丑陋地露出来了。旁边是一扇窗户，阳光斜进来，我的腿在阳光里。我看见我的腿泛着一种刺眼的、像死鱼肚子一般的光亮。丁珠玉主任坐在一把椅子上，跷着她的美丽的腿，手上捧着一杯茶，目光淡淡地往这边一扫。她曾经对我很亲切地笑过，那回她的酒窝子都笑出来了，把我笑得慌了神，我就把我爸妈都卖了，害得我动不动就挨天下最重的炮栗子。可是这事一过去，别说笑，路上碰到我她都看不见。她的目光又高又远。就是这样我也不恨她，依然崇拜她。我想这不怪她，只怪自己太难看，谁愿意看难看的东西呢？我也不愿意。我愿意看好看的，她从我身边走过去时我会偷偷地瞥着她的腿和屁股，心想多好看的腿和屁股呀。

那天我看见她的目光扫在我的腿上。我恨不得扒个地缝钻进去。我真是羞愧难当啊。羞愧是什么？刀子，一把凌迟的刀子，这是我在那一刻知道的。这把刀

子在很长一段时间里都在一刀一刀地片着我。晚上躺在竹床上，白天的情景历历在目，我就动了去找詹少银帮忙的念头。他说过有事可以找他，他能帮就一定会帮的。我想我怎么不能找找他呢。李德民都不由分说就把我的残腿拿给丁珠玉看了，他考虑过我一点点吗？我还扭扭捏捏干什么呢？

我征求吴爱国的意见时，吴爱国手上仍拿着刷子，但没糊火柴盒。他盯着我看了一阵子，说："兵子我问你，假如他帮你办成了，你能心安理得地学你的手艺吗？"我想了一会儿，有些恍惚。吴爱国说："要不你就再想想吧，找不找他，等想清楚了再说。"

但我觉得我想不清楚。于是我又给詹少银写信，我说詹少银同志你好，你不是说只要我找你帮忙，你一定会帮的吗？现在我就想请你帮一个忙……可是，写着写着我又想，假如他回信，被我爸妈看见了，怎么办？叫他往哪里回信才好呢？我想不出一个好办法，要不，当面跟他说说？我犹豫了又犹豫，最后还是咬咬牙，撑着凳子去了东河区革委会。

我趴在街边张着嘴喘气，感觉自己走过了千山万水。我对面就是东河区革委会，我身边是一棵洋枫，屁股后是个小副食品店。我等啊等啊，终于看见詹少银同志出来了。他是朝我这边走来的，脸侧着，看街两头的车，然后就朝着我这边了。他要到副食店买东西吗？他一定看见了我吧？我已经感觉到他的目光了。我故意扭过脸，用眼角的余光溜他。我以为他会叫我，我等他叫我。可他没叫。他的目光在我身上转了转，然后就嗖一下飘开了，像一片被狂风带走的羽毛。他把脸和身子也转了个九十度，不过马路，沿着街边走了。他什么意思呢？我在心里骂道：李文兵，你这个不要脸的，现在你叫他呀，你求他呀！

好在这一回又是周师傅帮忙，给我在马家营巷找到了一个个体钟表匠。我们这边的街道办开出了介绍信，由我爸拿到马家营街道办。我爸还腆着脸请一个叫他打过家具的革命干部写了张纸条子，这个革命干部在纸条子上说：人家一个残疾孩子，学点手艺嘛，让人家学嘛，给一条出路嘛，怕什么呢？周师傅带我去马家营巷拜师时，那个叫梅炳坤的个体钟表匠上上下下地看了我一阵子，忽然问周师傅，他到底是男的还是女的？周师傅说，你说什么？他不是男的？你什么眼睛哪？梅炳坤摇一下头，笑道，怎么看起来眉眼有点像女的？男的长这么秀气干吗？周师傅笑骂道，你个死梅拐子，你修钟表的嘛，你收个徒弟嘛，还管人家长得秀气不秀气！梅炳坤干巴巴地笑了两声，就这样收下了我。

第十四章　我姐姐在大玻璃上

那年，金竹公社的武装干事阎瘌痢把李玖妍送到新洲看守所的当天晚上，一个年轻的看守哐啷啷地打开一扇门，说进去吧，她就进去了。她进去之后便没再往里挪一步，开始是站在那里，然后坐下去，就坐在那只被我划过一道口子的上海牌旅行袋上。她就那样靠在门边坐了一夜。门似乎是用钢管焊的，有一些光透过来，但监室里还是很黑，天亮以后也还是黑，比晚上好不了多少，看人都是模模糊糊的，每个人脸上都是暗灰色。有一个叫刘春霞的女人一晃一晃地走过来，问李玖妍叫什么名字，犯的是什么事？李玖妍像没听见，眼皮都不抬一下。刘春霞又问她带没带梳子？她还是那样，刘春霞便问她是聋子还是哑巴？其他几个女人也拥过来，说这贱货到了这里还不老实，吊丧似的吊着一副眉眼，你还跟她演什么文？她们七手八脚地将李玖妍推倒，从她屁股下扯出那只包，拉开拉链，将包里的东西一抢而光。

刘春霞抢到了一件灰色涤卡翻领春秋衫和一双尼龙袜子——前些年我让王麦多陪我去新洲，通过新洲一个姓赵的分销商转弯抹角地介绍，见到了这个刘春霞，说到抢东西，刘春霞跟我解释说，她本来是不想动手的，她还拼命叫大家别抢，可大家根本不听她的，她这才动手的，再不动手她就什么都捞不到了。刘春霞说不知怎么搞的，人到了那种地方都是那样的，就跟长了尾巴的东西一样。刘春霞长得有些像我老婆张海棠。我这么说其实不大合适，我老婆还很年轻，而刘春霞已经是个小老太婆了。但刘春霞比张海棠漂亮，张海棠脸上有疤，还有一只假眼，刘春霞没有疤，两只眼睛也都是好好的。我见到她时，她已是快六十的人了，可脸相还很清秀，说话时眉跳眼跳，一看就是个活泛女人。她进看守所是因为通奸又牵带了命案，也就是说她有谋杀亲夫之嫌。

跟刘春霞谈话很费时间，需要有相当的耐心，她喜欢说她自己的事。她牛头不对马嘴地对我说："我拿自己打比方，劝过你姐姐的，我叫她要吃饭，我说人是铁饭是钢，不吃饭怎么行呢？我说妹子，人到何时命到何时，这个道理你懂吧？尤其是我们女人，不认命怎么行呢？你看我就是个例子，我不喜欢自己老公，偷了人家的老公，可是结果怎么样呢，害了三个人呀是不是？所以我劝你不要拗，你拗什么呢？你拗得过谁呢？这就好比拿一根草丝去扳牛角，牛角多粗？草丝多细？你扳得动么？你扳不动的是不是？"

刘春霞发现李玖妍不吃饭是第二天的事。头一天她们把李玖妍的饭抢了，她们不管李玖妍吃不吃。刘春霞说饭是霉米饭，菜呢，不是咸菜萝卜干，就是煮得烂黄的白菜帮子，肚里哪有油水？到吃饭时，每个人的眼睛都是绿的，恨不得把饭盆子都吃下去，所以无论谁来，头一天都是要受欺负的，都别想吃到一粒饭，我们会把她的盆子舔得比狗舔过的还干净。不过第二天她就不许她们抢了，人家也是人，已经一天没吃了，再抢就没道理了。可是她们不抢，李玖妍也不吃，她像没看见饭似的，靠在门后的角落里一动不动。早上是这样，中午是这样，晚上还是这样。早上和中午的饭大家都争着帮她吃掉了，晚上却不敢再帮她，都感到事情有点不对劲。刘春霞便过去叫她，说这位妹子，你没看见你的饭吗，在这儿呢，没人动你的。李玖妍一声不吭，一动不动。刘春霞说你是不是恨我们拿了你的东西？其实我们不过是借一下，用用就会还给你的，要不现在我们就把东西还给你？李玖妍还是不吭声。刘春霞就蹲下来看她的眼睛，可她眼睛里没有刘春霞。她眼睛里什么都没有，蒙蒙的，空空的。刘春霞看了一阵子，不由得打了一个冷战，赶紧站起来。

刘春霞说："我看到她的眼睛就明白了，她不想活了，她想饿死自己。"

刘春霞就劝李玖妍："命是你自己的，不是别人的；一只蚂蚁小不小？可它也不愿意死呀；我刘春霞是不是丢尽了脸呢？我看见我亲夫倒在地上，血跟箭一样滮出来，吓得光着身子就跑到街上去了，还一边跑一边叫，把一街人的眼睛都看直了，我还要丢多大的脸？一个丢尽了脸的人还活什么呢？俗话不是说了吗，树活皮，人活脸，是不是呢？可是我也不愿意死呀，我不还活着吗？"但是不管她怎么劝，李玖妍都像个泥胎似的。她甚至怀疑李玖妍根本没听见她说话。于是刘春霞只好向政府报告了。刘春霞说自己是个软心肠，做不出见死不救的事。她哐哐地拍着冰冷的钢板门，大声喊叫政府："政府政府，刘春霞有事情要报告。"人家喝问她，要报告什么？她说政府呀，新来的这个不吃饭哪！她这两天没吃过一粒饭，我劝了她，可她还不吃，她绝食，她想自绝于人民自绝于党！刘春霞一喊，把一个副所长给惊动了，副所长披着一件宝蓝色咔叽布棉大衣，带着两个人过来了，打开门，看着李玖妍，用脚尖将饭盆子给她拨过去，叫她吃。副所长说："喂，吃不吃？不吃是不是？"副所长一点不啰嗦，转身就走，走到门口又站住，扭脸问刘春霞："是你报告的？"刘春霞立正说："是。"副所长说："你叫刘春霞？"刘春霞说："是。"副所长点点头，说："你今天的表现很好，从现在开始，你们负责监督她吃饭。"刘春霞激动得满脸通红，双脚并拢，手贴着大腿，挺起胸脯大声说："报告政府，刘春霞坚决完成任务！"

副所长一走，刘春霞便立即招呼大家"监督"李玖妍吃饭。她们捉住李玖妍的手脚，死劲掐捏她的腮帮子。她们的指甲把她的脸都划破了，隔着一层薄肉，抠住了她上下腭之间的小缝沟，迫使李玖妍将嘴巴张开了。她们用指头代替筷子，往那个张成"O"形的嘴洞里塞饭。她们把李玖妍的嘴巴当成了一只荷包，直到这只荷包里再也塞不进什么了，她们才松开手。李玖妍趴在地上，弓着背，啊啊地将饭呕出来。她们只好从头再来。她们接受教训，不把李玖妍的嘴巴塞满，而是一点一点往里塞。然而这一次李玖妍的反抗特别激烈，她们稍不留神，李玖妍就挣脱了，一扭头，便咬住了两根来不及抽回去的指头。

那两根指头恰巧是刘春霞的，它们分别是食指和中指，李玖妍没咬断它们，现在这两根指头还好好地长在刘春霞手上。刘春霞将它们伸到我面前，说："老弟呀，你看看我这两个指头，看看你姐姐的牙齿有多厉害。"我便煞有介事地看了看。我看见那是两根长年劳作并且上了岁数的指头，皮肤的颜色已经开始发暗，骨节和指甲都严重变形，在指梢靠近关节的地方都陷着半个黄豆似的小坑，坑面上结着亮疤。刘春霞说当时她疼得钻心，只会拿脚死劲跺地，一下接一下地跺，却叫不出一声。"而你姐姐呢，像突然活了过来，两只眼睛圆圆地瞪着我，像要吃掉我似的。不是还有几粒饭撑着她的嘴，我这两根指头就保不住了，真是好心不得好报噢。"她叹一声，笑笑，又说："可是不管怎样，我总算是救过她的。"

刘春霞说虽然被咬了一口，但她还是圆满地完成了副所长交给她的任务，到底还是让李玖妍吃了饭。为了防止李玖妍再咬人，她叫大家掐住她的腮帮子不松手，她则找来了一把小勺子，一勺子一勺子地往她嘴里喂。她看见饭粒像虫子似的自己往下爬，逼得李玖妍的舌根不得不往里缩，最后又不得不咽下去。咽第一口饭时她浑身发抖，眼睛瞪得很大，肚子一起一伏，两个鼻孔呼呼地翕动不止，喉咙里还发出咕咕的响声。她们一放手她就拼命咳嗽，大概想把饭咳出来，人都差点咳昏过去了，却什么也没咳出来。她们喂了她几次——刘春霞掐着指头算，说是三次呢还是四次呢？好像四次吧——她就怕了，她们说你吃不吃？是不是还想要我们喂你？她就老实了，一点一点地往嘴里扒饭了。

刘春霞现在待在新洲一个叫枣树沟的地方，这地方当年是个采石场，如今采石场不见了，山坡上都是茂密葱郁的酸枣林，刘春霞的小屋就在酸枣林里。刑满后她不愿回家，她说她没家，其实她家就在郊区的八里铺老镇上。她坚决要求留在这里，后来她就留在了这里。她的小屋里收拾得干干净净，墙是用不规则的花岗岩垒砌的，屋顶上盖的是土瓦。她在这里帮人家看酸枣林，每个月只有二百多块钱，但她说够了。我们说话时，有几只小蜜蜂从外面飞进来，带着阳光和酸枣花粉的气息。刘春霞说这是她养的蜂，她养了两箱蜂，吃蜜是不愁的。她叹着气说，如今日子是清静了一些，不过也好，没有烦恼。男人呢，你要跟他计较，不如剃了头去做尼姑，所以自己要想得开。你姐姐不吃饭就是想不开，那男的不认账你有什么办法？比如我那个野老公，搂着我时说得比蜜都甜，可是事情出来了呢，他竟想推给我，杀人推不脱，就说是我勾引他，不是我勾引他他不会有这么旺的火，你说他还是人吗？就当是我勾引他吧，他那么大一个男人，我有本事把他摁到我身上来？可那种事是做得说不得，你跟谁去说？就算你好意思说，人家也无非当笑话听，转背就骂你死不要脸。

在枣树沟王麦多给我和刘春霞照了一张相，背景就是漫山遍野的酸枣林，还有几只被阳光照得金晃晃的蜜蜂。刘春霞照相时很紧张，用力抿着嘴。王麦多叫她放松，笑一笑，她笑了几次都笑不成，反而搞得挤眉弄眼，腮颊上的皮肉一阵一阵地乱跳。她说算了，不笑了。于是她绷着脸照了一张相。她问我们会不会把照片寄给她，我们说一定会寄的，她说你们别骗我哦，一定要寄的哦。说着她忽然伤感起来，说这是她来到枣树沟这么多年头一回照相，那年立夏没几天，她和李玖妍就从新洲来到了枣树沟，转眼都快三十年了。我说你们来这儿干吗？你们女的也打石头？她说谁说女的不打石头，一把锤子一根錾子，你不打石头你干什么？人家叫你来这里享福？你说你这个老弟呀，好好地跑来问我一些这样的事，问它干什么呢，我都忘掉了，你又把它问起来了。

小时候我老觉得新洲是一片荒原，而且还以为新洲就是枣树沟，枣树沟就是新洲。我分不清这两个地方，我觉得它们都一样，是一个地方。我没有到过多远的地方，我对老鼠街以外的地方只能凭空想象，而关于新洲的想象则与我看过的一些连环画有关。我想象新洲是一栋孤零零的用大块大块的石头垒砌的房屋，线条和棱角都很粗硬，窗子很小，很黑，犹如碉堡的枪眼。李玖妍就在那个枪眼里，脸色苍白，远远地看过去就是一个小白点。周围有高高的铁丝网，铁丝网都是黑色的，铁蒺藜也是黑色的，像刚被雨淋过，弯弯曲曲地闪着冰冷的湿光。旁边有狼狗和荷枪实弹的岗哨。天空很阴沉，风没日没夜地吹着，发出很低沉的呜呜声，草在风中一律弯着腰，朝一个方向翻滚倒伏。

事实跟我的想象有很大距离，新洲只是一个县城的地名，具体到李玖妍和刘春霞所在的枣树沟，更不是我想象中的样子。它归属新洲，和新洲看守所相隔约三十华里，而且一点也不荒凉。它周围有不少村子，能听见鸡鸣狗叫，能看见炊烟。房子也不只一栋，都是用木板或杉树皮做墙，顶上盖着黑色的土瓦，瓦沟里落满了树叶子。几年前我去那儿时，这样的房子已经不多了，只剩了几间，当年瓦沟里的落叶早已变成了腐殖土，新的落叶又将腐殖土和瓦片盖住了。酸枣林长得非常茂盛，把一切都淹没了，沟两边裸露的花岗岩也看不到了。花岗岩在我

187

们那里被叫做麻石，在别处大约也叫麻石，——把它凿成一块一块的，它就是麻石了。枣树沟的麻石是最好的麻石，是豆青色的，跟铺在老鼠街上的麻石一模一样。春天里一场大雨一浇，洗净了泥垢，老鼠街上便一片青黄。那时候每天都有拖麻石的大卡车轰隆隆地跑来跑去，震得老鼠街发出嗡嗡的回音，只是我不知道这些麻石都是从枣树沟运来的，更不知道李玖妍就在枣树沟打麻石。我只知道我爸他们挖的人防地道要用麻石，还有党政机关和军区大院，以及汽车修造厂、拖拉机厂、发电厂、无线电厂、肉联厂、纺织厂，等等等等，包括精神病院和铁路两旁，也都在用麻石砌围墙。用麻石砌的围墙厚重且森严，就像我想象中竖在新洲的那栋孤零零的房子。只可惜如今这些围墙都没有了，在创建文明城市时被拆掉了，换上了造型美观的铁栅栏。人防地道也大都变成了地下商店，卖一些很花哨但很廉价的东西，比如仿水晶手链和用塑料做的珍珠项链，手机套子和仿冒的名牌皮带或皮包，只有在一些偏僻的地方还有人防地道，还能在某个高坡下，透过一道锈迹斑斑的用钢管焊的大门看到砌在里面的麻石。那同样是上好的麻石，是豆青色的。

李玖妍从枣树沟回家时，我正坐在我们巷子对面的漕水巷巷口上，旁边是五交化门市部，对面是东风理发店。我用一把铁皮铲子嗽嗽喳喳地刮一只鞋底。我到底还是没有学成钟表匠，而是在学鞋匠了。其实在考虑让我学一门什么手艺时，鞋匠也是被考虑过的，但却是最早被划掉的。我爸妈不想让我成为一个脏兮兮的鞋匠。为此他们是很动了一番心思的，因为我缺的是腿，很多手艺对我都不合适，比如我爸会的那些手艺，我一样都不能学，那都是要腿的。我能学的是一些不要腿的手艺。可不要腿的手艺不多，他们扳着指头算来算去，除了鞋匠不算，我可以学的手艺只有这么几种：

1. 钟表匠；
2. 画瓷版像；
3. 画鸡蛋；
4. 中医；
5. 无线电。

本来他们还打算让我学裁缝，但考虑到裁缝要踩缝纫机，所以就算了。在最后圈定的这五种手艺中，我爸妈又进行了一番筛选，他们首先筛掉了无线电，因为学无线电，说到底就是修理收音机，他们觉得修理收音机不稳当，容易出事，我们巷子里就有一个，经常旋出一些叽叽咕咕的声音，结果人家说他偷听敌台，打断了他两根肋骨，还差点抓他进班房。而中医呢，好是好，不是一般的好，是太好了，可是太难了，学得好的一般都是家传，况且按我们家的情况，你到哪儿去学呢，谁肯带你呢。所以想都不要想。剩下的三种，他们掂来掂去，觉得钟表匠和画鸡蛋都不错，画瓷板像则差一些。从表面上看，画瓷板像和画鸡蛋差不多，都是画匠，但他们认为差别很大，瓷板像画的大都是死人，一旦学了这门手艺，就要盯着死人画一辈子。他们怕我的日子会因此过得更加阴沉。他们的担心不是没有道理，死人总有些晦气，他们的儿子已注定要孤苦一生，再加上长年被晦气浸淫，肯定也要满脸发绿。所以他们认为我最好学修钟表，其次是学画鸡蛋，实在不行再考虑画瓷板像。

　　我当然愿意学修钟表。我没学成钟表匠要怪我师傅梅炳坤。我知道我能找到这么一个师傅非常不容易，我爸给丁珠玉展览我的残疾都没用，不是周师傅帮忙，梅炳坤肯定不会收我，所以我从一开始就非常珍惜，可我没想到梅炳坤会半夜里摸我的屁股。

　　梅炳坤也是腿不方便，如果腿方便，他就成不了我师傅，早到乡下备战备荒去了。许多像他这样的个体手工业户都拖儿带女地走了，回原籍的回原籍，找不到原籍的就投亲靠友，总之是像秋风扫落叶一样，把他们全扫到农村去了。所以我们能成为师徒不容易，既得益于周师傅，更得益于我们的残疾。不过他残得比我好，他跟苏晓晓一样，只是一条腿不方便，他还有一条好腿。他走路不用凳子也不用拐杖，把重心斜在好腿上，弹出一步，用手带一下残腿，身子就画了一个弧，然后又再弹一步。他的弧画得很大，如果他走在巷子里，一条巷子只够他一个人画弧。他没有铺面，只有一个门脸。门脸很小，是他家的窗户。他家就一间房，就这么一个窗户，好在朝着巷子，否则他连门脸都没有。

　　梅炳坤是个沉默寡言的人，一天也难得说几句话。他的窗户前摆着一张桌子，桌子上堆满了等待修理的钟表。拆开的旧钟表散发着一种被机油吃透了的金属味道，我很喜欢闻这种味道。他左眼眶里嵌着目镜修表芯时，嘴上还叼着烟。他的烟瘾很大，嘴唇和牙齿都是黑的，左手的中指和食指也是黑的，快到指根时才渐渐显出一点焦黄。我猜他肯收我为徒，除了有周师傅的面子，烟大约也是一个原因，他通过周师傅跟我爸要烟，数量是一个月一条，标准是"欢腾"。"欢腾"属于中低档香烟，两块二毛钱一条，这个要求不高。我爸毕竟在南杂店上班，买烟还不是太难，为了让我师傅高兴，他没买"欢腾"，买了一条上海"飞马"。上海"飞马"是两块九一条，我爸很慷慨地给他把标准提高了七毛钱。其实这一条"飞马"远不够他抽，他还要抽别的烟，但他从来不麻烦我爸，而是自己画着弧上街，两盒两盒地买回来。他抽的都是中低档香烟，牌子也很杂，"欢腾"、"梅雀"都抽过，有时候还抽"劳动"和"庐山"。他抽"庐山"是有数的，因为"庐山"要票，还贵，要两毛八一盒。

　　他没有老婆。他说烟就是老婆。后来我发现他这话是瞎说的，烟是烟，老婆是老婆，烟是绝对代替不了老婆的。如果烟就是老婆，他半夜里摸我的屁股干什么？我们家离马家营巷比较远，隔了整整一个区，他就让我住在他家里。他说你撑着一只凳子，莫非还喜欢走路？要不跟我住算了。我就跟他住了。他对我不错，让我跟他睡一张床，还允许我往他的铜脚盆里撒尿。他说随便撒，没关系的。他自己也往脚盆里撒尿。早晨他端起铜脚盆，一弹一弹地画着弧往外走，居然不会泼出一滴尿。他把尿往巷墙根下镂空的阴沟盖板上倒，尿漏到沟里汩汩地响。倒了尿他又一跷一拐去冲脚盆，冲了脚盆又冲阴沟盖板。我爸交代过我，当学徒要手脚勤快，要帮师傅做事。现在我没办法帮师傅倒尿，还要师傅给我倒尿，我感到很愧疚。可我怎么也想不到，夜里他会摸我的屁股，他把手放在我屁股上摸了两把，在这边捏捏，又在那边捏捏。捏过了又拍几下，他说你的屁股真瘦；过一会儿又说死人屁股，冰凉。我没想别的，也想不到别的，师傅摸摸你屁股，你瞎想什么呢。过了几天，师傅又半夜里摸我屁股了，而且摸了几把就摸到我前面去了。我吃了一惊，立刻把自己弯起来，心想师傅怎么乱摸呢。我拼命地往后缩，可是师傅的手热乎乎地跟着我，像摸鱼一样，生生把我摸硬了，又用手套住我耸了几把，弄得我小肚子一缩一缩，一下子就抖起来了。我感到很害怕，不知道师傅会做什么。我干巴巴地说，师傅，师傅师傅。师傅说嗯。师傅的喉咙跟我一样，也是干巴巴的，灰蒙蒙的。师傅停了一阵子，便把手抽回去了，仰面躺着。又过了一阵子，师傅便叫我摸他。我不敢摸，觉得这件事情很流氓，可师傅一定要我摸。他灰蒙蒙地、很深邃地说，摸吧摸吧，没关系的！他甚至将我的手拖过去，按在那儿。他那根东西疙疙瘩瘩，感觉像根拨火棍。他不但要我摸，还要我耸他，后来他就扑愣愣地在我手里跳起来了，把一些黏糊糊的东西糊在我手上。

早晨起床后他照样去倒尿，我心里发虚，不敢看他。我一直在犹豫，又忍了他两回，终于对他说我想回家了，他没吭声。我等了一阵子，他还是不吭声，戴着目镜拆一只上海表。我就撑着凳子咯咚咚咚地回家。我从早晨走到中午，家里正在吃午饭，我爸妈问我回来做什么？我说师傅嫌我笨，不要我了，别的什么也没说。我爸便弯起食指，用指骨节在我头上凿了一个炮栗子。他还想再凿一个，被我妈拦住了。我爸便去副食品公司找介绍人周师傅，周师傅第二天给他回话说："梅炳坤说你儿子不是那块料。"梅炳坤说的跟我说的对上了头。但我爸怎么也想不通，他皱着脸说："不过修修钟表嘛，又不是造原子弹，怎么会不是那块料呢？"周师傅说："谁知道呢？又不是我说的，是人家梅炳坤说的。"

千辛万苦给我找了个师傅，可我却不是这块料，我爸妈不知道该拿我怎么办。其实我是想再回到梅炳坤那里去的，我喜欢钟表，修一辈子钟表多好。只要我肯回去，梅炳坤一定不会说什么，兴许他连那一条烟都不会要了。可是梅炳坤要我跟他摸来摸去，而且他那根东西确实叫人讨厌，好像还在我手里跳动，跳出来的那股腥臭我还闻得到。我知道那是什么东西，从梅炳坤那里回来后不久，我也那样跳过。我是在梦里跳，跳得我晕头晕脑；梅炳坤是在我手里跳，跳得我心惊胆战。我在梦里跳都感到了一种恐慌，而他好意思在我手里跳。我觉得梅炳坤很不要脸，很龌龊，很恶劣，是个流氓。

我到底没回到梅柄坤那里去，我冤枉当过一回小流氓，我不想变成一个真正的流氓。

这样我就无处可去了。书读完了，又是个残疾，人家也没说要你下乡，你还能去哪儿呢。我就在家里翻小木箱里的连环画。好在小鸡公老会拿一些他妈妈收到的破书给我，除了那本要我躲进厕所里读的小册子，还经常给我一本没有封皮、前后都翻卷破烂的苏联小说，或是一本全是虫眼的章回小说。后来他还弄来过一个手抄本，但这回他没说是他妈妈收来的，他诡秘地说，你要躲着看啊。我就躲着看，反正家里经常没人。我也不知道那是小说，以为那里面全是真事。那里面写男女很细腻很露骨，弄得人整天心猿意马胡思乱想。

大约过了小半年，我爸找到坐在我们巷子口对面的鞋匠秃顶老宋，也是每月一条烟（档次降低了，不是"欢腾"，是"梅雀"了），让我跟他学鞋匠。我便一天到晚坐在街边巷口上，眼睛盯着人家脚上的鞋，要不就盯着宋老头的手。秃顶老宋一双手疙疙瘩瘩，很像枯树根，长在那些破皮鞋里。我觉得将来我也会是这副样子：被臭烘烘的鞋子熏得落光头发，手也会像枯树根，整个人会变成一个疤疤痢痢的枯树墩，会被一大堆破皮鞋埋起来。这个想法已经变成了一堆破皮鞋，提前将我埋起来了。

秃顶老宋的鞋摊斜对着老鼠街，我坐在那儿抬头就能看见东风理发店的大玻璃。东风理发店以前没有大玻璃的，前不久他们才将临街的铺门板拆了，新装了几块大玻璃，那天我就是在大玻璃上看到李玖妍。

本来我是想看小鸡公的爸爸蔡麻子，蔡麻子就在一块大玻璃后面，我听见理发店里有人嗷叫一声，便知道蔡麻子的刀子又割了人。蔡麻子不是故意割人，他割人是因为他有心脏病，他的心脏受不了那些在街上跑来跑去的大卡车。那全是些拖麻石的大卡车，地动山摇地开过来，就像开过来一列火车。尤其是那种车厢后面再加一个拖斗的车，倘若是这种车子经过，蔡麻子手上又恰好拿着刀子，则必定要在顾客的头上或脸上割出一道血口子，割得顾客跳起来，跟着就是一顿恶骂。我好几次看见顾客骂蔡麻子，而蔡麻子既顾不得赔礼，更顾不得还嘴，他把嘴张得像一只喇叭，一口一口地喘气。他喘气时总是对着大玻璃。他脸大嘴大，那副样子很滑稽。他喘出来的气很快就使玻璃上变得雾蒙蒙的，把他自己遮掉了。那天我又想透过玻璃看他的喇叭嘴，但那天天气很好，大约是下午五点钟左右，阳光斜在我们这边，理发店的大玻璃变成了一面明晃晃的大镜子，我没有看到玻璃后面的蔡麻子，却从大镜子里看到了一辆东风牌大卡车。那辆车停下来了，驾驶室的门打开了，跳下来一个短头发的女人。我当时就愣住了，呆呆地看着，看着看着我就知道了，李玖妍回来了。

那辆沉重的大卡车摇摇晃晃地停在街边上，李玖妍跳下来之后，卡车又摇晃着，带起一团灰雾开走了。映在大玻璃上的李玖妍的样子有点怪异，像一张被裁下来的纸，窄窄的一长条。所有映在大玻璃上的东西都是窄窄的，街道和街道两边的房屋、街树、车辆，以及标语和浮动的灰尘，还有人。人都是刀条脸，都像被狠狠地挤了一下，都被挤得又扁又长。我死死地盯着那个扁扁的长条形的李玖妍，盯着她的刀条脸，虽然李玖妍不是刀条脸，可我知道那是被大玻璃弄的。我就不看大玻璃了，扭头往左边看，我听见我心里叫了一声，竟然扑通扑通地跳起来了。

她回来了？她怎么可以回来呢？我觉得我的脑子卡住了，不会转了。我用力挤脑门，终于挤得它动起来了。我想了半天才想起了"刑满释放"这个词，她算有事还是没事呢？她是从那个叫枣树沟的地方回来的吗？那些东风大卡车都是拖麻石的，她是在哪儿搭的车呢？她怎么会搭一辆拖麻石的车子回来呢？那些麻石是从枣树沟拖来的吗？

她从车上跳下来之后，在弥漫着的灰雾里站了一阵子。我看见她穿得不合时宜，当时是刚刚立秋，秋老虎还没过去，她却穿着一件驼色罩袄褂，也可能是灰色的。隔得有点远，那团灰尘又涌来涌去的，我看不太清。她旁边是大众浴室和红梅照相馆。街两边的洋枫梢头被阳光照得非常明亮。灰尘也很明亮，黄黄荡荡，有的还在往上飞，有的则在慢慢地沉下去。她掠了掠她的短发。她原来是两根短辫子。现在她的短发参差不齐。

她将身子转过来，往老鼠街里面走。她手上还提着那只灰色上海牌旅行袋。袋子很干瘪，看不出有什么分量。她走得有点慢，走进巷口时，碰到了准备去打酱油的费伯娘。她没跟拿着酱油瓶的费伯娘打招呼，低着头走过去了。费伯娘则站在那儿看她，似乎忘了要去打酱油。过了一阵子，我就看不见她了，却看见了李文革。李文革像风一样地跑进了巷子，跑过了费伯娘，一直往前跑；再过一阵子，李文革又跑出来了。他难道没回家？在家里没看见李玖妍？他不认识李玖妍了？他怎么没在家里停一下呢？我看见费伯娘在朝李文革招手，问了他一句什么，他点点头又飞快地跑掉了。我知道他是忙着回家去拿玻璃珠子，他要去跟人弹玻璃珠子，他弹玻璃珠子跟他以前弹酒瓶盖一样厉害。他兜里的玻璃珠子哗哗地响着。

我的手没停，吱吱地刮鞋底。我跟秃顶老宋这么久了，他总是叫我刮鞋底。那些鞋底有什么好刮的呢？无非是刮掉粘在上面的污垢和泥灰。那天我刮着刮着便发愣。我扔掉刮刀，解下脏兮兮的围布，撑着凳子要走。秃顶老宋一直拿眼梢斜着我，闷声闷气地问："你又要去哪儿？"我说："撒泡尿。"他便在脸上摆出一百个不满来。他也是一个残疾，否则他也到乡下备战备荒去了，可他不知道残疾和残疾要互相友爱。他的右腿伸不直，永远是个大弯钩，因此左腿也必须适当弯曲，这使他走路像鞠躬，走一步鞠一躬。跟他走路的姿势一样，他认为人要认命，要勤勉敬业，要低头做人，所以他从骨子里看不惯我，连我要小便他都满肚子意见，他摇着光溜溜的秃头说："懒人就是屎尿多。"

我走到巷口时，费伯娘还窝着背站在那儿。她侧着身子，脸朝着巷子里。我在她后面冷不丁地叫一声费伯娘，她像受了惊吓似的，倏地转过脸来，看见是我，便耸着肩将脸凑过来，神秘兮兮地说："兵子，你猜我看到了什么？"

我说："什么？"

她的眉一跳，说："一个人，刚才我看到一个人，这个人很像你姐姐。"

我说："费伯娘你不是要去打酱油吗？"

她说："打酱油急什么？我问了你家革子，革子那个捣蛋鬼，什么也说不清。"

我说："费伯娘你还是快去打酱油吧。"

她把脸皱得像一只桃核，想着，说："她坐了几年呢？两年还是三年？好像没有吧？"

我说："你怎么忘了你要打酱油呢？晚上你炒菜没酱油怎么办呢？"

她灰蒙蒙地看我一阵子，很彩旦式地撇一下嘴，提着酱油瓶走了。她脚上穿着袜子，却还拖着两块跶板子。我估计这应该是老鼠街上的最后一双跶板子。有了她，跶板子时代就不能算是彻底过去了，她就像一只时代的尾巴，从一个旧时代伸进了一个新时代。

她呱嗒呱嗒地走到理发店门口，满怀希望地探头看一看，见里面正在吵架，没人理她，感到扫兴，只好又一摇一晃地往前走，老老实实打酱油去了。

我快到家门口时，忽然停了下来，掉转头往回走。我弄不清我为什么不回家，要掉头往回走。我又回到鞋摊上，系上围布，坐下来继续有一下没一下地刮鞋底。

秃顶老宋用扁锉敲着一只鞋帮子，提醒我做事要用心。他说："你的心思呢？"过一阵子他又敲鞋帮子，又问我的心思到哪里去了，这么左问右问，把我问烦了，便顶了他一句："不就是刮鞋底吗，要什么心思？"他气得脸都变小了，说："嫌我没教你手艺是吧？好，你本事大，我做不了你师傅。"

他大概以为他的手艺是天下最好最值钱的手艺。他紧绷着脸，也不再说我了，用力敲鞋帮子。他气呼呼的，把鞋帮子敲得嘎嘎地响。

但我确实没心思刮那只鞋底了，我东看看西看看，不知道自己想干什么。我想我到底要干什么呢？我把鞋子和刮刀扔掉，又撑起凳子要走。街上的阳光已经很稀薄了。我对秃顶老宋说："师傅，今天我不大舒服，想早点回去。"

他说："别叫我师傅，我管不得你，你想怎样就怎样，问我做什么？"

秃顶老宋就是一个这样的人，气量狭窄，跟钟表匠梅炳坤相比，虽然他不摸我屁股，但却比摸我屁股的梅炳坤讨厌一百倍。我已经很尊重他了，既然他不要我尊重，我就不多费口舌，咯咚咯咚地走了。

拖麻石的卡车过去了一辆又来了一辆，我好不容易才把自己挪过了马路。我在巷子里又碰到了费伯娘，她也跟我一样，没心思了。她把我们家的事当成她自己家的事。她已经把酱油打回来了，却不回家，提着酱油站在那里跟人说话，而且是那种神秘兮兮的样子，边说还边拿一个尖瘦的下巴朝我家门口点点戳戳。我的凳子一路响过去，她也不回头看一眼。我就不管她是谁的老娘了，我在心里对我的好朋友吴爱国说了一声对不起，在离她不到一米的地方，提起凳子死劲地往前一蹿，同时让凳脚崴一下，合情合理地摔了一跤。我摔下去时还极为夸张地喊一声，哎呀！表示这一跤摔得非常意外。她听到"哎呀"回头看我时，我的身体已经飞过去了，我的肩膀扎扎实实地撞在她的腿弯里，于是她便像被折断了似的倒在地上，脚上两只跋板子飞出去了一只，手上那瓶酱油也哗啦一声碎了。她挣扎半天才坐起来，左看看右看看，看见了满地酱油和碎玻璃，显然是气急败坏了，仰起脸，竭尽全力地喊："兵子妈——"

"兵子妈——"

"唐亚蓉——"

她断肠似的喊了一声又一声，喊得巷子里发出苍老的哐嗡哐嗡的回声。我没看见我妈跑出来，只看见我们的许多邻居都跑来了。我想我妈不在家，你喊吧，喊破你的喉咙。

我在费伯娘的喊声中咯咚咯咚地回了家。我倚着红色的门条石，先探头往里看一看，没有看见李玖妍，然后我把凳子移过门槛。我看见了那只瘪塌的上海牌旅行袋，它被扔在门角落里。它颜色发黑，已经非常破旧了。我想她大概是在房间里吧。我就在凳子上趴下来，趴了一阵子，又忍不住挪到她房门口。房门是虚掩着的，只留了一条缝，我闭着一只眼睛，像瞄准那样瞄那条门缝。我看见她好像在那里忙什么。这时候我咳嗽了一声——我不是故意的，是嗓子突然发痒了——我想既然我都咳过了，就不好再躲躲藏藏了，还是推开门跟她打个招呼吧。

门被推开时，她已经转过脸来朝着我了。她灰蒙蒙站在一堆杂物里——家里不用的两只洋铁桶、我爸留着准备做镜子的几块破玻璃、我爸的一些工具、过年时炒豆子炒薯片用的筛子和沙子、李文革坐过的红漆木桶和摇篮、家里洗澡用的大木盆……都乱七八糟地堆在那里，灰尘正在缓慢地飞腾着，有一股呛人的干霉味。她手上拿着一只空麻袋，眼睛瞪着，好像非常惊慌，好像我的咳嗽和推门把她吓得够呛。

我说："你……回来了？"

她犹豫着点点头。她犹豫什么呢？这有什么好犹豫的？

我又说："你是……释放了吗？"

她又犹豫，又点头。

我说："你是从枣树沟回来的吗？"

她还是那样，犹犹豫豫地点头。

我说："我看见你从拖麻石的卡车上跳下来，你怎么搭了拖麻石的卡车呢？麻石是从枣树沟拖来的？你是在枣树沟打麻石吗？"

她还是犹豫和点头。

我问着问着又发起愣来了，我想这个人是谁呢？这个总在犹豫着点头的耷拉着头一头短发的人是谁？她真是李玖妍吗？她的脸那么黑那么小，颧骨那么高那么尖，眼睛干干的，就像用水泥搓成的珠子似的，她怎么会是李玖妍呢。她哪一点像李玖妍呢。我看见她的嘴动了一下。她用一个嘴角往里拧，像拧螺丝那样，在嘴角边拧出了一个凹坑。李玖妍会像她这样拧嘴角吗？李玖妍嘴角边有这个凹坑吗？这个树疤似的凹坑非常突兀，我感到很吃惊很疑惑。她转过身去搬床上的东西，又把一条包被子的破床单铺好了，把一条棉毯叠得方方正正，像一块豆腐干。这时候我发现她的脖子很瘦，除了皮就是骨头，接着又发现她的手也不对头，根本不是李玖妍的手。一只手大一只手小，一只手上有许多疤，一只手上只有几个疤。因为手黑，疤显得很亮，亮得刺眼。那只大的手很像男人的手。这两只手都不是李玖妍的，是别人的。李玖妍的手不是这样的。这是怎么回事呢？我越看越觉得这个李玖妍很陌生。我怔怔的。我把自己挪开了。

我刚转身，便听见房门吱呀一响，又被她掩上了。我又回头朝那扇门发愣。

我挪到大门口，就那样趴在那里。

这时候我看见费伯娘已经从地上站起来了，屁股上被酱油湿了一大片。她朝我们家走来了。她从我身边迈进我们家，先四处看看，大约没看见什么，便提了个小凳子出来，往我身边一摆，一屁股坐下来。空气里弥散着酱油的香味。巷子里已经有些昏暗了。几个跟着她过来的小孩还围在我家门口看她的热闹，我朝他们做凶相，赶他们走，他们便大声地骂我拐子兵："拐子兵，兵一个，撑个凳子像推磨！"

我对费伯娘说："你老人家坐在这里干什么呢？"

她说："等你妈来赔我的酱油。"

我笑道："费伯娘，我妈还在电影院守门呢，你要等到什么时候呢？"

她咂一下嘴，说："不怕，等到天光也不要紧。"

当然她没等到天光，转眼我妈就回来了。

我妈是先赔礼后赔酱油。我妈按瓶装酱油的价赔了费伯娘一瓶散装酱油，又叫她回家拿个碗，给她倒了大半碗酱油，还问她今晚炒菜够不够，不够再来倒。

197

所以当时费伯娘不但没有一点意见，还很大度地帮我开脱：

"要说也不能全怪人家兵子，听到他姐姐回来了，他哪有不慌的道理？"

我妈一听就愣住了，呆呆地看着费伯娘，眼珠子都不会动了。

费伯娘故作吃惊地说："你还不知道？妍子，你们家妍子，她回来了！"

我妈就慢慢地眨两下眼睛，似乎回过神来了。

关于李玖妍的手，我在枣树沟时曾听那个杀夫嫌疑犯刘春霞说起过，她说那时候她和李玖妍都在枣树沟打麻石，有一天她发现李玖妍在麻石上刻字，她在一面刻"我冤枉"，另一面刻"打倒政治小爬虫詹少银"。刘春霞说当时她作了很激烈的思想斗争，如果她没看见也就罢了，可是她看见了，她就不能装做没看见，所以她只好向上面报告了。上面便立即召开了一个现场批斗会，让李玖妍像一只虾米似的跪在麻石上，大家一个个跳起来扇她的耳光，啪，一个，啪，又一个。女人最会扇耳光，她们并拢五指，不让指间漏风，这样扇出来的耳光就会特别结实特别响亮；而她们的手又都是拿錾子锤子的手，所以她们的耳光不仅结实响亮，还硬邦邦的。她们像比赛似的，都在心里铆着劲，你扇得结实、硬邦、响亮，我要比你扇得更结实、更硬邦、更响亮。噼噼啪啪的耳光，再加上沉积在空气里的硫黄气味，感觉真像大年三十晚上放爆竹。本来那边岩壁上刚炸死个点炮的，尸首都捡不全，大家心里都紧紧的。现在好了，甩开手扇了一阵子耳光，全缓过来了。不但缓过来了，情绪还格外高涨，都争先恐后，七嘴八舌地喊着，该我了该我了！打过了的又返身跳上去准备再打。最后上面总结说，这是一个很严重的事件，假如这些石头被运出去了，影响将是极坏的，后果将是不堪设想的，并交给刘春霞一个任务，要刘春霞看着李玖妍将所有的字都錾掉，不能留一点痕迹。看着大家排着队去吃饭，独独留下自己在这里监督李玖妍錾石头，刘春霞后悔死了，早知道就不报告了，这不是给自己找事吗？天早已黑下来了，一只一百瓦的大灯泡挂在一根带树皮的木桩上，各种虫子，无数的白蛾灰蛾黑蛾花蛾，密密麻麻地飞着。屎壳郎往灯泡上撞，将灯泡撞得荡起了秋千。蚊子多得就像罩下了大片大片的黑雾，带着一股腥味，一团团涌过来，落在她们身上像灰屑一样。刘春霞两只手上都沾满了死蚊子，她一面噼噼啪啪地打蚊子，一面埋怨李玖妍：

"你看我倒霉不倒霉？人家都吃饭去了，我还要在这里监督你。"刘春霞担心吃不到饭，每个人就是那么一点定量，还是霉米饭，吃饭时人人都是老虎。她一个劲地催李玖妍："你瞎錾什么？你不会搬它一下，让它对着光呀？你倒是快点呀！"李玖妍头发散乱，脸红得赛似三月桃花，巴掌印子已经一棱棱地鼓起来了，一丝酽血顺着肿胀的嘴角往下爬。她的脑门很亮，全是汗水，有几只麻脚蚊子站在汗水里。枣树沟的麻脚蚊子很有名，它们又大又壮实，嘴像一根黑色的针。它们把针一样的嘴啄进她黑黑的薄薄的皮肉里，但她却没什么感觉，由着它们吸她的血。她拿锤子的手老是发抖，锤子对不准錾子，从錾子上跳到自己的手背上，跳了一下，接着又跳一下。那只握錾子的手便裂开来，血滴在麻石上。她没錾掉几个字，却把自己的手砸得破烂不堪，拿不住錾子，錾子从手上滑出去，捡起来又滑出去了。刘春霞说："你真是磨洋工啊，你刻字时怎么不砸手呢？你这样要錾到几时呀？"刘春霞实在等不及了，便拿起錾子和锤子，叮叮当当地帮她錾字。刘春霞说："你自己做的好事，倒要我饿着肚子来给你擦屁股！"

这似乎是个引子，以后李玖妍錾麻石时，锤子老会砸在手上。她总是呆呆的，动作很机械，一不留神就把手砸破了。时间一长，她的左手便伤痕累累，大拇指的指甲盖只剩了小半片。到后来两只手都渐渐变形，右手变得比左手大了许多，指头很粗，手掌很厚，关节处挤着一沓粗糙的褶子；左手的几个指头伸不直，能伸直的只有小指和无名指，手背上的疤亮闪闪的，一块叠一块，像一串铜钱。

除了手，李玖妍还在很多方面都变得让人不敢认了，而最叫人不敢认的是她的吃相，她怎么会吃得这么难看呢？怎么像偷吃呢？她吃得真难看，真像在偷吃，将筷子飞快地伸进菜碗，飞快地夹起一点菜，飞快地塞进嘴里，同时眼睛低低地扫一圈，也是快得跟风一样。看见她这样吃东西，我爸脸上就长出了一道皱纹。

我爸原本就有许多皱纹，可是这道新皱纹一出现，我就看见了。我觉得他脸上好像有动静，便盯住他的脸，结果我看见了那道皱纹，它一点一点地出现了。我感到很惊讶，我没想到皱纹这种东西会长得这么快，就像变戏法似的，他的两个嘴角神经质地往外一撇，皱纹就长成了。所以在很长一段时间里，我都不敢随随便便地撇嘴角，以为那样一撇就会撇出一道皱纹来。

我爸的这道皱纹长得不大规则，也不顺畅，它是从颧骨那儿弯到下巴上，其间与许多老皱纹交叉。他一边长着皱纹一边看李玖妍，每看一眼，那道皱纹就深刻一点。他看她的眼睛，看她那只像男人的右手，又看她那只满是疤痕的左手，看她手上的骨节和瘦筋筋的手腕，看她大口大口地扒饭，看她吞咽时脖子上暴出的青筋和拱凸的锁骨，以及从鼻子里滑到人中上的稀稀的亮亮的清鼻涕，那道皱纹便像一根细麻绳似的狠劲勒下去，越勒越深，深得使我以为马上就有血要流出来了。

李玖妍吃饭时还会发出许多声音：鼻子不时地吸溜一下，咬嚼的声音也很大，而且很凶猛，嘈嘈切切，又快又碎；还有舌头卷动和搜刮的声音；吞咽时喉间还会发出一声尖利的咕响。我们吃饭时也会不自觉地发出一点声音，但决不会像她这样。她是同时发出这些声音的，而且口水极为丰沛，所发出的声音都被口水泡得烂胀。她神情鬼祟，贼头贼脑，吃着吃着会突然朝我们扫一眼。我感到她拿眼睛扫人时很怪，眼睛依旧是低垂着，却有一道薄薄的亮光——其实也不亮，灰蒙蒙的，像雨天的黄昏一般晦涩，只是快，快如疾风——在每个人脸上一闪而过。我们的脸都像被什么刮了一下。有点像一片薄利的指甲，很诡谲，叫人猝不及防。你捉不住她的目光，等你感到被"刮"了，再看她时，她的眼睛早已垂下去了。我捉了好几次，一次比一次用心，却一次也捉不到她。

李玖妍碗里的饭吃得快没有了，筷子在碗底上碰出叮叮咯咯的声音，我妈便赶紧从她手里接过碗，给她再盛一碗。

这天晚上我妈一共给李玖妍盛了三碗饭。我们家的碗是景德镇出的小蓝边碗，不起尖，平平地盛一碗，大约是二两半米饭。我妈给李玖妍盛饭时，每碗都起了一点尖。李玖妍接过饭碗时，紧紧地抿着嘴，嘴角边又拧出了一个凹坑，同时"刮"我们一眼，然后埋头吃饭，照样吃出了很大的动静。她吃了第三碗，我妈又伸手去接她的碗。这回我妈的手伸得很慢，很犹豫，如果李玖妍把碗缩回去了，她就不会接这只碗了。可是李玖妍没有缩回去，这就是说她还要吃饭。我妈只好硬着头皮了，她知道没饭了，鼎罐已经空了，但还是拿饭勺子在罐底刮得喳喳地响，结果只刮出了一点焦黄的饭渣子。

我们家煮饭用的是一只生铁小鼎罐，生铁鼎罐的好处是底厚，受热慢——老鼠街人说它憨——不像铝锅，扛不住火，容易烧出黑锅巴。黑锅巴吃不得。生铁鼎罐烧出的锅巴虽然厚，但一般不黑，若是方法得当，还可以少出锅巴或不出锅巴。我妈就掌握了不出锅巴的方法。由于不出锅巴，一粒米一粒饭，我妈量米下锅时便可以计算得非常精确，平均每人二两半米，四个人就是一斤，这天晚上加了李玖妍，我妈便多量了半筒米。我们家的米筒子是一个铝皮暖水瓶盖子，一筒约半斤，半筒子就是二两半，我妈量了两筒子半米，也就是说这天晚上我妈煮了一斤二两半米。很显然我妈是失算了，她把这个李玖妍当成从前的李玖妍，她不知道这个李玖妍这么能吃，一个人吃掉了八两，还没吃饱。剩下的四两半，我和李文革一人吃了一小平碗，顶多也就是四两，另外的半两米饭被我爸妈吃掉了。其实他们那不叫吃饭，叫磨饭，他们把几粒饭放在嘴巴里翻来覆去地磨，他们磨了半天，也没磨掉几粒饭。

我妈把饭勺子扔到鼎罐里，叫李玖妍等一下。她说：

"我再去煮，很快的，捅开火就是。"

李玖妍又犹豫，犹豫之后，又"刮"我们一眼。我们都呆呆地看着她。她垂着眼摇摇头，将筷子轻轻地放在桌上。

我妈说："你还没饱呢。"

她说："不要了，我不要了。"

她的声音很小，语速极快，只见她的嘴皮子微微一动，话就说完了，然后她就站起来，回她自己房里去了。她走路并不快。我们一直看着她。她进了房间后便立即关门。我们看见门在轻轻地、缓慢地、贼头贼脑地掩过来。门即将合上时，她的动作似乎更轻了，我们看见门小心翼翼地、一点一点地挤进了门框。

我们都看着这扇门。这扇门再也没有动静了。以前她晚上都要刷牙的，把牙齿刷得很白，这次回来，她不刷牙了？脸也不洗了？我妈看看我爸，我爸也看看我妈。我妈忽然头一低，用一只巴掌捂住嘴，肩膀一抖一抖地抽泣起来。

李玖妍在家里待了两天，第三天上午就走了，她扛着一只麻袋，麻袋里装的是被褥，手上还是提着那个已经很旧的、开始发黑的上海牌旅行袋。她从巷子里出来时，我已经坐在秃顶老宋的鞋摊上。我又在理发店的大玻璃上看到了她，这回是她的背影。因为是上午，阳光还在东南方，理发店的大玻璃朝西，所以她的影子比三天前显得要亮一些，也清晰些。我看着她的灰亮的窄窄的背影在大玻璃上越走越远，越走越小，最后没有了，消失在各种车辆和来往人群的杂乱的影子里。

第十五章　肥胖

李玖妍去的是八里铺的一个垦殖场。对于她去垦殖场，我爸妈觉得很好。起初他们以为她只能回到金竹公社潭底大队沙口村，没想到她能去八里铺垦殖场，他们觉得很意外。

准确地说，八里铺是一种很宽泛的叫法，真正的八里铺只是我们城市北郊的一个老镇，镇上有两条街，一横一竖。那个至今还留在枣树沟的杀夫嫌疑犯刘春霞的家曾经就在它的横街头上。至于那个八里铺垦殖场，出老镇往北还有二三十里，比以前詹少银待过的八里铺船舶修造厂还远得多，而且与船舶修造厂不是一个方向，它在一个湖边上。湖很大，大得举世闻名，但我不说它是什么湖。我不说是因为我自卑。我不想让人知道我是哪里人，我们家在哪座城市。

八里铺垦殖厂的职工大多是劳改释放人员，也就是被我们那儿的人称之为"劳改犯"的人，这些人主要是开垦湖边滩地，以农业为主，兼以捕捞和养殖。对于这个垦殖场我知道的就是这些。就李玖妍而言，这个垦殖场或许就是个生产队，跟潭底大队沙口生产小队没什么区别，只不过这儿的小队长不叫小队长，而是叫排长。再就是她住的地方也不一样，叫营房。她所在的营房是一排简易平房中的一间，大约十几个平方米，摆了四张双层架子床，她在进门靠右手那张床的上铺，她的下铺是个三十多岁的矮个子女人，叫董明芳。李玖妍在那张上铺上待了大约四个多月，也就是在那年的腊月，这个睡下铺的董明芳和一个男人将一辆拖拉机卸了斗，光开着一个机头，把李玖妍和她的被褥、上海牌旅行袋都送回来了。李玖妍两只手被纱布包裹着，手臂肿得乌青透明。

我们都有点惊愕，不知道怎么回事。董明芳四下里一打量，便朝我爸妈努努嘴，把我爸妈带到厨房去了。董明芳是要背着李玖妍跟我爸妈说话，但她却像站在大风中说话似的，嗓门那么大，就是个聋子，也应该听见了。

董明芳说："我叫董明芳，情况是这样的，起初她刚来，别人又不熟悉她，她又不大说话，不跟人交往，人家也捉摸不到她的心思；大家在一起又是乱开玩笑惯了的，不开点玩笑怎么办呢？眼前除了湖滩还是湖滩，一年到头都是风，没一点遮拦的，刮起来呜呜叫，我们都笑自己，被吹干了，没水了。开点玩笑嘛，日子不过得快一点？大家就笑她一定是动了春心了，在想老公了。那时是在割禾，都是垦出来的湖田，无边无际的，人就像陷在里面，可是这里才说呢，她那里就把镰刀往手腕上割，还好没伤到动脉。大家以为真说到了她的心思，她是心思乱了才割到手的，以后就老开她的玩笑，还说垦殖场子弟学校的陈老师正托人说媒，我们就把你说给他吧！没想到这话传到那个陈老师耳朵里去了，他特意拦住我们说，你们以后少拿李玖妍开我的玩笑，一个破货，还戴一顶'现行'帽子，我跌到了头？当时她就在我旁边，全听到了。晚上我就被她吵得睡不着了，她左一个翻身右一个翻身，我本来睡觉就不好，半夜里，实在忍不住了，就把她扯到外面，问她辗来辗去干什么？她不说话。风又大，月光落在地上跟霜一样，我站不住了，刚抬脚想回去，忽然听到她说，不是说我改造好了吗？怎么我还戴着'帽子'？我被她说愣了。我说你以为？她说原来是这样！就这么一句话，她反复地说，跟念经一样，把我吓怀了，我说行啦行啦，我不说你了，快爬到床上去吧！第二天我就跟我们排长汇报了，我们排长找她谈了，又把我叫去，说这个人脑子有病，怕是个累赘，你是老职工，你多注意点。可是我怎么能时刻注意她呢？那天去打开水，水瓶满了都不知道，把脚烫到了；脚刚好一点，安排她打谷子，她拿禾棵子使劲按在打谷机的滚齿上，结果把手指头打断了，不是我扯她一把，更不得了。现在手术是做了，在我们总场医院做的，接是接上去了，只是不知道接得怎么样，还能不能复原？"

那董明芳在厨房里说话，李玖妍低着头坐在外面。董明芳说："我跟她上下铺，对她了解些，我来也就是专为说这些话的。"

那个男人坐在外面喝茶，男人也是一张黑糙的脸。我爸中途从厨房里出来了，坐在那里陪男人喝茶，时不时地看一眼李玖妍。后来他们走，我爸妈送他们出去。他们叮嘱我爸妈，要给李玖妍勤打针勤换药，同时又建议最好给她治治脑子。董明芳："我刚才的话很要紧的，你们要当心些。场里领导也说了，叫她好好养伤，伤好了也暂时别回去了，场里人手紧，怕对她照顾不到，就在家里休养一阵子吧。"我爸问："休养多久？她还要不要回去呢？"那男人用指头点点自己的脑子，说："这个样子回去干什么呢？"

我爸天天带李玖妍到区医院去打针换药，顺便带她到精神科看了看，人家给她开了药，白色的，比衬衫纽扣小一点，比老鼠屎大一点。我爸拿了药，想想又去问医生到底是个什么情况，医生见李玖妍跟在他旁边，便朝他眨眨眼睛，说你说什么情况？不是开了药吗？

因为两只手都不能动，我妈侍候了她一个月，吃喝拉撒，洗脸洗脚，包括穿衣服，都是我妈。这期间还有一个春节，虽说乡下的亲戚和城里的亲戚都不走往了，但毕竟还是春节，老鼠街人常说假忙三十夜，总归要比平时忙些，我觉得我妈都快累瘫了。一个月以后李玖妍手上没有纱布了，她的指头可以动弹了，不能伸直，但可以蜷曲。原来她只是左手的指头伸不直，现在好了，两只手都一样了。

我爸妈拿不准她的脑子到底怎样了，两个人商量，要不还是带她到精神病院去看看吧，若是查不出什么，最好还是叫她回八里铺去。他们带李玖妍搭七路车去了东郊，在市精神病院给她做了个检查，具体怎么检查的我不清楚，我只知道检查结果，"没有明显症状"，"精神恍惚"，这算个什么结果呢？于是我爸又去找区医院精神科的那位医生，医生说你都有检查结果了，还找我干什么？我爸就说好话，我这不是只信你吗？虽说把医生脸上说得有些缓和了，但人家也只是再给他开了一些白色的药丸。

一天晚上，吃饭时，我妈对李玖妍说，要不，我们还是回场里去吧？李玖妍似乎点了头。第二天我爸妈分别在单位上请了假，拿着那张精神病院的检查结果和一些白色的药丸，还有那只上海牌旅行袋和被褥，带她到汽车站去搭车，亲自送她去了八里铺垦殖场。他们是一大早去的，回来时很晚，这一天的饭都是我做的，烧出了一层厚厚的黑锅巴。因为要早点回家做饭，我师傅秃顶老宋很不高兴，一天都垮着脸，撅着嘴。

这一次李玖妍只在八里铺垦殖场待了三天，又被人家送回来了。送她回来的除了茄子脸董明芳，还有那个男人和另外几个人，但这回不是一个拖拉机头，而是一台拖拉机，他们说是来买水泵的，顺便把李玖妍送回来。这回董明芳没多说话，只和我爸妈打了个招呼，说话的是上回来过的那个方脸大腮帮的男人。男人沉着脸说："你们还问为什么？我们领导很生气，说她的情况我们不清楚？把困难推给国家？领导还交代说，我们这是对她负责，你们做家长的更要把责任担起来。"

现在李玖妍只能待在家里了。开始我们还没什么感觉，时间一长，我们就觉得我们家的日子好像停住了，走不动了。我爸妈不知道该怎么办，他们觉得日子不能停住，日子应该像一只齿轮，应该一格一格地往前走。可是日子怎样才能走起来呢？他们觉得应该给李玖妍找点事情做做，否则她除了吃那些药，整天待着干什么呢？她有点事情在手上做做，起码让人觉得这日子还在过。他们便安排她糊火柴盒。除了糊火柴盒，他们也找不到别的事情给她做。火柴厂在红旗路那边，靠着河，这一带有不少人都在给他们糊火柴盒，比如眯眼子吴爱国。可是她很笨，把火柴盒糊得东倒西歪，怎么看都不像一只火柴盒，有时候还莫名其妙地把几张图片糊到一只盒子上。

她糊坏了火柴盒还在其次，还可以理解为她断过的指头不灵活，一张图片没糊好，再糊一张也情有可原，关键是她躲在房间里写东西。起初我们不知道她在写东西，那天李文革说他的钢笔不见了，谁都没想到会是她拿了。她不但拿了李文革的钢笔，还拿了李文革的作业本。那天晚上，我们家的《毛主席去安源》突然掉下一只角，我妈想拿她的刷子和糨糊用一下，推门进去，才发现李文革那支钢笔捏在她手上，而那本新作业本已经被她用掉了一大半。我妈把作业本拿过来看了一眼，脸色就变了，小声问她："你想干什么？你不好好糊火柴盒，躲在房里写这个？你还翻得动这件事？你积点德吧，啊？！"我妈又压着喉咙叫我爸："李德民李德民！你过来！快过来！你来看看她在干什么！"我和李文革也探头往那里看，我妈厉声说："远一些哈！"我爸刚进门，我妈又低声呵斥他："你怎么不关门呢？把门关上！"

我爸关上门后，我们听到的还是我妈急慌慌的声音："你看起来老实，是人是鬼你都怕，原来你是假象啊？你还怕拖累得我们不够？你到底是怎么想的？你说说！"李玖妍好像说了一句什么，声音太小，我们没听清。但我爸妈似乎听清了，他们说什么什么？然后不知道谁轻轻拍了一下桌子。我妈激动起来了："你听听！到今天还没有一点认识，你到底是幼稚还是有病？你现在是个什么身份？你都掉到坑里去了你还想翻身？你怎么不替这个家想一想，替你弟弟想一想……你知道我们过的是什么日子吗？我们哪里是在过日子呀，我们是在过难哪！这几年我们都是在过难哪！"我妈把自己说哭了，哭了几声，忽然把门打开了，喊我和李文革："兵子，革子，你们也进来！"我爸赶忙伸手过来，重新把门关上，说："亚蓉，你别激动好不好！"我妈哭着说："我怎么不激动？她要让大家过不成哪！叫兵子革子都来，开个家庭会，大家都发言，看看这样的人要怎样监督她才好！"

我和李文革面面相觑。但我爸不准我们进去，他出来给我妈拿毛巾时，板着脸对我们说："你们两个不准进去哈！"他从脸盆架上抓过毛巾，准备抬脚进去时，又对我说："兵子你别守在这里，带革子到巷子里去玩，听到没有？"

我说："李文革，听到了吗，去找人弹酒瓶盖玩！"

李文革骂我："死拐子兵！"

我听到我爸在说话："李玖妍我告诉你，不要以为在家里没人监督管制你，你要知道，你无论走到哪里都是要受到监督管制的，在家里就是我们监督你管制你，我们是有这个责任的，所以你只能老老实实糊火柴盒，尽量把火柴盒糊好……"

那天他们弄到很晚，从七点多到近十点，将近三个钟头。不知道最后李玖妍是怎么表示的。后来他们出来时，我妈拿着毛巾和作业本，我爸则拿着那支钢笔。

我妈把作业本翻开，把后面几张没写字的纸撕下来给李文革时，我看见了李玖妍的字，写的什么没看清，但那些字让我吃了一惊。那些字都是歪东倒西的，鸡爪子似的，跟她以前的字有天壤之别。看来她的指头已经不会写字了，字从她指头上跑掉了。

那些歪东倒西的字被我妈拿到厨房里烧掉了。

李文革拿着失而复得的钢笔，拧开笔帽，在我妈撕下来的纸上画了几道波浪线。他发现笔尖不滑了，会挂纸了，气得把笔一扔，眼泪都出来了，冲着那扇门骂："小偷！不要脸！"我爸"咄"一声，朝他扬起一只巴掌，哑着喉咙说："不准再说了哈！"

经过我爸妈这天晚上三个钟头的集中"监督管制"和平时的零敲碎打之后，李玖妍有些变化了，她的变化不是表面上的，而是她的胃。从八里铺回家后，她吃饭也不算少，但远不如刚从枣树沟回来时那么厉害，那么凶，那么心无旁骛专心致志。被"监督管制"后，她渐渐地又专心致志起来了，而且一天比一天专心致志，有一天我们发现，她又跟刚从枣树沟回来时那样凶狠地吃饭了。现在我妈最难受的一件事，恐怕就是看她吃饭。她吃得我妈心惊肉跳。她吃饭时发出的那些声音我妈也不敢听，我妈干脆盛一点饭躲在厨房里吃。天气一天比一天暖和了，厨房里又放着一只煤炉，除了热，味道还重。我妈吃饭简直是受罪，一边吃一边出鸢汗，还要一边为粮食发愁。我们家户口簿上只有四个人，粮折子上也是四个人，每个月总共七十几斤的粮食定量，因为精打细算，到月底我妈总能抠出一斤半斤的，换成粮票存起来。现在多了一个这么能吃又没有粮折子的李玖妍，无论我妈如何算计，粮食都是一个问题。不到一个星期，我妈存的那点粮票就所剩无几了，她不知道拿什么来填这个窟窿。虽然听说有黑市，可黑市在哪里，黑到什么地步，怎么进去，怎么交易，什么价钱，她完全不清楚。她到菜场去买菜时，很想找人打听打听，可见了谁她都不放心，都生怕人家会检举她。粮食是统购统销物资，私买私卖就是破坏统购统销，她不敢轻易冒这个险。她被粮食愁得没有办法了。

有一天熊大头来了，她就跟他打听怎样可以买到粮食？结果熊大头给她从乡下扛来了一袋早米。熊大头像一个有经验的米贩子，他用一件破衣服包着米袋子，晚上夹着米袋子溜到我们家里。他对我妈说，这是他从乡亲们那里凑的，都是人家的口粮，是人家从牙缝里省下来的。我妈问他多少钱一斤，他说他跟人家说好了，一块钱一斤。

我妈通过熊大头买了几次早米，都是一块钱一斤。粮店里的早米大约是一毛四左右，晚米贵一两分钱，肉是七毛六，熊大头的米价却翻了好几倍，比肉还贵。但粮店是粮店，黑市是黑市，不贵怎么叫黑市呢，所以我妈不好说贵。再说她也没去过黑市，对行情一无所知，贵贱只能听熊大头的。在我妈那里，黑市就是熊大头。还好熊大头只说一块钱一斤，假如他要两块钱一斤，我妈也说不出什么，只能老老实实掏钱。

后来熊大头还叫他老婆水香给我们家送过两次早米，一次十斤，一次十五斤，也都是一块钱一斤。以前我爸还一天吃一个小肉饼汤，现在是吃不起了。水香第二次送米来时，我妈很为难，她叫水香以后不要再送了。她对水香说："我真是吃不起了，就是这十五斤米我还想跟你打个商量，我不想全要，只留下一半行不行？"水香倒爽快，她说："表姐你看你，不就是钱紧一点吗，我是谁你是谁？还怕你不给我？都留下来，等你手头上松了再给我就是。"我妈忽然问："你能帮我买到红薯吗？"

水香说："红薯啊？那是我们乡下人吃的东西啊。"我妈说："怎么是乡下人吃的，我们就吃不得？我们都爱吃它呢。"水香说："那好那好，红薯嘛，我给你买就是。"

于是水香又给我妈送过几次红薯。就像以前李玖妍说金竹的沙口村人吃红薯放屁一样，我们家也是一天到晚臭烘烘的。为了不在别人面前乱放屁，我们一般是晚上吃红薯，要放屁也是躺在床上放。

所幸的是李玖妍的饭量终于减下来了，由三碗减为两碗半，又由两碗半减为两碗。饭量减下来之后，她就开始长肉了。我们看见她的皮在抻起来，骨头在往肉里缩，最明显的是颧骨，她的尖耸的颧骨在一天天矮下去，面颊在一天天丰满起来，到后来我们几乎看不见她的颧骨了。她的手也丰满起来了，无论是像男人的右手还是疤痕累累的左手，都浑圆起来了，连那几个断过的指头也在圆起来，疤痕都变得柔顺了，细腻了，不那么扎眼了。接着我们又看见她在白润起来，

第十五章 肥胖

先是嘴唇，由灰紫而灰红；然后是皮肤，由灰黑而灰白；再就是头发，也在由灰黄转为乌黑。总之我们看见她在渐渐地清爽起来，白净圆润起来。但她的眼睛没有一点变化，似乎一块钱一斤的早米只能养皮肉，不能养眼睛。她的眼睛还是蒙着一层厚厚的无色的干灰，特别是被"监督管制"过后，灰得更厉害了；看人时更是战战兢兢，尤其是拿眼睛"刮"人，速度更快，嗖的一下，甚至比"嗖"还快，就把你给"刮"了。

也许是胖了之后看她顺眼一些，不管她的眼睛怎样，我都认为她是长得越来越像李玖妍了。只是她像李玖妍的时间不长，因为她胖得太快，长着长着又离李玖妍远了。她的脸比李玖妍大，肩比李玖妍圆，还有身子和屁股也都比李玖妍厚实多了。

看着她胖起来，我爸反而忧心忡忡，他现在满脸都是紧巴巴的皱纹，他的每一条皱纹都变成了细麻绳，他摇着他的被细麻绳捆得结结实实的脸，悄悄对我妈说："她这样胖起来真成问题，又不是猪，她怎么能胖得这么快呢？"其实他的意思就是说她变成了一头猪，哪见过人胖得这么快的呢，只有猪才会胖得这么快，所以他又说："你说不管她吧，她傻头傻脑瞎想，你吓她几句，不准她想事呢，她就把肉都长到脑子里去了，你说怎么办？"我妈反问他："你问我，我问谁？"他便摇头叹气，什么话也没有了。

假如李玖妍真是一头猪还好，那就咬咬牙养着她就是了，无非是日子过得紧巴一些，大家少吃几口而已。可这是假如。那么现在李玖妍究竟变成了一个怎样的人呢？我绞尽脑汁，试图用一个词说明她，结果我用了无数个词：封闭，呆板，灰暗，塞涩，冷漠，沉默，抑郁，胆怯、猥琐、不安……就像一人堆标签，抽出任何一张都可以往她身上贴，可是即便你在她身上贴满了这样的标签，也还是说明不了她。她跟每一个词都搭界，也就是说每一个标签都能说明她一点点，却又没有一个标签能准确地清晰地说透她。

她天天待在房间里糊火柴盒，我妈说妍子出来吃饭吧，她就出来吃饭；我妈说妍子，洗脸吧，她就出来洗脸；我妈说你脚也不要洗吗？她就坐下来洗脚；我妈又说你还没用水呢，她便从房门口踅回来，端了点水去房里洗屁股。连洗屁股这样的事都要我妈叫，我妈就不知道说什么好了，她猜她在枣树沟和八里铺都是不洗屁股的，她把洗屁股这件事忘了。她出来倒水时，我妈就问她怎么用水都要人叫呢，是不是在那里不用水的呢？

她不回答，站在那里，用眼睛飞快地"刮"了我妈一下。

总之我妈不叫她，她就闷在房里不出来。还好她耳朵一点没坏，我妈在厨房里叫她，尽管声音要拐几个弯，尽管她的房门和窗户都关得严严的，她都听得见。而且听见了就是听见了，她从不装聋，你一叫她她马上就出来了。她那个房间没有朝外的窗户，窗户开在拐进厨房过道的板壁上，本来窗扇上就巴满了厚厚的油烟，油烟上又巴着绒毛一样的灰尘，暗得发昏，她还偏要关死窗户，拉死窗帘。她的眼睛倒是好得出奇，在那么暗的地方还能糊火柴盒：我妈总想替她把窗帘拉开，把窗户也开开，好让房间里见一点光亮，换一点空气，可是我妈前脚走出房间，她后脚就把窗户关死，把窗帘拉上了。有时我爸说，亚蓉你喊妍子帮着干点活，别让她坐出别的病来。我妈说，要叫你叫，我叫烦了。

我爸就叫："妍子呀，你出来帮着做点事吧。"李玖妍就打开一条门缝出来，低头站在那里，等我爸吩咐。我爸说："看事做事呀，你没看到篮子里的菜吗，先把白菜拣一下吧。"她就拣白菜，拣好了，转身就回了房间。我爸又叫她："你拣一下就算了？菜还没洗呢，你怎么不洗一下呢？"她就又出来把菜洗了，洗了，却又回房间去了。我爸只好再叫她："妍子呀，菜洗好了不要切的吗？出来切菜呀。"她就再出来切菜，切了菜，也不放进筲箕里，就那样堆在砧板上。我爸皱起眉头在一边看着她，想说什么又忍着没说，只咽了一口唾沫。就这样，我爸叫了她几回，便没精神再叫了，说她是一颗算盘珠子，你拨一下她动一下，你不拨她就不动。我爸说："我拨累了，拨不动了，由她吧。"

李玖妍最烦人的地方是不说话。她的嘴巴闭得紧紧的，不到非说不可，她绝不说话。有一回吃过晚饭，她进了房间，过了一会儿又拉开一条门缝，低着头走出来，垂着手站到我妈面前，说："纸。"声音像蚊子。我妈说："什么？"她说："来了。"还是像蚊子。我妈愣了半天才明白过来，说："哦。"赶紧去给她找了一沓卫生纸。

另外就是她非常怕人，见了人她就低着头溜着肩膀，一副养不熟的童养媳的样子，眼神看起来是呆呆的，可你总觉得她的眼睛里还藏着什么。她会藏起了什么呢？

除了上厕所，她几乎不出大门一步。她把糊好的火柴盒——大半是废品——用一个纸箱子装着，拿出来放在饭桌上，等我爸帮她去送货接货。若是我爸有事耽误了，她就在房间里枯坐着，我爸耽误多久她就枯坐多久。

她最难办也最叫人揪心的还是上厕所，每次上厕所她都像怕鬼似的，要先躲在门后面的暗影里朝外张望，目光低低的，看了半天，突然闪出去。老鼠街的公共厕所缩在巷子北头的偏巷里，巷子本来就拐了点小弯，还有小半条偏巷，所以从我们家门口是一点也望不到的。就算望得到也没用，老鼠街一带都是老房子，住的人家也都是普通老百姓，家里都没有卫生间，这么多人全靠一个厕所，厕所里的繁忙程度可想而知，李玖妍想趁没人时上厕所，几乎是不可能的。再说巷子里也总是有人的，而且多是老鼠街上的邻居。她最怕的似乎就是邻居，在众多邻居里，她尤其怕费伯娘，费伯娘老在巷子里晃来晃去，见了石头都想说两句。费伯娘说："这是老李家的妍子吧？"费伯娘又说："这孩子，你跑什么呢，我跟你说话呢！"她低头含胸，往厕所里一溜小跑。

只要看到巷子里有人，或者听到脚步声，特别是听到费伯娘的趿板子在呱嗒呱嗒地响着，李玖妍便躲在门后不出去。她十个指头绞在一起，死命地憋着，用大手绞小手，又用小手绞大手。两只手都有点痉挛，筋脉都鼓凸起来，骨节和疤瘌都充血泛红，有时候连身子也跟着战栗起来了。战栗会像水波一样在她身上走动，一波接一波，由指头到整只手，又到手臂，再到肩膀和整个身子。有好几回，她大概实在憋不住了，便像革命烈士舍命炸碉堡似的，灰白着脸往外冲。她习惯溜墙根，眼睛盯着脚尖，出门后便如壁虎般贴着巷墙根疾走，脚底下生出来的风居然可以带飞一些小纸屑。

有一天她连厕所也不肯上了。她躲在门后不敢出去。丁珠玉主任带了几个人在巷子里有说有笑地贴标语。我看见战栗又像水波一样在她身上走动起来了，她死死地咬住嘴唇，飞快地转身，从脸盆架下面拿过一个洗脚盆，躲到房间里去方便。洗脚盆是铝皮的，又薄，所以响声很大，而且立刻就有一股新鲜的厕所气息进入了我们的鼻孔。我妈循着声音和气息从厨房来到她房门口，对着那扇门吸鼻子，隔着门问她："妍子，你是肚子不舒服吗？"问了几句，她一声不吭，连铝皮洗脚盆都不再发出响声。我妈朝天花板翻了个白眼，又敲门，叫她好了说一声，她好叫李文革去给她把盆子倒掉。

李文革一听就鬼叫："我不倒我不倒我不倒！"

我妈说："听话！"

李文革说："不听！"一边说一边兔子似的往外蹿。

这时候李玖妍在房里轻声说："好了。"我妈又朝天花板翻一个白眼，然后看着我爸，我爸便拉长了脸，说："你看着我干什么？"我妈说："革子不肯倒，你说叫谁去倒吧？"

我爸跟我妈练了几句口角，末了还是气呼呼地去倒了盆子，回来把盆子一扔，转身就出去了，买回来一个带盖的搪瓷便盆，哐的一声，重重地放李玖妍的房门口。

"便盆给你买来了，要用的话就自己倒，没人侍候你的屎尿！"

过了一会儿，李玖妍的房门打开了一条缝，一只灰胖的大大的手飞快地伸出来，飞快地拿过那只印着一朵糊糊涂涂的牡丹的便盆，又飞快地缩进去。

有了这只便盆，李玖妍就不用白天上厕所了。但我们就十分受罪了。我们越来越觉得她是个怪物。我们家的空气已经是非常糟糕了，我们闻惯了的药味被她弄出来的怪味盖住了。客观一点说，那股味道其实不是很重，再说也不全是她的味道，我们的红薯屁也还在空气里飘着，但我们怎么可能客观呢？我们就是觉得它很重很污浊，觉得全是她的味道。不是她，我们吃什么红薯？她的味道塞满了我们的鼻子。我们被它熏得皱眉皱眼。李文革还动不动捂着鼻子，拿另一只手给鼻子扇风。真正烦人的是夜静更深时——好像她故意把那些汤汤水水都憋到这时候——她在便盆里弄出来的声音不是一般的响亮，感觉就是一条大河。我们忍无可忍。李文革会用脚后跟猛敲他的床板，我也会拍打我的破竹床，或者用力翻身，反正就是故意弄出一串嚓扎嚓扎的破响。她还有一点自觉，我们这里一有响动，她那里便立即停下来，停了一会儿，没听到什么了，才又鬼鬼祟祟地再响起来，把一条大河憋成了一条涓涓细流。

这时候我就会听见从我爸妈房里传出的叹息，有时候是我爸，有时候是我妈。都是气声，很混浊的一片，跟李玖妍的味道一起，弥漫着在黑暗里散开来。

起初她是晚上十点以后去倒便盆，大约那时候厕所里还有人，便改在下半夜，估计在凌晨两三点。她先缓缓拉开房门，端着便盆蹑手蹑脚地从房里出来，又摸黑将大门打开一条缝。尽管她很小心，门搭子偶尔还会响几声。有时候我被门搭子惊醒，会被她的影子吓一跳，然后我就别想再睡了，她就像一根刺扎在我眼睛里。我看见她像个幽灵一样溜出去，过一会儿又溜回来，再溜进厨房。她的脚步轻得像一只猫，可是脚步再轻还是有响声——我说过我们这条巷子是一只扩音器，尤其是在下半夜，你就是刮一刮指甲，它也会给你放出来——喊喊，喊喊，喊喊喊。我还听见她在厨房里用铁皮端桶舀了一端桶水，然后她喊喊喊地端着水出来，蹲在门口，往便盆里倒一点水，用一把竹刷子轻轻地刷几下，再用水淋。淋一阵，摇几下，把水倒在雨檐沟里；又淋一阵，又摇几下，又把水倒进雨檐沟里。

李玖妍就这样变成了一根刺，狠狠扎在我们的日子里。起码我的感受是这样。我的感受龌龊到了极点，好像掉进了泥淖或粪坑里，爬不起来了。其他的人也好不到哪里去，我看见我爸的脾气是越来越坏了，经常莫名其妙地发自己的火，好好地在工具箱里找东西，翻两下没翻到，突然将工具箱掀翻，弄得满地狼藉。我妈也一样，碗橱门卡住了，拉了几下，不拉了，抄起案板上的菜刀，照着橱门就劈，劈得木屑子乱飞。看来他们的感受比我的还龌龊些。大家心里都是一摊烂泥。还有我们的日子，更是一摊烂泥。

直接把她看成眼中钉肉中刺的是李文革，他又嫌她又怕她，在他眼里她就是一个鬼。他总是离她远远的。李玖妍坐在那儿吃饭，他端起饭碗就走。以前他是一定要坐桌子的，不让他坐他就滚地撒泼，现在他鬼头鬼脑地夹一点菜就跑掉了。我爸说："到哪去？一点样子都没有，就坐在这里吃！"他坚决地说："我不！"天气好时他就跑到巷子里去吃，天气不好他就坐在门槛上，背对着我们吃。巷子里的风已经有些冷了，把他的耳朵吹得通红。我妈说饭都吹冷了，要拖他进来，他竟大声哭起来，他说："我不，我怕她！"

她还在像吹气一样胖起来，她已经吃得不算多了，我怀疑是药在起作用。她吃药比糊火柴盒认真，还是那种白色的药丸，一天三次，一次两片，不用谁叫，到时候就会吃。后来她还断断续续地吃过一些中药，是我爸拿自己的公费医疗从医院里给她捡回来的。有一味朱砂、一味黄连、一味莲子心，这是我认识的，不认识的还有五六种。不知是中药还是西药，或者也不全怪药，反正是不明原因的，除了胖，她脸上有时候还会出现一抹怪怪的像火烧云般的红色，猛一看还以为她捂出了一堆一堆的疹子。

其实她糊火柴盒也不是不认真，她已经够认真了，她打开一条门缝闪出来吃饭时，手就不消说了，没一个指头不是糊满了糨糊，就连胸襟和下巴上也全是糨糊，甚至还有几绺头发，都被糨糊粘在腮帮子上。但她的火柴盒确实是一天比一天糊得差了，我爸痛苦地说："你看看你看看，把火柴盒糊成这样，人家怎么肯收货呢？人家不收货，我们是要当赔匠的。"我爸说她时，她会点头。可我爸这次说了，下次她还一样。我爸说："你要用心哪，你用了心吗？"她又点头。她的反应跟刚回家时不大一样了，那时候她就像一只惊鹿，现在她有点麻木不仁。我爸把她糊坏的火柴盒拿到厨房里，用脚去踩，踩了第一脚，第二脚就踩下去了，一脚比一脚踩得猛，一脚比一脚神经质。他把脚踩肿了，好几天走路都一瘸一拐。

由于她一次又一次把火柴盒糊坏了，火柴厂真不要她糊了，就是我爸肯赔钱，人家也不干。我爸就私下找火柴厂革委会主任，拐弯抹角地问人家有没有家具要打？并且举例说哪个主任哪个科长家的家具就是他打的，结果人家只叫我爸赔了一点材料钱，又让她继续糊火柴盒。我爸回家后把这事告诉我妈，我妈吃惊地说："这样赔钱哪里吃得消？"

我爸说："那你说怎么办？怎么办？"

我妈正在削红薯，削着削着把红薯和刀往盆子里一扔："吃了去死！"她说："这日子怎么过？你说怎么过？你说！"

我爸说："去买包老鼠药，大家都吃死了算了！"

我妈说："去买去买去买，快去买呀！"

那时我妈大约真的希望手上有一包老鼠药，在很长一段日子里，她动不动就说老鼠药，她焦躁地说，李德民你不是说去买老鼠药的吗？怎么还不买回来？我爸说你以为我不买？哪天我真买一包回来！我妈说你还等哪天呢？现在就去买一包吧，啊？

　　我爸妈说这类话时一般都躲在厨房里。当然，他们也有平心静气地说话的时候，就是平心静气说话，他们也是躲在厨房里。隔壁房间里躺着李玖妍，他们就不能像以前那样躺在床上说话了，就算是都平心静气，声音很小，跟蚕吃桑叶一样，但两个房间只隔了一层板壁，两张床又都紧靠着板壁，假如他们还跟以前那样躺在床上商量什么，那就不是两个人商量了，而是三个人商量，或者两个人商量，一个人在偷听。而他们平心静气说话时，一般都是有事情要商量，因此他们必须躲到厨房里去，还总要在我们都睡了以后才去。当然他们只是以为我们都睡了，不会一个个来检查，这一点他们还是很马虎的。他们没防我。我睡觉一贯不踏实，有点响动就醒了，所以我知道这时候我爸总是在洗脚。灯光拐过一个小直角，像酱汤一样洇过来，还有我爸洗脚时弄出来的水声也泼了过来。

　　我爸的脚似乎是一双天下最脏的脚，每次都要洗那么长的时间，我估计最少是一个钟头。热水肯定早已变成了冷水，而且冷得侵骨，可水声还在不断泼剌泼剌地响着。虽然我爸故意把水声弄得泼剌响，可是泼剌泼剌的水声却没有遮住他们说话的声音。他们没有控制好声音，他们控制声音的水平下降了，他们的声音被我的耳朵捉住了——我的耳朵在那时候就开始显示出一种不同寻常的质地，碰到它想听的事，它就会像章鱼一样伸出去许多手。

　　他们一个说，八里铺垦殖场也真是的，就这样甩手不管了，不是不负责任吗？另一个说，按理说是该他们管的，可是谁跟你讲道理呢？那个说，关键是她头上还有这顶帽子！那个就唉一声，帽子是座山哪，我们自己倒没什么，只是兵子和革子。另一个也唉一声，说，谁说不是呢。那个又说，要论起来兵子也没什么，一个残疾，也不能指望有什么前途的，主要还是革子，眼看马上就要上学读书了，怕他受拖累倒是真的，将来干什么都低人一等，上学呀当兵呀入党呀，想都不要想啊。这个说，真正担心的就是这个啊。那个说，假如能离得远一点呢？恐怕要好一些的吧？另一个说，远一点？多远？远又能远到哪里去呢，再说档案里不都有的吗，自欺欺人是不行的啊。这个坚持说，就是远一步也好，总比在眼面前好吧，远了，也许人家慢慢地就淡忘了呢？

过一会儿他们又咕哝起来——我爸似乎还在洗脚，不过要隔半天，才听得到水泼剌地响一下——这个说，论年纪也不小啦。另一个说是呀，不小了，你嫁给我时才多大？这个说，你还有心思说这个！另一个就叹气，说，回头看看，做梦一样。这个就苦笑一声，说，还回头看？心都沤烂了。另一个又叹一口气，说，我也是打个比方，该给她找个人啦。这个说，是呀，我怎么就没想到这一步呢？是该了哈。另一个说，你会没想到？你都天天喊要买老鼠药，你什么想不到？这个说，你这个人！不是你先说要买老鼠药的吗？另一个说，算了算了，不争这个了，左右都是为儿女，想到了又怎样，有什么说不得的？这个说，什么算了？好像你肚量多大似的！另一个说，其实我也矛盾，做人难哪，尤其是给人做父母的，只做得千桩好啊。这个说，那我说句没想到你就不放我？另一个说，你没想到，是我想到的，行了吧？再说这又不是什么不好的事，到了这个年纪还不要找人？说不定找了个人，情况会好起来呢？这个说，哦，是呀，是呀是呀。另一个说，从前我听人说过这样的事呢，说是一结婚，人就清爽了。这个说，我也听到过，也是人不清爽，也是一结婚就变清爽了。另一个说哦，你也听到过？还真有这种事？也怪了哈，结婚又不是一味药，怎么就好了呢？这个说，这谁知道呢？反正人家就是这么说的。另一个说，既然这样，那还犹豫什么，就这么说定了，不管怎样都找一个，就当是一味药吧。这个说，那就找一个吧，当一味药吧。另一个说，说是这样说，可是想来想去，你说谁敢要一个这样的人呢？这个说，那倒也不一定的，龙配龙凤配凤，跳蚤配臭虫，总有相配的吧？另一个说，表面上还是过得去的哈，又长了肉，白白胖胖的，还是找找看吧，只要成分好，别的就不好讲了，差一点就差一点，乡下就乡下，你说呢？这个说，太差了怕不行吧？乡下怕不行吧？另一个说，那怎么办呢？要远，又要人家肯要，还这不行那不行？什么时候说什么话，走到这一步了，怪谁？要怪也只能怪自己，怪不得别人。这个说，也是噢，一点条件都没有了，随命跌吧。

　　另一个忽然又提出一个问题：可是对八里铺垦殖场怎么说呢？人到底是归他们管的，万一他们想起来，问这个人现在怎么样了，我们怎么说呢？这个说，他们会问吗？这么久了，他们哪里问过一句？另一个说，怕万一呀，想仔细些总是没错的。这个说，那依你说，怎么办？是我们跑一趟呢，还是去封信？另一

第十五章 肥胖

个说，不是才谈到这件事吗？你还没动手，心里一点数都没有，就去惊动人家？就算你这里谈好了，可是人家说这事难办呢，要给这里那里打报告，要这里那里批，要审查这个审查那个，你怎么办呢？还等你审查？等你批？什么人都吓跑了！将心比心，就算你是七仙女，人家也不敢惹这种麻烦的。这个说，你这个人就是想头太多，把自己绑住了。我们做我们的，怕什么？万一他们想起来，问到了，我们就硬着头皮装憨，说不知道还有这些手续，只想着她年纪不小了，女大当嫁嘛，做父母的总不能眼看着她老待在家里是不是？另一个说，也是哈，说得通的哈。这个说，是说得通的呀。另一个说，那就这样了，不丢手也要丢手了。这个说，谁说不是呢。

他们的话说得比较含糊，灰突突的，而且几乎没有主语，但我全听懂了。左一回右一回地听，谁听不懂呢？傻子也听得懂。我不但听懂了话里的意思，还听懂了话外的意思。如果他们问问我的看法，那么我肯定是同意他们的意见的。至于李文革，我想他绝对会举双手赞成。

有一天他们忽然说到我们的乡下亲戚，——也就是这几年没露过面的金秀姑姑和细宝伯伯，猜这两个人今年会不会来。他们猜来猜去，觉得还是不会来。他们快快地说，这两个人真是，我们从前待他们还薄了？哪回怠慢过他们，哪回不是大包小包地让他们提回去？亲戚亲戚，人什么时候要亲戚呢？不就是有难处的时候吗？可是等到你有难处了，想请他们帮一把，你连他们的影子都见不到了，他们嫌你倒运了，怕沾你了，这是什么鬼亲戚哟！

第十六章　乡下驼背

　　很及时地，水香来了。那阵子水香老往我们家送红薯，她用两根带子把熊国庆绑在胸前，背上背着一袋红薯。我妈把红薯钱给过她以后，便搬个凳子坐着跟她说话。说着说着，我妈就愁容满面了，对水香说她愁死了。水香问她又愁什么？她就唉几声，然后朝李玖妍那扇紧闭的房门努努嘴，说，这样一个人，年纪也不小了，我还不愁吗？水香就飞快地眨眼睛，说你愁她什么呢？我妈又唉一声，摇头说，跟你说了也没用的，你怕是帮不上这个忙的。水香就抿着嘴笑，说，也是，我们是乡下人嘛。我妈说，看你说哪儿去了，我你还不知道，什么时候嫌过你们乡下人？水香说真的不嫌？我妈笑着反问她，我跟你说过一句假话吗？再说了，我嫌没嫌过你，你摸着胸口说一说？水香听了又抿着嘴笑，笑过了又说，你是没嫌过我，不过我还是不信，这种事嘴上说说可以的，谁敢当真呢？我妈嗔道，你这个人，越来越跟你说不成话了！谁告诉你我只是嘴上说说的？

　　水香认真地看了我妈一会儿，忽然两手往大腿上一拍，说哎呀我真是个烂屁股，一坐坐了这么久，我要赶紧回去了。我妈被她搞得有点发蒙，说，怎么才说了几句话就要走？我妈要留水香吃饭，水香说我跟你不会客气的，下回吧，下回一定吃你的饭。

　　下回水香给我妈带来了一个故事。

结果是我爸妈谋算着要找一个人，经过千辛万苦总算是找到了，这个人叫苗幸福。水香要给李玖妍当媒婆了。但水香不是一开始就摆出一副媒婆面孔，她是循序渐进的，她察言观色，什么也不说破，顺着我妈的意思一步一步往前走。她一边帮我妈择菜，一边跟我妈讲她准备的故事，故事的主人公当然就是那个苗幸福。以前我们只知道水香活泛，不知道她还有好口才，现在她预备做媒婆了，她的口才就显露出来了。她语言生动，善用比喻，她要说苗幸福是个苦命的孩子，就把他比做一条流浪的野狗；说到苗幸福没爹没娘，就说这孩子像是从树洞里钻出来的。她还很会渲染气氛，她说苗幸福还在娘怀里吃奶，他老子就得病死了，不久娘也跟人走了，这时她就死命地煽情说，真是破屋又遭连阴雨，那个狠心的娘啊，怎么就横得下心呢？生生把奶头从孩子嘴里扯出来，半夜里跟人走了，由孩子哇哇哭叫，真是哭得叫人断肠啊。什么人不会心软呢，可是那个狠心的娘呀，就是不肯回一下头——好像她看见了似的——那是他的娘啊，她的心不是肉长的呀，她是一颗石头心呀，不是石头心做不出来这种事呀！

　　水香不是一次把故事讲完，她把故事分成上下集，她用一个故事吊着我妈。她一步一步把苗幸福推到绝境：本来他还有个比他大三岁的姐姐，可姐姐又被人领去做了童养媳，只剩下他孤零零一个奶伢子。好在乡亲们可怜他，东家一口西家一口，才没饿死他；又好在后来有了初级社高级社，还有了人民公社，人家照顾他让他给社里放牛，人还没有牛腿高呢，牛绳都扯不动呢，可不管怎么说，总算能挣到一口吃的了。

　　水香绘声绘色，将苗幸福的身世说得比黄连还苦。她用的是先抑后扬的办法，一下子就把我妈抓住了。做够了铺垫，水香才开始夸苗幸福，说苗幸福毕竟是个吃过苦的孩子，知道做人要争气，不但诚实本分，做什么事都是尽心尽意的，只要是交给他的事，他没有叫人不满意的。心思又好，又肯帮忙，不管谁家里有事，比如打土坯砖啦，给屋顶上换草苫子啦，只要你招呼一声，他就当是自己的事，卖起力气来就像一头牛似的。假如只能卖卖力气，那也只是人好，可怜还是可怜，到死也不会有什么出息的。可这孩子呢，一个字，灵呐。那年村里来了一个裁缝师傅，人家做衣服，他在旁边看，居然就看会了，拿起针线就能帮人家锁扣眼，你说他灵不灵？连裁缝师傅都夸他，说他心里有七个孔，是一颗七窍玲珑心，一定要收他做徒弟。别人想拜个师父千艰万难，他是倒过来，是师父要收他。师父摆酒席收徒弟，说起来都没人肯信，可他就碰到了！人哪，真是说不得的，人是三节草，说不到哪节好，运气来了门板都挡不住。他吃了那么多苦，寒冬腊月，身上没有一片棉花，冻得流清鼻涕，手脚都跟熟透了的胡萝卜似的，龇牙咧嘴，全是血口子。可是谁能想得到呢？他一下子就好起来了，学了三年徒，成了方圆几十里有名的裁缝师傅，东家请了西家请，忙都忙不过来。别人挣的是工分，他挣的是现钱。这孩子呢还有一点好处，不轻狂，稳重踏实，要是换了别个，莫说挣这点钱，就是挣得再多，也都会漂掉浪掉的，存不到一分钱的。他是不漂不浪的，莫说烟酒，就是平常的吃穿用度，他都像是一只鹭鸶，喉咙上拴了根绳子，生怕自己会吃多了。他是有一分凑一角，有一角凑一块。真正是勤俭节约不忘本呢。可是要花呢，他又知道花在刀刃上，乡下人谁肯花一百多块钱买一块上海表？可他舍得。本来就风不吹日不晒，油水又好，白白嫩嫩的一个人，再把手表一戴，你哪里还看得出他是个乡下人？不信哪天我把他带来，你看看他像不像一个乡下人？

我妈配合得很好，真像听书一样，听到这里还感叹一声："唉。"

水香大约是头一回讲故事，对自己的口才不是十分有底，也猜不准我妈叹的什么气。她说："表姐，你又叹什么气呢？"我妈说："我没叹气呀。"水香就嘻嘻地笑了，叫我妈莫叹气，她说："你跟表姐夫商量一下，你们叫我带人来呢，我就带，你们说不带呢我就只当没有这回事。我虽说是一手托两家，可我心里是向着你的，不会叫表姐你为难的。"

水香是吃了饭走的。她在饭桌上没再说这件事，她知道话说到这里就差不多了，一切都顺理成章，或者说水到渠成，再说就多余了。

离腊月还有好多天，水香又来了，这回没背红薯，怀里抱着熊国庆，臂弯里挽着一只篮子，篮子里装着一些印着红点子的米糕和半只南瓜。天气已经冷了，早晨墙根下能看见白霜。那天我趴在有薄霜的墙根下，看着她笑嘻嘻地朝我们家走过来。我已经不跟秃顶老宋学鞋匠了，我不学鞋匠我爸说了我几句，——你看到那只蚂蚁吗？你看蚂蚁都知道要找食，你不学一门手艺将来你吃什么？不过说了也就算了，他已经没多少心思管我了。见我在门口趴着，水香快手快脚地往我手里塞了一块米糕。米糕上有一些红印子。我想她这是把我当小孩呢，便把米糕给了她怀里的熊国庆。她摸一下我的头说："兵子长大了呢。"又抖抖怀里的熊国庆，先替他揪掉一把鼻涕，然后要他叫我哥。熊国庆不叫，她又抖他，说："国庆国庆，快叫兵子哥，叫，叫呀，兵子哥——，兵子哥给你吃糕糕呢，你叫呀。"

熊国庆磨磨蹭蹭地不肯叫，她倒叫了好几句。她靠我很近，我闻到她身上还有一股奶腥味。熊国庆都快三岁了，她身上怎么还有奶腥味？见我爸妈已一前一后地从厨房里出来了，她一转脸一扭身就跨进了门，说："表姐——，哎哟，我表姐夫也在家呀，今天没去上班呀？"说着又抖熊国庆，要熊国庆叫大姨和大姨父。她撮着嘴对熊国庆说："大姨，大姨父，国庆你叫呀，叫呀！这孩子，见了谁都认生，就是个哑巴，撬都撬不开嘴，将来又是个没用的！可这是你大姨和大姨父呢，这也认生么？"

她还带了一个人来，是个三十岁左右的小伙子，个头很矮，耸着肩背，两只手上都提着东西。左手是两瓶高粱酒和两条"壮丽"牌香烟，右手是一只大红阉鸡。他跟在水香后面，到了门口却又不跟进去，只是站在那儿看水香。他的阉鸡在滴溜溜地转眼珠子。他身上被浆得硬邦邦的罩袄褂透出一股米汤的香味。阳光浑浑的，像淘米水。他的影子缩在自己脚下。我从下往上看着，没看见他的脖子，他的脖子被领子和脊背挡住了。我觉得他的脊背鼓鼓的厚厚的。他好像知道我在看他，忽然偏过脸，朝我笑了一下。他的嘴稍微有点突，笑时露出两排大牙。水香终于没耐心要熊国庆叫人了，便一个劲地朝他招手。水香的手很像一只蝴蝶。水香说："进来进来。"他便跺跺脚上的土，又将两只手上的东西并到一只手上，腾出一只手来拍身上的灰。跺了脚，拍了灰，这才抬脚往里走。他慌慌张张地看着屋子里的每个人，没顾脚下，结果被门槛给绊了。我家的门槛是一块卧着的扁青石，不高，顶多五个公分。他一个趔趄栽进去，幸亏水香眼疾手快，帮了他一把，他才没有碰翻我们家的饭桌。

水香把他扶稳了，笑吟吟地替我爸妈接过他手里的东西，把烟酒一样一样摆在桌子上，把阉鸡放在桌子底下。放阉鸡的时候她大约搞了点手脚，把阉鸡弄

得嘎儿嘎儿地惊叫起来。她直起腰拍拍手，一片红红的鸡毛斜着飞掉了。她笑着说："你听它叫得，好像是它有喜事一样。"然后顺手把那个红头涨脸的小伙子拉到我爸妈面前，叫他喊伯父伯母。她像刚才对熊国庆一样，说："叫呀，叫伯父伯母，叫呀叫呀！"

小伙子额角上的筋都暴出来了，才涩涩地喊出了一声伯父伯母，喊过了又给他们鞠一个躬。我不知道我爸是不是装的，他似乎有些措手不及，脸上很茫然，那些细麻绳似的皱纹散乱着，像被卷进了一件他还不大明白的事情里；见人家鞠躬，他便忙不迭地弯腰点头，然后又赶紧把脸绷紧，理顺皱纹。我妈比我爸从容一些，人家鞠躬时，她微笑着，说，哎哎哎，还鞠什么躬呀……正说着，她忽然就发愣了。她愣愣地看着小伙子，又皱起眉去看水香。水香若无其事地笑着。水香一直是笑吟吟的，像一朵刚开不久的向日葵，热情而不放肆。她亲亲热热地靠过来，拉着我妈的手，在我妈手上拍两下，又拍两下，见拍得我妈不发愣了，若有所思了，便一把抱过我妈的肩，把我妈按在一只凳子上；又旋风般地旋到我爸身边，把我爸的肩也一抱——是那种有距离的恰到好处的抱法，把我爸也按在一只凳子上了。

"表姐你坐，表姐夫你也坐，你们都坐呐。"

她安排了我爸妈，又对小伙子说："幸福子你莫客气，跟在自己家里一样，随便坐。"她拖过一只凳子，把他也按下去，说："幸福子你是个站菩萨呀？坐呐！"

那么，这个面红耳赤、脑门上冒着细汗的人就是乡下裁缝苗幸福了。

苗幸福坐的凳子是我爸刚学木匠时的手艺，又大又笨。苗幸福落在这只凳子上的样子很谦卑，他躬一躬腰，将小半个屁股放在凳子上，两只膝盖也不敢分开，跟女人似的并在一起。坐下去之后，他的眼睛也垂下去了，盯着自己的手。他两只手分别放在两只膝盖上。我看见他的手很大，大得不成比例，指头也大，尤其是大拇指，像个毛毛糙糙的小棒槌。还有脚，脚上那双蓝力士鞋怕有四十二三码。除了手大脚大就是骨头大，指节、腕骨、颧骨和下巴骨，还有后脑勺，都显得不一般，像一只缩小了尺寸的骆驼。他最好的地方是脑门，饱满，宽阔，额角岔得很高。我看着看着忽然觉得他好像什么地方不对头，后来我终于看出来了，原来是他的四肢和身子的比例不对头。这家伙手脚太长，身子太短。再后来，我又看出来了：这家伙居然是个驼背！怪不得他把自己穿得这么臃肿，那棉袄也肯定是花过心思做过手脚的，他自己就是裁缝，他会不知道要怎样给自己做棉袄？他把肩背都垫得厚厚的，下摆做得宽宽的。他想用棉花和下摆掩饰他的驼背。

那天苗幸福是一身蓝。除了脚上那双蓝灰色力士鞋，其余的大概都是他自己做的：崭新的蓝灰咔叽布裤子，露着酱色领子的棉袄和蓝灰色罩袄褂。罩袄褂是四个兜，左上兜挂了一支钢笔，领子硬邦邦的，挤在腮帮骨上。腮帮骨很光滑，头是刚剃过的，虽然不是常见的乡下人的马桶盖，却是个很滑稽的"叛徒头"。我们认为的"叛徒头"就是三七开的分头。来之前他似乎用清水抿过，不知是不是还抹了点菜子油，反正坐在我们家的时候，他的"叛徒头"还是比较亮的，是有点油光的。他最醒目的是露在棉袄袖口处的那块手表。我一看就知道那是块上海表。我做过两个月钟表匠，见得最多的就是上海表。

水香说："幸福子，你看看几点啦？"

大约苗幸福觉得水香的用意太明显，竟有些尴尬和羞涩。水香又催他，他才红着脸，扒起袖口，将一块上海表完全亮出来，煞有介事地看了一会儿，说："十一点一刻了。"水香拍一下巴掌："哟，刚坐下来呢，就十一点多了！"

我看见我妈丢给我爸一个眼色，自己起身去了厨房。我爸果然跟去了。我爸在厨房里待了不到一分钟，出来后就留他们吃午饭。水香的眉眼一跳一跳的，看一眼苗幸福，抿着嘴笑，一边笑一边站起来，朝厨房里叫着："哎呀表姐，你来坐呀，我去忙呀！"接着又对我爸说："姐夫你来坐着，我去把这只鸡杀了。"她完全是自作主张，不等我爸点头，就将鸡一把捞起来，牵着熊国庆往厨房里走："国庆国庆，我们去杀鸡鸡。"

她一手牵着熊国庆，一手提着鸡去了厨房。在厨房里，我妈似乎也没有拦她，我听见她在磨刀。刀在石头上蹭得嚓嚓嚓嚓地响，还带着钢音，接着便是鸡叫，咯啊咯啊地叫得又惊慌又响亮，突然嘎的一声不叫了，想来是水香一刀把它的叫声切断了。她为什么要急着杀这只鸡呢？是不是杀了鸡这件事情就算稳妥了，定下来了？过一阵子我闻到有香气飘出来了。我一闻就知道这只鸡是拿我们家的香菇炖的，是李玖妍从金竹带回来的香菇，也是我们家最后的几颗香菇。好像就是炖了苗幸福拿来的这只阉鸡之后，我们便再也没有吃过金竹的香菇了。直到今天，我们家都不吃金竹的香菇。我们买香菇也不会买金竹的香菇，只要看见包装袋上有"金竹"两个字，便扔回到货架上。这一点连我老婆张海棠都知道了，但张海棠却不知道这是为什么，有几次黄花萍叫儿媳妇姚翠英给我们拿一点香菇，我们都不吃，她觉得不可思议，说怪事，这个牌子的香菇吃不得吗？我说我们都吃不惯它的味道，它香得古怪，我们会反胃。平心而论，金竹的香菇其实是很不错的，无论拿它炖什么，都是香气扑鼻。它的香气像一只闪闪发亮的钩子，专勾人的鼻子。那天它把熊大头也勾来了。熊大头是踩着饭点来的，他把板车放在我们家门口，进门时将脖子伸得老长，说："是香菇炖鸡吧？魂都被它勾掉了！"

水香和熊大头都在忙着往桌上端菜。我妈又在厨房里叫我爸，要他喊李玖妍出来吃饭。我爸应了一声，却坐着不动。那条不久前长出来的皱纹现在深得像一道刀疤。我妈从厨房里出来，没见李玖妍，问他喊没喊，他不做声，拿眼睛看着我妈。我妈被他看得不住地眨眼睛。好像这件事情他们还没商量好，要临时用眼睛来商量。这就有点奇怪了，他们都急死了，都巴不得早点把这事了结了，他们还天天洗脚商量，商量了无数回，怎么会还没商量好？而且就是今天早晨，我看见我妈拿衣服给李玖妍，叫她换新衣服，这不就是已经商量好了吗？既然早就是这么个心思，又商量得好好的，现在还对什么眼神？可他们的眼神确实是飘来忽去的，确实是一副犹豫不决的样子：对上了，又飘开，再对上了，再飘开。就像两只小心翼翼的鸟，从各自的巢里飞出来，转眼又飞回去了。最后我妈不看我爸，不跟他对眼神了，她用力皱一下眉，犹豫不决的神情就从她脸上飞走了。她说：

"饭总是要吃的，你就喊她一声嘛。"

我爸就伸手敲了敲那扇门，把李玖妍喊出来了。

李玖妍从房里出来时，连我都感到吃惊。我觉得眼前一亮。我认为这是李玖妍最漂亮的一天，同时还认为"人靠衣妆"这个说法是绝对正确的。我妈不愧是唐记洋布店的大小姐，知道什么人要穿什么衣服，知道颜色的奇妙效用。如果不是一件掐了一点腰的紫红色灯芯绒小翻领夹袄，李玖妍顶多就是胖，而且还是一种有些阴气的灰蒙蒙的胖。她已经有了一个双下巴，肉把所有的骨头都淹没了，就像洪水淹没山冈一样。可是现在你不能说她胖得没样子了，不能说她像受了潮的面粉那样是灰白阴郁的了，她一下子就鲜亮起来了。你甚至都不能说她胖，只能说她丰腴。她的身材凹凸有致生动迷人。她的原本缺乏血色的脸和脖子现在也被衣服晃得水汪汪红艳艳的。她漂亮得太出人意料了。

水香看呆了，有点惊喜过望了，她由衷地说："红是红白是白，真是一朵花一样呢。"又问正在流鼻涕的熊国庆："国庆，姐姐漂亮不漂亮？"她一边说一边朝苗幸福使眼色。苗幸福好像弄不懂她的意思。苗幸福本来就很慌乱，现在李玖妍的漂亮更让他诚惶诚恐，一点方寸都没有了。他先是站起来，看看水香，见水香正在跟熊国庆说话，又弯腰想坐下去；想想已经站起来了，再坐下去似乎不合适，又把屁股一提，再站了起来。他站在那里不敢正眼看李玖妍，只敢拿眼角去瞟，瞟了一眼，过一会儿又瞟一眼。

就在这时候，我看见了一件很奇怪的事。我看见苗幸福的棉袄在瘪塌下去，就像一只漏气的皮球。他瞟一眼李玖妍，棉袄就瘪塌一点；再瞟一眼，棉袄又瘪塌了一点。棉袄一点点瘪塌下去了，背上的包便渐渐地拱起来了。这情景使我感到诧异，不明白这是什么道理，直到过了许多年，我才知道，瘪塌的不是棉袄，而是人，因为我也这样绝望地瘪塌过。我头一回见张海棠时，那种瘪塌的感觉挡都挡不住，简直就是一块狗皮膏药，死死地巴在你的脊背上，然后你就只有任其瘪塌了。但那天我对苗幸福的瘪塌一点都不同情，我幸灾乐祸，我想你个死乡下驼子，你还装什么装？现在你瘪了吧？塌了吧？我故意目不转睛地盯住他的脊背，希望能引起我爸妈的注意，最好是能引起李玖妍的注意，让他们都看到他的瘪塌和他的驼背。

但我爸妈没看见。李玖妍好像也没看见。

我爸妈忙着叫大家上桌，安排这个坐这里，那个坐那里，唯独没有我和李文革的份，给我们夹了一些菜，叫我们在下面吃。李文革因为怕李玖妍，很久没上过桌子，但今天人多，又这么丰盛，他就人来疯，赖在一只凳子上不肯下来。我妈又是哄他又是瞪他，还给他撕了一条肥嘟嘟的阉鸡腿，他才老实了些，跟我一

起，端着碗挨在门后面吃。

那天水香比什么时候都活泛，在饭桌上也是她，大家都听她一个人说话。她说我们水甸是个好地方，村前有一条河，河边有一排老柳树，河滩上呢是白沙子，草有半个人高，牛只要放在滩上，不要人看的；天热时男人在这头洗澡，女人就在那头洗澡，两边看不见，隔着一片密密的草，这边一句飞过来，那边一句飞过去；飞来飞去的都不是什么好话，都带了荤腥的，但村里那几个知青很高兴，人家是从上海来的，见过洋世面，没见我们的土世面，听都没听过，他们说想不到这个地方这么漂亮，这么好玩，就高兴得一天到晚唱歌，唱洪湖水呀浪打浪，还唱红梅花儿开；我们那里的人都说唱得好听，都喜欢知青，这几年搞学大寨，又开了不少荒滩田，正巴不得多来一些知青呢；就是不开荒滩田，落下个把人也是没有一点问题的，六二年春天来了两个逃荒的女人，一个安徽的，一个浙江的，长得都端端正正，结果是来了就不肯走了，说天底下再没有这么好的地方，心甘情愿地被两个光棍得了便宜，那两个光棍一人捡了一个；社里的干部也马虎，不问底细，也不问阶级，说既然人家都嫁给了我们的男社员，自然就是我们的女社员了，就是这样一句话，撇撇脱脱，就给她们都落了户，如今呢也都是儿女一大群……

我看见苗幸福还在偷偷地瞟李玖妍，就悄悄对李文革说："哎，革子你看看那个人，我觉得像个驼背，你看像是不像？"

李文革看了，点一下头，又眨一下眼睛，似乎明白了我的意思，然后又盯住苗幸福，看着看着便一脸坏笑，我就猜到他要干什么了。他把嘴里的鸡肉用力咽下去，用舌头打扫一下油乎乎的嘴唇，就把脸对着巷子，摇头晃脑拖腔曳调地唱起来了。

"驼子驮面鼓，驼子卖屁股；屁股没人要，人家赚太瘦；驼子去找庙，庙里也不要……"

李文革肚子里有许多这样的东西。这些东西就像墙脚上的青苔，都是从巷子里长出来的，只要看见我们这些残疾，瞎子拐子癞痢头，他想都不用想，张口就蹦出一大串。他受人欺侮时一副可怜相，碰到可以欺负的人又浑身是劲。他的声音干净明亮，没有一点杂质，没有一点含混不清或囫囵吞枣的地方，每个字都让我们听得清清楚楚。我看见每个字都变成了子弹，打在苗幸福脸上，把他的脸打得百孔千疮。他的脸被打烂了。他的脸转眼间就变成了一片烂红，连耳根带脖子都像被红辣椒油卤过似的。我爸我妈，还有水香和熊大头，也被子弹打中了，都愣住了，吃的不吃了，说的不说了，脸也不同程度地红了。但是很快，他们都装做没听见，装做什么事情也没发生。说的继续说，吃的继续吃。我还看见水香的脚在桌子下面做动作，她故意把一只筷子掉到地上，弯腰捡筷子时看准了苗幸福的脚，她捡了筷子又继续说他们美好的水甸，——水甸呢，水好地也好……脚却在下面踢苗幸福，踢得苗幸福一愣一愣。她忽然用筷子指一指苗幸福，笑道："你看你这个人傻不傻？我说的是水甸嘛，倒把你听傻了？好像我说的是外国似的，你不是水甸人哪？"说着下边又踢他一脚。苗幸福似乎终于明白了自己为什么挨踢，头一低，夹起一块油豆泡塞进嘴里，然后一心一意地嚼这块油豆泡。水香说："这就是了，你听什么呢？吃你的饭就是了。"

李文革不知道凡事都要适可而止，他简直是在炫耀他肚子里的货色了。

"驼子跌跤两头翘，翘来翘去露屁屁；一条黄狗蹿过来，驼子的屁屁咬掉了。"

我听见熊大头突然大声地笑起来，但只笑了一声，第二声还没笑出来，就在半路上拐个急弯，变成了咳嗽。他把头低到桌子下面，肩膀一抖一抖地咳嗽。我也想笑。我使劲咬牙，结果我的笑也变成了咳嗽。我和熊大头的咳嗽声此起彼伏。我爸想下桌来抓李文革，才站起身，李文革就扔掉手里的鸡骨头，像兔子似的蹦出去了，同时将半掩着的门拉开了。大片的光亮突然涌进来，把我的咳嗽堵住了。我们已经习惯了半掩着的门，习惯了昏暗，不习惯光亮了。似乎光亮会咬人，它狠狠地咬了我一口，我就咳不出来了。咳嗽留在喉咙里，像长了一根刺。我爸和我妈，他们也好像被光亮咬了。他们被咬得面面相觑。李玖妍也被光亮咬了。光亮真是一种长了牙齿的东西。我看见李玖妍被咬得哆嗦了一下，本来她一直低着头吃东西，别人说什么都与她无关，她只顾将她的筷子飞快地伸出去又飞快地缩回来，可是光亮令她猝不及防。她立即将自己缩起来。她缩着脖子，缩着肩胛，连腿都缩起来了。她的手臂紧紧地夹着身子。但她没放筷子。她的筷子本来正向前伸着，但此刻已缩回去了。

李文革还在巷子里唱着："前驮金，后驮银，中间驮个大头人……"

我爸一脚拨开凳子，颠了几个碎步，转眼就蹿到了门口。

我妈说："他端着碗呢！"

我爸黑着脸，显得非常矫健，跟他干瘦的样子和年龄都不相称，他一个箭步跳出去，简直像飞一样。他的脚步声在巷子里非常响亮。没过一会儿，他一手揪住李文革的领子，一手端着从他手上缴下来的饭碗——李文革真不简单，在慌不择路的情形下还保全了饭碗——把他从巷子口上提了回来，按在那张用木板搭起来的小铺上，用巴掌扇他穿着棉裤的屁股。假如李文革哭了也罢，但李文革不哭，我爸脸上便下不来，只好一把扯下他的棉裤，又扯下衬裤，直接扇他的光屁股。只听见啪哒一声，李文革便嗷嗷地哭起来。

李文革终于也挨了一回打了。但李文革不经打，没挨几下就把我招出去了。他拼命蹬着两条腿，大声说："不是我不是我！是拐子兵，他说你看那个人，是不是个驮背！"

我说："我叫你唱啦？"

我爸立马放了他，转身就朝我来了，我知道我的脑袋要倒霉了。这就是我和李文革的区别，打李文革是屁股，打我就一定是脑袋。我都在变声了，他还当着这么多人的面打我的脑袋。他好像多么英明似的，先哼一声，用那个准备弯成炮栗子的指头点我，说："我就知道一定是你，我早就说过你阴坏，你不弄出点古怪出来不舒服！"

我满耳朵都是乒乒乓乓的声音。我听见我妈在喊李德民。我妈说："喂，李德民！"我妈又说："好啦好啦！"接着我又听见水香和熊大头也附和着说好了，苗幸福也附和着说好了。他们不说不该打，而是说"好了"，意思很明白，那就是该打，只是不要再打了。已经打够了。好了。他们还假惺惺地来拖我爸，他们扳住他的肩，拉住他的手。他们做得也太假了，熊大头和水香，再加上苗幸福，还有我妈，四个人八只手，竟然还拖不住一个干巴巴的李德民，还让他充分施展，死命地往我头上凿炮栗子。他们一边装做拖不住他，一边假惺惺地叫我赶紧走开。他们好像不知道我是个残疾，只有两条豆芽腿，他们说兵子你快走吧，快走快走呀！我大声说："我不走，我让你们打！"我认为我用词很准确，我不说"他"，而是说"你们"，就是点明打我的不只我爸一个人，实际上他们都有份。他们却听不懂，还在那里说我犟。这孩子真犟，跟自己的老子犟什么呢，真不懂事。

只有一个人没参与殴打，这个人就是李玖妍，她坐在那里喝鸡汤。门又掩上了，光线很合适了，她低着头，用一只汤勺往嘴里舀，还发出一串哧溜哧溜的响声。

我妈亲自过来拉我，弯着腰，一只手拍我的背，一只手帮我挪凳子。她说："你呀，叫你快走快走，你怎么不动呢？"我多少有些顺坡下驴的意思，虽然还梗着脖子，但还是跟着她往厨房里挪。我没想到她把我哄进厨房也是为了要打我，一进厨房她就翻了脸，用巴掌的前半部分——也就是四根并拢的指头——像削西瓜那样削我的嘴巴。她连着削了我几个嘴巴。我爸打我的头，她打我的嘴。她比我爸阴险，不当着人打，到背人的地方来打。她一边打还一边小声骂："你是变死相啊！你这根搅屎棍，你这个坏酒药子，你爸说的一点都不错，你就是阴坏呀你！"她左削一下右削一下，末了，她说："你这张臭嘴啊，什么说不得你偏说什么，你怎么不知道改呢？真是越大越死相呀！"

因为没有一点准备，我被打得晕头转向。我觉得头和脸被一大群黄蜂围住了，又像是埋在一堆红辣椒里。她打得很仓促，一共打了我十二下，左六下右六下，分配得很均衡，打过之后把我丢在厨房里，又匆忙跑出去招呼他们吃饭。我听见她像没事似的，笑着，和风细雨地跟他们说话："李德民你看你，怎么不招呼人家吃呢？吃啊吃啊！水香你们两口子也是，也跟着干坐着，又不是在别处，不帮我招呼人，还要我来招呼你？"

那天中午我只吃到了半碗饭。我一个人闷头闷脑地在厨房里待着时，才发现自己手上没有了饭碗。我的饭碗呢？是被他们打掉了还是被他们抢走了？我想了半天也想不出来，我被他们打蒙了，不知道自己的饭碗到哪儿去了。

那天是熊大头先走了，然后是水香和苗幸福走了。他们一走，我爸妈便显出一副累极了的样子，好像做了一件天大的事，突然松懈下来了，像苗幸福那样瘫塌下去了。这是我看见的又一种瘫塌。那群围着我的黄蜂还在，而且叫得更响，但我还是看见他们的脑袋、脖子、肩背和腰腹都在无可挽回地塌陷，跟沙子下滑似的，还带着一道道波纹。他们的身子一点点变小了，下盘却在一点点大起来，堆积在凳子上。他们的背都弯成了一个软沓沓的不规则的半圆。他们似乎耗尽了元气。而且，他们也不恩爱了，他们已经恩爱了这么久了，有两年还是三年了？可是这顿饭一吃，便不再恩爱了，彼此都有点冷冰冰的了。按理这时候他们该说说话的，说什么无关紧要，关键是要说。事情已经是在按他们的意思办了，他们应该高兴，应该轻松，应该长吁一口气，然后相视一笑，就开始说话了。可是他们一个坐这边，一个坐那边，不说话，甚至懒得看对方一眼，好像突然就变成了一对相互怨恨的夫妻。井水不犯河水。也可以说像一只脱了胶的鞋，鞋帮归鞋帮，鞋底是鞋底。

不说话就不说话吧，关键是他们还吵架了。杯盘狼藉，谁来收拾呢？我妈说李德民你动一下呀，别什么事都等我一双手呀。我爸说你自己还坐在那儿，还说等你一双手？我妈说李德民你是不是人？我从早忙到晚，我坐不得一下？我是你家的丫头？非要手不停脚不住？屁股挨一下凳子你就说？……他们已经很长时间没吵过架了，现在终于又开始了。

这以后他们就真的没有再恩爱过了。那两三年的短暂的恩爱居然被一顿饭给葬送了，实在有点可惜。

苗幸福又来了，自己一个人来的，挑着一副担子，担子两头都是一只半新半旧的丝篾箩，箩口和箩骨子都涂了红漆。一只麻鸭趴在箩口里，脖子一伸一缩。苗幸福抓住它的脖子，提起来放在地上，然后将丝箩里的东西一样一样拿出来：一块新鲜五花肉，半边腊猪头，两块熏腊肉，肥膘很厚；还有两只腊鸡，几只熏得黄黄的干鱼，一坛糯米酒，几斤糯米粉和一包细挂面。另一只丝箩里装的是衣服，李玖妍的，我爸妈的，还有我和李文革的。李玖妍是一件驼绒袄子，两件春秋衫，两件衬衣，两条裤子，外加一条棉裤和一斤半红毛线。衣服的料子也都不差，罩袄褂是橘红色和灰色的涤纶布，春秋衫是粉红灯芯绒和大红花格呢，衬衫是的确良的。两条裤子，一条是涤卡的，一条是毛料的。我爸是一套涤纶中山装，我妈是一件半截棉大衣，我和李文革则是每人一件罩袄褂。

我妈左手托着右手，懒洋洋地站在那里看苗幸福从箩里往外拿东西，看着看着就摇头："你这样花钱干什么？"苗幸福被我妈的冷漠搞得神色紧张，张着嘴看着我妈。我妈又说："我是嫁女儿，不是卖女儿，你搞这些干什么？"

苗幸福松了一口气，知道不是变卦了，便嘿嘿地笑几声，说："这是我们乡下的礼数，不光是这边的，我那里也要做准备，箱箱笼笼，铺的盖的，都要准备的。我们那里娶亲都是这样的，再说这是我一辈子的事，我不能不讲这个礼数。乡下人都会拿眼睛盯着看的，我要是不讲这个礼数，将来她过了门，人家会看不起她，会说她贱，是便宜货，不值钱。假如这样，我就对不起她，也对不起我自己。我谁都对不起。我心里有数呢，我知道我娶的是什么人家的女儿，我敢装憨不讲这个礼数吗？敢马马虎虎做样子吗？我怕会遭天打雷劈。我不是个傻子，我知道自己是什么货色，你们不嫌弃我，是我头世修来的福分。我从小一个人，没人管没人疼，现在我也有一头家了，也有父母兄弟了，心里有牵挂了，我怎么敢马虎呢，我是报恩都来不及呢。"

苗幸福眼泪都要说出来了。

我妈点点头，说："难得你能这样想。既然你是这样想的，我就不说什么了。"

跟上回相比，这回苗幸福的嘴巴变得乖巧了，会说话了。人只要一说话，五官就会活起来，所以这回苗幸福不是死板板的了。把两只丝篾箩里的东西都拿出来了，他就开始跟我妈说那些衣服。他把衣服一件件展开，说尺寸呢都是他上回用眼睛量的，虽然是用眼睛量的，但一般是不会有差错的，有差错顶多也就是一点点不合适，但这不妨碍的，因为他做了准备，带来了一些工具，不合适他就改。他打开一个小布包，让我妈看他的工具：一把木尺，一根皮尺，一个熨斗，一个针盒，再加一把大大的歪把子裁缝剪刀。他说只要衣服穿在身上，哪儿不合适他一眼就能看出来，他就知道怎么改。他越来越放得开了，末了，还边说边笑，说他一定会改好，决不会跟人家说笑话那样，裤子改背搭子，棉袄改裤衩子。

那天苗幸福没走，留在我们家里，准备给我们改衣服。晚上我们都试了试他拿来的衣服，李玖妍不肯出来，我妈便让她在房间里试，结果大家的都合适，只有我爸的中山装稍稍肥了一点。这说明苗幸福的眼睛相当专业，虽然是个乡下裁缝，却是个好裁缝，只要看一眼，尺寸就跑不了。他把饭桌抹干净，准备给我爸改中山装，而我爸说算了，改它做什么。苗幸福一丝不苟，坚持要改，他用针剔开线头，将衣服扯开，重新画线，然后戴上一个铜顶针，一针一针地缝。他的手骨节粗大，缝衣服时却是异常灵巧。他用拇指和食指捏着针，其余三个指头居然像女人似的翘成了兰花指。锁线头时他的指头快得像变戏法，你还什么都没看清，他的线头早锁好了，而且剪刀也到了。他不像我妈缝补时那样咬线头，他不用嘴，而是用剪刀。裁缝就是裁缝，尽管是乡下裁缝，也跟一般家庭妇女不一样。即使我妈也用剪刀，那也是一把小里小气的剪刀，不及苗幸福的剪刀的三分之一，简直就是他的剪刀的孙子。而且剪东西时的声音也不好听，吱喳吱喳的，可是人家苗幸福那么气派的一把剪刀，只剪一根头发丝那么细的线，却是"铮"的一声，脆生生的，一听就是浑身的好钢。除了剪刀，苗幸福的不寻常之处还在于他的手艺，他用手工缝出来的针脚跟用缝纫机缝的几乎没有差别。我妈忍不住拿起他缝好的衣服左看右看，用指头细细地捏着，一寸一寸地捋针脚，还不知不觉地也翘起了兰花指，说："想不到你一个男同志，会有这样好的针线。"苗幸福则腼腆地笑一笑，谦虚地说："混饭吃的手艺，也一般呐，很一般呐。"

我妈先对李文革说："让幸福哥跟你睡好吗？"她要李文革尽量往里靠，别挤了幸福哥。她拿来一个枕头，放在李文革脚下。李文革突然说："我不！我才不跟他睡呢！"我妈隔着被子拍他一下，又把嘴凑过去咬他的耳朵，但李文革还是梗着脖子，说"我不"。我妈只好把那只枕头拿到我这边来，放在那头，说："兵子，你听话，好吧？"我不会当面嫌恶人，我把嫌恶放在心里，等我妈回房间去了，我就把身子往外移，把自己像虫子一样蜷起来，让瘦伶伶的屁股挤靠竹床边，心想就剩一个床沿，看你怎么睡。

但苗幸福睡觉不占地方，一张那么小的竹床，只给他留一点床沿，他还能睡下去。他改好了给我爸的中山装，又帮李文革把一条穿短了的裤子接长了，然后打一个呵欠，牵开被角，先把脚放进来，再把屁股和驼背放进来，居然没挨着我。他睡觉还没有声音，不打鼾，也不转身，睡下了就像虾米似的弯在那里一动不动。我反倒不自在了，感到屁股正对着他那东西，便不由得一点一点地往回缩。

第十六章 乡下驼背

平心而论，那天我爸妈打我是应该的，我不能喊冤。我确实阴坏，我想坏他们的事，想让李玖妍看见苗幸福的驼背。虽然我也是个残疾，但看到苗幸福这个乡巴佬费尽心机地掩盖了残疾跑来相亲，我就忽然觉得李玖妍很可怜，觉得她是被我们大家推出去的，我爸我妈、水香和熊大头，包括我，我们齐心协力地把她推给了乡下驼背苗幸福。

那几天我都不敢看她，也尽量不去想这件事。可说是不去想，却偏偏老是在想。我不是在想该不该或对不对，我只是想假如她不嫁那个乡下驼背，还能嫁给谁？这样一个在我挨打时还能没心没肺哧溜哧溜地喝鸡汤的人，嫁给谁合适呢？我苦思冥想，终于替她想到了我的好朋友眯眼子吴爱国。想到了眯眼子，我仿佛一块石头落了地，心里一下子就轻松了。是呀，她干吗要嫁给乡下驼背苗幸福呢，嫁给眯眼子不行吗？虽然我很崇拜眯眼子，他看人时眼睛那么一眯，味道好得不得了，但他终归是个眯眼子，还要天天吃药，李玖妍配他不正合适？我觉得眯眼子比苗幸福强多了。眯眼子算什么毛病呢，驼背才是残疾呢。而且眯眼子不像乡下驼背那样浑身土气，还剃个叛徒头。眯眼子家离公共厕所也近，是斜对门，如果李玖妍嫁给了眯眼子，连便盆都可以不用了，她一个箭步就可以跳过去。

我想得都有些兴奋了，便去找眯眼子，开门见山地问他："你喜不喜欢我姐姐？"眯眼子感到很突兀，把眼睛眯得不见了，只剩了一条细缝。我说："你怎么不说话呢？说吧，喜欢不喜欢？"他说："你怎么问这个？你什么意思啊？"我说："我爸妈想嫁掉她，你想不想娶她呢？"他忽然笑起来，反问我："我想娶你姐姐？我怎么会这样想呢？不可能的。"我说："你是不想还是没想？如果你没想，那你现在想想不行吗？"我又说："其实我帮你想过的，反正你也是在家里糊糊火柴盒，她不会影响你前途的。"眯眼子说："我没工夫跟你扯淡，我要糊火柴盒。"我说："你娶了我姐姐，她会帮你糊火柴盒的，她天天都在家里糊火柴盒呢。"眯眼子说："两个人都糊火柴盒？"眯眼子眼泪都笑出来了，我问他笑什么，他说："你想饿死你姐姐呀？"我说："那我也帮你糊，三个人糊火柴盒，总不会饿死吧？"眯眼子还是笑，边笑边说："谁要你糊？去去去，别

在这里说梦话！"

我反复琢磨眯眼子的话，我觉得眯眼子不像是不想，恐怕是有点不好意思。假如好意思的话，他脸上红什么呢。既然不好意思，还红了脸，那就说明他不是不想，而是想的。

可是我不知道怎么跟李玖妍说。我不能让我爸妈知道这件事，我是背着他们给李玖妍做媒，等于挖他们的墙脚，多少算一个阴谋。既然是阴谋，就没有大声喊叫的，就应该偷偷摸摸，悄悄地咬耳朵。好几次我妈买菜去了，本来这是个好机会，可我却总在犹豫，等我好不容易下了决心，准备敲她的房门时，我妈却提着菜回来了。有一天晚上，我故意喝了很多水，下半夜便被一泡尿憋醒了，醒来时正看见她开门出去倒便盆。我醒得真是时候，就像掐着指头算好了似的。对我来说这并不是什么难事，没有腿的人最怕半夜起床撒尿，所以我不得不比别人多留一个心眼，用心计算水变成尿所需的时间。我的心得是你喝的水越多，它变成尿的时间就越短，假如你想在凌晨一点到两点之间让尿把你憋醒，你就喝两杯半水吧。若是喝三杯水，说不定十二点你就醒了。我喝水是用一只中号搪瓷把缸，那天我喝了两把缸半，所以我在凌晨一点半左右就及时地醒来了。

我憋着一泡尿等李玖妍回来。我想这个人怎么去了这么久，不会是掉到厕所里去了吧？好不容易等到她回来了，她又摸黑去厨房舀了水，蹲在门口刷便盆。我真是憋坏了，我又不能像正常人那样夹紧大腿，我哪有大腿呢？我只能用手抱住两个膝盖，帮着夹紧它。虽然两股间的空当还是太大，夹了也是白夹，但夹了总比不夹好。李玖妍不知道我在等她，她刷了头遍，又去厨房里舀水，回来刷二遍。她老刷它干什么？刷得再干净它还不是便盆吗？这个人怎么这么让人讨厌呢！

我朝她哎一声。她没理我。或许她根本就没听见。我是压着喉咙哎的，声音是从舌根底下出去的，又轻又薄。我爸在打鼾，李文革在咯吱咯吱地磨牙（他肚子里大概长虫了），她自己在哗哗地刷便盆。我哎的那一声就像往蒸锅里呵了一口气，没有半点用处。可我又不敢大声叫她，只能咬紧牙关耐心等她。她终于刷好了便盆，关上门要回房间时，我又冒着风险连哎了两声。我说："哎哎。"

我看见她的影子站住了。她的影子像一片竖起来的芭蕉叶子，上窄下宽，我就知道她没穿棉袄，只穿了绒裤和毛线衣。我尽量压着喉咙说："我有话跟你说。"可她还站在那里不动。我说："喂，你能不能走过来一点？"她还是一动不动，还是像一片竖着的芭蕉叶子，我就有点气恼，懒心懒意了。我说："我是为了你好，我是叫你别嫁给那个苗幸福，他是个驼背你知道吧？你还不如嫁给眯眼子吴爱国呢。对了，你就嫁吴爱国吧，吴爱国你知道吧？你应该记得他的，你跟他同过学，他家就住在巷尾，斜对面就是厕所，多方便呀是不是？我还替你问过他……"我的话还没说完，她的像芭蕉叶子的影子就一颠一颠地移走了。我听见她在轻轻地关房门。芭蕉叶子不见了，只有从巷子里漏进来的两道灰亮横在黑暗里，它们一长一短，细细的，毛茸茸的，像漂在死水里的两支浮标，一动不动。我心里气闷闷的。我想我已经跟你说过了，可是你不理我，这就不能怪我了，这件事跟我没关系了。

现在没事了，就剩下撒尿了，我赶紧爬起来，顾不得披上棉袄，伸手摸到凳子，将自己撑下床，开门来到巷子里。巷子里空无一人，路灯被灰蓝色的夜气滤成了一圈一圈像白猪毛似的光丝。我憋得都抖起来了，一只手不离凳子，一只手啪地往巷墙上一撑，弯着身子仰着脸，姿势怪异地对着墙根撒尿。我的尿嗞嗞作响，冒着一大团灰白的热气，感觉真是从未有过的酣畅淋漓。这真是意外所得。而正所谓有得有失，我体内的那一点热气都被尿水带走了。我头上的天空黑得像烧了一千年的锅底，寒气贴在我脊背上，一下子就将我抓住了，弄得我一个寒噤接着一个寒噤。第二天我就感冒了，不断地打喷嚏，又是眼泪又是鼻涕，然后就是发烧，烧了一天一夜，又转了痢疾。我妈给我捂了两条被子，被子上又压了我的棉袄棉裤，我还是一个劲地发抖，好像全世界的老北风都吹在我一个人身上，把我吹成了一张刮剌刮剌叫着的破纸。

第十七章　结婚是一定要行房的

李玖妍很快就嫁到那个叫水甸的地方去了。老鼠街娶亲作兴用自行车，清一色的崭新的自行车，不是"飞鸽"，就是"永久"和"凤凰"，十几二十辆，打头的车龙头上绑一面红旗。有了红旗领头，后面的旗帜就随意了，只要不是白旗黑旗，别的颜色，比如黄的绿的，都行。一群人热热闹闹地骑着绑了旗帜的自行车，从巷子里接出新娘子，推上大街，然后骑上去，旗帜便呼啦啦地飘起来，同时将铃铛按得丁零零丁零零一路响个不停。可是李玖妍出嫁的那天，我既没有看见旗帜，也没有看见自行车，连一辆旧自行车都没有。

头天晚上苗幸福来了，我爸妈把他叫到厨房里，主要叮嘱他多注意李玖妍。他们含含糊糊地告诉他，她的脑子有时候没那么清楚的。他们又说，你记住哈，像回门哪，走亲戚呀，这些事你都不要搞，我们不会怪你的；总之你不要带她到处走，就让她待在水甸。

苗幸福又像只虾米似的跟我挤了一夜，第二天一大早，他就把李玖妍带走了。他走时给我爸妈鞠了躬，本来他还要跪下去磕头，被我爸妈拦住了，他们说算了，简单点，不搞那一套。他们叮嘱李玖妍："记得要听话哈，要知道自觉哈。"叮嘱过了，都点点头，说："走吧，跟他走。"他们的神色有些惶惑。李玖妍的神色也有些惶惑，她"刮"了他们一眼，"刮"得有点涩，比平时慢多

237

了。我妈也"刮"了她一眼，又说："走呀，跟着走呀。"我爸没再说，他手背朝上挥了挥。但李玖妍还那样低着头站着，忽然又那样涩涩地"刮"他们一眼，同时身子微微向他们身边侧了侧，说："你们……都很嫌我，是吧？"

她的声音很小，就像两片薄指甲互相碰一下，但我们都听见了。她等了等，似乎想要回答，可没谁能回答她，她就转过身，跟在苗幸福后面走了。

我爸妈就那样呆在那里，都像根木头似的。看他们吃惊的样子，好像突然挨了一下。他们你看我我看你，好像都想对那个走掉的人再说点什么，或者把她叫回来，却又谁都不动，连嘴都不张一下。他们蒙了。我也有点蒙了。还是我爸先醒过来，声音飘忽忽的："她刚才说什么，你听见了吗？"

我妈的声音也发飘："嗯，听见了。"

我爸说："她怎么会说这样的话？哪个嫌她？"过了一会儿，我爸又犹豫着说："你说她，啊？这句话又说得这样清楚，这可真是的，她的脑子……到底怎么回事？"

我妈还那样飘着说："说这样的话……哪个，啊？哪个会嫌她呢？"

我的耳朵听着我爸妈说话，眼睛却跟着李玖妍。她开始时走得有点慢，但走了一会儿就不慢了，跟苗幸福一样了。

冬天昼短夜长，巷子里还有一两盏路灯还没熄灭，还昏黄昏黄地挂在黑乎乎的路灯杆子上。但天是在一点一点地亮了，只是亮得很不清爽，灰青色的天光还在像雾一样飘下来，飘下来之后又被路灯洇成了一种很暧昧的青黄。

我们家没有什么陪嫁，除了李玖妍平常穿的一些衣服，包括内衣内裤，就是一对枕套和两床卧单。从前那只旅行袋太旧了，现在这只旅行袋是崭新的，是我妈昨天才从百货大楼买回来的。这只崭新的旅行袋由苗幸福提着。本来苗幸福是想让他们水甸的拖拉机开到老鼠街来的，还想放几挂三千响的爆竹，唢呐锣鼓一齐上。但我爸妈一听就摇头，他们对前来联络的熊大头说，这样不好，我们不喜欢，不要这样铺张，还是简简单单的好。他们就像削土豆一样，把苗幸福的想法一点一点都削掉了，先是坚决不要拖拉机，又说爆竹也不要打了吧？然后说既然爆竹都不打了，也就不要吹吹打打的，免得惊邻搅舍。最后他们交代熊大头说："就这样吧，苗幸福一个人来就行了，头天晚上来，第二天一早就带人走，干净

利索，好不好呢？"

熊大头说："这样太简单了吧？"

我妈说："简单好。"

我爸说："我们喜欢简单。"

苗幸福个子矮，李玖妍个子高，比苗幸福高出大半个头，所以她的背影把苗幸福遮住了。大约走出去几十步，她的背影就开始变深变黑，而且似乎长了绒毛了。我看着她变成了一团越来越黑、越来越毛茸茸的影子。跟他们的影子相比，他们的脚步声显得非常清晰，清晰得有点过分，我听见他们踩碎了巷子里的冰碴子，听见那些又薄又脆的冰碴子在他们脚下怎样吱喳吱喳地响着。他们的背影跟着巷子慢慢地拐过去，拐得看不见了，吱喳声还在传过来。这时候路灯的光亮开始一点一点地离开地面了，在往上缩了，巷子里渐渐地有点像一口井了。这是我头一回觉得老鼠街像一口井。井里空空荡荡的，除了刺骨的寒气和混浊暧昧的青黄，什么都没有；井口悬在我们头顶上很高的地方，是一条长长的重重的灰蓝色，很窄，又陡又窄，像倒挂的羊肠小路，看得人心里空落落的。

现在我爸和我妈什么也不说了，睁着两只空洞的眼睛站在那儿。

我们家就这样悄然无声地把李玖妍给嫁掉了。我们家不但把所有的仪式省掉了，就连喜联都不贴一副，更不贴窗花，不贴大红喜字。只有一样没省，那就是小舅子送嫁。小舅子送嫁是很重要的一项，没有小舅子送嫁就等于没有娘家，没有娘家就没有人撑腰，没有人撑腰就是死活都没人管了。这就好比乡下人卖牛卖猪，任凭人家牵走就是。起初我爸妈打算连这一项也省掉的，无奈熊大头不答应，熊大头替苗幸福说，别的省就省了，小舅子省不得的，小舅子代表娘家人，是要给水甸人看的。我爸就跟熊大头商量：叫兵子去吧，他刚打过摆子，脸色又不好，又拖着两条残腿，咯咚咯咚地撑着一只凳子，像什么话呢；可是叫革子去呢，又怕他不懂事，——你看到的，是不是？到了乡下地方，万一不留神，让他再弄出点什么名堂来，那又怎么好呢？所以还是算了吧。熊大头说，你们不放心小的，那还是叫大的去吧，他撑一只凳子怕什么？亲戚路上，谁还笑话他？

熊大头叫我爸妈把这件事交给他，我爸妈再想不出别的话来了，没奈何才点了头，把我交给他。但我不干，我不愿去给一个乡下驮背当小舅子，我爸妈就把我叫到厨房里，做我的思想工作。他们说李玖妍的脑子不清楚的，假如到时候一张熟脸都看不到，她心里慌起来，拔脚跑回来怎么办呢？他们要我顾全大局，不要意气用事。他们忘了他们是怎么打我的，用恳求的口吻说，兵子你一向懂事的，你要掂掂轻重，你就跟着走一趟吧，啊？

那天早晨，李玖妍和苗幸福刚走不久，熊大头就来了，他盯着我爸妈，说奇怪，你们的脸色怎么这么难看？没一点血色，跟病了似的。这不是喜事吗？莫非你们哪儿不舒服？

我爸叹口气，没吭声。熊大头又啰嗦，说你怎么还叹气？我妈把车票钱给了熊大头，叫他别啰嗦，快带兵子去赶车吧。我妈给的是两个人来回的车票钱，熊大头也不推一下，接过去就揣进兜里。熊大头说，放心吧！

熊大头背着我去了汽车站。他还给我提着凳子。他的肩膀很厚，头发里有一股很重的味道。这是我平生头一回坐汽车，也是头一回走出这个城市，所以我不能说我一点也不兴奋。车子开动以后我的眼睛便一刻不停地盯着窗外，很快我就看见了田野，看见了村庄，看见了浮在田野和村庄后面的灰色的烟霭。我看见太阳远远地从一片青灰的树丛里升起来。我还看见了大堤。后来汽车就一直在大堤上跑着，中间在一个县城停了一下，然后又拐上大堤。我们是一直沿着东门外的那条大河奔跑，河面上有淡淡的雾，有大船小船，还有横跨河面的高压电线。像老鼠街上的电线一样，高压电线也垂着一点弧度。河边的沙滩很窄，就是白白一长条。河水很瘦，明晃晃的。我还在窄窄的沙滩上看见了几只灰色和白色的鸟。

我忽然问熊大头："他们怎么没上这辆车呢？"

"他们不坐汽车，他们有拖拉机。"

"拖拉机在哪儿呢？"

"在路上，等着他们呢。"

大约是中午十一点左右，熊大头背着我下了车。下车也是在大堤上，有三个人坐在堤背上等熊大头，见了熊大头都站起来，熊大头说走吧，他们就各自挑起担子跟着熊大头走。他们一个挑着盆桶，漆得红亮红亮的；一个挑的是花篮，篮子里装的是烟酒和红鸡蛋；另一个挑的是两床被子和两个枕头，被面都是红绸子，枕头上印着几朵梅花。他们用的都是薄薄的竹扁担，一闪一闪地跟着熊大头在一条机耕道上走着，从一个村庄插出去，再沿着一条瘦瘦的小河往前走。阳光在河面上闪耀。熊大头的头发里开始冒白气了，白气像烟一样从他的头发里飘出来。他喘着气说，你还有一点分量呐。他把我放在路边一个土墩子上，招呼那三个人坐一会儿，自己一屁股坐在我的凳子上，点着一支烟，又给那三个人抛烟。

抽完烟，他说："你们哪个跟我换一下吧。"

我觉得不好意思，成了人家的累赘，便说要不我自己走吧。熊大头忽然发起牢骚来了，说："你自己走？你想走到什么时候？都等你？没有你们家这样的，摆清高，大衫袖一甩，什么都不管。你看到他们挑的盆桶和被子吗？那是你姐夫订好的货，请人从镇上挑到这里来等我们一起走的，到时候好跟别人说这是你们家陪的嫁妆；要你来也就是为这个，不是你姐夫再三求我，我才懒得跟你家里费口舌，还要背你！你姐夫这个人也是，总怕做不起人，要自己给自己挣面子！"

后来熊大头没背我，是那三个人轮换着背我，熊大头则给他们挑担子。他们就这样把我背到了水甸。水甸就在那条浅浅的瘦瘦的小河旁边，房子一栋挨一栋，很多房顶上都盖着稻草，大部分房顶上的稻草已经发黑。村前有几棵树，一棵老槐树上挂着一只大喇叭，大喇叭里在唱革命现代京剧，咿咿呀呀地唱得很响。水甸人正在吃午饭，他们一个个端着碗，蹲在自家门口吃。有一些鸡和狗围着他们。他们一边嚼饭一边和熊大头打招呼。他们不叫熊大头，而是叫他工人阶级，他们说工人阶级是回来赶幸福子的喜酒的吧？熊大头笑道，我还用赶？他留也要留给我的。水甸人说，那当然，你们两口子都是功臣，你还帮他挑嫁妆，他敢不留给你？水甸人问，那个背在背上的是谁呢？熊大头说，这还用问？猜都猜得到啊，幸福子的小舅子啊！水甸人就杂杂沓沓地哦一声，然后都尖起眼睛，盯着我的腿。

熊大头从一只红脚盆里拿出我的凳子，又把我从人家背上接下来，然后拍拍手——好像我有多脏似的——摸出一盒"壮丽"牌香烟，喳一声撕开封口，一支一支地给水甸的男人们扔烟。男人们看着香烟白晃晃地飞过去，手忙脚乱地接住了，没接住的赶紧从地上捡起来。地上有鸡屎和猪屎、草屑和禾草灰，还有螺蛳壳。他们轻轻抹去烟上的鸡屎或猪屎，又盯着熊大头手上的烟盒子。他们说抽的

241

是"壮丽"呢。熊人头撇撇嘴说："有什么鸡巴了不起，抽起来味道还不是一样的。"

女人们都围过去看嫁妆。她们看得很认真，看过了，很含蓄地说，还过得去。

有几个人忽然大声地招呼一条狗，那条大黑狗便向他们跑过去，一边跑一边摇尾巴。那几个人对这条狗鬼笑着，说："喂喂喂，看到吧，这是你们家从城里来的舅大爷呢，还不上前去认认舅大爷？"大家都嘿嘿地笑起来。这时候我看见了水香，她今天似乎精心打扮了一番，穿了一件灰蓝底细条子的花格罩衫，肩上搭了一块红条格子头巾，把自己弄成了一些小方格子。她拍着手朝我迎过来，说："哎呀，舅大爷来了！"我这才明白，原来舅大爷就是我，我就是舅大爷。

水香说新娘子马上就要来了，叫熊大头先带舅大爷回家吃"昼饭"。我知道她说的"昼饭"就是午饭。于是熊大头在前面走，我面红耳赤地撑着凳子跟着。我感到那些水甸人都在看怪物一样看我走路，但我不敢看他们。我听见他们在笑嘻嘻地跟那条大黑狗说话，他们说黑子黑子，去跟着你家舅大爷。真是狗听人唆，人家一唆，它就屁颠屁颠地跟过来了。它用鼻子左一下右一下碰我的腿和屁股，但我一点也不怕。反正我的腿也没用，你想咬就咬掉它吧。我听见水甸人哈哈地笑着，我忽然很生气，转脸对狗说："滚！滚你妈的蛋！"我把身子绷得紧紧的，用力提着凳子往前赶。

因为紧张，我没听见拖拉机来了，直到听见爆竹噼噼啪啪地响起来，又听见咚锵咚锵的锣鼓声和尖削的唢呐声，才扭头往后面看。我后面早已没有了大黑狗，也没有水甸人的目光。水甸人不看我了，都朝老槐树围过去了。先是小孩子围过去了，然后是青壮年围过去了，连老头子老妈子也都围过去了。小孩子撅着屁股往人缝里钻。那辆丰收二七型拖拉机就停在老槐树下。苗幸福和熊大头阳奉阴违，在我们这头他们听我们家的，可是到了他们那头，则一切按他们的意思办。他们是名副其实的大张旗鼓，不但用了拖拉机，还在拖拉机上插了八面彩旗。拖拉机一停下来，彩旗就不飘了，垂下来了。彩旗下面站着一班吹鼓手。他们是一面鼓，两面锣，一大一小两副钹，再加上两根铜唢呐，将老槐树上的大喇叭唱的革命现代京剧都盖过去了，将树上残留的几片黄叶都震下来了。

还有鸟，我没见过鸟，可是那天我开了眼界了，我看见了许多鸟，黄的黑的灰的麻的，大一点的小一点的，它们就在半空里飞来飞去，从这棵树上飞到那棵树上，又从那棵树上飞到这棵树上，还把一泡屎拉到我身上。我听见噗的一声，接着便看见了一泡鸟屎，有一点黄，一点白，巴在我右肩上。我闻到了一股热乎乎的腥味。

爆竹炸过之后的烟尘被风吹得散开来了。风是从小河里吹过来的。我透过四散的烟尘看见李玖妍正从拖拉机的驾驶室里往下爬，她的样子很茫然。苗幸福在她后面，水香在下面伸着手，等着搀她。水香终于抓住了她的手，搀她下来了。水香响亮地笑着，另一只手举得老高，大声叫人让开，又叫人再打爆竹。她说让开让开！打爆竹打爆竹！我看见打爆竹的人竟是熊大头，他忘了要带我到他们家去吃"昼饭"了。他嘴上叼着一根"壮丽"烟，拿烟点爆竹时嘻嘻地笑着，点着了就将爆竹扔向李玖妍。水香赶紧背过身子，而李玖妍却呆呆地站着。水香说："你跑呀，你往前跑呀！"但李玖妍不跑，低着头，爆竹在她跟前炸着，她眼睛都不眨一下。再有爆竹扔过来，水香便帮她挡着。水香一边推她走，一边大声地骂熊大头："大头你要死呀，你往哪里扔？几十岁的人也跟着装疯！"

李玖妍还是跟相亲那天一样漂亮，她穿的还是那件紫红色灯芯绒小翻领夹袄，里面是一件大红高领毛线衣。她的头是我妈给她梳的。我妈把她的头发剪短了一些，修了一下刘海，将鬓发用夹子给她抿到耳后去了，加上毛线衣的大红领子一托，使那张脸看起来像一个银盘。但我没有看到她的表情。她没有表情，呆呆地站在那里，有时候眼睛这里"刮"一下，那里"刮"一下。水甸人大约也都看到了她的漂亮，但他们首先看到的还是她的胖。他们大声喊苗幸福，幸福子幸福子，你老婆一身好肉呢！我听见苗幸福的笑声，但没看见苗幸福。他被人群淹没了。人群拥着他们往一栋泥坯瓦房走去。我看见房子前面有一棵树（后来我知道它是枣树），树旁边有一个小草堆，大门口贴着对联和喜字。吹鼓手分两边站在门口。熊大头又打了一挂爆竹，婚礼就开始了。

那天李玖妍很听话，水香叫她干什么她就干什么。水香说跪下磕头，她似乎犹豫了一会儿，水香又说了一遍，她就不犹豫了，跪下去磕头。水香说磕三个头就够了，不磕了，她便不磕，站起来。水甸人先是盯着她的胸脯，她的胸脯老是一颤一颤的；她趴在地上磕头时，水甸人又盯着她撅在那儿的屁股。她的屁股本来已经很圆了，里面又穿了厚绒裤，再并拢大腿将它撅起来，就更是一个滚圆肥硕的大屁股了。

水甸人一边啧啧地赞叹，一边高声喊苗幸福，幸福子幸福子，看到你老婆的胸和屁股了吗？你怕是吃不消的哟！

过了一阵子，水甸人又叫幸福子，幸福子你看你家黑子，它想跟你争老婆呢！

苗幸福的鼻尖和脑门上都冒着汗，他今天穿的还是去我们家的那一套，却一点都不瘪塌了。他一边掏出烟来，给大家乱抛一气，一边回应他们，——你们吵死呀！

黑子就是那条狗。水甸人说它要跟苗幸福争老婆，那就说明它是一条公狗。那天那条叫黑子的公狗的确很兴奋，它放过了我，紧跟着李玖妍，从中午到晚上，它都像个跟屁虫似的粘着她。李玖妍在哪里它就在哪里，用乌亮的鼻子在她两腿上碰来碰去。

我来水甸已经大半天了，水米还没沾牙。熊大头和水香，还有苗幸福，他们都把我忘了，他们跟吹鼓手挤在一起吃了"昼饭"，又忙着叫人摆桌子。他们把别人家里的桌子搬出来，大约搬了二十几张桌子，都摆在枣树下。下午五点钟左右，又打了一挂爆竹，又敲锣打鼓吹唢呐，喝喜酒的人便三三两两地来了。苗幸福拿着一盒"大前门"和一盒火柴，给这些人敬烟点火。人家说恭喜恭喜，苗幸福就说同喜同喜。他今天戴了一顶崭新的蓝布帽子，跟人点头时会泛着一抹只有戴新帽子才有的涩光。水香忙着安排人们入席，忙得差不多了，忽然想起我来了，她问熊大头："咦，舅大爷呢？"

熊大头一愣，说："哎呀。"

他们便到处找舅大爷，问那些来喝喜酒的人看没看见那个撑着一只凳子的舅大爷？当时我就靠在一面土坯墙上，我旁边是一个猪圈，后面是一个菜园，透过菜园土坎上的树丛可以看见不远处的那条小河。后来还是那条叫黑子的狗发现了我，它跑到猪圈边提起一条后腿撒尿，撒完了尿就朝我汪汪地叫起来。黑子叫了许久，水香才往这边看，大约看见了我半个脑袋，便胸脯一跳一跳地跑过来。

"哎呀你这个舅大爷，我们都找你半天了，你怎么躲在这里呢？昼饭还没吃吧？这要是说给我表姐跟表姐夫听，还不要怪我们不拿舅大爷当客？要知道你是舅大爷呢，你今天最大呢，你是要坐上席的呢，你躲什么呢？"

我没好气地说："我没躲。"

她说："好好好，你没躲，是我们怠慢了舅大爷。"

她先让我吃了半碗炒米粉。她说先垫垫肚子，不要吃饱，吃饱了就吃不下别的了。我吃了炒米粉，她又带我去坐桌子，安排我坐上席。我不肯坐，她说水甸的风俗就是这样讲究的，舅大爷为大，你舅大爷不坐怎么行呢？她抢下我的凳子，半拖半抱地将我放在上席的位子上。我感到浑身不自在，便将身子往旁边偏，在上席挂了一个角。

我旁边坐的是一帮主任。我听见大家叫他们这个主任那个主任。他们嘴里含着糖，嘴唇上却都叼着一根烟，还时不时地往嘴里喂花生瓜子。没一会儿，苗幸福哈着腰过来了，说各位主任都来啦，有这么多主任赏光，这下我苗幸福有脸面了。主任们喷着烟，或者吐着瓜子壳，说苗驼子，摆这么大的场面，娶了个仙女呀？苗幸福嘿嘿嘿光是笑。一个主任扬手往苗幸福蓝瓦瓦的新帽檐上拍一下，说你个死驼子，还不快叫新娘子出来？我们要验货！主任们便乱糟糟地叫着，验货验货！水香就笑嘻嘻的，把李玖妍从屋里拉到主任们面前，主任们一边看一边嘻嘻哈哈，说苗驼子苗驼子，人家高出你一个头呢，你趴上去只能吃奶呢！水香说你们这些大主任，嘴里积点德，人家是城里妹子呢。主任们说城里妹子怎么啦？嫁到我们乡下来了嘛，要入乡随俗嘛。苗幸福还是嘿嘿嘿地笑，一边笑一边拿个杯子倒满酒，双手端起来敬主任们。主任们说你也变成城里人了？不懂规矩了？你一个人敬什么酒？新娘子的酒呢？水香不知从哪里变出一只杯子，但李玖妍不接。水香轻声说，接到接到。李玖妍就是缩着不接。主任们说怎么回事，看不起我们乡下人？水香便死劲给李玖妍挤眼睛，可李玖妍低着头，似乎什么都没看见。水香就扭脸朝主任们咯咯地笑着，新娘子实在喝不得。主任们说咦，怎么喝不得？是人就喝得，除非你们偷了冷饭，肚子里有货了才喝不得。水香含糊地说，哟，这我可不知道，你们要问幸福子。主任们便看苗幸福，骂他鬼样，还有本事偷冷饭？老实说，偷没偷？苗幸福咧着嘴笑，咿耶咿耶，不知道他说什么。主任们又上上下下地打量李玖妍，这个说像，那个也说像，像呵像呵，像个偷过冷饭的呵。水香又咯咯地笑，你们这些大主任呐，羞得人家新娘子都站不住了。主任们更快活了，要苗幸福老实交代，苗幸福说喝酒喝酒。主任们说没那么便宜，你经过谁同意啦，就敢偷冷饭？苗幸福说我认罚我认罚。苗幸福连喝了三杯，主任们才放过了他。

在整个婚宴过程中，李玖妍再也没有出来。我下桌离开时，也没看见她。下桌后我倚在门边往屋里看，只看见了那条大黑狗。它叼了一块肉骨头，趴在房门口亲亲热热地啃着。晚上我睡在水香家，跟她的老大老二睡。老大叫熊金灶，大约比我小个两三岁。熊金灶小声问我，知不知道结婚是干什么？我当然知道，但我不说，反问他，他便吃吃地笑着，说就好比狗打花，公狗在上面，母狗在下面。他又问我，听没听到人家怎么说？我摇摇头，他又笑，说人家说的，今晚上你姐姐非扎包头不可。我不懂什么叫"扎包头"，熊金灶说这都不懂？就是要在头上绑一条手绢。我问他，为什么头上要绑手绢呢？熊金灶说被苗驼子搞的呀，人家说苗驼子熬了这么多年，今夜里一定要拼命搞的，不搞十回也要搞八回的，一定要搞得你姐姐扎包头的。熊金灶一边说一边鬼鬼地笑着。

第二天我本想去苗幸福家旁边转转，看看李玖妍是不是"扎包头"了，但一大早就被熊大头叫起来，他说快点快点，要赶车呐。他催命一样，我这里才刚收拾好，他扯着我一只手，背起我就走。我说凳子，我的凳子！他才一把捞起我的凳子。他昨夜的酒还没消，头发里都是一股酒气，脚下也发飘，背着我东摇西晃的。他把我背到大堤上，等汽车来了，又把我背上汽车，把车票钱给了我，自己却下车回去了。他说你爸会到汽车站去接你的。我是上午十点半左右到的汽车站，却没看见我爸，我只好自己撑着凳子慢慢挪回了家。

我回家时，正好碰到我爸妈在拆铺。他们不睡一个房间了，也不睡一张床了，李玖妍嫁掉了，把房间腾出来了，这两个在一起睡了大半辈子却越睡越冷的人，终于得到了一个机会。我妈像搬家一样，先把被褥搬过去，又把枕头和垫被搬过去，然后搬自己的衣服，最后是两把梳子，一面边框上长了锈斑的梳妆镜子和几根黑漆头发夹子。我爸待在房间里没出来，大约在收拾什么。他们都知道我回来了，却谁也不问一句。水甸那地方怎么样，人怎么样，婚礼怎么样，李玖妍

怎么样，总该问问的，可是他们各忙各的，不问。

苗幸福后来告诉我，结婚那天晚上，那条叫黑子的狗还赖在房间里，它以为还跟以前一样，它是趴在他床边睡的。他说黑子你出去！它只是敷衍地摇一下尾巴。他没工夫跟它多啰嗦，照它的屁股就是一脚。他几脚就把它踢到堂屋里去了，可是等他一转身，它一跳，又进来了。那天苗幸福多喝了几杯，他瞪起红红的眼珠子，久久地看着他的狗，忽然撇撇嘴，像小孩子一样哭起来。他居然哭得很伤心，而且越哭越伤心。他哭着蹲下来，对着黑子泪流满面。他的鼻涕又清又亮，快拖到地上了。他哭着对狗说："黑子黑子，叫你出去你不听，看见我结婚你不高兴吗？你真是个蠢东西呀，你说你赖在这里做什么呢，出去吧，啊？你没看见我有老婆了吗？我有老婆啦，你守在这里就不方便啦……"

苗幸福的话越来越多，他歙歙地说："黑子黑子，大家都眼红我呢，你看到了吧？见我不但娶了个城里老婆，还是个手脚齐全不哑不瞎白白胖胖的城里老婆，他们心里发酸呢，他们嘴上不说，可是我看得出来，他们的眼睛在说呢，心里在说呢，说得难听得很呢。他们说呀，这个女的要不是个破货，就一定是个有暗疤的，要不就是个傻子呆子，反正不是好货，好货能轮得到他苗驼子？世上又不是死绝了人。可是，这有什么用呢，我不听就是了，莫非我幸福子就该可怜到底？各人有各人的造化，各人是各人的命，他们眼红我一个可怜人做什么呢……"

苗幸福说着说着就站起来，顺手拖过一只凳子。黑子早有警觉，腿一缩，不等他将凳子举起来，一个侧跳，影子一样蹦出去了。

苗幸福笑两声，关上房门，扣上门搭子，却不见了李玖妍。他在房里转了一圈，转到床背，才看到了李玖妍。床背昏暗，苗幸福弯着腰看了许久，看清了李玖妍是裹着一条红花被子睡在地上。地是用石灰和黄泥夯的，又硬又冷。苗幸福便有点发愣了，疑惑了，心想这是怎么回事？有床不睡，睡在地上，她不会真的有点傻吧？洞房花烛夜呢，床在那里，铺的盖的都齐全，都是崭新崭新的，香喷喷的，你睡在地上干什么呢？苗幸福怎么想也想不通。他把蜡烛端过来，照了照，小心地说："你怎么会睡在地上呢？"但李玖妍好像没看见，更没听见，他

第十七章 结婚是一定要行房的

就有些气了，哪哪地踢两下床脚，说："你怕还不知道这是什么床吧？告诉你，这是两进的龛床，是土改时分的，过去是地主睡的！你看到那上面雕的花吧？谁家的床会雕花？会雕这么多花？只有地主家的床才会雕这样的花！你再看看房里的这几样东西，五斗桌啊，梳妆台啊，还有柜子啊，都是过去地主家才有的，是我请人照着样子打的。我这样做不都是为了你，怕委屈了你，可你还往地上睡，莫非地上会比床上还舒服些？"

雕花龛床很大，靠壁又高，像一堵墙，将一个长条形的厢房一分为二。床那边摆着床踏脚、五斗桌、梳妆台和柜子；这边是一些盆盆桶桶，包括白天人家挑来的盆桶，墙角里还有一只吃透了桐油的新尿桶。苗幸福端着红蜡烛在李玖妍头边蹲下来，因为李玖妍的脸朝着床背，所以他不能像跟黑子说话时那样脸对脸，他只能对着李玖妍的后脑勺。烛光忽闪忽闪的，照着李玖妍的头发和一只耳朵以及小半边脸。苗幸福说话时看着李玖妍的耳朵。耳郭很薄，耳垂软软的，在烛光里是一小团肉红色。苗幸福被李玖妍的耳朵搞得心烦意乱。他说："人家跟你说话呢，你怎么看都不看人家一眼呢？哪有这样的呢？没有这样的，莫说还有一张龛床，就是什么也没有，只用砖头架几块板子，你也是要上床去睡的。你是新娘子呐，这是结婚呐，不是儿戏，不上床怎么行呢？"

他伸出骨节粗大的手，犹豫着推推李玖妍的肩："你不会是嫌我吧？可是，我听水香婶子说过的，你不嫌我呢，要不就是嫌我喝了酒？你们城里女人是不是不喜欢男人一身酒气的？可是你结婚呐，人家给你贺喜呐，你不给人家敬酒？那是不懂礼数呐！"

他说着又推推李玖妍，这回推的是腰。李玖妍的腰呈一个"U"字形凹在那里。苗幸福的手一碰，她那里就凹得更深了。苗幸福说："要不这样吧，既然你嫌我喝了酒，那今晚就由你，我不挨你；你要不放心呢，那我到地上睡，你呢还是上床去睡，地上潮呐，冷呐，你是女人呐，怕潮怕冷呐。"他又把手伸过去，在李玖妍的屁股上操几下。李玖妍的屁股像受了惊吓似的往里一缩。但苗幸福的手已经不听话了，它情不自禁地跟着那个棉花包似的屁股往前走。苗幸福的手就像猫舍不得鱼一样舍不得李玖妍的屁股。李玖妍忽然将身子往上一抽，坐了起来，同时将被子扯过来，把自己裹得严严实实。苗幸福的手一下子落空了。他愣

了一下，紧跟着身子一倾，也凑过去了。

他说："哪有你这样不听人劝的呢，说了我睡地你睡床的嘛，你怎么还不动呢？要不你说一句话，你说怎么办就怎么办，我听你的。"

他的手又朝李玖妍伸过去。他看见李玖妍好像在发抖，便摸摸李玖妍身上的被子，说："你是冷呢，还是怕呢？你怎么发抖呢？"

他没想到李玖妍会踢他，李玖妍的脚突然从被子里飞出来，蹬在他的胯骨上，他一个趔趄坐在地上，蜡烛和盛蜡烛的碗都从手上飞掉了，哗啦一声，房间里便一片漆黑。

苗幸福像摸鱼一样在地上摸蜡烛，摸到了破瓷片，便发出几声响，又碰到了盆桶，也发出几声响。他终于摸到了一根蜡烛，又摸到龛床那边去，在五斗桌和矮柜上乱摸一气，总算摸到一盒火柴，把蜡烛点亮了，又端到龛床这边来。他还带过来一只凳子，将蜡烛坐在凳子上，又捡起另一根蜡烛，点亮了，也坐在凳子上。做完这一切，他才重新在李玖妍面前蹲下来。他的一个中指被瓷片割破了，正在往外渗血珠子。

"你蹬我做什么呢？你又不说话，我说话你又不听，还蹬我，这怎么行呢？"

他看见李玖妍的身子还在用力往后缩，又说："你怎么老往后缩呢？你真的害怕？你怕什么呢？我这个样子叫你害怕？还是怕跟我行房？你后面是墙，这边是床靠壁，你还想缩到哪里去呢？我不是傻瓜，我已经看出来了，你是怕我。你怎么会怕我呢？我又不是鬼，又不是青面獠牙，我是驼背你又不是不知道；我还问过水香婶子，我说我这副样子还敢想这样的好事？我说人家会笑我是癞蛤蟆想吃天鹅肉的，可是水香婶子说不会，她说你没意见，你肯嫁给我；还说姻缘这种事就是这样不讲理的，表面上看着不配，实际上鸳鸯谱上是早就配好了的。水香婶子叫我别瞎想，她说瞎想什么呢，只要一心一意等着当新郎官。我还以为真是这样的，以为你真是心甘情愿的……可是不管你愿不愿，我们都拜过了，结了婚了，是夫妻了；既然是夫妻了，总是要行房的吧？你听说过有结婚不行房的吗？没听过吧？不行房，人家娶老婆干什么呢？不行房不是坑人吗？你不是要坑我幸福子吧？我们两个前世无怨今世无仇，你坑我一个可怜人干什么呢？我娶你是

249

满肚子的高兴哪，哪想到你是这样的，莫说行房，才拿手挨你一下，你就拿脚蹬我……"

苗幸福说话时，李玖妍看着自己的膝盖，她的膝盖顶着红花被子缩在胸前。堂屋里的黑子在用脚爪抓房门，抓得吱喳吱喳地响。苗幸福忙里偷闲，恶狠狠地骂一声瘟狗。他越说越难过，又把自己说哭了。他泪眼婆娑，一边用力吸鼻子，一边解开棉袄纽扣，接着又气呼呼地又把绒衣和内衣拉起来，把胸挺给李玖妍看。他说："你看你看！"说着转过身去，把背弓起来，又叫李玖妍看："你看你看，这就是驼背，你弟弟骂的前驮金后驮银，就是这个！看到了吗？它就是稍微鼓一点吧，不会吃人吧？我不是个妖怪吧？就是妖怪也不能怪我，我娘她把我生成了这副样子，我有什么办法呢？再说，你愿意嫁妖怪你怪谁呢，嫁鸡随鸡嫁狗随狗，嫁根扁担抱着走，你嫁了，就由不得你，这个道理你不懂？"

苗幸福把唾沫都说干了，也没能说服李玖妍。他发现李玖妍是一块石头，他的话都是对石头说的。他威胁说，要不，明天我就跟你回老鼠街，当面问问你爸妈，跟人家结婚却不肯上人家的床，世上有没有这样的事？最后他没话说了，也没心思说了，张着两只手，像一只青蛙似的一跃，把李玖妍压住了。李玖妍除了发抖，既不哭叫也不哀求，她的反应似乎有些迟钝，苗幸福压在她身上时她才醒过神来，然后她就表现得相当惊恐相当绝望。苗幸福说你不要掀我，我不是别人，我是你老公，我是新郎官！可是她根本不管他说什么，她的所有动作都是大幅度的，她推他，用膝盖顶他，把身子反翘起来，企图用肚子把他顶下去。起初苗幸福还有点胆怯，缩手缩脚地放不开，眼看她差一点就要从他手里挣脱掉了，他才真正动起蛮来。他用他骨节突出的大手揪住她，一把将她扯回来，重新压住。他发现她的长着疤痕的指头没什么力气，看着好像把衣服抓得紧紧的，可是他一扯，就从她手上扯下来了。他觉得自己并没花多少力气。他心想不动蛮还不知道，原来你不是不肯，只是装装样子的。

他说："你不要不好意思，结婚就是这样的呐，一定要行房的。"

那条叫黑子的狗还在门上抓扒着，苗幸福也没工夫骂它了，脱下自己的鞋子，把鞋子朝门砸过去。他把她的衣服都扯掉了，又把她的裤子也扯掉了。她抱着胸脯将身子蜷起来。苗幸福手忙脚乱地掰开她的手，用头和肩膀拱开她的身子，用膝盖顶开她的大腿。苗幸福像掰一只柚子那样将她一瓣一瓣地全掰开了。这时候鸡在叫头遍了，还有狗，也在叫。狗和鸡的叫声此起彼伏，响成一片。黑子好像也在叫，"汪汪汪"。苗幸福就在这么热闹的叫声中和李玖妍行房。他激动地对李玖妍说："哎，哎，噢！"

鸡和狗又叫了一遍，天色便一点一点地灰亮起来了，透过那个糊着报纸的木格子窗户，可以看见外面那棵枣树的弯弯曲曲的影子。

苗幸福家门口的那棵枣树很大，是一棵老枣树，站在枣树下可以看到那条小河和一大片萎黄的河滩，还可以看见沿岸的村庄。天色完全白亮了以后，苗幸福就准备夹着他的工具包到人家家里去上工了。婚已经结了，要勤勉过日子了。走之前他磨蹭了很久，他像做了错事似的低头在床前站着，站了一阵子，又到堂屋里站一阵子，转身又回到房里。房里还是暗暗的，龛床上更暗一些。李玖妍裹在被子里，背对着他缩在床角里一动不动。苗幸福觉得他一定要跟她说一句什么话，可又没想好怎么说，他皱着眉看着她的衣服和裤子。她的衣服裤子被他东一件西一件地乱扔在地上，衣服开了线缝，裤子也裂了一条长长的口子。他想了想，忽然一把捞起她的衣服裤子，包括一条被他撕成两片的红底碎花小裤衩，又从床背拿了一只红木盆，然后在水缸里舀了水，坐在堂屋里洗这几件衣服。

屋子里的光线就是在苗幸福洗衣服时渐渐明亮起来。衣服洗好了，苗幸福打开大门，将这些被撕破的贴肉衣物晾在外面一根竹篙上。那根竹篙一头搭在枣树上，一头搭在一副三脚叉棍上。晾好了衣服，苗幸福用力伸了一下身体，他的样子有些疲倦，于是他又像做广播体操那样，平伸了几下胳膊，双手按在胯上甩了甩腰。他一边甩腰一边朝河对面看着，看着看着，莫名其妙地嘿嘿笑了两声。

他又回到房里，从柜子里拿出一件圆领棉毛衫，一条红花裤衩，一条衬裤，轻轻放在枕头边，然后搓着手，对着李玖妍的后脑勺说："你换洗的衣服我都是准备好了的，都是崭新的，我给你放在这里哈。我现在要到人家家里上工去了，早就说定了的事，再拖不得人家；你换下来的衣服我已经给你洗了，你自己记得收一下，晚上我来给你补。"

他套上袖套子，拿起放在床边矮柜上的工具包——就是一块包袱皮，里面包着一把剪刀，一根竹尺和一根皮尺，一个针包，一块画线用的粉饼——在臂弯里

251

夹着，又看看李玖妍的脊背，就带上门走了。走了一阵子，他又回头看看那几件晾在枣树下的衣服，同时看看戳在屋顶上的烟囱，心里甜滋滋的。他想万事开头难，以后就好办了，就顺当了。今天有老婆，明天就会有孩子，往后他会有一窝孩子。一窝是多少呢，是五个还是七个呢？

黑子跟在他脚边走了两步，他大声地叫黑子回去。他给黑子做了一个手势，非常和蔼地对黑子说："你以后别跟着我了，老实待在家里。现在家里有人了，你就跟着她，知道吗？她刚来，人生地不熟，不习惯，你快回去陪她，啊？你没听到？你要我踢你两脚？"

黑子犹豫着又跟了他几小步。他严厉地说："回去哈，小心我踢你哈！"黑子眨眨眼睛，坐下来，屁股刚落地，他忽然跺一下脚，黑子缩缩脖子，又站起来；他又跺一下脚，黑子便背一弓，掉转头，"喔汪"一声，撒欢似的往回跑。

苗幸福又嘿嘿地笑两声，唉起嘴唇吹着口哨往前走。他吹口哨的水平极差，或者说根本不会吹，可他还是呜呜呜呜地吹着。他吹着口哨出门，又吹着口哨回家。回家时他远远地听见黑子在叫，看见那几件破衣服还在枣树下晾着，还看见烟囱在冒烟。虽然天已经黑了，他还是看见了烟。烟软软地一圈圈地叠在那里。

在这之前，苗幸福家的烟囱是难得冒一回烟的，他夹一个裁缝包，带着黑子出东家走西家，他吃人家的，狗也吃人家的。他的烟囱是冷的，是个摆设。人家的烟囱是一片焦黑，烟囱口上都疙疙瘩瘩地巴着厚厚的已经炭化的烟垢，他的烟囱却一年到头都是干干净净的，烟囱口上砖是砖泥是泥，一清二白。而现在呢，他家的烟囱也冒烟了，烟像蘑菇般一朵朵地开着。他半张着嘴站在那儿发愣。这些烟以及它们所形成的气象使他猝不及防，在他所憧憬过的情景里，他忽略了这个细节，他没有准备，所以心里一下子鼓涨了，涨得很满很满，就像一口缸被呼啦一下子装满了，再也装不下别的了。他鼻子都酸了，却极舒服地喘出一口气，在心里叹着，这些烟真好看，真有味道啊。

原本他还有些担心的，怕她不会过乡下的日子，不会烧那眼土灶。现在他不用担心了。他想她一个大活人，就是看起来没那么活泛，可是她什么不会呢，哪能饿着呢。他顺手收了那几件破衣服，把它们一件件挂在臂弯里，同时他有些歉意地摇摇头，一个人笑了笑，又继续很温暖地往下想：现在我不是一个人了，我

确确实实有了一个家了，我撑起一户人家了；既然已经是一户人家，那就该有个当家的吧，家是可以放心交给她吧？

　　他的所谓"家"，不是他的土坯瓦房，不是土灶和烟囱，也不是雕花龛床，而是他这些年攒下来的钱和一点粮票布票，还有一串钥匙。钥匙分大门钥匙房门钥匙和箱笼钥匙，一般人家最要紧的是箱笼钥匙，而苗幸福从来没有箱笼，他最要紧的是一只小小的缝得很精致的蓝布袋子，吊在他的裤带上，那里面装着他的钱，还有布票和粮票。他把手伸到裤腰上，将那只成天吊在那儿的蓝布袋子解下来，和一串钥匙一起，都轻轻地放在她面前。他对她说，以后这个家就归你管，反正吃穿是不要你发愁的。

第十八章　喊叫

　　苗幸福跟主任们说，他老婆不会干农活，主任们说赶鸡赶雀子会吧？他们就安排李玖妍守油菜苗。苗幸福便拜托水香，由水香把李玖妍带到地坎上，给她一个小凳子，叫她坐在那儿，又交给她一根竹棍子，棍子头上绑着一把稻草，叫她看见鸡呀鹅呀雀子呀就用这根棍子赶，不要让它们啄油菜苗。李玖妍就拿着那根棍子在地坎上守着，有时候她会东跑西颠地去赶那些鸡和鹅，还有麻雀黄雀八哥白头翁，有时候又好像完全忘了她是干什么的，鸡和鹅和雀子们便快活得叽叽喳喳叫个不停，肆无忌惮地啄吃刚钻出土的嫩油菜苗。不是黑子多事，朝它们吠叫，还蹿来蹿去地赶它们，油菜苗怕是早被它们啄光了。这回是主任来找苗幸福，主任说你个苗驼子，你去看看还剩几根油菜苗？苗幸福嘻嘻地傻笑着。主任说，你老婆是个秋白梨，好看不好吃的。苗幸福说反正水甸也不缺她这份劳力，你若是再叫她出工呢，不但要给生产队带来损失，无形中还让我占了大家的便宜，让大家白给我老婆工分。主任说，苗驼子，你不会是想在家里养个资产阶级吧？谁不要劳动？苗幸福说那好吧，由你们。主任说你也说了，你不想占大家的便宜，那就给你老婆定两分工吧，莫嫌少哈！苗幸福说，我苗驼子是那样不懂事的人？

　　这样，李玖妍手上就总拿着一根绑了稻草的竹棍子，守完了油菜又守秧田，守过秧田了，再守花生地和红薯地。花生地和红薯地都在村子后面，是一块像胖子的肚子般隆起的夹沙地，一半种花生，一半种红薯。苗幸福对她说，花生是要分给各家各户过年的，红薯是细伢子喜欢吃的，你要好好守哈，没守住大家会有意见的。她就很努力，比守油菜地时好多了。不论有没有太阳，她都戴着一顶麦秆草帽。麦秆草帽编得比较密实，帽檐有点重量，总是低低地耷拉着。现在她的任务主要是对付猪，花生红薯都是猪喜欢的，猪嘴又利害，拱起来跟犁地一样。只要看见猪来了，她就跑过去赶，笨拙地一下一下地挥着竹棍子。黑子则是那根竹棍子的延伸，它箭一般射过去，跟着猪屁股，用嘴去叨猪尾巴。竹棍子上的稻草越来越少，少到一定的程度，苗幸福就会再拿一把，给她绑上去。

苗幸福准备像模像样地过日子了，他在那棵枣树旁围了一小块菜地，从栽小白菜开始，到辣椒蕻菜丝瓜茄子豆角苦瓜，人家菜园里有的，他都有。早晨他天蒙蒙亮就起来，在菜园里忙上一阵，抱着些刚掐下来的还带着露珠的蕻菜回到屋里，擦擦汗，洗洗手；若时间还早，便坐到灶前给李玖妍煮好一锅饭，然后把工具包一夹，吹着口哨到人家家里去上工。天气转暖后，有一天他用包工具的包袱布兜回来十几只小鸡，过了几天，他又兜回来几只小鸭子。小鸡小鸭黄黄的，毛茸茸的，啁啾啁啾地叫个不停。苗幸福本来还想抓回一头小猪，可家里就李玖妍一个人吃饭，潲水有限，想想就算了，有鸡有鸭，也像是一户人家了。等将来人口多了，猪是一定要养的，乡下人家不养猪哪像话呢。他找来一个瓦钵，舀了一点细糠，又舀一点碎米，再放一点水，教李玖妍给鸡鸭拌食。他边拌边说，不要稀，也不要稠，不稀不稠就好。拌完了，又拿拌食用的小棍子在钵沿上敲几下，小鸡小鸭就围过来了。他说看到了吧，畜生都是通人性的，它知道你叫它吃呢。

没猪时，那块胖肚皮似的地里很安静。附近有牛在吃草，田里有人在干活，细伢子在堤坡上疯跑，村子里有炊烟升起来。离村子不远是一个知青点，绑在砖柱子之间的绳子上稀稀落落地晾晒着几件衣服。砖柱上写着红色的标语。那样的标语李玖妍应该很熟悉。她会盯着标语看一阵子，盯着牛看一阵子，盯着干活的人看一阵子，有时候还会盯着那些正在生长的花生或薯藤，偶尔还会打打瞌睡。这时水香的大儿子熊金灶，还有些别的小孩，会悄悄地溜过来，将她的草帽掀掉。他们不看别的，就看她头上是否又"扎包头"了。他们看见她几乎没一天没

第十八章 喊叫

"扎包头"。他们说,哦嗬,又"扎包头"啰!她一时手足无措,脸都吓白了。熊金灶们更快活,叫得更起劲。

有时候水香路过这儿,碰到这拨小皮猴子在那里吵闹,会就近揪一根树枝或荆条在手上,把树枝或荆条抽得呼呼作响。小皮猴子们拔脚就跑,水香边追边骂,你们这些打短命的,欺负老实人!看我不扒掉你们一层皮!

那阵子水香来我们家已经没那么勤了,我们家不要米也不要红薯,所以她大约两个月左右才来一次。来了,总要说一说李玖妍在水甸的情形。谈到细伢子喊"扎包头",她怕我妈脸上不好看,舌头打个滑就过去了。只要涉及苗幸福和李玖妍,她似乎是点滴不漏的,油菜苗和秧田,花生地红薯地,菜园子……她的嘴巴好比一架照相机,通过她的嘴巴,我们看到了抱着竹棍子坐在茵绿中的李玖妍,看到了黄茸茸的小鸡小鸭……

绘声绘色地讲述了一番之后,水香便感叹说:"幸福子这个人哪,为了能让老婆得一份轻闲,自己熬夜给那些正副主任们做了多少裁缝活?不是没有人眼馋她,可是眼馋有什么用呢?人家主任说了,你们这些人哪,眼睛就这么浅?说人家会坐肿屁股,那让你坐?等人家慢慢来嘛,凡事都有一个过程的嘛!你听听,主任就这么向着她!再说了,幸福子哪里又是为了要养那几只鸡鸭呢?那还不是怕她在地头上坐得发闷,让她回家好有个消闷的吗?嫁给这样的人真是福气哦!"

我妈淡淡地说:"她有这点福气不还要谢你吗?"

水香似乎听不出我妈的淡味,或者听出来了也不在意,下回来了,又照样说。有一回还说到鹅,她说:"幸福子又给她捉回来几只鹅崽呢,鹅像小孩子一样会跟人的,那几只胖乎乎的小鹅崽头尾相连,一摇一摆,像个尾巴似的,她走到哪里它们跟到哪里,她去刷个马桶它们都跟着,看得我都有点眼馋呢……"

我是前年又去的水甸,我看见我姐夫苗幸福的头发都花白了,像顶了一脑袋草木灰。那条叫黑子的狗是早没有了,如今跟着他的是个长着一双大眼睛的小女孩。他变成了一个成天弯着腰的人,背也驼得更高了。他跟我说起过去的那些事时,脸上没什么表情,说到和李玖妍的房事,平均约三分钟就要念一句——说起来难为情呐，但脸上却看不出他有多么难为情。他不像当年水香那样总说鸡鸭鹅，他主要说房事，说李玖妍如何喊叫，他的意思似乎是喊叫对她的脑子起了作用。他像说别人的事一样说着自己的事，他说这是你老弟来了，我就把这些事都跟你说一说，你不来，我就让它沤在肚子里。说之前他还把那个小女孩赶开，说大人说话，小孩子别缠在这里，出去玩你自己的，快去快去！

那时候苗幸福肯定是幸福的，他说那些日子他天天吹口哨，从早吹到晚。他说一个人从小受点苦算什么呢，等到苦尽甘来，你就知道老天爷是记得你的。人家说幸福子你瘦多啦，有老婆不一样吧？累人吧？你一夜要往老婆身上爬几回呢？他只笑不答，心想爬几回关你屁事。不过他有时候也觉得奇怪，自己做那件事怎么有那么大的劲头？老话说做这种事不能贪，否则不坏眼睛就坏腰，可他却是越做越有劲，做一回觉得人清爽了一回。还有李玖妍，更叫他奇怪——这时候他便跟我客气一句，说跟你说起这些挺难为情呐——头一回让他费了那么大的劲，以后也是，费劲不说，还都跟个死人似的，你忙你的，她一点动静都没有；可是到了好像是十几二十回吧，她就慢慢地热起来了，到第四十回第五十回，屁股下的床单都被她弄湿了，再往后呢，弄湿了床单不说，还自己动起来了，还嗯啊嗯啊地叫唤。她头一回叫唤时，他还不习惯，不知道怎么回事，以为自己哪儿做得不对，或者把她弄疼了。他说你疼吗？可她不理他，她叫她的。当时又摸着黑，看不见她什么神情，他心里还七上八下的。下回她又叫了，叫得更厉害，他又问她，她又不理他，再下回他就不问了。他想原来她是会叫的，原来就是这样的。

她叫唤时嘴里有一股很重的味道，开始他只顾了新鲜，没注意，后来注意了，那味道干干的，像霉豆腐似的，而且是热烘烘的，灼人得很。她一回比一回叫得厉害，到了第七十回第八十回，她叫得他都有些害怕了，好像她的力气全用来叫了，那棵槐树上的喇叭声音大不大？她比喇叭的声音还大。她的声音擦着他的脸飞起来，就像一些滚烫的明晃晃的玻璃渣子。他摸到她脖子上的筋都是爆出来的，那些筋脉还在他的指头下一点一点地变粗，扑突扑突地跳。他觉得她的脖子像一截缠满了粗藤的树干。她的叫声似乎就是从这些筋脉里跑出去的。他耳朵里全是她的叫声。他觉得有点不大合适了，虽然他家和别人家隔得远，中间有几个菜园，有几块田，可她这么个叫法，跟玻璃渣子似的，人家会听不到？人家的耳朵不会被她割出血来？他轻轻地抚摸着她那些鼓突暴跳的筋脉，想让它们平复下去，同时对她说，哎，哎哎，你稍微小声点，小声点小声点，叫人听见了难为情呐。可他说了等于没说，她根本不听，或者根本听不见。他的抚摸也不起一点作用。她一边颠啊颠的，一边照样叫她的，噢呀！噢呀噢呀——！他感到耳朵一阵滚烫酥麻。

这样叫过之后，她就开始头痛了，要拿手绢绑在头上了，"扎包头"了。

水甸人说幸福子你真厉害，不是见你老婆"扎包头"，我们还以为你夜夜都在杀猪呢，听人家这么说，他脸上觉得难为情，心里却有些暗自得意。不过他又嘀咕，到底是我厉害，还是她厉害呢？

他觉得她的眼睛是在第一百五十回左右的时候变得清爽起来的，当然也不是很清爽，而是有点清爽了，不那么木木的涩涩的了，有点亮光了，也就是有点神了。他说他看见她的眼睛有点神了，才知道原来她的眼睛是没神的。他一直都是瞟她的，不敢正眼看她，在做了三十多回之后才敢多看她几眼，那时候他一点也不觉得她的眼睛没神，以为她就是那样的，觉得那样挺好看。可是到了第一百五十回左右的时候，有一天她忽然说："这里叫水甸？"他愣愣地说："怎么，你不知道这里叫水甸？"她皱着眉说："哦，水甸。"这时候他就发现她的眼睛跟以前有些不一样了。他想这是怎么回事呢？她人瘦下去了，眼睛倒清亮起来了？是不是把肚子里的什么东西叫出来了，还是把心里的什么疙瘩叫开了？他猜不透原因，但他觉得应该和她的喊叫有关系。他就更卖力了，他想这本来就是传宗接代的事，又似乎对她有好处，一举两得，累一点怕什么呢？累几下就会累死？这以后他再也不叫她小声点了，由她喊叫，反正别人听也听过了，说也说过了，他自己呢，也习惯了。结果他看见她身上越来越瘦，眼睛越来越有神了。他不喜欢她瘦下来，却喜欢她的眼睛有神。他觉得以前看她好像隔着一团雾，就好比起大风的日子，灰飞沙走，只看见一个人影子，现在风停了，灰呀沙呀都落了地，看起来就清爽了。

可是她那里清爽了，真切了，他这里却撑不住了。他的腰不行了。他的腰又酸又胀。他这才信了，原来真会坏腰的。他悄悄问一个草药郎中，用什么东西可以把腰撑起来？草药郎中给他挖了一味草药，说是"野萝卜"，让他拿"野萝卜"炖一只鸡。他到人家家里去上工时，厚着脸皮把"野萝卜"交给东家，请东家用它炖一只鸡，说结账时把鸡钱扣掉。东家认识"野萝卜"，背过身去鬼鬼地笑，肩膀一耸一耸的，但他装做看不见。

"野萝卜"炖鸡很苦，但有用，帮他把腰撑起来了。也许是他的腰被撑得太硬邦了，大约在快有二百多回时，她吃不消了，头上绑一条手绢已经不够了，要绑两条或者三条了，也就是要扎一个厚厚的"包头"了。即便是扎了一个厚厚的"包头"也还不行，她还要一天到晚蹙着眉心。她老是蹙着眉心死盯着一件什么东西，比如她盯着鸡鸭鹅，或者盯着黑子，可是鸡鸭鹅走远了，黑子也跑掉了，她还盯在那里。

有一回他收工早，回家时太阳还老高，他就往花生地那边走，忽然听见她一个人在那儿说话。她坐在一只小凳子上，怀里抱着那根竹棍子，棍子头上的稻草被阳光照得金黄。她的脸罩在草帽下面。他听见她说："我怎么老像在做梦呢，怎么回事？忽闪忽闪的……你们说呀，怎么不说呢？"她面前趴着黑子，还有那几只鹅。鹅低着头在吃花生地边上的嫩草。她的眉心蹙得紧紧的，又说："你们怎么不说呢？你们看都不看我，只顾吃草，你们也嫌我？认为我活该？"她忽然把手握成一只拳头，在头上一下一下地捶着："我头疼死了，你们不要叫，你们这样叽叽叽就跟拿针在扎我一样……"

她怎么会跟畜生说话呢？他转身又跑到隔壁村子里去找那个干巴瘦小的草药郎中，说他老婆头疼，还跟畜生说话。草药郎中说那你找我干什么？应该去找赤脚医生拿药吃。他说我不信赤脚医生。他从怀里抽出一瓶高粱酒，草药郎中便改口说，你这是为难我呀，我只好试试吧。草药郎中问他认不认得一种叫"犁头尖"的草？他说认得。草药郎中说，认得就好办，你去扯这种草，扯它一畚箕，洗干净了，扔在大锅里，把锅里舀满水，烧开后再让它滚几滚，叫她当开水喝。他按草药郎中说的，拔了一大摞"犁头尖"，用一根藤子拴着，回家熬了一锅浓浓的黄绿色的汤，自己先尝了尝，觉得酸酸的。他怕李玖妍不喝，便把汤灌进热水瓶，家里两个热水瓶都灌满了。以后晚上下工回家时，他都要顺便扯一摞"犁头尖"，回家后的第一件事就是摇摇热水瓶，一个热水瓶空了，一个还剩小半瓶。晚上他又熬一锅汤，又将两只热水瓶灌满。

这样过了一个多月，村子附近的"犁头尖"都快被他扯完了，李玖妍的头还是疼，而且更疼，头上又加了一条手绢。倒是没再听见她跟畜生说话了，但人却瘦得更快，瘦得叫人发慌。他没见过瘦得那么快的，就像化雪似的，他看见她的身子小下去，骨头凸出来。他怕是"犁头尖"把人喝坏了，就又去问草药郎中，她怎么像在剐肉呢？原来白白胖胖的一个人，现在只看见骨头了。草药郎中说，剐不剐肉不关我的事，你也喝嘛，看看喝得坏人不？他想想也是，就自己也喝，反正"犁头尖"多得是，田头地角都长。结果他没瘦，也没胖，跟原来一样。

他又看见她咳嗽。她咳得也不厉害，可是一咳就是一大泡痰。每回都是这样，她喊过了叫过了，过了一会儿，你以为她累了，要睡着了，她却好好地咳起来，咳着咳着就往床沿一趴，往地上吐痰。他便赶紧摸火柴点灯。他看见她的痰是白色的，黏嗒嗒的，冒着许多小泡。他想她哪来的这么多痰呢？他再去问草药郎中，草药郎中咂一咂瘪嘴，拈一拈黄须，略一琢磨，问苗幸福，她眼睛还清爽不？苗幸福说，这我说不准，有时候还清爽，有时候又好像有点那样，这些日子都是这样的。草药郎中便说，她怕是个被痰迷了心窍的人，不是被一口痰迷住的，是左一口痰右一口痰，被慢慢迷住的；以后你就看她的眼睛，要是她的眼睛越来越清爽了呢，你就放心让她吐，她吐痰是好事。苗幸福将信将疑，还是说了些感谢的话，草药郎中摆摆手，说你不要谢早了，我说的也不一定，若是真说中了，也是瞎子打老婆撞到的，是你家祖坟在冒青烟呢。

正如草药郎中说的，苗幸福看见她的眼睛确实是越来越清爽了。

苗幸福说，假如她的眼睛像一盆清水，一眼见底，他不会认为那是"越来越清爽"，因为那是傻子的眼睛。即使是七八岁的孩子，你都看不到底的。而她的眼睛呢，就拿一面镜子打比方吧，原先是灰太厚了，镜底又生了锈，根本不知道它是镜子，现在灰和锈都被揩掉了，猛一看吓你一跳，原来它把你照在里面。你的眼睛看过去，她的眼睛一闪，就把你的眼睛挡住了，顺着你的眼睛看过来了，你会觉得你被她的眼睛拿住了，弄得你头都抬不起来。以前她哪是这样的呢？以前她要么不看你，要看你也是忽一下就过去的。

到了约二百五十多回以后，他担心的只是她的瘦了。她瘦得真让他感到害怕了。他要带她到公社卫生院去，她不肯去。她说："干什么？"苗幸福说："你这样瘦下去不对头，还是到卫生院去，请人家把把脉。"他看见她一下一下地摇头，头发都甩起来了。他不知道她要干什么，看着她，不敢吭声。过了一会儿，他讷讷地说："你瘦得这么厉害，不去看一下怎么行呢？还有头疼，也是要看看的。"他看见她的目光朝着房顶，又落下来，落到他脸上，一眨也不眨。苗幸福被她看得如坐针毡，好像五脏六腑都被她看穿了。看着看着，她忽然问他："你叫苗幸福？我怎么会嫁给你，跟你结了婚？"苗幸福一下子愣住了。她不等苗幸福回答，又问他："你说我冤不冤？"她用左手去捏右手，左手小，右手大，只能捏住一大半，但她似乎想全捏住，便变换角度去捏。她说："你看我是不是人不人鬼不鬼？你说我活得还有没有一点意思？"苗幸福被她问得满脸愧色，他说："这个这个，是这样的……都是事先说好了的，是不？不管怎么说，我呢也是有一门手艺的，吃穿还是顾得到的……"他还想找话说，可是她又问他："我怎么落到了这个地步？"他便不知道怎么说了。她把两条眉皱到一起去了，两只眼睛也靠到一起去了。她又用拳头打头，说："我的头都裂开来了，我真是生不如死，我不服！"苗幸福被她说得惴惴不安，说："你怎么能这样想呢？夫妻都做了，还有什么服不服的？是吃的比不过人家，还是穿的比不过人家？我除了背上不齐展，手脚也不比人差……"她说："我头疼！我不服，我宁愿去死！"

苗幸福吓了一跳。他心里没底了，只好去找水香，说李玖妍怕是想反悔呢，说她宁愿去死呢。水香问他，李玖妍是怎么说的呢？他学了一遍，水香说，你见过谁说死就死的？你管她怎么说，人都被你睡烂了，再悔她能悔到哪里去？你只管好好过你的日子，让她早点把肚子挺起来。苗幸福愣了愣，说是呀，这么久了，她是不是怀上了呢？水香说那会作呕的，她作呕了吗？苗幸福说好像没有，想想又说，只是老咳，一咳就是一大泡痰。水香便撮起嘴笑道，咳算什么？那就是还没怀上，幸福子你没用呢，还要再加把劲呢！

可是再到了晚上，苗幸福就是想加把劲也不行了，李玖妍手不动脚不动，只是将身子甩一甩，冷冷地说一句，你别动好不好？苗幸福就不敢动了。苗幸福自己也说不清这是怎么搞的，自己怎么又怕她了？她什么地方让人怕呢？他就侧眼看着她，忽然觉得她像什么，像什么呢，想了半天才想到一棵冬天里被冰裹住的树，看着就是一股寒气。说到这里，苗幸福咂巴一下嘴，对我说，我哪里知道她这是完全变清爽了，她是在想事呢？

那年的桃花水一下来，水甸前面的那条小河就变黄了，也变宽了，河水把岸坡浸没了一大半。芦苇也长起来了。到五月，芦苇开始簇堆了，六月就连成片了。这时候有个工作组来了，就是在这个工作组往人家房墙上刷标语的第三天，李玖妍不见了。

那天苗幸福在东家家里吃过晚饭，吹着口哨——他说他已经吹成习惯了——回家，在家里没看见李玖妍，那条叫黑子的狗也不见了。鸡鸭鹅都在。他想平常这时候她早从花生地里回家了呀。他在门口看见了那根绑着稻草的竹棍子，还看了那顶草帽。草帽挂在门框边。他说喂，喂了几声，听见了狗叫，就来到岸坡上，看见黑子沿着岸坡跑过来。月亮刚升上来不久，弯在头顶上，像挂着一把刚磨过的镰刀。坡脚边沙沙响着的是才长了两尺来高的芦苇，河水被月光照得亮亮的，波光是一副很诡谲的样子，一闪一闪的。苗幸福看看黑子，又看看河，心里凉了一下，他说黑子，人呢？黑子扭转脖子汪汪地叫了两声。苗幸福看见了一只马桶，马桶上的红漆在月色下泛着亮光，马桶过去一点是一只马桶刷子，马桶刷子过去就是一闪一闪地泛着亮光的河水了。苗幸福的头皮就麻了，他围着马桶转圈子，转了几圈又蹲下去。泥沙地上有一些字，好像是用指头画出来的，他还勉强认识几个字，他看见了"苗幸福"，又看见了"对不起，我走了"，就什么也不看了，一下子就哭起来，说我知道你觉得冤，嫁了我这个驼子，可你就是再冤你也不能走这条路呀……刚哭了这一句，又扯破喉咙叫救命，不得了啊！我老婆，她她她、她在河里呀，快来人，救救救、救命哪——！

水香头一个跑来了，然后水甸人杂杂沓沓地都来了。水甸人问苗幸福，你什么都没看见，不见衣服也不见鞋子，凭什么说你老婆在河里呢？苗幸福说在呀在呀，我知道在呀，不信你们看这些字，这是她写的字呀！水甸人说字呢？苗幸福便到处找字，他趴在地上，在地上爬着。是呀，字呢？他又哭起来。他哭着说，字都被你们踩掉啦！水甸人说，你看到她写的字啦？他说，我当然没看到了！水甸人说，那她写的字是怎么说的呢？苗幸福说，她说她走啦！水甸人说，操，走了？水香你拍胸脯给人家幸福子做媒，可你给人家幸福子弄来个什么老婆？说走就走的？水香说，怎么怪到我头上来了？我只包得她是个女的，我还包得了别的？脚长在她身上，她要走我管得了？苗幸福跺着脚说，谁说她走了呀，她说走了就是走了呀？她是往那条路上走了呀！水香说幸福子你说一句公道话，我给你做的这个媒哪一点不好？是她不跟你睡呢，还是偷人养汉了？好的时候是你们，不好就怪到我头上？苗幸福说现在哪有工夫扯这些？她蹽了河呀！大家赶快救人吧！水甸人说，不对呀，我们看见她一天都坐在花生地边上呢，好好的她蹽河干什么呢？莫非你们吵了架？苗幸福说我们吵什么架？水甸人又问，那你打了她？苗幸福说我打她干什么？水甸人哦一声，说，那就不会，没打没骂，她怎么会走那条路？再说又没到下河洗澡的时候……苗幸福说我跟你们说不清哪，我心里知道呀，她想反悔呀，她觉得她嫁得冤哪，她闷头想这件事呀，她不想过啦，她说她活得没一点意思啊……你们看，这是她的马桶呀，她把马桶扔在这儿，还有马桶刷子，她不是蹽了河会是什么呀！

　　大家就看马桶和马桶刷子，看了一会儿，又看宽宽的银光闪闪的河面。他们说这怎么办呢？这么无边无际的，又是夜晚，怎么救呢，这哪里看得见人呢？水香跌着脚说，幸福子不是我说你，老婆给你说进了门，你怎么就守不住呢？苗幸福说怪我怪我，是我薄福贱命！大家赶快救人吧！救人吧救人吧！苗幸福边说边给大家作揖，我求大家帮忙啊，我给大家磕头，我明天买烟给大家抽。水甸人叹着气说，你这样说了，那有什么办法，找得到找不到，也总还是要找一找的，做人是这个样子的啊。

　　他们分成两拨，一拨在土堤上，一拨划着小筏子。他们用手电筒在河面上和堤脚边照来照去。他们还拿来了渔网，哗啦啦哗啦啦地撒了一网又一网。他们又拿来了绳子，在绳子上绑上石块和粗大的渔钩，他们把这叫做"滚钩"。他们说还是拿"滚钩"滚一滚吧。他们还是不信苗幸福说的，一边说好好的人怎么会蹽河呢，一边牵着绳子在河里来回扯动，把鱼弄得惊慌失措，在水面上啪哒啪哒地乱跳一气。月光把跳起来的鱼照得白花花的。他们说哎呀，怎么没想到今夜里来打鱼呢？要是今夜里打鱼就好了。

　　苗幸福对着喧嚣的河面高声喊着，你快回来呀，你莫走远哪！

网撒了，"滚钩"滚过了，他们就顺流而下了。他们说人跟人是不一样的，有的人是很快就会浮起来的，你老婆怕是早就浮起来啦，已经漂走啦，我们追不上啦。苗幸福对大家说，帮帮我吧帮帮我吧，明天我一定会买烟的，一人一包好不好？壮丽牌的好不好？大家说我们怎么是那个意思呢，我们怎么能要你的烟呢，幸福子你就别再说烟不烟的事了，说得我们难为情呐。河是由东南向西北流去的，他们跟着河向西北走了十几里，从上半夜忙到下半夜。他们又对幸福子说，鸡都叫过了，都快天光了，要不你还是回家去看看吧，说不定我们在这里找她，她倒在家里睡大觉呢。苗幸福说不会的不会的。苗幸福说着就扑通一声跪在地上，真给大家磕头了。他的头在地上碰出沉闷的响声。他说我求你们再耽搁一点瞌睡吧，再帮我找一找吧！

水香在旁边一声接一声地唉着，说造孽造孽，这不是造孽吗！

像镰刀似的月亮已经不见了，露水落下来了，河面上有了雾气。等到雾气变成了灰蓝色，天边一点一点地清白了，水甸人便彻底歇气了，他们说河底都翻过了，真是找不到了。他们对苗幸福说，恐怕跟着这条河走到底都找不到的，幸福子你也尽了人事了，算了吧，回去吧。他们背着渔网和"滚钩"，带着意外收获的鱼走了。水香也跟他们走了。水香说她那一窝细鬼头不吃早饭是会造反的，她叫苗幸福自己再找一找。

苗幸福说："谢谢你们了，一家有一家的事，你们都回去吧，我是不回去的，我是一定要找的，我哪怕跟着这条河走到底也是要找的。"

水香又说造孽，她说："我这个媒做得，真是造了孽呀。"

苗幸福说："人怕是没有了，可我还是要找呀。"

苗幸福和黑子继续顺着土堤往前走。沿岸村庄上的喇叭早就响起来了，有唱《国际歌》的，有唱样板戏的，还有说三句半的。太阳也迎面出来了，开始是一团红，在远处的树丛后面，没多久红色就淡下去了，由一团红变成了一团白，河面上就立刻亮得刺眼了。阳光一落到黄黄的河面上就像鱼一样飞跳起来，跳起来之后就变成了雪亮的箭镞和枪刺，明晃晃地朝他们戳过来了。但苗幸福和黑子不怕，他们的眼睛一眨不眨地盯着河面，跟着这条河往前走。后来这条河流进了大河，他们又跟着大河走。大河很宽阔，土堤也变大了，也变得宽阔了。河里走着木船和铁壳船，木排长长的一溜，拖驳吐吐吐地拖着一条黑烟。苗幸福对黑子说："黑子，你别眨眼睛哪，别看那些船哪，你要看河上漂没漂着人哪。"

走着走着，太阳老高了，苗幸福看见堤脚边有一条蒙着篾棚子的渔船，就连滚带爬地跑下去，问人家看没看见有一个女人漂过去了？他说："瘦瘦的，相貌长得蛮漂亮的。"人家看他一眼，又低下头不理他，安心弄自己的尼龙丝网。他以为人家没听见，又说："她穿的是一件鸭蛋青的确良褂子，一条蓝咔叽布裤子，脚上是一双酱色塑料凉鞋，老哥你看没看见她漂过去呢？"人家就把脸黑下来了，他再开口时，人家就骂了，唾沫星子在阳光里亮闪闪的，——"老子又没惹到你，当昼大白天的，你跑来咒老子背时倒运哪？老子在水上过日子的人，没事看一个浸死鬼做什么？"苗幸福一听便嚎起来，一边嚎一边说："对不住对不住，我找的是我……我老婆呀！"

苗幸福顺着堤脚跌跌撞撞地往前跑，跑着跑着就一头栽倒了，昏过去了。黑子围着他打转，呜汪呜汪地叫个不停，叫了半天才把他叫醒过来。

他问黑子："你说我们还要不要找呢？"

黑子看着他。

他说："刚才她给我托了一个梦，她叫我别找她了，她说找也是白找的。"黑子还是那样看着他。他又说："你说找不找呢？人家嫁到你身边，生不见人死不见尸，怎么跟人家家里交代呢？就算人没有了，总还要给她收尸呀，你说是不是呢？"

他说着站起来，带着黑子摇摇晃晃地往前走了几步，想想又往回走。

他对黑子说："要不我们还是先回去吧？空着两只手，没带一分钱，就是找到了，怎么把人带回去呀？"

他走了一会儿又哭起来，哭得走不动了，蹲下来，喉咙里发出嘶哈嘶哈的声音，肩膀一抖一抖的。他哽咽着对黑子说："黑子呀，就好比是一场梦啊！"

回到水甸，他径直来到水香家门口，求水香婶子帮他到老鼠街去先报个信。水香说："这样人命关天的事，这个信叫我怎么给你报呢？还是你自己去吧。"苗幸福说："我还想去找找看，死也罢活也罢，我不能甩手不问哪，我要对她家里有个交代的呀。"水香说："不是我驳你的面子，不肯帮你这个忙，我实在是

第十八章 喊叫

不好意思，没脸去见人家。你们也是，本来好好过就是了，怎么弄成这样？莫说你收不了场，我一头亲戚路也断掉了。"苗幸福就哭。苗幸福哭着说："那就算了吧。"想想又说："婶子，我牵累你了，对不住啊！我现在人还是晕的，我想不过来啊，我真是像服侍娘一样服侍她的，她怎么……啊？"

水香不说话，摇摇头，摆摆手。

苗幸福带着黑子摇摇晃晃地回到家里，几只鹅在门口伸着长脖子嘎嘎地叫着，鸡用爪子在枣树下又抓又刨，鸭子跟在鸡屁股后面，用扁嘴在刨松的土里东叨一下西叨一下。苗幸福看着它们，眼泪又流下来了。他回到屋里，用一只小角箕撮了些谷子端出来，将谷子一把把撒在地上。鸡鸭鹅都蹿过来抢着吃，一边吃一边叫。他呆呆地看着它们，看了一阵子，又仰起头，看屋顶上的烟囱。屋顶上明晃晃的，全是阳光，烟囱却黑得愈发深刻了，巴在烟囱口子和盖瓦上的烟垢泛着寂寞的像炭块一样的涩光。

他抹抹眼泪，用力吸一下鼻子，对黑子说："她坑人哪。"然后他说："我们走吧。"他忽然嘶声喊叫："走哇！"黑子吓了一跳，正在吃食的鸡鸭鹅也吓了一跳。他不管它们，又高声喊道："走哇！我们走哇！"黑子抖一下，一边摇尾巴一边嗯呱嗯呱地叫着，把身子低伏下来。鸡鸭鹅哄的一声，拍着翅膀四散开去，一大片黄灰蓬起来。

一连好几天，苗幸福带着黑子沿着那条大堤一直往西北走着，碰到人就问，听没听说有人漂下来了？五月的阳光两头温中间旺，晒得人浑身油腻腻的，往脖子上搓一把，手上全是碎碎条条的黑垢泥。他就这样一步一步走到了省城，天阴下来了，牛毛雨细细的密密的，东门外码头看起来一片迷蒙。他站在那里发了一阵子呆，抹抹脸上的雨水，扭头对那条河最后喊了一句："不管你在哪里，你听到哈，你要回水甸哈！"

他对黑子说："黑子，真找不到了，怕是沉底了。人太瘦了啊，全是骨头，骨头是最容易沉底的啊。我这就去我丈人家报个信，你一个人先回去吧。"

他朝黑子挥挥手，又挥挥手："去吧去吧。"

黑子就犹犹豫豫地往后退，退了几步，甩甩身上的水，掉转头走了。他朝我们家的方向看了一会儿，然后蔫奄奄地上了东门外大桥。

苗幸福来我们家来的这天，因为下雨，我没出去卖冰棒（那时我已经开始和眯眼子吴爱国搭伙卖冰棒了），待在家里。苗幸福是上午十一点左右来的，他一只脚还在门外，我就听见他在呃咿儿呃咿儿地哽咽着。他头上脸上都是水，湿漉漉地对我说："就你一个人在家呀？"他身上的水滴滴答答地落下来，跟他脚上的水一起在地上洇开。他的水散发着一股酸馊的垢泥味道。他的白的确良衬衫贴在身上，驼背纤毫毕露，形状和肉色都清清楚楚。他用他的骨节粗大的手抹一把宽脑门和短促的脸，将抹下来的雨水涂在瘦瘪的肚子上，问我："他们呢？"他的"他们"是指我父母，他只叫过"伯父伯母"，还没有喊过"爸爸妈妈"，所以他还不习惯说"爸妈"。我说："他们都在上班呢。"他点点头，倚着门，歪斜着，战栗着，呃咿儿呃咿儿地哭着："知道吗，你姐姐她……我开不了口呀，怕是出事了……已经好几天了，我不敢来说呀，我想总要先找到人吧。我就沿着河一脚一脚地找呀，连那几条小河岔都找过了，又回头再找过来的呀……我问了多少人，也没一个说看到她的。我就到家里来看看，怕她一个人闷头闷脑地回了家……她没回家？"

我怔怔地看着他。其实前几天我卖冰棒时还见过李玖妍，当时我非常吃惊，——我看见她在往公园围墙上贴大字报。现在苗幸福找来了，问她回没回家，我怎么说呢？犹豫了一会儿，我摇摇头，对苗幸福说："没，她没回家。"

我这么说也不算错，李玖妍确实没回家。

苗幸福就换了一种哭法，啊的一声，噢噢噢嗷嗷嗷地哭起来："那那……人就是没有了呀，没有了，没有了，是真的沉了底了……她说她走了，就真的走了！她说了的呀，她不服，不肯就这么活呀，怪我呀怪我呀，我没往她那头想呀，我该死啊，我大意了呀，没想到她会来真的啊，没防到呀……"

第十八章 喊叫

第十九章 "扎包头"的李玖妍

　　现在想起来，这件事李玖妍做得欠妥当。假如她能正常思维，那她无论如何要跟人家苗幸福明白地打个招呼的，只留下几个容易让人产生歧义的字在那儿，确实比较坑人。可她的思维正不正常呢？她大约想着想着，丢掉马桶和马桶刷子就走了。

　　她又是怎么回来的？是走回来的还是搭班车回来的？那么晚了，她到哪儿去拦班车呢？是不是拦了一辆趁夜进城拉粪的拖拉机？我是见过这种拖拉机的，跟着秃顶老宋坐在街边刮鞋底时，到傍黑时分就能看见这种拖拉机，拖斗上搁几只大木桶。假如她拦的是这种拖拉机，那她身上一定臭死了。对于我来说，这实在是一个空白，不好猜，也没多大意义，不管她是不是臭死了，反正她都回来了。

　　我还是先说说我是怎么卖的冰棒吧，一个残疾怎么卖冰棒呢？这要感谢我的好朋友眯眼子吴爱国，有一天他不糊火柴盒了，跟我说我们去卖冰棒吧。不是他，我只能一天天地游手好闲，卖冰棒这种事是想都不敢想的。首先是卖冰棒要申请，要街道上出证明，要填表，还要报批，等等等等。其次就是我没有腿，我拄着拐杖都走不稳——我已经不撑凳子了，改了拐杖——怎么敢想象再去背一只冰棒箱子？但眯眼子有办法，他把手续办下来之后，就用木头钉了一个架子，下面安上四个小钢轴。我说叫我爸做吧，他说就是随便钉一下，又不要什么手艺的。钉好了架子车，他就推着它到冰棒厂去打冰棒，打了冰棒又推到广场东侧的公园门口。我只要拄着拐杖到那里去等他，他来了，就自己背着一个冰棒箱到前面去了，把架子车留给我。这个地方位置好，总是人来人往，因此我们的生意很好做，最迟是下午五六点钟，一箱子冰棒就卖完了。

顺便再说一下我的拐杖，——跟我那只死沉死沉的凳子一样，我这副拐杖也是我爸打的，那时候他已经不用挖人防地洞了，回到柜台上给人称盐，这也是他给革命干部打家具得到的好处。只是周师傅手上的革命干部越来越少了——原来周师傅的手眼也是有限的——有时候要隔两三个月才给他写一张纸条子，而他又像一只总在转着的陀螺似的，一下子停下来很不习惯。他皱巴着脸，李玖妍嫁到水甸去了，可那些细麻绳似的皱纹还那样勒着他，将他那张脸勒得紧紧的。他说你已经这么大了，就别再撑那只凳子了，我来给你打一副拐杖吧。他好像把心思都放在了我这副拐杖上。他先用铅笔画图纸，又用尺子量我的手臂和腰腿。他不知从哪儿找来一根干透了的榆木，用锯子将它一剖两半。为了让榆木开叉，做出一副像模像样的拐杖，他费了很多脑筋，甚至用到了木炭火。他先将榆木锯出一道口子，再把木头弄湿，晾到半干，然后像熏烤篾片一样熏烤它，一边熏烤一边往叉口里揳木楔子，今天揳一块，明天又揳一块，终于使榆木如篾片一样弯出了一点弧度。拐杖做好之后，他用砂纸将它打磨得光滑圆润，又找周师傅讨了一碗猪血，用小半瓶剩下的生漆细细地漆了两遍。他对生漆还是过敏，漆好了拐杖，人却肿了，眼袋沟里、皱纹里都嵌着沉甸甸的青色。他肿着头脸将拐杖拿到后街铁匠铺里，像钉马掌那样，在两根拐杖头上都钉了一块铁砣子；又到隔壁庙背街巷子里的红卫五金厂，请人在拐杖的脚杆上包了一块足有五寸宽的白铁皮。

假如不是这根拐杖，估计我也卖不了冰棒，无论如何，拐杖比凳子方便多了。我只要用胁夹夹住拐杖头，就可以腾出一只手给人家拿冰棒。

我就是在腾出一只手给人拿绿豆冰棒时看见李玖妍的。那天上午，我先是看见许多人站在公园围墙边看什么，然后又在人缝里看见了一个头上绑着一块手绢的女人。我记得水香的儿子熊金灶说过，这叫"扎包头"。这个"扎包头"的女人手上拿着一把刷子，在墙上飞快地刷两下，又弯腰拿起放在地上的一卷纸，抽出一张，贴到墙上，再用巴掌上上下下拍几下。她的巴掌大约很薄，拍出来的响声又脆又亮。有一伙小孩跑过去帮她，小孩都戴着红臂箍，他们抢着给她刷糨糊，她拍上边，他们便给她拍下边。他们拍出来的响声肉乎乎的，红嫩的小手被阳光晃得像花一样。许多走路的人都停下来，骑自行车的人也停下来，都站在那儿看着。渐渐地，那儿的人越来越多，变成了密匝匝的一圈人。这一圈人又在不断地变厚变密，就像庄稼分蘖一样，把她和小孩们淹没了。

她贴的什么大字报，怎么这么多人都围着看？她的大字报那么长，一直往这边贴过来，我看不见她怎么贴，只看见人群在不缓不慢地往这边拥过来。在离我大约还有五六十米左右时，她似乎才把那一卷纸全贴到围墙上去了，人们不再拥过来了，这时我又看见她了，她一个人从人群里挤出来，搓着手上的糨糊，像一个围观者那样，踮着脚，伸长脖子往那儿看着。但是很快地，从后面围上来的人又将她淹没了。起初我还能从人缝里看见她半个头，或者一段身子、一个脊背、半个侧脸、一条腿，到后来人们围得水泄不通了，我便一点什么也看不见了，只有风顺着围墙带过来的一股新鲜的墨香。

卖冰棒是要叫的，冰棒哎——，红豆冰棒绿豆冰棒哎——，牛奶冰棒冰糖冰棒哎——，就像懒和尚念经，有口无心。心是要用在眼睛上的，要一边叫一边用心看来来往往的人，看见一男带一女，或者大人带小孩，就叫得声音大一点，感情丰富一点。若是看见一拨男孩或一拨女孩，那就是大生意来了，那就要把心用在嘴巴上了，要叫得更响亮更殷勤，还要叫出高低变化，叫出起伏和跌宕，要叫得绿豆像绿豆红豆像红豆，要叫出牛奶的香和冰糖的甜。说实话，许多人卖了一辈子冰棒也叫不到我这种水平，而我是无师自通，天生就是这块料。比如我叫牛奶冰棒，要把一个"奶"字拖着，舌尖始终轻贴上腭，让声音擦着舌尖滑出去，同时还要用舌尖调节音量和声调，在尾音上别出心裁地拐一个小弯，就像一个软软的小钩子，然后才是"冰棒"。就是"冰棒"，也不能随随便便就喊出去的，也要有轻重，有长短，有那种很"冰棒"的感觉。

可那天我的生意却不大好，生意不好的原因当然在那个"扎包头"的女人，大家都看她的大字报去了，不来吃冰棒了。不是要守着架子车，我也想去看看。后来我看见了眯眼子吴爱国，他背着一个冰棒箱在人堆里挤来挤去，我远远地都听见他在叫"冰棒哎冰棒哎"，但我没见他卖掉一根冰棒。人家都不理他，专心

看大字报。我看见他从人群里挤出来，放下冰棒箱，屁股往冰棒箱上一放，低头用袖子擦脑门上的汗。他的身体很虚，现在才是阳历六月，他便动不动就要擦汗。他喜欢用袖子擦汗，他的汗是屎黄色的，所以他的袖子永远是黄渍渍的，洗都洗不掉，怎么洗都有一股沤馊味。

在吴爱国擦汗时，我忽然又看见了那个"扎包头"的女人，她从低头擦汗的吴爱国身边走过，沿着围墙朝这边走来。许多看大字报的人跟着她把头扭过来。那么多人的目光聚集在一个人的脊背上，想必是很有些分量的，她似乎也有感觉，因为我看见她挺了挺身子，而且越走越快。公园围墙转的是个圆角，她几步就转过来了，这时我听见我胸膛里訇的一声，心想怎么回事？这个"扎包头"的女人怎么会是李玖妍？这怎么可能呢？

公园门这边的围墙边上全是些高大茂盛的鸭嘴树，树上的叶子刚刚由黄转绿，阳光本来就有点水汪汪的味道，再被嫩绿的树叶滤一下，就变得有些迷离恍惚。可是再迷离再恍惚，她的脸已经是朝着我这边了，那张脸我从小看到大，我还会看错？莫非我才这一点年纪就花了眼？可我还是很恍惚，假如真是她，那她不在水甸待着，不养那几只鸡鸭，对了，还有鹅，水香还说过，还有花生地红薯地，她不抱着那根绑了稻草的棍子在那儿守着，一个人跑到这里来贴什么大字报？她哪来的大字报？一个脑子有病的人还会写大字报？那不是出鬼了？她怎么写呢？瞎写？再要不，或者，那些看大字报的人也有病，一个个都是神经病脑膜炎？她瞎写的他们也看得那么入味？她在水甸除了守花生地红薯地，养鸡养鸭养鹅，就是天天写大字报玩？写好了就拿来贴？还是跑到这里来写？假如她真是跑到这里来写，那她在哪儿落脚？她落脚了吗？她为什么不回家呢？对了，她怎么会这么瘦呢？她可真瘦，眼睛都妪出了洞，眉骨拱得那么高，颧骨也那么高，眼眶和腮帮子都凹进去了，凹出坑来了。她原先胖得连骨头都看不见，怎么一下子就瘦得露出了骨相，比我在东风理发店的大玻璃上看见的还瘦？要不真是我花了眼？不是她？可她怎么那么像李玖妍呢？她身上全是李玖妍的影子。莫非这世上还有第二个李玖妍？无数问号堆在我脑子里，像小树苗一样迅速地生长着，我脑子里转眼就长出了一片茂密的问号森林。

她走过去了以后，我还跟那些神经病脑膜炎们一样，看着她的窄窄的背影和她头上的手绢——那些手绢有点脏，泛黄，而且叠得也马虎，褶痕比较乱——心想她怎么连走路的样子都像李玖妍？她走得不见了，我还在琢磨她走路的样子，那明明是李玖妍在走路呀，她这是往哪里走呢，是回家吗，回家是往那儿走的吗……我嘴巴里还在念经一样木木地叫着，冰棒哎冰棒哎冰棒哎……

到了下午，神经病脑膜炎更多了，他们都往公园围墙这里跑。那些骑自行车的神经病脑膜炎们从自行车上跳下来，就在路边将车一锁，往人群里挤时手上还拿着车钥匙。围墙好像变成了一块磁铁，神经病脑膜炎们变成了铁屑子，在围墙那儿呈现着一种不规则的放射状，而且还不停地翻涌蠕动，互相变换着位置，里面的人被挤出来了，外面的人则拼命地挤进去。

从里面挤出来的神经病脑膜炎都出了一点汗，他们一边走一边用手绢或袖口擦汗。听见我叫唤，也有个把神经病或脑膜炎会走过来买我的冰棒，我就问他们，你们挤出一身的汗，那是看什么呢？脑膜炎或神经病说，你守在这里还问我？有的神经病或脑膜炎看一眼我的豆芽腿，笑笑说跟你没关系，老实卖你的冰棒吧。

看来今天的冰棒是卖不掉了，剩下的只能自己吃了，吃不掉就让它化成水算了。我就叫眯眼子，我说："回家吧回家吧！"

眯眼子还远远地坐在那儿，他抬头看看天，又看看我，说："等一等嘛，还早嘛。"

我说："要等你等，我先走了，我有事。"

我把架子车扔在那儿，撑起拐杖就走。我走了一会儿，眯眼子推着架子车赶上来，说："兵子你干什么？你有什么事嘛？"我看见他的眯缝眼一眨一眨的，我觉得他是故意的，便不理他。他说："什么事你说嘛。"我说："有事就是有事，说个屌！"他说："兵子，你今天不对头。"我说："你管我对头不对头！"我用力拄着拐杖，咯咚咯咚地往家里赶。我赶得满头大汗。眯眼子又说："你赶得这么急干什么嘛？"我闷着头，不跟他说话了，一心要赶回家看看。

回到家里我连脊背都湿透了，但我没看见李玖妍。那个女人是谁呢？我爸妈，还有李文革，见我汗淋淋地赶回来，都问我怎么啦？我装憨说："什么怎么啦？"

美手

第二天也是那样，神经病脑膜炎们都围在那儿，围着围着就有一拨神经病脑膜炎和另一拨神经病脑膜炎争起来了。他们争论得挺激烈，越来越激烈，每个神经病脑膜炎的嗓门都挺大，许多人同时说话，鹅一句鸭一句，所以听不清他们在争什么，只听见一片聒噪。眯眼子吴爱国仍然背着冰棒箱子在他们中间钻来钻去。这时候我看见了一件令我感到很吃惊的事情，我看见吴爱国从箱子里抓起几根冰棒，突然朝几个面红耳赤气势汹汹的神经病脑膜炎砸过去，然后飞快地转身，顺着墙根溜走了。

我不知道眯眼子这是干什么，等他过来后我问他，他很无辜地说："没有呀，我拿冰棒砸人家干什么呢？"我说："我看见你砸的。"他说："奇怪呀，你看见我砸？那你肯定看错了，冰棒是不是钱？我会把钱砸出去？"

大约是正午，我看见有几个人端个硬壳本子来了，蹲在那儿抄。他们好像不是神经病或脑膜炎，他们分工明确，你抄这一块，他抄那一块，拿个硬壳本放在膝盖上，夹手夹脚地抄着。这边在抄，那边在照相。那是两个穿制服的人，一个年纪大一些，一个年纪轻一些，这头跑一下，那头跑一下，拿个照相机，摆个骑马蹲裆式，咔嚓咔嚓地照个不停。

到天快黑的时候，我把架子车扔在那儿，拄着拐杖往那里挪，这时候围墙边的神经病脑膜炎似乎更多了，不知哪来的，反正不断地有人挤过来。我看见许多皮肤黝黑的年轻人，一边推着挤着，一边吵吵嚷嚷骂骂咧咧。他们撸着袖子，敞着领口。他们的领口都乌黑发亮，都像刮刀布。他们说他妈的过瘾！我闻着他们身上的气味，觉得他们应该是从乡下赶来的知青。我旁边是个中年女人，身上还围着做饭用的围裙，围裙上还有星星点点的油花和汤汁。见我挪过来了，这个女人还侧过身子，给我腾了个空子。

天色正在暗下来。我刚看了个开头，就觉得头发在竖起来。我想这不会是别人了，不可能是别人了。

她的指头还是不怎么会写字，这些字写得还是很差劲。她的脑子也不大会造句了，她的句子经常疙疙瘩瘩，开头的那些句子长得能让人背过气去，——"我天天都这样想我一定要把心里的话说出来因为我心里的疙瘩一个又一个实在解不开今天我下了决心我就这样说了，反正我已经人不像人鬼不像鬼落到了众叛亲离谁都嫌我都不想看见我泼水一样把我泼掉我还怕什么？我这么冤枉我不说我就冤枉死了而且谁也不知道詹少银他是个流氓无赖政治小爬虫别人还以为他多么革命多么有觉悟，我从前好像是说了些不该说的话可我真是只想发发牢骚现在我也知道我犯了错误了可是我说的那些都是实际情况，他们为什么不敢面对现实不承认有那样的现象还要给我扣反革命大帽子把我抓起来，他们又不是聋子瞎子怎么会不知道我说的情况……"类似这样的长句子，她涂涂改改地写了快有一张纸，然后才好些了，能让人喘口气了。此外她还有不少错别字，比如嫌我的"嫌"，她给"兼"加了一个"广"字头，牢骚的"骚"，她干脆写成了"臊"……

我心里怦怦地跳着。我的身子莫名其妙地发紧，眼睛也特别警觉，东溜一下西溜一下，总觉得有什么人在注意我。我本能地感到左脸颊上有一种烧灼感，我的眼睛便立即往那儿一扫，像捉一只笨蛾子似的，捉住了一道光亮。

我没想到被我捉住的会是詹少银。

詹少银背着手站在那儿，和那年夏天相比，他又老成了一些，像一个三十多快四十的人。我们的目光相遇之后，他并不躲闪，很大方地把脸扭过来，说："你好。"我也说："你好。"我听见自己的声音像一根纸了叉的草一样。詹少银笑笑说："你也在这里看呢。"我说："嗯。"他说："其实你不用看的，这些你都知道，她肯定说过的。"我说："没有，她什么都没说。"他点点头说："哦。"过一会儿，他说："那你看见她是怎么骂人的吧？"我说："嗯。"他说："她怎么骂我都不要紧，流氓无赖小爬虫，都不要紧，我都能理解。可她说自己的处女膜干吗，这样的事情也兜出来，不好。"我用下巴朝大字报点一下，说："她说是你，她说你赖账。"他说："那是她恨我，她还是想拖我下水呀。一个人要恨一个人，真是什么事情都想得出来。"我又用下巴朝大字报点一下，说："她那里有证据。她说你只有一个睾丸。你说不是你，她怎么知道你只有一个睾丸呢？"他笑道："这你都信？她明显是瞎说嘛，她要瞎说我有什么办法？你想啊，一个睾丸怎么能当兵呢，我又不是后门兵，体检很严的嘛。"他说着还摇摇头，又伸手在我头上摸一把，好像跟我挺亲热。我说："你当兵不是沾了你爸是个救火英雄的光吗？"他说："我不否认这一点，我是沾了点光，那时刚从知青里招兵，还讲点这个，可这不算后门兵，后门兵都是空降的。空降的你懂吗？我爸就是个荣誉，又没有一点实权，我哪有什么后门？我能空降吗？我是一关一关过的，如果是她说的那种情况，我能过吗？"

他又在我肩上拍拍，说："她说她的，我不怪她，要紧的是她自己，你看到了吧？"我说："嗯。"他点一点头，说："看到了哈。你说她怎么回事？破罐子破摔，什么话都说，别人都是瞎子聋子，现实就只有她一个人看见了听见了？她用的是什么眼光？站的是什么立场？对她还不够宽大？她还叫冤，还想翻案，说她只说了一点真话，发了一点牢骚。那只是牢骚吗？什么是真话？她生活在真空里？关键是，她这是跟谁叫板？以前还只是在信上说说，现在干脆贴大字报了！洋洋洒洒这么多张，还发动群众，要求广大群众评一评，她说的这些现象是不是存在，是不是事实；还说假如不给她平反，她还要贴大字报。她开什么玩笑？她以为她是谁？"

他看看我，用一种很沉痛的口气对我说："老弟，划清界限吧。"

过了一会儿，他口气缓下来，说："她在羊角巷还贴了几张，是专门针对我的，就贴在我家门口，你知道吗？"我说："不知道。"他用一只嘴角笑道："你们是一家人嘛，她写了往哪儿贴你会不知道？"我说："她又不是在家里写的，我怎么知道？"他说："是吗？那她在哪儿写的？"我摇摇头。他又笑一笑，说："也是，我问你这些干什么？其实我也就是听说，我也没去羊角巷看过，现在也看不到了，听说被我妹妹撕掉。我妹妹也是，她怎么能撕人家的大字报呢，有理讲理嘛是不是？"

他说着又看我一眼。他的嘴角上挂着一丝薄薄的淡淡的微笑。

他忽然问我："她现在到底在哪儿呢，以前我好像听说她分在八里铺垦殖场，是吗？"我支吾着："我不管这些事。"我想想又说："她也没回家，她好像不认得回家的路了。"他说："是吗？她会不认得回家的路？"我说："她的脑子不是过去的脑子了，她有病，她是个神经病。你看她写的这些，好多句子都读不通的，还有那么多错别字。"他撅起嘴，摇摇头，说："错别字是多了些，不过不像你说的，从文章大意来看，一点都不像。句子嘛，怕是写急了点，也还是读得通的。看来她是不要命了，豁出去了。"我说："她一根筋，钻牛角尖，死想一件事，越想越糊涂。"他又摇头，指着旁边几张刚贴上去的大字报，说：

"你别看有人贴了几张大字报支持她，还有人在她的大字报上用钢笔给她做眉批，说她敢说真话，观点很朴实，是一针见血，很诚实很勇敢，这都是瞎闹呀。你看你看，那个人还在那儿写呢，唉，写什么呢？都没用的，这一点你自己要想清楚。"经他那么一指点，我也注意到了那些大字报和钢笔字，还有那个正在写着的小个子年轻人，他用的就是一支钢笔。我看见他刚写的那些字就像是一丛丛蓝色的嫩草，生机勃勃地长在李玖妍的字缝里。

詹少银轻声说："他们这样做不但没用，还会使事情的性质变得更严重。"稍微停了停，他忽然问我："你爸妈还好吧？"我被他问得愣了一下，不知道他怎么跳到这儿来了。他说："叫他们也想想清楚啊，有什么事情要帮忙一定说一声啊。"我说："嗯。"他点点头："那我走了。我本来是下班路过这里，顺便看看的。不过她这么一来，我想躲也躲不开啦。"

我用力咽下一口唾沫，说："詹少银你说老实话，你是不是真的只有一个睾丸？"

他看着我，往后退两步，摇摇头，又摇摇头，说："看来我刚才的话白说了。好了，我们没话可说了。"他走了两步，又扭头对我说："不过我建议你到那边去看看，我有一个申明，包括医院证明，都贴在那儿，你最好去看一下。"

我说："好的。"

他身板挺直地走了。

我抬起头，看着詹少银走了。刚才他跟我说话时，我一直低着头，我不敢看眼前那些密密麻麻的字，我觉得我一抬头就会看见李玖妍。她好像就站在那些已经变得模糊了的文字后面，瘦骨嶙峋的，像石灰一样白，用一双眍陷的灰蒙蒙的眼睛看着我。

我把自己往右边挪，挪到詹少银指给我看的"那边"，也就是在李玖妍的大字报前边，看到了詹少银的申明和医院证明。"申明"很大，"证明"很小。"申明"是毛笔字，是詹少银自己写的，很有力，字架子也搭得好，每个字都有巴掌那么大；"证明"是钢笔字，写得很潦草，像鬼画桃符，但那枚市人民医院革委会的公章盖得很清楚。我看见好几个人，为了看清"证明"，脸都快贴到"证明"上了。

这时候街灯亮了。我听见眯眼子吴爱国在架子车那儿叫我："兵子兵子，回家了！"

吴爱国推着架子车，我跟在后面。因为我走得很慢，吴爱国也只好慢慢地走着。架子车咕隆咕隆地响着，我的拐杖笃笃地响着。吴爱国问我："你在那儿干什么？是不是看围墙上的大字报？"我反问他："你没看吗？"我想想又说："光线太暗了，我没太看清楚。"吴爱国便回头看看我，眼睛眯得很细，从鼓凸的镜片里闪出一丝异样的光亮。

过一会儿吴爱国又问我："你刚才跟谁说话呢？"我说："詹少银。"吴爱国说："你们说什么呢？"我说："我问他有几个睾丸。"吴爱国说："他承认自己只有一个睾丸吗？"我摇头说："没有。"我又说："他贴了一个申明，还有医院证明，说他有两个睾丸。"吴爱国忽然笑一声，说："这回他臭掉了。"

晚上我躺在床上，眼前还是那些透着墨香的密密麻麻的字（没有句子），还有站在字后面的白色的枯瘦的"扎包头"的李玖妍，我怎么也不能把这个李玖妍与大半年前那个白胖臃肿迟钝呆滞又脏又臭的李玖妍重叠为一个人，她们始终是两个人，我睡着了以后她们还是两个人，一边是她半弯着胖胖的身子鬼鬼祟祟地去倒便盆，一边是她絮絮叨叨地枯白地冤屈地愤愤地站在如珠帘一般的文字里。所以我拿我脑子里的那片森林般的问号没一点办法，我只能让它们待在那儿。

第三天我在这里看见了我爸妈。我是先看见我妈往那面围墙那儿挤，那时候是上午十一点左右，她大概刚打扫完电影院，还穿着那种长过膝盖的蓝布工作衣，戴着一个灰黄的口罩；口罩遮掉了她大半个脸，她只露着两只眼睛。她来时眼睛里充满了一种惊疑，走时她的眼神显得很漠然。我猜她跟我一样，脑子里也有一片森林。下午六点左右，我又在这里看见了我爸，弓着腰，骑着他那辆吱嘎作响的自行车来了，还戴着两只上班时戴的蓝布袖套。他来去时的神情跟我妈差不多。他们的脑子里都长出了一片森林。他们谁也没看见我就在这里卖冰棒，他们只知道我卖冰棒，但从没问过我在哪儿卖。他们来去都从我面前经过，相隔十几步，但都看不见我。他们的眼睛都有点像公共汽车上的小偷，只关照得到身边四五步之内的人事，远一点就看不见了。他们都步履匆匆，挤进挤出时都低着头，小心翼翼地侧着身子。我没跟他们打招呼。晚上回家以后，他们谁都不提这

第十九章 "扎包头"的李玖妍

件事，话都不说一句，吃完饭便各进各的房间。但他们好像不是马上躺到床上去睡觉，因为他们房里都亮着灯。灯光从板壁缝里挤出来。后来我听见了撕纸的声音，一会儿是这边，一会儿是那边，都是很烦躁的，吱喳吱喳的。我觉得他们好像在写什么东西，写不下去就几把撕掉。

从板壁缝里挤出来的光亮很细很薄，像裁成细条状的金箔纸一样飘到我的破竹床上。直到我迷糊着要睡着了，那几条轻薄细瘦的光亮还浮在那里。

早晨他们的眼睛都是红红的，脸色都灰暗泛青。曾经像酱汁一样浸淫过我们的阴翳又回来了，又将他们罩住了。但他们不是忙着漱口洗脸，而是各自把撕碎的纸一点不漏地捡起来，大的裹小的，一点点团拢，像捏一只包子似的捏在手上。他们这是在写什么呢？又要写交代材料了吗？他们一前一后地把一团碎纸拿到厨房里，趁煮水泡饭时放在煤炉上烧掉。先去烧纸的是我爸，他一大早就耸着肩膀咕咕地咳着，捏着一团纸，经过我的竹床时特意看我一眼，说，我不过拿了几张纸引炉子，你盯着看什么呢？我慌忙将目光移到天花板上。天花板一片乌黑，还挂着些同样乌黑的尘丝，长长短短的，一缕一缕的，毛茸茸的。我爸光着脚趿着鞋子，呱唧呱唧地去厨房里把煤炉撬开了。大约十几分钟以后，我妈也捏着一团纸出来了，也拿眼睛尖锐地斜着我，于是我又赶紧仰头去看天花板。

我爸之所以先去烧纸团子，是因为今天轮到他做饭了。他们这样轮着做饭好像有小半年了，我不知道他们是怎么搞起来的，只是有一天忽然发现，他们已经是在轮流做饭了。本来以为把李玖妍嫁掉了，我们的日子能过得好一些，起码能清静一些，肚子里能多点油水，谁知道会是这样的一种清静呢？而且肚子也没捞到什么好处，无论轮到他们谁做饭，都是敷衍塞责马虎了事，只要看一眼我们家乱糟糟的厨房，就知道这家人过的是什么鸟日子。

那天我没对湿漉漉的苗幸福说什么，我想我爸妈都不说一个字，我也不能说，更不能对苗幸福说。他哭我就让他哭。他哭得差不多了，哭不动了，便用巴掌抹抹脸，张着嘴看着外面。外面的雨还在不大不小地下着，巷墙根下的青苔泛着毛茸茸的湿光。他哑着声音说："我走了哎，我再去找找啊。"他拔脚就要出门。我叫他等一下，他就一脚门里一脚门外地等着。我说："她在你那里过得怎么样？"他又想哭，撇几下嘴，忍住了："能怎么样呢？多好也说不上，也没亏过她什么，就是人瘦了一些。"他把门里那只脚移到门外。我又叫他等一下，他便把那只脚再倒回门里。我说："除了瘦一些，没有别的？她写大字报吗？"他瞪着眼说："她写什么大字报呢？"我说那她干什么呢？他说："除了抱着棍子守花生地，有什么要她干的呢？我要她干什么呢？平日里她也就是拌点米糠，喂一喂鸡呀鸭呀鹅呀，可她还是一天比一天瘦，跟化雪一样啊，快得吓人啊。"我说："她为什么瘦呢？"他说："我哪知道？"我说："那你刚才说她出事了，沉了底了，是什么意思呢？她沉到哪里去了呢？"他愣了愣，瞪着我说："还有哪里？河里呀！你还没听明白？门口那条河呀！她沉到河里去了呀！"他说着又哭起来，就那样一脚门里一脚门外地哭着，跟我说李玖妍的那只扔在河边的红漆马桶和一把马桶刷子，他怎么哭着求人家帮他打捞李玖妍，怎么捞了一个晚上，只捞到了几条鱼，没捞到人，他又跟黑子怎么顺着河一步步找过来……

我点点头说："哦，是这样啊。"

我又让他哭着说了一会儿，然后对他说："她可能没沉河呢，你再用心找找吧，要不你在城里到处找找，哪里人多你就往哪里走，说不定能找到呢。"他哭着说："你怎么轻飘飘地说没沉呢？怎么没沉呢？你是不知道她呀！我不跟你说了，我没工夫跟你说啊！"我还想给他把话说得再明白一点，但他完全没心思，一副失魂落魄的样子，摆摆手，抹一把泪，吸溜着鼻子走了。走到外面又叫我，要我跟家里说一声，他来过了。

那天是我爸先回的家，我对他说苗幸福来过了，来找李玖妍的，他说李玖妍不见了。我爸说哦，然后没话。我妈回家时，我又对她说，苗幸福来了，找李玖妍的，已经找了好几天了。我妈也说哦，然后也没话。晚饭过后，他们又是各自进房间，又是写字或撕纸。

几年以后我才知道，那时候他们已经在谈离婚的事了。

但他们撕纸跟离婚没关系，那是因为他们在写交代材料。他们分别被叫到一个什么地方，孤零零地坐在桌子的一边，另一边坐着的是一些穿着整齐制服的人，这些人问了他们许多问题，有关于他们自己的，也有关于李玖妍的。那个地方，还有那些人，都给他们一种很森严的感受，使他们觉得自己特别渺小特别卑琐，所以他们不敢怠慢。他们把主要精力放在写材料上，然后才是谈离婚。谈离婚是糟心的事，要把李玖妍在家里的情况一点不漏都交代清楚，更是件糟心的事。他们两头糟心，结果把自己搞得疲惫不堪。其实离婚这件事本身没什么可谈的，既然都不顾羞耻，一把年纪还要离婚，还谈什么？问题是我和李文革，他们都争着要李文革，不要我。所以问题的关键还是在我。

至于他们怎么谈的，这回我是一点都没听见。我一点也不怀疑自己的耳朵，而是怀疑他们的谈话方式。他们各睡各的房间，而且谁也不踏进对方的房间，假如两个人要谈的话，地点只能还是在厨房里。可他们已经是轮流做饭了，一个在厨房里，另一个便不进去，两个人一起待在厨房里的情况极少，怎么谈呢？再说我爸也不在厨房里洗脚了，就是偶尔在厨房里洗一回，我妈也不可能坐在一旁跟他说话；就算说话，这两个人也不可能再贴得那么近，用舌尖和嘴唇喊喊喊地窃窃私语。他们要嘛不说，假如要说，不用我这双耳朵，谁都听得见。所以我怀疑他们是用笔，反正要写材料，笔和纸都在手上，写材料写烦了，不妨活动活动脑子，考虑一下离婚事宜，顺手把自己的意见或看法写下来，趁第二天早晨到厨房里去烧碎纸时，给对方看一眼就行了。

那场将苗幸福淋得像一只落汤鸡似的雨下了好几天。下到第三天的时候，雨檐沟里的水声就比较大了，呼噜呼噜的，就像一个支气管有问题的人。八里铺垦殖场的三个人就是踩着这种水声来的。他们三个人打着两把油纸伞，一把红的，一把绿的，一边在我家门口甩伞上的水，——水一绺一绺的，甩在地上发出鞭子一样的响声——一边探头往里面看。

他们说："你是谁？"

我说："你们是谁？"

他们自我介绍说他们是八里铺垦殖场的，是来了解一下李玖妍的情况，我就知道是怎么一回事了。我认出来其中一个方脸大腮帮的中年人，这个人曾经和那个茄子脸董明芳一起，两次把李玖妍送回家，这是他第三次来我们家了。我对他们说："家里没人。"他们说："你不是人吗？"我说："我是个残疾。"我说着便用手把自己的腿提起来，拿在手上晃给他们看。我的腿像两截腊肠似的晃来晃去，他们看了，皱巴着脸说："那你父母呢？"我说："我爸在红旗路东头的南杂店上班，我妈在工人文化宫电影院扫地。"他们就仰脸看看巷子高处的天，把刚甩过水的油纸伞刮喇喇地撑开来，急匆匆地走了。

他们刚走，丁珠玉主任就来了，带着两个人，也是三个人两把伞。但他们不甩水，他们伞都不收拢，就撑在手上。屋檐水打在伞上蓬蓬作响。丁珠玉主任的脸被油纸伞映得红红的艳艳的，她的腰和腿永远是那么好看，她往那里一站永远给人一种生机勃勃的感受。可是她压根不看我，她把脸往里探了探，目光离我的头顶至少还有五十公分。"李德民——！"她大声喊着，喊了李德民，又喊唐亚蓉，喊了几声之后，目光从我头顶上掠回去，转头对那两个人说："你们搞死人了，我说了不在的吧，还是要去南杂店吧？"那两个人说："那就先去南杂店吧。"他们也走了。

过了一会儿，派出所的老陈来了，他不像丁珠玉那样目中无人，他一边收伞一边看我，把我认出来了，便嘿嘿地笑两声："是你呀。怪不得，你是这家的人。你爸妈呢？"我说："他们都在上班呢。"他哦一声，对旁边那个人说："所长，那我们去他们单位上吧？"所长阴着脸说："还用说？快走吧。"老陈临走时又扫了我一眼，顺便问我："喂，还会不会耍流氓了？"我说："我没耍过流氓，上回是詹小燕冤枉我。"他眼一翻，说："咦！"所长不耐烦地说："老陈你这个人怎么回事？还有工夫扯淡？快走！"

大约下午五点左右，一个男人把伞打得低低的，只见他的伞，不见他的人。等他把伞拿开之后，我才看见他又白又矮。他也要找我爸。他神色慌张，一张脸东扭一下西扭一下，扭来扭去才对准我，说自己是区医院的医生。但我觉得不像。我想一个医生慌张什么？我说："他还没下班呢。"医生看看表说："我等他。"

医生把一只凳子搬到我和李文革的床之间坐下来，刚坐下，又弹起来，从门口把他的伞拿过来。伞还在滴答滴答地滴着水。

我说："你看这一地的水，你把伞放在门口渗水不好吗？"他说："那不好，还是拿进来的好。"然后他又为这句话跟我解释："万一有人认识我的伞呢？凡事还是小心一点的好，很多事情说不到的，你不知道祸从哪儿来。"解释

281

过之后，他又要求我，若是有人问起来，不要说他来过。我说："你放心，除了吃饭睡觉，我是什么事都不管的。"他讨好地看着我，发现我是个残疾，好像真放了心；但仍不忘对我表示一点同情，发出那种吃过朝天椒似的欷歔声，欷歔一通之后说，可惜他不是学这一科的，否则他一定要好好地给我治一治。

那天我爸回家比较晚，可那家伙一直等着。我爸一回家他就鬼鬼祟祟地叫："李师傅李师傅。"把我爸拉过去，压着喉咙说："你怎么能做这样的事呢？我就是给你女儿开过几回药嘛，是不是呢？哪说过她有什么精神病呢？你对组织上说话要实事求是嘛，我没有说过的话，你怎么能说我说过呢？"我爸说："袁医生你说什么？我什么时候说过这件事呀？"我爸的嗓子很干燥，声音嘎嘎的，好像被磨毛了。袁医生说："可是，那人家怎么来找我调查，问我说没说过那样的话？"我爸说："我这两天头都是昏的，我哪知道？"

外面还在下雨，路灯将雨丝照得很亮。袁医生眨着眼睛，追着问我爸："不可能，你没说人家怎么会知道呢？"

我爸没气力跟他纠缠，便发毒誓："这样吧，如果我说过，我断子绝孙。"医生怔怔地看着我爸："真的？"我爸说："真的。"袁医生张着嘴，突然狠狠地打一个抖战，脸色煞白，哆嗦着嘴唇说："不得了……不得了不得了，太厉害了太厉害了……"一边说，一边拿起雨伞，哗的一声打开，遮住脸，窝着腰，迈着两条短腿蹿出去了。

这天是轮到我妈做饭。我妈回来时大约在巷子里和医生擦肩而过，医生前脚走，她后脚就回来了。她也是一副累瘫了的样子，她不急着去厨房，往一把小竹椅上一坐。小竹椅咿呀吱呀地叫了几声。她忽然问："饭还没做吗？"好像忘了今天是轮到她做饭，也不知道她是问我还是问我爸，我爸没吭声，我也不好回答她。她便哼一声，拿眼睛斜斜地朝我爸瞟一下，说："李德民，今天轮到我就一定是我？我半夜回来也要等我做，我明天早上回来也要等我做？我死了也要等我做？"我爸说："好笑，是你说要轮的，你怕我享了福，说你成了丫头老妈子；现在轮到你你又说别人是等你做。"

两个人就吵起来了。他们吵架跟说话一样，一点也不激动，言来语去都是缓慢的，极为从容。他们按部就班地吵着，从做饭开始，像扯一张破网似的，把不能扯不便扯的事撇到一边，把一些能扯的事都扯起来，到后来又互相数落并贬低对方的人格，比如我妈说："李德民哪，不知道你怎么看你自己，你会不会嫌自己呢？觉得自己很卑鄙，很自私很肮脏很歹毒？说实话，我是把你看透了，我是真看到你的骨头里去了。"我爸则四两拨千斤，淡淡地应一句，说："你以为我没看透你吗，没看到你骨头里去吗？我是不说罢了。"我妈说："你还不说？你还装厚道？你厚道吗？"我爸说："浪费唾沫，没意思。"

那天晚上我爸的嗓子一直是干干的毛毛的，质地相当粗糙。而我妈则坚持不去做饭，任凭李文革鬼哭狼嚎，她跟没听见一样。我爸也跟没听见一样。李文革自己也看出来了，哭破了喉咙都没用，只好跑到厨房里去找剩饭吃。我们家厨房里的案板比较宽，坛坛罐罐都放在上面，他们轮流做饭以后，那上面的东西更是乱七八糟，什么都有，李文革将身子挨过去拖一只铝锅时，把放在案板边上的菜刀带下来了，锵的一声——我在外面都听见了——李文革的一只大脚趾被齐齐地剁下来了。李文革的嗷叫声听起来穿云裂帛，无比惨烈，可他们居然无动于衷，还在从从容容地吵着，我拄着拐杖过去，看见了一摊血和一只像一坨白蜡似的大脚趾。大脚趾旁边还躺着一把油腻腻的锅刷。我不由得浑身发颤。我回来对他们说："李文革也成了残疾了，他的大脚趾被剁掉了。"

我的声音又颤又飘，他们却听见了，都很愕然地看着我，然后一个霍地站起来，噔噔噔往厨房里跑；另一个也霍地站起来，也噔噔噔地往厨房里跑。他们一个抱着面无人色的李文革，一个抓起门角落里的油纸伞，并且用拇指和食指拈着李文革的大脚趾，匆匆忙忙出门去了。他们两个人挤在一把伞下。我倚在门框边看着他们。路灯悬着一团水渍渍的灰蓝的光亮，光亮的中心是一小团雾白。他们的影子像一只怪模怪样的蘑菇，模模糊糊地浸在雨水里。他们的声音带着一种雨水的冰凉气息。

"看看，你看看，这都怪你不做饭，你要对他这只脚指头负责。""那好呀，那就把他外公挖起来，让他老人家来负责吧，是他老人家瞎了眼哪，还拿根藤拐杖逼我，谁知道害了我一辈子。""老话怎么说的，娶坏一头亲，生坏三代的人哪，天知道他老人家害的是谁。""你也不照照镜子，敢说这种话！老话还说茄子豆角要好种呢，一个人坏了德行也指望有好后代？""你有德行，你的德行比谁都好，天下第一！""我不敢这么说，但我也不会把算盘吊在胸口上。""是我还是你？你自己不会默一下神？""好好好，都是我，千事万事都是我，我不是人……""我说了都是你吗？不过，扪心自问吧，老鸦莫嫌猪头黑就是了。""说得好说得好，你说得真好！""好不好也就这么回事。""所以我说我看透了你！你是看不见自己什么样子，我都想呕！""我这副样子会让你作呕？""你自己不知道？""不知道。""那我就说啦！""说吧，说吧说吧。""你像个无赖，真的，你没人味了。以前你还会装，现在你装都不装了。""我没人味？哈！那你呢？""你说什么就是什么，无所谓……""你不会的，你是什么根本，怎么可能跟我一样，也无赖，没人味呢？""李德民！你提根本干什么？你什么意思？当年是谁哭兮兮地说自己高攀了，要一辈子给我做牛做马的？"……

他们嘴里不停，但脚下很急，呱嗒呱嗒的。李文革在他们手上呵啊呵啊地哭着，声音都哭纰了，开岔了，脚趾断茬口子上的血一滴一滴地滴在被雨水泡着的、泛着青光的麻石地上。

第二十章　你们这一家人哪

那场雨停了以后，我和吴爱国照样去卖冰棒，我们还是去的广场旁边的公园门口。那天我一去就朝那面围墙看，那面围墙上除了几片还没被打扫干净的纸屑子——好像还是半干半湿的——便什么都没有了，取而代之的是一条长长的新刷上去的标语，笔画极其粗壮，刷子似乎比笤帚还大，横过去像房檩，竖起来像柱子。纸是绿的，字是黑的。墨汁的味道是浓郁而新鲜的。墨汁还是湿的，还在太阳下泛着光亮。雨后的太阳很好，鸭嘴树显得更绿，比标语纸绿多了。跟鸭嘴树相比，那些标语纸就不叫绿了。天空也非常干净，只是地上的水汽都被蒸起来了，因此天气显得有些闷热。

人们不再围着那面围墙了。大家跟往日一样，都很正常。我也跟往日一样，卖力地叫卖我的冰棒。

大约是雨后的第五天上午十一点左右，我正在用舌尖细细地磨"牛奶"这两个字的时候，很惊讶地看见了驼肩耸背的苗幸福。他一摇一晃地从斜对面公安局那边走过来。横在公园口子上的这条马路很宽，除了轰隆隆的拖麻石的东风卡车，还有带通道的公共汽车和别的车子，"嗞"过去一辆，"嗞"又过去一辆，他站在那里，汽车一辆接一辆地跑过去，他的三七开的分头被汽车带起来的风掀得一起一落。他的脸这边甩一下那边甩一下，以为有一个空子，急忙往前蹿两步，吓得汽车吱一声划一个弧。汽车在他面前乱成了一团糟。结果是汽车挤在那里，他从车缝里钻过来了。我赶紧低下头，把背朝着他。谁知他径直朝我走过来，隔着架子车把一张毛票伸过来，哑哑地说：“嗨，买一根冰棒。”

我只好转过身来。我躲不掉了。

看见是我，他愣了愣，但不说什么，蹲下去吃那根绿豆冰棒。他的宽大的脑门被汗水涂得闪亮，脖子上的汗污像一道不规则的黑印子。我也不说话，看着他吃冰棒。他吃冰棒很用心，吃得很爱惜，拿舌头一点一点地舔，添出了绿豆了，就放进嘴唇上唆一下，把绿豆唆进嘴里去。他终于把一根绿豆冰棒舔完了，唆尽了，手上只剩一根冰棒棍子了，他就眼睛直直地盯着那根冰棒棍子。他把一根冰棒棍子盯了半天，才让它从手上掉下去，然后他咂一下嘴，抬起头，皱起脸朝着我。我也把脸皱一下，说：

“你找到她了？”

“怎么说呢？我被你们家坑死了。可怜我还以为她蹿了河，为了找她的尸首，我魂魄都跑丢了。我是什么都不知道啊，我哪里想得到会是这么一回事呢？”

“你现在知道了？”

“我知道什么？我搞得清这些事？”

“那你又来干什么呢？”

“知道她犯了事我总要来看看吧，换洗衣服总要送两件吧，怎么说也是拜过堂成过亲的，一个被窝筒里睡过的，不说一日夫妻百日恩，这点事总该给她做一做。再说，我不做谁做呢？你们会做吗？你们不会做的。我现在也有点清楚了，你们这一家人哪……也罢，我不说你们了，蚀本打倒算盘，也不能说我就一定被你们家骗了，被水香骗了，不过水香啊，唉，她自己也麻烦了，被人家工作组叫去，拍桌子打板凳地凶她，凶得她鼻涕眼泪一大把，还不知道说不说得清楚呢！我反正是说不清楚的，一心面朝里，问我怎么回事，我就说我是被老婆急疯了，人家说你着急你就什么人都敢要？想想也是，我真是急疯了，我怎么不起一点疑心呢？人家没疤没迹的，好端端的，又是城里人，会嫁我一个乡下驼子？脑子稍微清楚一点，都想得到的，我不是自己迷了心窍吗？是祸是福，我都怪不到别人的。现在事情已经上了身，想脱壳也是脱不掉的，我也想得开，什么日子不是过？反正我就是个倒霉的人，好事摊到我身上也会变成坏事，还说什么呢？认命就是了，上当上到底就是了。"

我这才注意到，他手上提着那只我妈买给李玖妍的新上海旅行袋。我说："你怎么又提回来了呢？"他说："找错了庙门。再给我一根冰棒吧。"

他又是那样舔，舔出了绿豆又唆一下。

"你知道那个叫陈金凤的女人吧？"

我点点头："听说了。"

"人家一个女人，跟她一点不相干的，好心带她到家里去住，可是好心没得到好报，也惹了一身邋遢血。我是她屋里头的男人，我总不能躲着不见面，我再怎么也要去给人家赔个礼致个谢，宽宽人家的心吧？不然事情一出，人毛都见不到一个，好像她没根没蒂，是个孤魂野鬼，是从树洞里钻出来的，家里没一个人跟人家见面，做人不是这样的。"

我们这两个残疾，一个弓着背蹲在地上，一个吊着腿坐在架子车的架子上。树荫斑驳地罩着我们。阳光在树荫里一跳一跳。旁边总是有人在走动，不是走过来的就是走过去的。我又拿一根冰棒给他，他摇摇手说，够了，不吃了。

"我想不通呀，她都回来了，为什么不住到家里去呢？要住在人家那里？这没一点道理呀。这么久了，没回过家，虽说是你妈叮嘱过的，说你们家不讲究年节的，不要我们去拜年拜节，让她安心在水甸过自己的日子，可是，她都到了家门口了，她不想进去看一眼？她为什么不抬脚进门呢？她是不愿回家还是怕回家？或者怕你们把她赶出来？莫非你们真会赶她出来？你们家嫌她嫌得真有那么厉害？她是你们的眼中钉肉中刺？"

我讪讪地说："不会的，怎么会呢。"

他看我一眼，说："这是老实话？"

我说："嗯。"

他摇摇头，唉一声，站起来，从口袋里摸出了一张蔫头蔫脑的毛票。

"刚才那根冰棒还没给你钱呢。"

我说："不用不用。你是谁呀，一根冰棒还吃不得？"

287

他说："你拿着，我不沾你这个光。"

他拿钱给我时，我看见他手腕上光秃秃的。我说："你的表呢？"

"卖了。"他说，"我还戴什么表？戴不起了！"

　　苗幸福跟我提到的陈金凤，是"旭日旅社"的一个服务员。"旭日旅社"在东门外码头旁一条叫柴禾街的小巷子里，门脸宽约丈余，里面比较深奥，又是那种砖木结构的老式房子，虽然亮着灯，也还是一片昏暗。一截柜台也是老式的，油漆剥落。陈金凤名义上是服务员，其实是个打杂干粗活的，那天晚上她把该忙的都忙完了，烧开水的煤炉封上了，大茶桶里的开水也加满了，转身要回家时，看见那个蹲在门外的姑娘又进来了，用一只瘦得跟鸡爪子似的手撑着尖下巴，趴在黑乎乎的柜台上。一个坐在柜台里打瞌睡的干巴老头将眼睛睁开一条缝，说："你这个人怎么回事？要介绍信没介绍信，要证件设证件，这个店怎么能给你住呢？你还要我给你说多少遍？"陈金凤过去帮腔说："妹子，规矩是这样的，你不要太为难人家秋伯，人家也是没办法，能住他会不给你住吗？莫非他还留给自己住？"话是这样说了，看着那个窄窄的脊背和扎在头上的手绢，心里又有些不忍，又把话说回来："看你的样子，叫你在外面蹲一夜也够你受的，可是你总该把来路说清楚呀，听口音你又不是外地人，怎么非要住店呢？是不是两口子吵了架，还是在家里跟父母搞僵了？"

　　陈金凤看见她点了点头，便说："这就是你的不对了，父母嘛，眼泪都是往下流的，还不是为你好？你跟他们拗什么呢？"陈金凤会抽烟，一边说一边摸出一根"梅雀"烟，扔给柜台里那个叫秋伯的老头，又给自己摸出一根叼在嘴上，她歪着头点火时，那姑娘说话了："他们像泼脏水一样把我泼掉了。"陈金凤被刚吸进去的烟呛了一口，咳得满脸通红，气还没喘定，说："什么什么？你说清楚些。"姑娘摇摇头，好像很难受，说不下去。陈金凤不知道她是头疼，她眯起眼睛，又唆着嘴吸一口烟，用夹着烟的两个指头点着秋伯："秋伯，我给她讨个保怎样？"秋伯咧嘴一笑，说："你讨保？平时就骂你是个二百五，没头没脑的一句话，你还当真信她？你以为制度跟你的裤腰带一样，是拿松紧带做的？"陈金凤骂道："你个老色鬼，白抽我一根'梅雀'。我不像你，心肠硬得跟铁一样，我这个人最看不得别人可怜，讨不到你的保，我把她带到家里去行啵？”秋伯说：“你真是个二百五。”陈金凤说：“二百五就二百五，总比你这个铁石心肠好些！”

那个陈金凤就这样一派豪气地当了一回二百五。

陈金凤那年大约四十挂零，她男人原是在拖驳上的，有一天忽然被缆绳打下了河，成了浸死鬼，她也就成了寡妇。她家就在柴禾街北头梢尾上，和“旭日旅社”一样又旧又老，有两间板壁房，一间是她的，一间是她女儿的。她只有一个女儿，已经去了航运公司设在往东一百里以外的知青点。陈金凤让李玖妍睡女儿的房间，她说好好睡一觉，满天的云都散了。可是李玖妍不只睡一觉，她睡了一觉还想睡一觉。陈金凤白天要上班，家里放着一个来历不明的人，无论如何有些放心不下，她说：“不想走？走走走，我要锁门呢。”但李玖妍摇头，表示不走。陈金凤说：“你赖到我了？你是一块牛皮糖呀，粘到了不得脱的？”那时候李玖妍的头大约很疼，总是皱着眉，她皱着眉拿出苗幸福的钱袋子，从里面拿出十五块钱和十斤地方粮票。陈金凤说：“干什么干什么？把我家当旅社呀？”她嘴上说得硬邦邦的，眼睛却不自觉地看着钱，心想要收也收得，我让她住让她吃就是帮了她，可饭钱床铺钱她不要交吗？她住旅社也要交的。她没有我不能跟她要，她有，自己也拿出来了，我怎么收不得呢。一边想，嘴巴一边拐弯：“接吧，我心里不过意，不接吧，又怕你心里不过意。”陈金凤做出十分为难的样子，很扭捏地把钱和粮票接过去了。事后陈金凤向有关部门交代说，她之所以要接这十五块钱和十斤粮票，是因为她想到她在知青点的女儿，女儿在当地要打点的。“那是个无底洞啊，”她一把眼泪一把鼻涕地交代说，“大家都在暗地里拼哪，你拿得多我要拿得更多，你拿得重我要拿得更重，我一个寡妇人家，一个月就是那几个钱，我拿什么跟人家去拼呢？”

要说这个陈金凤也真是个标准的二百五，拿了李玖妍的钱和粮票，就正经把自己家里当了旅社，放心让这个来历不明的女人住下去。见她买来了纸张笔墨，铺在桌上哗哗地写，还自作聪明地劝她，自己的父母嘛，还用得着写这个？当面锣对面鼓，说清楚就算了嘛！等看到人家一大张一大张地写下来了，又忘记要劝她，转过来夸她有文化，说你这么有文化，怕是读过高中的吧？她说她就佩服有文化的人；她当年肯嫁给那个死鬼，就是看死鬼有文化，一张那么大的报纸，他能一口气看下去。不是冲他的文化，她才不嫁给他呢，大腿怕还不如她的胳膊粗。她说，你们有文化的人怎么都不长肉呢？一个个都瘦得吓死人。过了两天，听人说公园那儿有人贴了大字报，如何如何，她还没一点警觉，还跟秋伯扯淡，说知青插队这个事呀，真是那样的呀。她根本不往李玖妍那儿想。她想的是那个女的在她家里已经住了好几天了，总不能这么长住下去吧？可是自己拿了人家那么多钱，还有那么多粮票，人家才住了这么几天，什么旅馆这么贵呀，这个口怎么好意思开呢。

据说那两天李玖妍到处找詹少银，先是找到羊角巷，然后又找到他单位上，看到穿蓝制服的门卫老头，畏畏缩缩了许久，对老头说她要找詹少银，老头点一下头，她才敢往里走。她在每个办公室门口停一下，终于看到了詹少银，就把目光停在他脸上，说，詹少银。詹少银很吃惊，吃惊过后，站起来往外走。她盯着走过来，问他，你怎么变成了两个睾丸？詹少银不理她，侧着身子从她身边走过去。她说，詹少银你别走，你把裤子脱下来。她的声音虽然小，但办公室里的人都听见了，都把嘴巴张成一个半圆，都笑了——这确实是个笑话，这个笑话一度流传很广，否则我也不可能知道这件事——詹少银边走边骂，神经病！她追上去对詹少银说，你为什么不脱呢？你不是说你有两个睾丸吗，你还有医院证明，你还不敢脱？詹少银只好跑了，她就追，不知为什么，没人拦她，由她那么追着喊着。她一定要詹少银把裤子脱下来给大家看看。詹少银当然不会脱裤子，他从这层楼跑到那层楼，这栋楼跑到那栋楼，像甩个尾巴似的把她甩掉了，然后他躲起来。他们就跟捉迷藏那样，一个躲，一个找。她找了一天也没找到，第二天又去了，接着找。假如不被抓起来，估计她会一直找下去，詹少银若不想被她逼疯的话，恐怕也只有脱裤子一条路。

可是那天晚上她就被抓走了，突然有人敲门，陈金凤说谁呀？外面人说，你叫陈金凤吧，我们找你。陈金凤一边嘟哝着，这么晚了，找我干吗，一边把门打开了，几个人就冲进来把李玖妍咔嚓一铐。李玖妍呆呆地说："怎么……又是这样？"她反复说这句话。陈金凤扑上去揪住人家，问人家是干什么的？怎么敢跑到她家里来抓人？人家被揪扯不过，干脆把她一扭，也抓了。陈金凤便鬼哭狼嚎，挣扎喊叫，弄得人家不得不打她的嘴巴。人家之所以半夜里抓人，就是不想搞出太大的动静，所以人家下手非常果断，一个巴掌拍过去，就把她的嘴给封住了。她的嘴迅速地肿大，连舌头都肿了，到她作交代时都还是肿的。她用肿胀的嘴和舌头艰难地为自己辩白，声音咿嗡咿嗡的。她说，我怎么搞得清你们是谁呢？

不是秋伯和大家给她作证，说她一贯是个二百五，肚子里没有半点墨水，大字不识一个，连自己的名字都不会写，裤带上吊个章子，碰到要签名时就掀起衣襟，扯过章子一戳，她无论如何挣不出来。还好，为难了她几个月，让她暂时脱了身。她肠子都悔青了，逢人就说，这年头好人做不得，我就是个例子，以后你们不要叫我的名字，就叫我二百五。

那天下午，苗幸福提着两样点心找到二百五陈金凤时，她刚刚被喊去谈过话，而且又被人家拍了一回桌子，正窝了一肚子火，瞪着苗幸福问，你是谁？苗幸福说我是特意来向你赔礼的，我老婆在你屋里打搅了，还牵累你……陈金凤恶叫一声："喔耶——，老婆抓走了老公又来了？轮番来缠老娘？巴不得害死老娘？还不赶快给老娘死远点？"说着转身端出一盆脏水，哗一声泼过去，将苗幸福从头泼到脚，泼过之后，一手提盆子，一手叉腰，高声说："欺负老娘是个二百五吧？叫你尝尝老娘的洗脚水！"

前两年我还去看过这个陈金凤，她还住在柴禾街。柴禾街已是一副歪歪倒倒的样子，"旭日旅社"早不见了踪影，陈金凤坐在一把小竹椅上摇蒲扇，还是爱抽烟。听说她过得不怎么样，偌大年纪还在为女儿担心，她女儿徐梅当年拿自己换了个招工指标，在棉纺厂上了几年班，后来也下了岗，现在靠干钟点工过日子。不过她人好像还开朗，从脸上看不出愁苦，我问她还记不记得那个李玖妍？她龇着缺牙的嘴咯咯地笑起来："哟，你是她弟弟呀？你从哪里冒出来的？我还以为她娘家没人呢。"我被她说得脸上有点挂不住。她又说："说起来我还泼过你姐夫一盆水，想想真不好意思。你姐夫还好吧？叫他莫怪我呀，他是个本分人，一片好心来赔个礼，我倒浇人家一盆洗脚水，有什么办法呢，谁叫他碰到我这个二百五？"

李文革福大命大，一只大脚趾被齐根剁下来，居然没有变成残疾，经过几位医生的努力，他的大脚趾再植成功。这件事报纸上都登了，详细介绍了那几位医生如何创造了奇迹。尽管李文革成为了奇迹的载体，但文章中并未出现他的名字，他的名字是"伤者"或"患儿"。

就在这张报纸登过这条消息之后没几天，在它的第二版左下角贴地的地方，非常不起眼地登出了我们家与李玖妍断绝一切关系的声明，全文大概不到一百字，干脆利索，手起刀落。落款是"李德民唐亚蓉夫妇"。这真是一件叫人想不通的事，他们要一边吵架，一边讨论离婚，还要一起合伙登声明，他们是怎么做到的？

李文革起初走路时还是有点拐，不过走着走着就好些了。大脚趾确实接得不错，不是有点疤痕，从表面上根本看不出什么。但那毕竟是断了再接上去的，想跟没断过一样是不可能的，比如他不能跳，也不能跑，要跑只能慢跑，要跳也不能用那只脚，必须用另一只脚。就是平常走路，重心也尽量放在后脚掌。所以他只好收敛起顽劣，这样一来反倒成全了他，别人觉得这孩子越来越稳重了，而一个表面上看起来平和稳重的人跟权力似乎特别有缘，他后来做官做得比较顺，他这只再植的、外强中干的大脚趾功不可没。

李文革的大脚趾接上去了，我父母却离了，——我估计就是那个时候离的，最后合伙干了一把，登出了那份声明，将李玖妍像摘瘤子似的从自己身上摘掉了，断根了，剩下来的事情就是离婚了。所有的事情都做完了，不离干什么？一定得离了。非离不可了。

如今我回头看一看，就知道他们彼此之间的失望和嫌恶到了什么地步。因为我和我老婆张海棠也吵。我跟张海棠吵架主要原因在张海棠。我摇着轮椅去"海棠书店"时，好几次都碰见七罗汉趴在柜台上，用一只手撑着下巴跟张海棠说话。我一直以为这是个从她老家来的民工，可是这个民工每回见了我，都是匆匆忙忙地走掉。而张海棠这时候总是对我冷冰冰的，我便觉得这个民工有点蹊跷，但忍住了没问。张海棠没我忍性好，用那只好眼朝我翻个白眼，说："想问什么就问吧，别憋着，憋出毛病来不好。"我说："好人不用管，坏人管不成，问什么？"张海棠嘴一撇，像笑又不像笑地哼一声。有一回我正好碰见张海棠在抹眼

泪，我就觉得再不问就不对了，我叫住低着头从我身边匆匆走过去的七罗汉，然后问张海棠："他是谁？"张海棠先叫七罗汉走，等他走了以后，才对我说："七罗汉。"直到这时，我才知道她跟七罗汉还藕断丝连。她说："你也不想想，他要是不爱我，怎么会打瞎我一只眼睛？"张海棠性格里比较可爱的一面，就是直率，不隐瞒，想说时就噼噼啪啪全倒出来。她说七罗汉还爱她，而且爱得要命。她的逻辑很怪，七罗汉打瞎她一只眼睛，她把七罗汉送进监狱，他们互相残害，可她说这是爱。她现在正在为难，不知道是老老实实跟我过日子好呢，还是回头跟七罗汉好。我说："你慢慢拿主意吧。"张海棠便抱起双臂，用懒洋洋的口气说："你以为我不知道你，你巴不得我提离婚，你好马上就去找你那个拐婆子！"她说的"拐婆子"，就是在白马庙市场卖酱菜的苏晓晓。我淡淡地说："彼此彼此。"

所以在我看来，夫妻吵架吵到没有愤怒没有激情的时候，那就是无药可救了。那种失望和嫌恶是无法言说的。虽然我和张海棠关乎的是"风月"（这样烂糟的事情，不知够不够得上这两个字），而我父母是因为在艰难的合作过程中都将彼此看透了，比用显微镜看得还透，都觉得对方太不是东西，或者看见对方就等于看见了自己，对方就是自己的镜子，于是从前的风花雪月——假如真有过的话——便不堪回首了，他们关乎的应该是人格或德行，二者有着本质上的区别，但结果却是一模一样的：离婚。

真到了一点不犹豫的时候，什么问题都不是问题，我和李文革当然也不是问题。我们的归属他们很快就谈好了：李文革归我妈，我爸则捡了我这个落脚货。

我妈原想带着李文革远离老鼠街，我爸也巴不得她早点搬出去，所以两个人都在忙着跑房子。可是他们腿都跑细了，不要说小街小巷边边角角，连郊区都跑去了，也找不到一间房子。房子都是公家的，都归各区房管局革委会管着，就算有空房子，也轮不到他们。这样的事我爸又不好去麻烦人家周师傅，他拉不下老脸开这个口，怕被周师傅捡了笑。到了这时候他们才明白，他们的婚等于白离了，他们还要在一个屋檐下进出，还要在一个锅里吃饭；而我们也不知道他们已经离了婚，不知道我们已经成了两家人。

我知道我们一家人变成了两家人是因为我爸住院。那时候我爸已不在南杂店了，虽然他挖了那么久的人防地洞，回到店里没几天，人家还是又把他赶走了，让他到他们单位上办的五七农场养猪去了。他给别人打过那么多家具，给苏酒糟也打过，可是包括苏酒糟在内，都觉得他还是去养猪的好。苏酒糟还对他说："老李，你想想，天天守在店里有什么好？去农场养猪多自在？农场那环境，山清水秀，空气都新鲜些，我是脱不开身，脱得开身我都想去。"我爸说："那是那是。"单位上的农场设在郊区，往东三十里，不远也不近，他吃住都在那里。那天他忽悠忽悠地挑着一担潲水刚进猪圈，忽然感到胃里一阵翻涌，随即便哇哇地呕吐，结果这一吐就没完没了，大约半个钟头左右便要吐一次，最后连苦胆都吐出来了。胆汁是绿汪汪的。猪把别的都吃了，唯有胆汁不吃，嫌苦。在当地公社卫生院吊了几瓶盐水，把死人一样的脸色吊回来一点，也还是像一张在水里漂过的草纸，再试着吃了小半碗稀饭，还没过半个小时，怎么吃进去的就怎么吐出来了，吐完了又吐胆汁。公社卫生院的医生说，快走吧，别在这里耽搁时间了。于是第二天一早就搭一辆拖拉机回来了，在区卫生院一检查，人家说长了个瘤子，赶紧开刀吧。

　　开刀要家属签字，而这个字是我签的。那天上午我妈去上班之前，忽然想起什么似的对我说："哦，对了，听说你爸要开刀，你到医院里去看一下，给他签个字。"我当时非常吃惊，一是为我爸开刀，二是为她说的话和她的口气。她用那种白开水一般的口气说你爸要开刀，又说你去看一下签个字，那么她呢？她干什么？我说："我签什么字，你不去吗？"她摇摇头说："我跟他离婚了。"我大约是一副又困惑又吃惊的样子，她看了我一会儿，便转身去翻出了他们的离婚证，递给我，说："你可以看一下。"

　　我就看了一下。我看到了他们离婚的事实。就是一张比三十二开纸略小些的白纸，质地比较粗糙，因此白得很不纯粹，透着一抹糠黄。我看见在"离婚原因"那一栏里写的是"感情不和"（从表面上看，这与我日后和张海棠的离婚原因又是一样的），再往下我就看见我和李文革的归属：我归我爸，李文革归我妈。至于李玖妍归谁，上面没写。大约也不用写，因为李玖妍已成人了，也嫁人了，而且我们家还登过报，跟她断绝关系了。我忽然有种冷飕飕的感觉。我有点理解他们"登报"，但一点不懂他们的离婚。把离婚证还给我妈时，我禁不住狠狠地抖了几下，起了一身鸡皮疙瘩。

我拄着双拐挪到医院时，鸡皮疙瘩已经没有了，给我爸签字时，我已经无所谓了。

我爸的瘤子是良性的。知道死不了，他半张着嘴，两个眼角上各挂了一滴泪。

在医院里侍候我爸时，除了不要把屎把尿，我什么活都要干。我充分地利用我的胳肢窝和我的脖子。洗衣服时，我把要洗的衣服挂在脖子上，来到水槽边站定，把重心放在一根拐杖上，用胳肢窝夹死，将衣服从脖子上扯下来；打肥皂搓洗时，用两个胳肢窝夹住拐杖，将自己挂在拐杖上，好腾出手来搓衣服；又将洗干净的衣服再挂上脖子，晒衣服时基本上跟洗衣服一样，把自己挂在拐杖上。我还从家里翻出了一只书包，是李玖妍的那只洗得发白的黄书包，我把它翻出来之后心里怔怔的，我眨巴着眼睛看着家里的桌子凳子柜子箱子，看着墙和板壁，看着天花板，看着墙和板壁上贴的样板戏的画纸，看着我爸从前做的那九面小镜子，看着厚厚的无人掸抹的灰尘和零乱放置的瓶瓶罐罐，以及到处乱扔的衣服和鞋袜，竟莫名其妙地觉得有一把刷子在心里一下一下地刷着。那把刷子又粗又硬。后来我才知道这叫沧桑感。沧桑感是一种很不好的感觉，伤人，弄得人心里戚戚的，说不出哪儿疼，像掉了魂似的。我戚戚地往李玖妍的黄书包里放了一只篾壳热水瓶，放了两只搪瓷碗和两把铝皮调羹，又戚戚地挂在脖子上。

在医院里的日子，这只黄书包就像长在我脖子上，买包子馒头是它，打饭打菜是它，打开水也是它。打了饭菜往里面一放，打了开水也往里面一放，然后我挪一下，它就晃一下。它和我胸前的衣襟很快就变得斑斑驳驳的了。油渍和菜汤，以及东碰西蹭之后落下的尘泥污垢，使它们看起来就像是从垃圾堆里捡来的。

那时候我和苏晓晓搭伙卖冰棒还不到半年。我之所以和苏晓晓搭伙卖冰棒了，是因为眯眼子吴爱国出事了，经查，并且经过对照笔迹，在那些用钢笔支持李玖妍的人里头，其中有一个就是吴爱国。吴爱国是这样写的：李玖妍我相信你，敬佩你，支持你。此外，吴爱国还向革命群众砸过冰棒，有一名革命群众被冰棒棍子戳伤了眼角，引起视网膜发炎；另外还有两名革命群众的脑袋被石头般坚硬的冰棒砸出了鸡蛋大的青包，法医验伤的结论是轻微脑震荡。费伯娘拍着巴掌，长腔长调地尖声哭叫，天爷呀，可怜我一个老寡妇，儿就是命命就是儿呀！你这是要索我老婆子的命呀！儿呀……你也是真不成器呀，白纸黑字你敢乱写呀，你怎么敢拿冰棒砸人呀！你不知道自己是什么命呀，跟人家一样不知道天高地厚？你想当邹衍呀？你想当窦娥呀？其实你呀，什么都不是呀，你就是我头世的冤孽呀……好不痛杀我也！费伯娘最后一句用的是韵白，还牵起一点衣袖，掩了颜面作抖动啜泣状，有比较明显的程式化痕迹，不过忧伤沉痛却是一气呵成，极富感染力，使旁边看热闹的人都忍不住红了眼眶。大约过了一年零八个月，吴爱国出来了，大家看见他整个人是青肿的，头发更枯更黄了。他先到街道上向丁珠玉主任报了到，回家又接着给自己开处方，但没有跟我一起卖冰棒。我们再在一起卖冰棒是我和苏晓晓拆伙以后的事。

苏晓晓的爸爸苏酒糟起初不准他女儿跟我混在一起，说她不知轻重，那是什么人家？跟那种人家的人混在一起有什么好？苏晓晓说："那行啊，那你给我安排个工作吧。"那时候苏酒糟已经没能力安排她了，他被别人挤到一边去了，虽然还挂了个副主任，却没一样是归他管的，跟没挂差不多，但又不肯在苏晓晓面前跌面子，气呼呼地说："你个死丫头将我的军是吧？"苏晓晓说："你说将你的军就将你的军，你哪天给我安排了，我就哪天不卖冰棒，你还没安排呢，那我就先卖着。"苏酒糟说："你卖冰棒就卖冰棒嘛，为什么非要跟那个李文兵一起卖呢？一个瘫子，莫非他还长了花？"苏酒糟说了这种不上台面的话，苏晓晓也不客气，厚着脸皮说："你管他长花不长花，反正我喜欢！"把苏酒糟的鼻子气成一团烂红，扬起巴掌就给她一个耳刮子。苏晓晓正好，咧开嘴巴就嚎。苏酒糟说："你嚎丧吧？"

挨了一个耳刮子，嚎了一上午，苏酒糟也只好由她了。

我和苏晓晓卖冰棒时，不在公园门口卖了，我们换了个地方，在爱国电影院门口卖。爱国电影院在红旗路西头，苏晓晓家住在翠竹街，也靠着红旗路，算红旗路东头，我家则在这两点之间。苏晓晓早上挤公共汽车到老鼠街，推着吴爱国钉的架子车去打货。冰棒厂是沿红旗路往西，她打了货再往西走，大约十几分钟，就到了爱国电影院。她虽然前翘一下后翘一下，却走得很快，往往是她到了，我还在路上慢慢挪，她就一边卖一边等我。我来了，她便背个冰棒箱守到旁边的路口上，我就守在电影院门口。

我在医院里侍候我爸时，苏晓晓就一个人背着箱子卖冰棒。有一天苏晓晓突然出现在医院里，我说今天你这么早就卖完了，还是把冰棒卖到医院里来了？她说什么呀，我妈也在医院里住着呢。

她只说她妈在医院里住着，没说她妈什么病，后来我们好了，她才悄悄告诉我，那回她妈是打小产，说着还小声地暧昧地笑，说她妈都什么年纪了，还打小产。

那天苏晓晓给我带了两只苹果，她把苹果放在我爸的床头柜上，顺便叫了我爸一声李叔叔。我爸好像受宠若惊，有点手足无措。苏晓晓认识我爸，还记得我爸给她爸打过家具。苏晓晓叫过李叔叔之后，又说："原来李文兵的爸爸就是你呀。"我爸连连点头，样子几近谄媚，他拼命推让那两只苹果，说："你妈也在住院，我们又没去看她，怎么好意思吃你的苹果。"他推过来，苏晓晓又推过去，他还要再推时，苏晓晓说："你不吃就算了，放在这里让李文兵吃。"我爸这才明白过来，人家的苹果不是给他吃的，是给李文兵吃的，跟他没关系，而他还傻傻地跟人家推来推去，于是不免感到尴尬和失落。过后我把苹果拿给他，他看都不看，脸一扭，酸酸地说："人家那是给你吃的。"

这也难怪他，活了大半辈子，开刀割瘤子，除了我在跟前，鬼都没来看过他一眼。我妈是肯定不会来的了，就连李文革也没来过。李文革好像不知道我爸住院——我不记得我告没告诉过他——就是知道他也不见得会来。他还是没有完全收敛，不能跑不能跳了，就常常像个尾巴似的，跟着巷子里的一帮孩子，看人家玩。他脸皮也厚，不怕人家骂。人家说李文革，你们家为什么要登报？他憨憨地跟人家笑。其实他心里清楚，却能装出一脸憨笑，也真是本事。过后人家懒得跟他说那么多，干脆叫他"登报"，叫着叫着，"登报"倒成了他的绰号；叫到后来，不知怎么搞的，舌头一滑，"登报"竟莫名其妙地变成了"灯泡"。"灯泡"和"登报"相去甚远，风马牛不相及，而它们就这样在无意中被置换了，可

297

见真实是多么脆弱，多么容易被淹没。

医生叮嘱我，要给我爸吃一点肉饼汤，我没办法做到，便请苏晓晓帮忙。苏晓晓二话不说，起大早去买肉，买了肉再去打冰棒，下午五六点钟，卖完了冰棒，就匆匆赶回家，笃笃笃地把肉剁成碎肉饼，捅开炉子蒸熟了，装在一只把缸里，用毛巾先包一层，再拿件旧衣服，又包一层，一翘一翘地端到医院里来，还是热乎乎的。她一共给我爸端过十三个肉饼汤，我爸吃肉饼汤吃得又感动又悲伤，对我说："这姑娘厚道，比她老子好。只是这样麻烦人家，实在不过意，要不，我还是不吃了吧？"

我知道他是想通过我跟苏晓晓客气一下，但我不跟他客气，我说："扭捏什么？想吃就吃吧，你又不想再开一回刀，麻烦也就麻烦她这一回。"他皱着脸看我，我以为他要发火，但他却点点头，用一种多少带点妒忌的口吻说："兵子你有福啊。"

我妈终于找到了房子，准备带着李文革搬出去了。在搬出去之前的大约两个月，她把一件旧毛衣拆了，把拆下来的毛线用开水泡了泡，晾干后绕成团，开始教我打毛衣。她板着脸叫我过去，把毛线和竹针交给我，说："从现在开始，你学打毛衣吧。"我想她昏了头吧？我不是女孩子，我嘴唇上的胡须都变黑了，我打什么毛衣？她说："你非打不可。"我说："我不打。"她把我的手拖过去，将毛线缠在我的指头上，强迫我打。我把手挣脱出来，我说："我不是归我爸吗？你别管我，我跟你没关系。"她甩手给我一个巴掌。这是我这辈子挨得最狠的一巴掌。我说它狠不是因为它重，它重不过我爸给过我的巴掌，尽管它也是"大音希声"。关键是它打到我心里去了，它在我心里留下了一个巴掌印子。

傍晚我准备出去卖盐瓜子时，从一面灰蒙蒙的小镜子里看见了我的脸。我的脸一边小一边大，眼睛也是一小一大，嘴角上还有一坨血迹。我用湿毛巾把血迹擦干净了。

我以为她打了我就算了，不会再叫我学打毛衣了，谁知第二天她又把毛线和竹针拿到我面前，说："先学平针吧。"她还是把毛线缠在我指头上，把竹针放在我手里。她要缠毛线我就让缠，叫我拿竹针我就拿。她拨一下我的小指头，

说："挑一下。"我就挑一下。她又捉住我的右手，说："打一针。"我就打一针。我像个木头似的由她拨弄。我这样消极抵抗，她并不骂我，她不厌其烦，左拨右拨，一针又一针，我到底还是慢慢地动起来了。因为不是撑凳子就是撑拐杖，我的指头又硬又笨，打一天毛衣就好比干一天苦力。她总算是教会了我打平针和元宝针，又开始教我洗衣服补衣服，拆被子缝被子，最后教我做饭，量多少米，放多少水，饭潽了以后还要烧多久，然后她就带着李文革搬走了。

她没带走多少东西，一只洋铁桶，一只箱子和一只五斗柜，再就是衣服鞋子蚊帐被子毯子脸盆毛巾牙刷牙膏锅碗瓢盆，装了一板车。拉板车的是个五十多岁的矮个子男人，不是熊大头，自从那年六月以后，熊大头两口子就没在我们家露过面了。

那天我爸没回家，还在五七农场喂猪。我爸回家的时间不一定的，反正一个月一次，有时是星期天，有时是星期六，或者星期三星期四。而且我爸在不在都一样，她应该没话跟他说的。她跟我也只说了一句话：我们走啦。就这四个字，口吻也是极为平常的。天气已经比较冷了，墙脚边结了薄冰。她自己围了一条围巾（黑色的），给李文革戴了个半新的蓝布棉帽子。大约是上午八点多钟，她牵着李文革的手，低头跟在那辆板车后面走着。那辆板车跟熊大头的板车一样，会发出吱呀儿吱呀儿的叫声。李文革的耷拉着的帽耳朵一颤一颤的。巷子里有一些人探头探脑地看着。费伯娘也站在那里看着，一边看一边和几个女人戚戚戚地交头接耳。因为天气实在有些冷了，费伯娘脚上穿的不是趿板子，而是一双圆口黑布棉鞋。费伯娘的眼睛跟着我妈和李文革，嘴巴却对着旁边的人，说哎呀呀，这好像是搬家吧，在一条巷子里住了这么久，她搬家怎么不跟大家打个招呼呢？过一会儿，费伯娘又说，她怎么只带"灯泡"，不带兵子呢？啊？还有，他们家老李呢？

她搬出去之后的第三天，我爸回来了。那天好像是星期五。我对他说我妈和李文革搬走了。他点点头，到房门口看了看，没说什么，手伸进口袋里一动一动，动了半天，摸出了一根烟。他戒了好几年，现在又抽起来了。他弯着背坐在原来我撑过的那只榆木凳子上，一口就抽掉了半根烟，再一口，指头上只剩了个烟屁股。

我妈搬到了工人文化宫最里面的一间小平房里。工人文化宫占地面积很大，那间平房在院子的最北边，背靠一面很高的老青砖墙，墙后面是一个礼堂。有一面丈多高的围墙，逼在我妈家门口，形成一条短促狭窄的巷子，最宽处顶多一米左右。那房间面积大约十个平方米，原来堆的是杂物。围墙的那边是一个纪念馆，几十棵樟树从那边压过来，大片树冠越过围墙，密匝匝地罩在这边平房的红机瓦上。机瓦上的青苔很厚，看过去是一抹墨绿，只有几处隐隐透出一点稀薄的变了味的灰红。围墙上同样长着青苔，而且更绿更厚。沿围墙往左是死路，往右一直走，拐出青砖墙，是一排比人还高的女真树，树篱过去是一个长满杂草的空地，有个破篮球架歪歪地站在那儿。

　　想必老鼠街的邻居们也猜出来我爸妈离婚了。老鼠街人有一样好，就是猜归猜，一般不会当面问你。当面问你的除了费伯娘，不会有第二个人。费伯娘说兵子我问你，你妈和革子到哪儿去啦？她搬走啦？她为什么不跟你们一起住呢？

第二十一章 你的河

　　我已经有很长时间没看过布告了。一般来说，在逢年过节之前，以及一些重大的、或比较重大的日子来临之际，我们都能在许多地方看到布告，而我通常看布告的地方是在红旗路中学旁边的一面墙上，那里经常会贴一些布告。只要贴了布告，就一定开过万人公判大会，一定可以去现场看枪毙。小鸡公就去看过好几回，看过后就来跟我吹牛，说民兵的枪刺是三角形的，解放军的枪刺是扁扁的，像把匕首。他又用拇指和食指比画手枪，往我后脑勺一点，嘴里放屁似的噗一声，说，很简单，一下就毙了。

　　关于枪毙，我知道的就是这些。我只能看看布告。我不知道我姐姐有一天也会上布告。我看见她的最后一眼就是她扎着包头贴大字报，以后只是断断续续地听到一些关于她的消息。听说她头上不扎手绢了，然后就是她经常写申诉材料，有一回找不到笔，还把一件白的确良衬衣扯成布片，咬破指头在布片上写，写得血污漓拉的。人家说她顽固，叫她不要写，要写就写思想认识，反省自己是怎么一步步走到今天的。但她不听，她的犟脾气上来了，一点也不给人家面子，认为自己根本没错。人家说你这是要对抗到底吗？简直是花岗岩脑袋，无药可救了。

　　我还听说她先后去过好几个地方，被送到这里关半年，又送到另一个地方去关半年。在这里绕过电机线圈，在那里做过牙膏牙刷，还在什么地方织过毛巾，末了又去种棉花。我后来去过她绕铜线圈和做牙膏牙刷的地方，绕铜线圈是在东郊，做牙膏牙刷是在出城往西南一百多公里的一处丘陵上，两个地方都有围墙和电网。我只在外面看了看。她种棉花的地方我还没去过，她就是被人从那地方拉回来上布告的。那地方我不想去。

她那回确实把事情搞得有点大，被牵连的人不少，老实说，詹少银的话还是多少有些道理的，很难说是不是这些人害了她，或者是人家被她害了。这些人的家属那几年都过得小心翼翼的，他们通过各自的渠道去打听消息，这些转弯抹角得到的消息最后以一种非常隐秘的形式慢慢扩散；后来又陆陆续续出来了几个人（比如我的好朋友眯眼子吴爱国），这些人也会带出一点消息，这点消息也会以同样的形式扩散开来。于是我的耳朵便跟捡破烂一样，说不定什么时候就会捡到一点，就是在卖冰棒或卖瓜子时，我都会冷不丁地从过往的人们那里捡到一句半句。虽然人家都是窃窃私语，都是小心再小心，但我是一双什么耳朵？我原以为她也会跟人家一样，早晚是要出来的，我还会像那个秋天在一面大玻璃上看见她那样，不知道哪天又会在一个什么地方突然看到她，我怎么会想到她也要上布告呢？

以前看布告时，我有一种古怪的感受，除了莫名的紧张兴奋，还有一种深刻的、伴有某种来历不明的疼痛的快感。我喜欢看的布告是那种一张压一张的，最少是五张以上，多的时候有十几张，都贴在墙腰以上，白森森的铺成一排，又扎眼又气派，看得非常过瘾，那种密集的快感能让人浑身发颤。尤其是那些打在人名上的红钩，那种用朱笔勾的、下笔时饱满有力收笔时开一点点小叉的红钩，总是让我在浑身发颤的同时，肛门也一阵阵地紧缩。可是在那一年，我几乎没有过这种感受，因为那一年不比往年，那一年出了许多事，光是国旗就降了两次，广播里也放了两次哀乐，每一次都反复播放，就是听了这两次哀乐，我才知道了什么叫哀乐（哀乐就是重重地打到你心里去，让你的身体一阵阵发紧，然后没来由地想哭）。大约就因为这个，许多事情都拖下来了，像五一节国庆节春节这样的时候，我们都没有见过布告和红钩。红旗路中学旁边的那面墙上既没有布告，大家也不往上面贴东西——比如标语或大字报，甚至都不乱涂乱画，让它就那样空荡荡的等着。终于等到第二年四月头上，春暖花开了，才呼啦啦地一下子等到了六七张布告。贴布告的是那个处理过我的民警，派出所的老陈，他拿着一沓布告，在派出所那边贴了，在红旗路那头也贴了，又一路贴到这头来了。那天下着雨，丁珠玉主任亲自带着一个副主任在给老陈帮忙。丁珠玉主任打着伞，副主任刷糨糊，老陈贴布告。李玖妍的名字出现在第二张布告上，是头一名，名字上有一个红钩，那个红钩也是饱满有力，在尾梢上开了一点小叉。

那天的雨是牛毛细雨，像雾一样，那些刚贴上去的布告显得苍白刺眼，天空又压下来，四周又都是湿漉漉的，颜色比平日重多了，所以无论你看与不看，那些布告都会"腾"地一下跳到你面前。鲜红的红钩就像一只真正的钩子那样挂住你的眼睛，勾住你的衣服或你的手臂，勾到你肉里头心里头去。大家本来就想看布告，又隔了这么长的时间，布告又这么刺眼这么勾人，所以布告前一下子就站满了人。有的打着伞，有的没打伞，没打伞的都把两只手向上弯着，尽量并拢两只巴掌，护住头顶。伞有红色的，绿色的，黄色的，且大都是竹骨油布伞。偶尔也有一两把黑伞。黑伞一般是钢骨伞。钢骨伞在当时比较少见。红旗路中学斜对面有一个新华书店，书店的门脸不大，里面也不大，但柜台是玻璃的，小鸡公就站在亮闪闪的玻璃柜台后面，他的眼睛只要稍微斜一斜，就能看见那些挤在布告前的各种颜色的伞。在伞比较稀少的时候，小鸡公就站在门口往那里看。雨檐水亮闪闪地贴着小鸡公的眉毛滴落下来，小鸡公的眼睛被水粉子激得一眯一眯，但他眼睛好，一眯一眯地把什么都看清了，连印在布告下方的一个圆章子都看得清清楚楚。

下班后小鸡公犹豫了很久，最后还是来到老鼠街，他先在巷子口上他爸上班的东风理发店转了转，然后钻进巷子，来到我家门口，双手插在口袋里晃着，见我家的门半掩着，便朝两边看一眼，飞身闪了进来。下雨的日子我一般不出去做买卖，待在家里，这天也是，我和苏晓晓正坐在我的破竹床上。苏晓晓一边摸我的豆芽腿，一边跟我说她爸爸苏酒糟，她说苏酒糟成了"三种人"后脾气如何不好，如何动不动就在家里骂人摔东西。我心不在焉地听着，一只手则在她的内衣里忙个不停。小鸡公让我们猝不及防，我们都吓了一跳，我慌忙把手从苏晓晓的胸脯上抽回来，苏晓晓则红着脸把我的豆芽腿拨到一边，同时稍稍侧过身子，将被我弄得鼓鼓皱皱的衣服扯抻，又偷偷地扣上衣服下面散开的一粒扣子。我们的狼狈和慌乱一望而知，可小鸡公却好像一点也看不见，他一边抹着头发上的水珠子，一边狠狠地抖一下；他用那只刚抹过水的湿漉漉的手比画出一支手枪，瞪着眼睛对我说："兵兵兵兵子，你知道了吧？你们家，应应应该，出出出出了、子子子子弹钱的吧？"

大约见我一脸懵懂，他的眼睛瞪得更大："怎么？你还不知道？难难难难道，没没没人问你们要子弹钱？"我说："子弹钱？什么子弹钱？"他急促而冰冷地说："你们家的那那那那个，那个那个谁……被打打打打了红钩了！毙毙毙毙了！"

我还在慌乱着，有点反应不过来，我说："你是瞎扯的吧？"这回他把眼珠子都瞪出来了，说："鬼鬼鬼跟你瞎扯，真真真的，打打打打了红钩了，毙毙毙毙了！"

我对"毙了"没有直观感受，但我知道红钩就是"毙了"，"毙了"就是红钩。

我说："红红红红钩？哪有什么红红红红钩？"

他说："骗你我是鬼！"

我听见我脑子里闷响一声，跟着就跳出来一个红钩。红钩很红，又红又亮。除了红钩，什么都没有，一片空茫，一片漆黑，只有一个红钩越来越大，大得顶天立地无边无际。这个红钩就这样红艳艳地嵌在我的脑子里。我刚才的燥热和欲念还来不及消退，和惊吓混在一起，凝固在脸上。我脸上的表情一定不伦不类。

小鸡公还在结结巴巴地说着，他说他跟一个同事去看了，他那同事有个亲戚是干那一行的，同事得到消息后跑来问他去不去看？这回利索，不开公判大会了，拉出去就毙，看不看？他说为什么不看呢？就去了。他不知道那几个人头里有我姐姐，后来看了布告才知道，他想那个头发乱糟糟地遮住半个脸的肯定就是了。但当时他没怎么注意她，他被她旁边一个人吓住了，那个人挨了枪还能一扭一扭地往前拱，拱了好几米，一边拱一边嘶嘶地喊，再来一枪吧再来一枪吧……

后来我就不怎么听得见了。他的声音离我很远，越来越远，好像隔着一座又一座的山。我的肛门一阵阵紧缩，我全身都绷得紧紧的。我的手摸到了床沿，我就用力捏住床沿。我以为我两只手捏着的都是床沿，不知道我的右手捏着的是苏晓晓的左手腕。我把她的左手腕捏得发紫，但她咬紧牙关一动不动，瞪大眼睛看着我。我的表情大约把她吓住了，她说李文兵，李文兵李文兵！

我看见小鸡公一边说着什么一边往外走。他的身子在门缝那儿一闪，人就不见了。那条尺把宽的门缝空空的，浮着湿漉漉的灰青色。

苏晓晓还在惊慌地叫我，她忽然在我脸上拍一巴掌，说，你怎么啦李文兵？！李文兵！我愣愣地瞪着她，喘着气说，他呢？苏晓晓说，你没看见他走了？我说，他刚刚刚才说什么？苏晓晓说，他不是叫你们赶紧去看看吗？我说，看看，看看什么……苏晓晓说，他说他就是怕你们不知道，特意跑来跟你们说一声的；他听说人还那样躺在那里呢，就在西边那片红滩上。我又喘了一口气，对苏晓晓说，我我我害怕。苏晓晓就把她的手从我手里剥出来，反过来捏住我的手，想想又揽住我的后脑勺，让我把脑袋靠在她胸脯上。我感到她跟我一样，也在发抖。我还听到她的心跳得咚咚响。

我们没去西边那片红滩上看看。我没去，我爸也没去。我们也不说这件事。

但是我去看了布告，看了那个红钩。我一个人慢慢地挪到红旗路中学对面，就在小鸡公他们的新华书店旁边，远远地贼溜溜地看那些布告和红钩。我不知道我为什么要看，其实那上面写的什么我都知道了，苏晓晓已经替我去看过了，她说你害怕就不要去看了，我给你去看一下。她看了回来说给我听："……该犯公然歪曲和捏造事实，散布谣言，蛊惑人心，挑动群众，阴谋颠覆……"她尽量让声音显得柔细温和，一边说一边小心地盯着我的脸，看见我脸上的肉一跳一跳的，立即不说了。她问我是不是觉得冷？我说我觉得我变成了一只蚂蚁。她安慰我说，你没有变成蚂蚁，你好好的，你怎么会变成蚂蚁呢？

看布告时我又觉得自己变成了一只蚂蚁。那面墙和那些布告都变得很大，一切都在变大，只有我在变小。我越来越小。我觉得我比一只蚂蚁还小，小得我都喘不过气来。往回走时，在我们巷头上看到了丁珠玉主任画在黑板报上的一把像刀一样的锹，我对着那把锹发呆，我看见它在迅速地变大，那几个被铲掉的小人变成了一群蚂蚁。

四月就是这样，天气阴冷潮湿，到处都是水渍渍的，连墙壁都在往外冒水

305

珠子。一颗颗水珠子亮晶晶的。老鼠街人把这叫做"流眼泪"。我们家到处都在"流眼泪"。除了"流眼泪"，还长霉毛，厨房里还爬满了灰白的、像鼻涕一样肥嘟嘟的油蚁。不知道油蚁从哪儿爬出来的，它们在地上爬，在墙脚上爬，从墙脚上爬上案板，爬到洋铁桶上，爬到碗橱挡板上，甚至爬出厨房，爬到过道上，爬到厅堂里的板壁上，又从板壁上一直爬过两道门槛，最后爬到门口的雨檐沟里，贴在沟壁上。当老鼠街巷子口上经常有人扎成一堆，一个个笼着手，缩着脖子窝着背，在阴湿的春风中使劲地吸溜鼻子，说我姐姐李玖妍被人家如何如何的时候，它们正在缓慢地、疯狂地爬着。它们爬出了无数细细的、弯曲的、犹犹豫豫的线条，这些阴郁的、闪着银灰色光亮的线条缠缠绕绕重重叠叠纵横交错。

那些人站在东风理发店门口，他们身后不远就是那块黑板报。黑板报上除了一把锹，还有丁珠玉主任画的一支像梭镖一样的蘸水笔和她的漂亮的粉笔字。理发店里进出的人稀稀拉拉的。那些人缩头缩脑的样子被映在理发店的大玻璃上。他们说李玖妍哪，就是老李家的妍子呀……声音给人一种很鬼祟的感觉，让人不由得想竖起汗毛，我的耳朵就像一只张开着的大口袋，所有的声音它都听见了：这里那里的自行车铃声、车辘辘在泥浆里辗出来的吱喳声、皮鞋走动的声音、球鞋走动的声音、套鞋走动的声音、费伯娘的不合时宜的趿板子呱嗒呱嗒地响到这头又呱嗒呱嗒地响到那头、谁家晾在屋檐下的衣服没拧干还在滴答滴答地往下滴水、哪个女人因为紧张而发出短促的喑哑的干咳声、小鸡公的爸爸蔡麻子在人家压着嗓门说话时大声吐痰（那泡痰似乎很大）、陈光辉的爸爸陈大炮踱了一下他从朝鲜战场上带回来的大头鞋、谁唉了一声谁嗯了一声谁又哦了一声、谁在说你个小萝卜头你也挤在这里听你听得懂什么当心半夜里发眠癫哟、有人噗地吐掉一个烟头、有人紧张地捯动两只脚、有人在缩脖子（颈骨肯定有些松脆了）、有人牙疼（在吸凉气）、有人一边听一边嗑瓜子（是葵花子）、有人用力揪了一把鼻涕、有人老想插话却老插不进去急得不停地哎哎哎、有人在喊喊喊地咬耳朵、有人在叭唧嘴、有人的舌头在嘴巴里急促地啧啧啧地弹动着、有人喉咙里老是发痒老是时不时地嗯一声、一只猫很从容地在房顶上走着、猫踩到了一块歪翘着的破瓦片、一个支气管不好的上了年纪的男人在大声骂猫、风贴着墙根下溜过去、有几张碎纸片刚被风吹起来了转眼又落下去了、谁家里的刀在砧板上笃笃地响个不

停、一只碗摔破了、隔壁巷子里的五金厂在哐当哐当地敲白铁皮、红旗路上还匆匆忙忙地跑着拖麻石的东风牌大卡车、东门外大河里的驳船在像喘气似的鸣汽笛、广场上有一只高音喇叭接触不良、红旗路小学在上课、中学也在上课……发电厂那根又黑又大的烟囱好像在忽悠忽悠地晃着……

我一边听，一边盯着那根大烟囱。巷子里总有人走来走去，我不好意思看他们，我只看大烟囱。这是一件令人羞愧的事，这样的事叫人永远抬不起头。看大烟囱不要紧，大烟囱是物，不是人。

大烟囱已经变得很大很大了，大得我不知道该怎么形容它了。我觉得它在摇晃，很沉重，很慢，晃过来一点，又晃过去。可它为什么老那样晃啊晃啊，就是不肯倒下来呢？我想你倒下来吧，倒下来吧倒下来吧，你轰的一声，你朝老鼠街倒下来吧……

总之是无数的声音，乱糟糟的，繁复而广大。

如今那些声音——相干的和不相干的——都跟灰屑一样，在一个什么地方静静地躺着。我曾经归纳了一下，当时老鼠街上的议论主要有五点，一是这回怎么没开万人公判大会呢？是不是以后就不开了呢？是开好还是不开好？大家一致认为还是开好，杀人总要有个杀人的样子，从古到今都是这样的，热热闹闹，过年一样，否则冷冷清清的有什么意思呢？谁知道呢？杀了跟没杀一样。二是李玖妍为什么不肯低一下头呢？听说人家再三跟她说，只要低个头认个罪，她就是不肯，她是不是搞错了，以为人家手里的家伙是吃素的？不会要她的命？假如她低了头，人家还会要她的命？有人说那可不一定，但大多数人都说不会，惩前毖后治病救人么，怎么会？三是我们家为什么装聋作哑不闻不问，就像没事一样？他们有的认为这是不应该的，不能让人就那样躺在野地里，就算登报断绝了关系也不能这样。尸总是要收的，怎么能不收尸呢？有的则说，这样也不是不可以的，既然登过报，断了关系了，就不能再算是一家人了，自然也就可以不管她。持前一种看法的不全是女人，持后一种看法的也不全是男人。到最后双方基本上统一了看法，——既然没人管，那他们老李家就不能装憨，这种事是不能装憨的，做人嘛，生养了人家一场嘛。四是关于李玖妍的舌头上是否有一根竹签，这一点大家争得比较厉害，说有的人说得非常确凿，说那根竹签不长，跟一根牙

307

签差不多，但比牙签粗多了，有筷子的大头那么粗，是扁的，有点像梭子，穿在舌头上，两头顶着上下腭；又说为什么要穿舌头呢，因为怕她一路上乱喊乱叫，街上的群众又不明真相，到时候弄得影响不好。而说没有的呢，也说得非常确凿，也像是亲眼看见的一样，说有一个什么科长一直在给她做工作，跟她商量好了，达成了协议，人家不给她穿竹签，她保证闭紧嘴巴不喊不叫。和前面的情况不同，这一回男女阵营分得很清楚，男人们普遍相信前一种说法，而女人们则大都相信后一种说法。女人们的看法是这样的：这种事情肯定是要做思想工作的，怎么会穿那种东西？说得吓死人！男人们先耻笑她们一通，然后不屑地说，你们懂个屁！为什么说你们是妇道人家？知道什么叫妇人之仁么？五是关于李玖妍的一只眼睛和一只乳房，不知是怎么传出来的，说她刚倒下去就被人家剜掉了一只眼睛，剜眼睛的那个人拿把刀子等在那儿，几刀就剜下来了；剜她这只眼睛干什么呢？因为有人要用。谁用呢？咦呀，这就不用问了吧，一般人怎么可能呢，想都不要想。这里刚说完，那里就有人摇头，说瞎扯哈，那哪里是剜眼睛呢，明明剜的是一只奶子！谁剜的？听说是个神经病，花痴，就是白马庙那一带的，总穿一件刮刀布一样的破军大衣，常常靠在垃圾桶上晒太阳，那一带很多人都见过他的，从后面看都分不出男女，头发又长又乱，一绺一绺地打了结，那天天一黑，他就摸到那地方去了……女人们一听就叫起来，呀！听不得听不得，听得吓死人，晚上要发眠癫的……

　　我的耳朵就这样红起来了，"括"起来了。那时候我有两件事，第一是尿多，动不动就想撒尿；第二就是这两只耳朵，又红又"括"。我们老鼠街所谓的"括"，就是张扬，不服帖，直愣愣的。我的耳朵不但又红又"括"，还肥，差不多就像一片刚起卤的猪耳朵。我不去卖瓜子，天天缩在家里，虚掩着门，那些声音就争先恐后地从那条窄窄的门缝里挤进来，像肥料壅苑似的壅着我的耳朵，我的耳朵因此进入了一个非常的生长发育阶段。

　　与此同时，我还拼命地做梦。当然是做噩梦，也就是老鼠街的女人们说的"发眠癫"。做过我那样的梦就会知道，那真不能说是在做梦，那就是在"发眠癫"。哪有一个梦老做的呢？只有我那样的梦，做了又做，有时候一个梦重复十几次，想不做都不行，眼睛一闭上它就来了。比如一只煞白的乳房，还有一条残

破的舌头，最后是一只乌亮的眼珠子，它们反反复复地出现在梦中。奇怪的是没有血，那么干净，一滴血都没有。比如刀子很灵动地在眼眶里旋转着，发出沙沙的声音，干干净净地就把眼珠子旋出来了。眼珠子很大，被旋出来之后显得更大，有一只篮球那么大，眼神很干燥又很迷蒙，像一团沙尘，我觉得它好像在看着我，又好像并不是只看着我。我每次醒来都是一身冷汗，怔怔的，怔了半天，抖抖索索地摸到凳子，挪出去撒尿，撒了几滴尿又回来躺下，没一会儿，发现它还在那里。我把头扭向哪里，它就在哪里。我把头缩在被窝里，闭紧眼睛，它还是那样，很大，很茫然，干干的迷蒙着。然后我又一身冷汗地醒了，发怔，去撒尿。

一些年后——就是前年，我总共去过两回水甸，头一回是去当"大舅爷"，第二回，也就是前年，去看望苗幸福——我去水甸时，就当年人们争论过的其中几个问题问过苗幸福，我说你带她回家时，她两只眼睛都在吗？苗幸福有些愕然，说怎么呢？我重复说，在吗？他摇头说不知道，他是晚上去的，带了布，带了衣服，一去就给她盖住脸，又给她穿衣服。我愣愣的，过了许久，才问其他问题，我在自己胸前比画一下，说，给她穿衣服时你没发现她那里少了什么吗？苗幸福说没注意呀，会少什么呢？我说，就是那个那个……我又比画一下，这回我把双手环成碗状，估计苗幸福多少明白些了，苗幸福说，长在身上的东西，那会到哪里去？想了想他又说，反正当时很害怕，心里发慌，三下两下就给她穿了衣服，没心思去注意那么多。我说你也没掰开她的嘴巴看一下，她嘴巴里没有什么东西吗？苗幸福说给她把脸盖上了，还看什么？到入殓时，她脸上的布都没揭开过，还看她的嘴巴？再说水甸没有这样的风俗，他也没想到这一层，人都要装殓了，还要掰开她的嘴巴看一看。

据苗幸福说，他也是看到布告——原来布告都贴到水甸大队革委会门口去了——才知道这件事的，好多人都叫他不要管，连水香都叫他不要管。水香被这事搞怕了，她说幸福子我也不好说你什么，你自己要想想清楚呐。苗幸福说，想不清楚了，再说我反正也戴了一顶家属帽子的，也惯了。水香说你就当不得一回瞎子聋子？苗幸福说拜过堂吃过酒的，她生是我苗家的人，死是我苗家的鬼，你

309

叫我怎么当瞎子聋子呢，我赖不掉的。

他是在大堤上拦的班车，黑子跟在他屁股后跑，班车来了，他叫黑子回去，黑子却跟着他往班车上跳。他骂它：你个瘟狗，你跟去死呀？以为有好事呀？一脚将它踢下去。他进城时是下午五点左右，等他七打听八打听，又在饭店里吃了一碗光面，啃了两个馒头，再东一脚西一脚地找到那片叫红滩的沙滩上时，已是晚上十点多了。在红滩边上，他听见远处的广播里报过时间的，好像是北京时间十点三十分。红滩好像很大，可到底多大，他看不清。他隐约看见一片隆起的黑色，觉得有点像王八盖子。脚下有些软，似乎全是草。河风鬼头鬼脑的一拱一拱，有一阵没一阵，叫人心里发紧。好在他从小是个孤儿，胆子大，还敢往里走。真要感谢远处的那一点萤火虫似的灯光，不是那点光亮，高高低低的，真是什么都看不清。他把身子矮下来，皱着脸和眼睛往前去，一边说话给自己壮胆。

"对不住对不住，我来晚了，让你一个人在这里待了这么久。你一个人待了多久呢，有一天了吧？不止哦不止哦，一天半，快两天了啵？两天一夜？你没乱走吧？要是还没走远，你该听得到我在跟你说话的，你要就赶紧回来哈！回来时弄点动静出来，不要怕会吓到我，我的胆是从小吓大的，我不怕的，我是专来接你回家的。再说一遍哈，实在不好意思哈，实在对不住哈，来晚了一点哈，你莫怪我哈！"

他嘴上这么说着，还真的看到了一点晃动的影子，他头皮一麻，霎时手脚冰凉，腿一软就跪下去了，半天动不了。他说："我不怕的，不怕的不怕的，你回来了就好，就待在那里莫动，我马上就过去，我过去了啊。"

他挣扎着站起来，脚下像踩着棉花似的往那儿走着，那个影子却蹿起来，摇摆着，一耸一耸地跑掉了。他张大嘴巴，一口一口地喘着，人抖得跟筛糠一样。喘了半天，他说："你、你你你，不不不不要跑，跑跑跑跑什么呢？回、回回回来，回来嘛，我是幸福子……"

他边走边说，忽然不会说了，一根棍子一样站在那儿。他看见一个灰灰的、隐隐有些泛白的人就躺在他前边。再走一步，他就踩到她了。他听见自己的头发铮的一声，感觉它们全都竖了起来。他的手哆哆嗦嗦的，不由自主地伸出去，他看见它们往那里伸一下，又飞快地缩回来，再伸一下，再缩回来。他让它们揪住

裤子，不让它们向那里伸；同时他蹲下来，撅起屁股。把手从裤子上松开，让它们撑在地上，身子慢慢地向前拱，脖子一点一点往前抻，像一只乌龟似的。现在他敢肯定那就是她了。她就躺在他鼻子底下。他的嘴巴一松开，他就无法控制它了，他听见它在冷飕飕地说着，你你你……怎怎怎么像是光、光着身、身、身子躺着的呢？你你你……啊？你你你的衣服呢？你怎么不不不不穿衣服的呢？没没没听说过，还还还要扒光衣服的呀，莫莫莫非，现现现在又改了，要要要扒了……这这这像什么话呢，羞羞羞都不要遮的，赤赤赤赤身、裸裸裸体的好看哪？……他同时还闻到了一种稠腻重浊的味道，咸咸的，腥腥的，他下意识地皱皱鼻子，心想这是血味吧？

他浑身抖着，手抖得更厉害，抖得他都看不清自己的手了，他只是感觉自己的手又伸出去了，感觉它们在她身上轻轻碰了一下，又被电打了似的，倏地缩了回来。他让那两只抖着的手互相抓着，你抓住我我抓住你，可是它们还是抖。他又叫自己莫怕。莫怕莫怕。他说。他扭转脸，朝着刚才那影子跑掉的方向，说："喂喂，那那那真是你吗？你你你没看见是我来了？是我呀，是幸福子来了啊，你跑什么呢？莫非你还要回老鼠街去看看？到你娘家去看看？把前世的脚迹都收回来？收脚迹是要的，快去收哈，别耽搁久了哈，快去快回哈，我先在这里给你穿好衣服哈，我等你哈！"

他又张大嘴巴喘气，喘得像一只风箱似的，好不容易喘匀了些，便试着把两只手放开，让它们把带来的包袱解开，拿出一块白布，轻轻地抖两下，盖在她脸上；又让它们把她的衣服裤子拿出来，放在包袱皮上摊平。衣服和裤子都是黑色的，是他临时赶出来的，谈不上什么针线，像绗被子一样，也就是个样子。不过是寿衣，马虎一点也不要紧，只要尺寸松一些，能套上就行。他又喘了一会儿，然后像活动筋骨那样，甩甩两只手，看看它们还能不能做事。他觉得它们比刚才稳当些了，便让它们给她身上套衣服。他让它们先给她套上了袖子，衣襟往两边一搭，拿带子松垮垮地一系；又把裤子给她套上去，也是大裤腰一折，拿根带子一系，再这里扯一扯，那里捋一捋。他说："我们要穿得熨帖些哈。"

给她穿好了衣服，他的眼睛也慢慢地从容些了，不那么慌乱了，嘴里也不像刚才那样拼命地喘了。他看清了哪里是马鞭草，那里是丝梗草。他看见草地里有一团团黑晕，皱着鼻子闻了闻，感到那股熏人的味道就是从这一团一团的黑晕里飘出来的。他想那是别人躺过的地方吧，那是被血浸黑的吧。他仰起脸，看了看方向，发现她是头朝东南脚朝西北的，他不知道这个朝向好不好，心想管它好不好，反正她是要回去的，好不好都是暂时的。但他觉得她的手没放好，他看见她两只胳膊都是向上弯着的，手掌都往外翻，一边一只，一只大一只小，放在离耳朵大约半尺左右的地方，就像投降那样。他想她的手怎么是这样放着的？刚才给她穿衣服时怎么没给她放好呢？他就去扳她的手，想让她的手放下来，贴着大腿，可是扳了几下却扳不过来。他怕硬扳会把她的手扳断了，就算了。投降就投降吧。他这时才想起来，刚才她好像就是这样的，他就是这样给她套上袖子的。

他又看见了她的被扒掉的衣服，像一堆破布，胡乱扔在她的脚边。他把那些衣服拿过来，顺手卷了卷。他发现衣服上也有咸腥味，而且味道很重，还有点发硬，像水甸人做鞋用的纸壳子，显然是被血浆过的，卷起来不服帖。不过他还是把它们卷好了，放在包袱皮上，扯过包袱皮的两个角，打一个结，准备明天给她带回去。这种血污漓拉的东西不能留在这里，带回去在她坟上烧掉吧。做完了这些，他觉得没什么事了，就把自己蜷起来。

天气还是有些冷。他感到了冷，马上就觉得冷得受不了了，寒气一下子就把他箍住了。好像寒气是绳子，他是个贼。他嘴里嗞啊嗞啊着，又把包袱解开，将她的咸腥发硬的衣服抖落到一边，用包袱皮裹住身子。他想要是有堆火就好呀，这样就想到了纸钱，于是责怪自己，真是的，你怎么连这个都忘了呢？该想到的呀，该给她在这里烧点纸钱的，不烧点纸钱你怎么好移动她呢？这样要紧的事，你倒忘了个一干二净。

天蒙蒙亮时，他看见她的盖脸布被河风掀起一个小角，看见她露在盖脸布外面的一绺头发，头发上好像沾了些泥垢和沙土，还挂着几星草屑，便又责怪起自己：不该急着给她穿衣服的，事情做得太匆忙了，太马虎了，无论如何应该先给她洗一洗的。哪有不洗就穿寿衣的呢？她一个横死的人，身上哪有干净的，那些血污不要洗掉？俗话说人死为大，哄不得的，不洗不行的。他应该把她抱到河边，给她洗洗头，洗洗脸，再洗洗手啊洗洗脚啊，身子更要好好地洗一洗，把这里那里都洗得干干净净的，把不该带走的都洗掉。不过他也只是这样想了想，想

了也就算了，就这样吧，将就一些吧。哄不得也哄了。他对她说："你莫怪我哈，别看我是个裁缝，可是做这种事我是粗手笨脚的，我是怕手脚重了会伤到你。"

他后来对我说，其实他还是害怕，不敢给她洗，不敢看她的脸，不敢看她的光身子。他怕看见她身上的血。

天再稍微亮了一点，见了灰青了，他便从沙滩上走出来了。走到沙滩边上，他回头说："你就在这里等到哈，我去接你一下。"

他沿河边往东南走，走得天色不那么灰了，又从北沿河路上的一条横巷子插到红旗路，来到老鼠街，抬头看看，巷头上的天色已是一片青白了。他笃笃笃地敲我们家的门时，我们早就醒了。那时候我爸刚从农场回来不久，还是在南杂店上班，但不称盐打酱油了，跟苏酒糟在一个柜台，两个人都卖酱菜。他在农场养成了睡懒觉的毛病，苗幸福敲了十几下门，他才慢吞吞地爬起来，然后是很干燥的咳嗽，再然后就趿着鞋子一摇一晃地出来了。我看见他的眼睛红红的。他又不缺觉，昨晚饭都没吃就躺到床上去了，可这时候眼睛里还是布满了血丝。他对着门缝看了很久，才懒洋洋地把门打开，还是一条门缝，尺把宽而已。我从这条尺把宽的门缝里看见了苗幸福。我看见苗幸福眼睛里也全是血丝。这两个眼睛充满血丝的男人就隔着那条尺把宽的门缝见了面。我爸点点头，苗幸福也点点头。

我爸说："这么早啊，进来吗？"苗幸福说："我就不进去了。我是来说一声的，怕你们不知道。"我爸过了半天才重重地唉一声。苗幸福说："那我就带她到水甸去了哈。"我爸像鸡啄米一样点着头，说："好噢，好噢好噢。"苗幸福说："那我们就走了哈。"我爸又鸡啄米那样点头："好噢。"苗幸福又说："我们走哈。"我爸说："走噢走噢。"

出了老鼠街，苗幸福到处转，想找一辆板车，可是找来找去，没有一个拖板车的肯跟他走。转到太阳老高了，他买了一卷草纸，又到河边去找那些小筏子，找乌篷船，刚一开口，那些船鬼子也是死命地摇头。最后他找到了一个竹木站，跟人家好说歹说，买了九根在河里搁久了已经泡得发黑的毛竹，又花了四盒"欢腾"牌香烟，请人家用篾索给他把九根毛竹扎成一个小竹排。他把刚扎好的小竹排撑到那片沙滩上费了不少时间，小竹排根本不听他的，在河里打转转，他想往

313

东它偏往西，好不容易到了沙滩边，他想跳下去，刚动一下脚，它却一歪，不由分说地把他摔倒了。他一只胳膊掉在水里，连肩膀带领子都湿了。还好，大半个身子还在小竹排上，刚买的一卷草纸，还有一盒火柴，也都好端端地在竹排上。他干脆挽起裤腿，爬下去，把竹排推靠岸，抹抹头上脸上的水，又把手上的水甩干，划着火柴，把草纸点着了。看着草纸快烧尽了，他对李玖妍说："这是没钉眼的哈，没钉眼的就是没数的哈，你想怎么花就怎么花，想打发谁就拿去打发哈；另外还要跟你打个商量，陆路走不通，我们只好走水路，走这条河，所以你千万要安稳些哈，你今天就当这是你的河，神鬼都会给你让路的，我们就这么说好了哈！"他又往东南西北各打一个揖，嘴里念着帮忙哈帮忙哈，然后轻手轻脚地把李玖妍抱到小竹排上，同时朝滩上高喊一声："喂，回来了吗？没回来要快点哈，千万要跟到走哈，我们现在就下河嘞，到水甸去了嘞！"说着自己也爬上小竹排，把篙子横抱在胸前，慢慢直起腰，勉强站稳了，才敢把篙子一点点伸出去，轻轻撑一篙子，再撑一篙子，缓缓地离开了这片绿茵茵的沙滩。

河面刚刚丰盈起来，水是浑黄的，阳光蔫蔫的，落在河面上却变成了碎金烂银，一晃一晃地刺人眼睛。苗幸福便把眼睛眯起来。对于手中的篙子他总是不得要领，小竹排一撑出去他就手忙脚乱了，好几回他都觉得要翻了。他心里说天哪，翻不得呀，她就剩下最后这点路啦，你老人家积点德吧，把这条河借给她走走吧，好歹让她走得顺一点哪，千万千万哪，不能把她翻到河里去呀。他撑着撑着就好些了，手上有数了。他松了一口气，对李玖妍说，我跟你说了吧，这是你的河吧？他半边身子还是湿淋淋的，又被四月湿冷的河风吹了这么久，就开始打喷嚏了。他一直贴着河岸撑着，看到岸边长着一丛丛灌木，便小心地靠过去，伸手扯住一根灌木，将篙子放在竹排上，腾出另一只手去折灌木枝。他一边"啊去啊去"地打喷嚏，一边折灌木枝。他折了许多灌木枝，有的还开着花，他将开花的或没开花的灌木枝都盖在李玖妍身上，将李玖妍遮得严严实实。当他再将竹排撑起来时，河面上就像漂着一个茂密的、鲜花盛开着的灌木丛。他说，他这样做的道理是为了不让别人看见她，别人看了不舒服，她自己也不自在。

李玖妍花团锦簇地跟着苗幸福去了水甸大约二十五年左右，有一天，傍晚时分，一个头发灰白的女人找到我，交给我一个牛皮纸包，像一本三十二开的书一般大小，用一根黄灰色的纸绳子十字交叉地绑着。不用看牛皮纸，只看这根纸绳子，就知道这东西有年头了。我解掉纸绳子，打开纸包，里面还是一个纸包。我打开了三个纸包，才看到了最后的那点内容，原来是些小纸片。小纸片上有歪歪扭扭的铅笔字，铅色有些模糊脱落，但还勉强看得清。很显然这是李玖妍写的，只是不知道这算日记呢还是别的什么。

"……老听见什么在叫，好像，好像在……是脑子里，时刻在叫，喊喊喊，又嗡嗡嗡，蜜蜂，不像，像苍蝇，金壳虫……天天绕线圈，指头不听话，肿了……"

"那个人，我老不记得她叫什么，老宗？还是，老龚？她叫我小李……她刚才说，什么东西不要乱丢？丢什么？我丢了什么呢？我好像没丢啊……"

"……冷，这么冷，笔拿不住，掉下去，手发硬，指头是木的……我说的都是真的，好比人家有棉衣穿，又晒太阳，人家当然不说冷，但我冷，我就说冷，莫非还说热？……"

"墙角上一只蜘蛛，它冷吗，那里没太阳……"

"棉籽要选饱满的，不要破籽、虫籽、光籽和杂籽……晒籽时有一股味道……"

"棉花马上就要开花了，花蕾上亮亮的，挂蜜了，很好闻，很舒服……"

"……有点饿，很饿，很饿很饿，天下雨，冷风又吹，饿得快些……"

"原来牙刷是这样做的。我不喜欢做牙刷。那个姓宗的，她很喜欢做牙刷？"

"那个人到底姓宗还是姓龚？搞不清。我怎么老是搞不清她姓什么？她说她想家，问我想不想？我好像？想不想？想？还是不想？不想，不想不想……姓宗的说，他们会想我，瞎说。不会，不会不会……会不会？会？不会？会？不会？会？不会……哪天我出去，我不回家……回？不回？回？不回？回？不回……"

"……用毛巾扎花，我太笨，毛巾软……还要写，国庆节出墙报，要歌颂，我怎么写，头又疼，越想越疼。姓宗的那天说，我像她女儿，我像她女儿？……

我的头怎么老疼？"

　　"棉籽是能吃的？有人偷吃，从裤腰里拿出来，拿在手上搓，搓热了，就丢进嘴里嗑，像嗑瓜子，她们说味道涩涩的……"

　　那些纸片有大有小，大的有巴掌那么大，小的像一片樟树叶子，纸片的颜色和质地千差万别，有一张"壮丽"牌烟盒纸，那上面还有皱痕和没抹干净的波浪纹胶鞋印。笔画轻重不一，字写得还是很差劲，错别字满纸都是。那女人看上去快七十岁了，很瘦弱。她说她姓龚，曾经附和过李玖妍，不是一般的附和，而是贴了大字报，署名为革命群众。从绕铜线圈到种棉花，她都跟李玖妍在一起。她说李玖妍不爱说话，老是一个人闷着，有时候捡到一张小纸片，就拿个铅笔头，一个人躲在墙角里写点什么，写了又随手一扔，也不知道要收好，她就偷偷地给她收起来。说到这里，她犹豫着，然后像放下了一个包袱似的舒出一口气，说，不瞒你说，起初我也不是真心要给她收起来，我是有想法的，管她写的什么，对于我来说，交上去都是有用的，都是在积极表现，是反戈一击；可临到要交上去时，我心里还是发抖，我对自己说，你一把年纪的人了，怎么能做这种事？你怎么会有这样的想法？你的心思原来是这么恶毒啊！你没有孩子？谁家的孩子是一口饭喂大的？人家孩子都落到了这一步，你还想拿她垫脚？亏你还是个当老师的，还教小孩子，你不配呀。每次都是这样，想交出去，又不忍心，结果呢，这些东西就给她留下来了……

　　她见到我时是黄昏，她站在我们公司门前马路边的一棵树下等我。我问她怎么不进去找我，她说一样的。她想把王麦多支走，对我说："这位同志怎么老跟着你呢？他没别的事吗？"王麦多便很知趣地走开了。见王麦多走远了，她才把纸包给我。那天很冷，是个霜燥天，她穿着一件式样很老的藏青色半截呢大衣，一条手工织的铁锈红的开丝米围巾，把脖子和鼻子以下都围住了。我说："你也没问问我，就把东西给我？你怎么就知道我是她弟弟？"她说："你家在哪儿，家里有什么人，都干什么，我一清二楚。刚出来那阵子，我在你家门口走过好几个来回，但想想还是算了，谁知道明天又怎样呢？我还有儿女……还是再等等吧。这样等来等去，转眼就这么多年了，再不给你们，哪天我翘了辫子，这些东西你们就看不到了。不管有用没用，总是你姐姐留下的。"我请老人留下姓名地址，老人不肯。我说那我怎么谢你呢？她连忙摆手，说："千万莫说这个谢字，我当不得。"

　　我把这个牛皮纸包照原样包好，后来我去水甸时，把它带去了，交给了苗幸福。苗幸福问，这是什么？我说是她写的。苗幸福说我又不认得几个字的。我给他念了几张。他说这东西还留着有什么用呢？不如还给她吧。他把它们拿到她坟前，一把火烧掉了。

第二十二章　瑞士手表

　　如今我姐夫苗幸福还是个乡下裁缝，只是如今的乡下人已不作兴请裁缝了，都爱到摊子上去买现成的衣服穿。这样他的生意便淡得发苦，一年也难得摆开架势做几件衣服。我去水甸时曾经劝过他，叫他搬到城里来，凭他的手艺，兴许还有不错的生意。我说如今不少城里女人是很会过日子的，她们反而不喜欢去店里买衣服，她们喜欢买点好料子，找个好式样，再找个好裁缝给自己做；你是一个好裁缝，你肯定会忙不过来的。但他却死活不肯来，说他是老手艺，做不来现在的衣服。

　　那个跟着他的小女孩是他在路边一个草堆下捡来的，包在一件破花棉袄里，他屎一把尿一把，含辛茹苦十多年，跟这个女孩相依为命。除了这个小女孩，他什么都不养，不养鸡，不养鸭，也不养鹅。黑子是早就没有了。小菜园也没有了。小女孩在乡里的中学读初中，她很听苗幸福的话，苗幸福要她喊舅舅，她就老老实实地喊了我一声舅舅。我说想跟舅舅到城里去玩吗？小女孩眨着眼睛，转脸去看苗幸福，苗幸福则转脸去看一棵树。

　　他把李玖妍埋在一片乱坟岗子里，没进他家的祖坟山，距他家的祖坟山大约二百米左右。墓碑是一块长条形的红石，长约五十公分，宽不足三十公分，上面刻着"先妣苗母李氏孺人之墓"，右边是"卒于某年某月某日"，——这大约是根据那张布告来的，左边是"孝男苗英武泣立"。这个孝男"苗英武"本来是苗幸福瞎编的，可是苗幸福却让他给李玖妍"泣立"了一块红石碑。捡了一个养女之后，"苗英武"这个名字才落到了实处，他把这个刻在墓碑上的名字给了这个养女，他的养女就叫了苗英武。有了这个实实在在的苗英武，他才开始认真起来，说是免得将来这孩子没一点想头，觉得自己无根无蒂，每到清明和农历七月十五，还有冬至，也就是所谓阴间的三时三节，他都要挽一个篮子，领着苗英武来给李玖妍上坟，摆几样简单的祭品，上三炷香，烧一沓纸钱，再噼里啪啦打一挂五十响的电光爆竹，弄得像模像样，热热闹闹。那天因为我去了，虽然不是什么三时三节，他也这样搞了一回，搞得比三时三节还隆重些，除了我带去的那个牛皮纸包，纸钱比三时三节多了一沓，爆竹也长一截。他摸着苗英武的头，要苗英武对着墓碑喊妈，告诉她妈，舅舅来了，来看你来了。红石材质松软，特别容易长青苔，年复一年的青苔生生死死死死生生，一层又一层，所以那块墓碑看起来是覆着厚厚的毛茸茸的墨绿色的。我从轮椅上下来，撑着双拐站着，对墨绿色的墓碑鞠躬。我在心里对自己说，老老实实鞠躬吧，什么也别说，你没有资格说啊。我一共鞠了十二个躬，我为自己鞠了三个，其余的是替我爸妈和李文革鞠的。苗幸福说，你鞠那么多干什么？我说，应该的啊，应该的啊。

我鞠过躬后，苗英武又对着墨绿色的墓碑喊了几声妈，跪在碑前给妈磕头，苗幸福说："好了好了，你妈知道了。你妈一定会保佑你考上大学的。"我在一边帮腔说："一定的一定的，你妈她一定会保佑你一辈子的。"

苗英武的眼睛大大的，又亮又干净，她看看我和苗幸福，很乖巧地抿嘴一笑。

那天我给了苗英武一块手表。

我给苗英武的那块表是我妈的，是我妈当年给李玖妍的那块瑞士表。那块表怎么会到了我手上呢？这事说起来有点巧，事后我总觉得这里面有许多机缘，就像有一千只金光灿灿的美手，把这件看似很巧的事情托一朵莲花似的托到了我面前。

所以，这样的巧事在发生之前我们是不可能有一点点察觉的，它一定是以一种你意想不到的方式出现的。那天我碰到的情况就是这样。我拿着那盏向黄花萍父母要来的用墨水瓶做的小油灯，由小鸡公推着，和黄花萍一起，从沙口村出来，然后很突然地，我就看到那块表了。我没想到会有这样的事，我也没想过要找这块表，可它却撞到我手上来了。假如那天我们不是那时候离开沙口村，早一点或晚一点，这事也许就错过了。可偏偏是不早不晚，当黄花萍和小鸡公推着我出了沙口村，沿着那条溪流往上走到公路上，等着搭车回镇上时，我们碰到了几个放学回家的小男孩，我看见那块瑞士英纳格表就被戴在其中一个小男孩的手腕上。小男孩大约十二三岁，是个塌鼻子，黑黑的瘦瘦的，脸上还有几点灰白的虫斑，他背着书包跟另外几个男孩一道走着。他的手放在胸前，抓着书包背带，等于是举着手腕让我看那块表。我的眼睛立刻被那块表粘住了。我越看越觉得它眼熟，像我妈的表，我心里就狠狠地抖了一下。

我对那男孩说："喂，小兄弟，请你过来一下。"

我叫了好几声，那几个男孩才把脸侧过来，一个男孩问我叫谁，我指着塌鼻子男孩，对他笑着，说："你。我叫你。"塌鼻子男孩很警惕地看着我。我又说："我好像认识你。"黄花萍不知道我看见了手表，以为我跟小孩开玩笑，她说："你一个外人，怎么会认得他？他才多大，我都不认得，不知他是谁家的。"我笑笑说："你不认得我认得。"

塌鼻子男孩还在愣愣地看着我，另外几个男孩问他："你认得他吗？"男孩摇头。那几个男孩又问我："你说你认得他，你知道他叫什么名字？"我说："我知道他爷爷叫什么。"那几个男孩说："叫什么？"我说："是不是叫杨老八？"男孩们问他："是吗？"他眨巴着眼睛看了我半天，忽然说："我爷爷死了十几年了。"黄花萍感到很吃惊，眼睛一眨一眨，说："噫，你是有点神呢！"我问小男孩："哦，他死了十几年哪，那他是得了什么病吧？"小男孩说："要你管？你管得这么宽？"我想想又问他："你家里还有一台老缝纫机，对不对？"男孩又直着眼睛看我半天，态度比刚才好了一点。他说："你问它干什么？它早坏掉了，都锈死了。"我点点头："我猜也坏了，它太老了，该坏了。"

这个塌鼻子男孩对我充满怀疑，问道："你是谁？"我没说我是谁，我指着他手腕上的表说："我还知道你的表是一块老掉了牙的表，你戴它只是装装样子，它根本走不准，是不是？"他涨红了脸，把手藏到屁股后面，说："关你什么事？"我说："我们来做个生意吧？"他眨巴着眼睛，看看我又看看同伴。我说："我想买你这块表。"他有些紧张起来，又看那几个男孩，其中一个男孩替他问我："你出多少钱？"我说："那得先让我看看表，我看了才好出价。"几个男孩便怂恿他："给他看给他看！"男孩有点不情愿，几个男孩把他推过来，把他的手从他屁股后拖到我面前，我看了一会儿，说："我给你三十吧，你可以买一块不错的电子表，金竹镇就有。"他歪着头想了一阵子，说："五十。"我说："好吧，就依你五十。"我把钱给他时又说："你这是碰到我，要是别人，顶多给你十块钱。"他用鼻子哼一声，接过钱对着阳光照了又照，又拿给同伴，同伴又把钱对着阳光照来照去。我说："放心，不是假的。"他瞪我一眼，咕哝着说："谁信你？"说着从同伴手上抓过钱，对着阳光又照，边照边问："你敢保证不是假的吗？"我说："当然保证。"他这才把表摘下来给我。表已经是惨不忍睹了，表耳朵和表带上全是污垢，外壳也早被磨毛了，垢泥陷在毛缝里，勉强还能看清表针指向三点零九分，而当时是下午五点四十八分，太阳已落在一个凹下去的山坎里，将一片密密的树梢染得或红或紫，驳杂明亮。

黄花萍不明白我怎么会对一块这样的破表感兴趣，我便叫她看看这块表。我以为她和李玖妍在一张床上睡过四五年，应该一眼就能认出它来。可是她看了看，眨了眨眼睛，又看看，又眨眨眼睛，表情十分茫然。看来她对我姐姐戴过的这块表是没一点印象了。她说："我看不出它哪儿好，都老掉牙了，你要它干什么？"我说："你再想想看，我姐姐是不是戴过一块这样的表？"她用力瞪一下眼睛，表示她的惊讶，然后她摇着头说："是么？哎呀记不起来了，真的的，怎么一点都记不起来了呢？"

男孩横过公路向对面山里走，边走边回头看我们。

我们在通往金竹镇的沙石公路上慢慢走着。这条路上有一些破破烂烂的私人载客中巴，但都没有准时间，有时候十几二十分钟就来了，有时候半天也不见一辆。我们边走边等，忽然听见后面有人高声喊叫："拐子，别走——！"回头一看，见一伙人正从男孩刚才的去路上跑过来，手上都拿着锹或扁担之类的家伙，在离我们四五米的地方站住了，围成一个半圆，把那个男孩操到前面来。一个跟男孩一样塌着鼻子黑黑瘦瘦的男人用下巴点着我，说："刚才就是你骗了我的细伢子？"

我便问那男孩："我骗了你吗？"男孩说："骗了！"我问他怎么骗了，男孩说："人家都说我的表很值钱，可你只给我五十块钱，你不是骗了我？"我问他听谁说的，他爸爸抢过话头说："鬼都知道，还用听谁说？"我笑了笑，问男人想要多少？他转转眼珠子，说："最少一千！"我说："我看他是个小孩子，出五十本来就是照顾他，既然你要一千，那你就把那五十块钱还给我，表就你自己留着吧。"

买卖是我的本行，我这一招叫欲擒故纵。可他不接招。他尴尬了一会儿，忽然做出很聪明的样子，说我要了他的细伢子还想再耍他。我被他说愣了，生意没有这么谈的，他不懂规矩，不知道你进我退，只会打横岔。我问他："我把表还给你，怎么是耍你呢？"他说："你看过了玩过了，又想退货，还想要那五十块钱，不是耍我？"我问他要怎么办？他说："退货是不行的，价钱是要谈过的，五十块钱，想都不要想。"

我就跟那个男人——我在心里叫他小杨老八，我想当年我姐姐肯定给这个小杨老八洗过脏衣服和脏鞋子——隔着四五米的距离讨价还价。黄花萍也帮我说话，后来干脆就是他们在谈了。黄花萍不认识他儿子，但跟他很熟，她不叫他小杨老八，叫他光芒，之后又叫他光芒老弟。最后这个光芒老弟，或者小杨老八，死守住五百不肯松口，撇开黄花萍，直接跟我谈。他说老板哪，我们乡下人的钱艰难，你就大方一点嘛；又说他从一千减到五百，已经是仁至义尽了，如果今天不是这个价，你们无论如何是走不脱的。他说着"咚"的一声，顿一顿手上拿的硬木扁担，扁担头戳在裸露的路基上，蹦飞了几个羊屎一样的卵石蛋。看来他比老杨老八还无赖，几乎就要抢了。黄花萍说："光芒老弟，生意不成仁义在，哪有你这样谈生意的？"他说："黄家姐姐，我不是跟你谈，你不要多嘴。"我拦住黄花萍，给了他五百元。连他儿子的五十，为了这块表，我一共花了五百五十元。他伸手接钱时，笑得非常友好，喉结却在骨碌碌地蠢动着。我脸上又挂着小鸡公说的那种阴笑，弄得他疑疑惑惑，盯住我问："你笑什么呢？"我说："我看见你就像看见了你爸爸。"他说："你认得他？"我点点头，但他愣着眼睛，表示不信。我说："你信不信？我能画出他的像来。"他眨眨眼睛，忽然咧起一个嘴角，说："你这不是打鬼话？你头世会认得他！"

我将这块表拿回来后，我师傅梅炳坤拿去给我弄了弄，把里外都洗干净了，换了表壳和表把，重新绕了油丝，装了表针，配了一根细钢镀金表带。现在这块表就放在我的表架上。我的表架是专门请人做的，一排一排的小格子，托板呈四十五度角斜着。

虽然我没有跟梅炳坤学成钟表匠，但我天生是一个钟表爱好者，我收集了许多旧钟表。我跟梅炳坤也没断过联系，我一直都把他看做我师傅。如今他没事时经常会晃到我那里去，看看我的旧钟表。我们的交往很正常，——我是说他再也不流氓了，他用不着再摸一个冰冷瘦削的屁股，十几年前他经人介绍娶了一个带着两个孩子的女人。那女人高头大马，屁股像个磨盘，说起话来却柔声柔气。他们办喜事时我去过，我送了一块瓷匾，青花五彩的，图案是鸳鸯戏水。我还客客气气地喊那个姓叶的女人做师母，她有些害羞，脸红红的。她对梅炳坤不错，有一回我给梅炳坤带了两条烟，她怪我带坏了。她说："你还给他烟？你应该叫他别抽，他喉咙里总是咕咕咳咳的，我都担心死了。"梅炳坤则在一旁嘿嘿地傻笑，神情是又幸福又得意。有了这个女人之后，梅炳坤就一点也不邋遢了，身上穿得干干净净整整齐齐，脸也刮得光溜溜的。他去我那儿没别的，就是看看我又收了什么钟表，然后就一心一意地帮我调理那些钟表，让它们全都走起来。他的手很灵巧。他的手就是时间。如果当年我肯跟他互相摸来摸去，我大约也会成为一个很不错的钟表匠。当然现在我们都不提那件事，好像从来就没有过那件事。那件事也确实不值一提。

我一直以为时间是不会消失的，过去的时间还在那儿，就像一辆到了站的车。我真是这么认为的。我不愿相信所谓过去了就没有了，消失了，不存在了，我认为那是狗屁哲学，所以我才收集旧钟表，我把它们看做是过去的时间。我收集的有瑞士座钟，俄国闹钟，德国瓷挂钟和皮套钟，美国珐琅彩座钟，法国绿色水晶台钟和英国的镂花挂钟，东洋马球牌老座钟，小日本时代的瓷钟，包括中国的苏钟和烟台木钟，七十年代初的三五牌座钟和有毛泽东头像的长方形木壳座钟、上海产的火车头闹钟……铜质的木质的瓷质的，三音的五音的八音的，反正五花八门，只要碰到了，我就要想办法把它弄到家里来。我弄回来的表就更多了，怀表手表闹表都有。劳力士、欧米加、英纳格以及梅花表和天字表，还有俄罗斯闹表、雅典秒表、英国表、日本表，连清末的西洋怀表、天津产的"五一"表、老牌北京表和上海的"五八一"半钢表我都有，表壳子大都已经发黄，有的干脆黄成了古铜色。为了它们我前前后后花了不少钱。我把它们通通摆在一间屋子里，就像一个旧钟表铺，再加上我师傅梅炳坤的一双巧手，便满屋子都响着滴滴答答的时间的声音。

和旧钟表放在一起的还有一盏灯，就是那回我从黄花萍父母家拿回来的那盏灯，它放在那里一点也不突兀。它们都是以往日子里的旧东西，自然而然地相洽相谐。从这盏灯开始，我打算再收集一些比较有时代特征的旧东西，把它们放在一块，看看时间能否把它们全都重新串联组织起来，能否使它们跟从前那样浑然一体。

梅炳坤把那块表修好了给我的那天傍晚，我请他喝了点酒，他本来不肯喝，说老婆叮嘱他要回家吃饭的。我说师傅你就陪我喝几杯吧，喝完了再回去陪师母，他抓抓头答应了。那天我喝了不少酒，然后便躲进那间摆放旧钟表的小房间里，把那盏柴油灯点亮了。我一直想点亮它。我把事先弄来的柴油灌在那只茶色小玻璃瓶里，小玻璃瓶便由茶色变成了琥珀色；我又找来了一撮棉线，捻成灯芯，把电灯关掉，在黑暗里坐了许久，然后用打火机点亮那盏灯。我用的柴油不纯，有杂质，燃烧时嗞嗞作响，并且拖出一条乌黑的油烟子。灯苗也不亮，偏红、发晕，不通透。这种灰蒙蒙的陈旧的橙红色光亮很适合那些旧钟表，还有它们叮叮当当滴滴答答的声音，还有我。灯一亮我的眼睛就开始发涩，仅仅是涩，不酸，也没有泪，大约是油烟子熏得。我涩涩地看着我妈的手表和那些来自不同时间里的钟表，看着它们被一盏简陋的油灯照亮了，看着那盏三十多年前的油灯忽闪忽闪地跳荡，看着灯头上飘忽着的长长的刺鼻的油烟子，心里就有些坠坠的，发沉。时间是什么呢？光亮是什么呢？和我们是什么关系呢？虚幻的时间和光亮啊。对于走了的人，走了就是走了，他们和他们的时光都走了。不存在了。结束了。没有意义了。我大错特错。时光也是一条河呀。时光如水呀，一去不回

头呀。我的眼睛就开始酸了，鼻子也酸了，整个人都酸得厉害。我的泪水流出来了。我看见我的泪脸隐约地映在一只七十年代的座钟面上，那只钟不算太老，可钟面麻麻疙疙的，映出来的东西似是而非，毛茸茸幻影似的。后来我就一点也看不见自己了，我从那只湿漉漉的迷蒙的钟面上消失了，那上面是另一个人，好像是一个枯白的扎着厚厚的包头的女人，呆呆地很茫然地看着我。我把那块手表拿给她看，我说你看，我把你的手表给你找回来了。她还那样看着我。我就哭了。我在我的时光的河里，似乎是大声地哭着；我对那个遥远的枯白的人说，我还能给你什么呢，你想要什么呢……我哭得浑身发抖，嘴唇发冷，我说姐，你别那样看我，你看得我心里发毛，我是一个残疾，你知道的，残疾啊……

这一夜我很恍惚。最近我老是这样，动不动就恍惚，似梦非梦。

第二天我回了一趟老鼠街。

我让王麦多在巷口上等着，自己摇着轮椅进了巷子。我爸还是固执，还是一个人在老房子里住着。他正在跟几个老邻居打麻将。他的人缘是越来越好了，别人都不喊他老李了，而是一口一个"老太爷"。他成了"老太爷"不是因为我，是因为李文革，李文革刚被任命为一个地级市的市委常委，还兼了一个县的县委书记，成了我们老鼠街最有出息的人。如今我爸不要说开刀割瘤子，前不久他感冒发烧躺在医院里吊盐水，去看望他的人就络绎不绝。我爸住进了市人民医院的豪华单间病房，靠墙摆的都是礼盒和花篮，我去时连下脚的地方都没有。我爸吊着针半躺在病床上，脸色红润，看着那些他都不怎么认识的人来了又走了，看着我堂兄李有志——现在我们两家又开始走往了——在那里迎来送往，他每条老皱纹里都含着深刻的笑意。人家说老太爷好好休息哈，过两天我会再来的哈。他微微颔首，微微一笑，显得既稳重又慈祥，三分倨傲，七分礼貌，十分得体。

我是带着那块表来老鼠街的，却没拿出来给他看。我临时改变主意，根本没提表的事。他跟当年不一样了，当年他很麻木，现在他又骄傲又敏感，突然见了这块表，我不知道他吃不吃得消，再说我也不想扫他的兴。我挂着双拐站在旁边看他打了一小圈。他摸牌习惯用左手，他的表就戴在左手腕上，我看见他的表壳子也有些毛了。他连和了好几把。他的牌友对我说，你老子不好，一个儿子当大官，一个儿子赚大钱，他还好意思赢我们的钱。他嘿嘿地笑几声。笑得很得意又很空洞，然后他看我一眼，用一种大咧咧的口吻对他的牌友们说："他能赚几个钱？"他的眼光大了，已经不把我当有钱人了。他的皮肤跟从前一样干燥，也还是不愿洗澡，嫌麻烦，随身带着那根用了几十年的老头乐，一边摸牌一边龇着假牙挠痒。他用大拇指搓牌，看都不看就将牌扔出去，说："五麻子。"五麻子就是五筒，他的指头还这么灵，一搓就知道是五筒，令人惊奇。他的老花镜跌在鼻节骨上，将灰蒙蒙的目光从镜框上方撇过来，看看我，见我没事的样子，又聚精会神地盯着别人出牌。他当年还骗我外公，说自己不会打麻将，看都看不懂，其实他的麻将打得比鬼都精。不过仔细说起来也不算骗，自从娶了我妈，他就再也没摸过麻将，如今我妈已经过了有快三十年了，而且全国人民都打麻将，他一个行将就木的人，何况还有"一个儿子当大官，一个儿子赚大钱"，他摸几把麻将算什么呢。

家里没什么变化。本来李文革想叫人给他装修一下的，但他不肯，说还是这样好，他习惯了。所以一切都还是老样子，除了我睡过的那张破竹床被搬出去丢掉了，其他的如桌子厨子柜子椅子凳子，样样都在，包括那九面形状和大小都不相同的老镜子，也在。镜子本来就有些灰蒙蒙的，现在灰更厚了，厚得什么都照不见了，我站在它们面前，它们连个影子都照不见。我对着一面镜子用力吹了一口，但那些灰实在是太有年头了，我吹过去不见一点动静，好像生了无数的根，牢牢地长在镜子上了。

我留下了一条烟。虽然我知道他不缺烟，现在给他送烟的人多得很，还都是好烟，而他甚至都不认识人家。我的烟就放在他手边，他看都不看。我拄着拐杖挪出去，在门口站了一阵子，便把自己放到轮椅上，人家对我爸说："你家兵子怎么就走呢？"

我爸一边摸牌一边说："没事，他就是来看一眼，怕我这个孤老头子一觉睡过去了。"坐在他对面的秦伯说："那就叫他们给你再找个老伴，天天睡在你身边，别说你睡过去了，你就是一口气喘不匀她都知道。"我爸哈哈一笑，说："你小声点哈，别叫我老丈人听见了，他会拿他的藤拐杖敲我的头。"坐在他左边的徐伯笑道："他在那边还有藤拐杖？"我爸说："怎么没有？他那根藤拐杖厉害得很，当年他女儿不肯嫁我，他就用了藤拐杖。"

我听着，不由得笑了笑，但眼睛却有点潮了。我用力将轮椅摇出了老鼠街。

我妈是在李玖妍走了大约半年多才走的，她走的时候已经快进腊月了，家家户户都在准备腌腊肉做香肠，她却在为自己准备一根绳子。是一根棕绳，新的，还蓬扎扎地带着一些稀稀落落的棕毛，估计是她在哪个土杂店里买的。

她没得癌症之类的绝病，也没和什么人闹意见，更没和人结仇结怨，上班也就是打扫厕所；据说后来不扫厕所了，单位上专门请了扫厕所的临时工，叫她回去扫电影院了。扫电影院有什么不好呢，虽然不像过去在图书馆管理图书，像个知识分子，但比扫厕所要好多了吧。况且又不是她一个人扫，八九个人扫一个电影院，不跟扫家里的地差不多？她也不是吃了上顿愁下顿，她的工资基本上够花，紧自然是紧了一点，但她已经习惯了节俭。至于她的"灯泡"——或者"登报"——李文革，已经在上中学了，成绩很不错，各方面都很不错，老师夸他又稳重又聪明。也就是说一切都还好，比跟我们一起待在老鼠街时好多了，她有什么理由要弄一根那样的绳子，要那么坚决地把自己挂在那根绳子上呢？

她蹬翻脚下的凳子时我正跟眯眼子吴爱国在爱国电影院门口卖盐瓜子，我不知道我妈死了，我一点感觉都没有。我一心一意地卖盐瓜子，我大声说："盐瓜子哎——，又香又脆的盐瓜子葵花子哎——！"晚上八点半左右，我们的盐瓜子葵花子都卖完了。那时候电影院是最热闹的地方，不但陆续有老片子从仓库里翻出来，还不断地进新片子，国产的进口的都有。从下午五点开始，电影院门前就已经是人头攒动了，我们的生意也是水涨船高，好得不得了，盐瓜子葵花子都不经卖。其实我们带的货不少，我们像卖冰棒一样用上了架子车。电影院的工作人员嫌死了我们，他们说你们这帮狗日的赚饱了，老子倒来帮你们扫瓜子壳！他们每天要从座位下扫出几大堆瓜子壳。后来他们搞了个规定，贴出来，说是禁止在电影院卖瓜子花生。我们很自觉，遵守他们的规定，在台阶下面卖，我们说这里不是电影院，这里是人行道。他们气哑了，却一点办法没有。见我们推着架子车来了，他们便摆出一副死猪不怕开水烫的样子，说操你妈，怎么不拿个板车往这儿拖呢？

架子车还是归吴爱国推着，还是一路吱吱嘎嘎地响，我则咯咚咯咚地撑着拐杖。我们一路响着回了老鼠街。我一进家门就见我爸呆呆地坐在一只小竹椅上，叉着两个膝盖，两只手垂在膝盖上，脸朝着板壁。板壁有什么好看的呢，那上面有两面小镜子，里面照着一只灰蒙蒙的电灯泡和半截挂满了灰绺子的灯线。所以我不知道他在看什么。我没有看到他的脸，就是看到了也看不出什么，他脸上除了皱纹还是皱纹，一张满是皱纹的脸，哪一条皱纹表示我妈死了呢？我进门之后便挪到了饭桌边，饭桌上放着一只中号搪瓷把缸，把缸里还有半把缸冷开水。我喝掉了这半把缸冷开水，刚吐出一口冷气，就听见我爸嗡嗡地说：

"刚才革子来了一下。"

过一会儿他又说："他是来报信的，他说你妈死了。"

我便愣在那里。我转了转脖子，我的脸也莫名其妙地朝着那面灰黑的板壁，然后又朝着一面小镜子，看那里面的灯泡和灯线，然后看自己的脸，又看我爸。

我爸双手撑在膝盖上，"嗯"一声把自己撑起来。他的腿好像坐麻了，站起来之后他就地抖了几下腿，然后走到板壁前，把靠板壁放着的那辆破自行车搬到门外，踩下撑脚，回头对我说："我们过去看一下吧。"

我移一下拐杖，把身子转过来，说："噢。"

他便走到我面前，面对面地搂住我，又"嗯"的一声，把我连拐杖一齐抱起来。他说你扔掉拐杖。我就哐的一声扔掉了拐杖。他抱我出去时脚下有些踉跄，把我放到自行车后架上，转身关上门，往裤襻上吊钥匙时仰头看了看天；然后他把稳龙头，蹬开撑脚，一只脚岔出去点住地，将另一只脚艰难地别过三脚架横杠。我听见他的踝关节膝关节以及髋关节都发出了咯吧咯吧的响声。他蹬踩踏脚时，自行车链条显得很吃力，扎咿儿扎咿儿地干叫着。我们摇摇晃晃地出了老鼠街，沿红旗路往东，再向左，过广场，往右拐，又向东，又左拐，进了工人文化宫大门，门卫是个长得像旧撮箕似的老头，灰灰的，蹿出来把我们拦住了：干什么干什么？我爸对老头说，我们是来看唐亚蓉的，我们是唐亚蓉的亲戚。老头用力眨了两下眼睛，转过身去，不管我们了。

我们往右拐了几拐，我爸又用脚点住车，下来了。前面很黑，所有的光亮都被房屋或树丛挡住了，他弓着腰，双手使劲按住龙头，像爬坡一样将自行车和我一点一点地往前推。推了一会儿，我看见了一片光亮，被夹在两面墙之间，李文革坐在那片光亮里，脚下有几片树叶，他的脸背着光，朝着我们，等我们走进光亮里，他突然哇的一声哭起来。

他哭着说："你们怎么才来？"

就这样，我又看见了我妈。她从老鼠街搬到这儿以后我一直没见过她，我们各自生活着，彼此没有来往。就是那样看着，我也觉得这是别人家。我看见她家的门敞开着，那片光亮就是从那个门里泻出来的。她平躺在床上，穿着一件黑呢子半截大衣，她的灰涤卡裤子像黑裤子似的。她看起来像是在睡觉。她家里很挤，但收拾得还算干净。那根小拇指般粗细的棕绳还悬在房梁上，下面被剪断了。我爸问李文革："是谁剪断的？"李文革说："是我。"我爸眨眨眼睛，又问："是谁把她放到床上去的？"李文革又说："是我。"我爸说："你抱得起？"李文革说："先把她的脚放上去，再一点一点往床上拖。"我爸点点头，又问他："你是怎么剪绳子的呢？"李文革说："我拿一把剪刀，搬了一个凳子垫脚。"我爸说："你是一手抱住她一手剪绳子的吗？"李文革说："不是，我就那样剪的，我一剪她就掉下去了。"我爸叹一声，说："你心里害怕是吧？"李文革又哭起来，说："是。"

李文革越哭越响。我还坐在自行车后架上。我爸忘了把我抱下来。自行车停在我妈家门口，我一手扶着红砖墙，一手扒着门框，侧着脑袋和身子往里看。我听见头顶上有树叶在沙啦沙啦地响着，听起来树叶很稠密。李文革仰着脸，像看救星一样看着我爸，张大嘴巴哭着。我看见灯光落在他嘴巴里，他的舌头很红，抖动得很厉害。我爸把一只巴掌放在他头上，摩了两下，又拿下来，说："以后碰到这种事，你要抱住她剪绳子，不能让她掉下来，知道吗？"李文革愣了愣，停了哭，说："她还能活过来？"我爸也愣了愣，摇头说："不能。"

我爸说着，一屁股坐在床沿上。床板吱呀一声，很尖锐。我爸坐了一阵子，抹一把脸，又对李文革说："不可能的，怎么可能呢？"

李文革嘴一咧，又哭起来。

我爸不管李文革了，看着我妈，摸摸她的手，然后跟她说话。

"唐亚蓉你这是为什么呢？你十七岁时不愿嫁我，不肯同房，你就拿根绳子要上吊，也还说得过去。年轻嘛，猛嘛，可那时你也只是说说，做做样子，没有真吊呀。你还不是跟我同了房，还不是生儿育女？这一辈子碰到的事也不少呀，还有什么事你没碰到呢？你一回也没说过要上吊呀，今天怎么反倒想起来了呢？到底是跟哪件事过不去，跟哪个人过不去呢？你怎么弄来弄去倒比十七岁时还猛呢，一声不响地就吊了呢？究竟是一件什么样的事叫你想不开呢？你看你把革子吓得，你这是何苦呢？"

我爸把脸皱得紧紧的，点火抽了一根烟，把烟头扔了，又对我妈说："我帮你想了一下，可是我发现在一张床上睡了那么久，我们还是你是你，我是我，我怎么也猜不透你的心思。一个人要走这条路，总有他的理由，你的理由呢？人家活不下去是活不下去的说法，你是活不下去吗？你嫌我，从骨子里看不起我，这我知道，所以你说各过各的就各过各的，你说离婚就离婚，都遂了你的意，可是既然各过各的了，离了，你为什么不好好过呢？"

我爸又点上一根烟，他抽着烟问李文革："她这几天说过什么吗？给你留过什么话吗？"李文革就眨眼睛，眨了几下说："没有。"我爸说："唉，唉唉。"又转脸对着我妈说："你做得这么绝，话都不留一句？你到底是嫌自己还是嫌阳世呢？"我爸又问李文革："她平常还高兴吗？"李文革说："不知道。"我爸说："会经常跟你说说话吗？"李文革摇头。我爸说："那你见她笑过吗？"李文革又摇头。我爸说："那她平常都干些什么，想些什么呢？"李文革说："不知道。她喜欢发呆。"我爸问："她怎么发呆的？"李文革便坐在床沿上，半仰着脸，眼珠子一动不动，说："就这么发呆的。"我爸说："发什么呆呢，嗯？"李文革说："她说她有罪。"我爸一愣："你不是说她没留话吗？"李文革说："她以前说的，就是坐在那儿说的，好像有一两个月了。"我爸说："哦。"

我爸也半仰着脸，也发呆，呆了一会儿，说："你过过好日子吗？你有什么罪呢？"

我爸把我妈放进殡仪馆，在我们家里给她设了个灵堂。我们都戴了黑纱，戴了七七四十九天，在这四十九天里我们都不剃头，因为照我们老家的规矩，不过七"七"不能剃头，于是我们都像长毛贼。我爸也一样，规矩是他搬出来的，他当然要以身作则。他的头发长得太长了，有点不像话了，他又是卖酱菜的，所以去上班时他就往头上扣顶帽子。按说戴帽子也是不行的，所以一下班他就赶紧摘了。他说一定要按老家的规矩来。他不管我妈愿不愿意，给她写灵牌时也是按老家的规矩。那个用硬壳纸做的灵牌看起来像一柄又宽又短的剑，上面写着"先妣李母唐氏讳亚蓉老夫人之位"，牌位前摆着一只我们平常用来喝水的搪瓷把缸，里面装着半把缸黑黑的以前我妈用来炒红薯片的细沙子，沙子里插了三根香。

我们老鼠街的邻居只有费伯娘一个人来我们家送过丧礼。那天晚上，大约在晚上九点钟，她挟着两刀草纸溜进来，站在我妈的青烟缭绕的灵牌前不住地抹眼睛。她的眼睛确实是湿的。她对我爸说，可惜呀，一个好人就这样走了。我爸便将脸埋在臂弯里噢啊噢啊地哭几声，据说这也是老家的规矩，哭不出来也要哭的。费伯娘没给我妈磕头，她说头就不磕了，老不磕少呀。她在我妈灵前鞠了三个躬。她鞠躬时还兼带作揖，她作揖时有点像旧电影里的女人道万福。我爸慌忙将李文革按倒，让他跪在我妈和费伯娘之间磕头。

费伯娘临走时把我拉到门外，悄声说："你这个死兵子呀，那回你姐姐回来，我一眼就看见她身上带了龌龊东西，本来我要跟你妈说的，可是被你一撞，全忘了！不是你撞我我就说出来了，说出来了你妈就不会走这条路，她能防住的呀！"我被她说得毛骨悚然，问她李玖妍身上究竟带了什么龌龊东西，她说是"煞"。我又问她，"煞"是什么呢？隔了好几年，怎么还那么厉害？她摇着头，一副天机不可泄漏的样子，说："煞你都不懂啊？阿弥陀佛，孽障啊，事情已经这样了，不说也罢，不说也罢。"

她拿一个这么重的包袱让我背着，我将信将疑地背了好多年。等到我娶张海棠时，她已经老得像一粒虾米，嘴里的牙也没剩几颗，说话时两片瘪嘴关不住风。她颤颤巍巍地凑到我面前，说要是你妈看到你有今天，真不晓得她会有多高兴。她说着又抹眼睛，但这回不是抹眼泪，而是抹眼屎。她眼角上总是糊着一泡稀黄的眼屎。我给她抓了一大把糖，又抓了几把花生瓜子，她一边乐颠颠地牵起衣襟兜着，一边说糖是要吃的，花生瓜子也是要吃的，我老太婆帮你吃是你的福气呢。她又提出要看新娘子，她说兵子，大家都说你有福气，让我给你看看，到底多大的福气？我怕她又看出什么孽障来，七弯八拐地跟她说了一堆话，又给她抓糖，抓花生瓜子，让她满满地兜了一衣襟。我忽然说费伯娘，外面有人叫你呢！她说谁叫我？我说你听嘛。她听了听，天知道她听到了什么，一摇一晃地出去了。

如今费伯娘还活着，从五月到十月，也还是喜欢拖着一双趿板子。如今塑料凉鞋和海绵拖鞋都不见了，塑料时代早就过去了，大家夏天都穿皮鞋了，她的趿板子还顽强地呱嗒着。因为没地方买新趿板子，她还穿着三十年前的旧趿板子，麻石路又厉害，专跟她的旧趿板子作对，她的旧趿板子已经被磨得很薄很薄了，好像怕把趿板子踩破了，她走得非常慢，比慢镜头还慢，呱嗒了一声，要等半天，才听见她又慢腾腾地呱嗒一声。

后来我一直把那块表放在身上，没再放回到表架上。表架上不缺这一块表。我还是喜欢听瑞士手表走动的声音，听起来还是觉得像古筝，当然我不会再产生什么幻觉了，不会梦见自己在飞一般奔跑。年龄和心情，还有经历，都不一样了。所谓物是人非吧。有时候我还会戴一戴它。前年在水甸时，我戴的就是它，当我看见苗英武规规矩矩地跪在李玖妍碑前磕头，心里一动，就像被一盏灯照亮了。那一刻我心里灯火通明。我从未有过这样的感受，我的右手就像受了谁的指使，它自己就把表从左手腕上取下来，把它交给了苗英武。

我说："你看，舅舅给你带来了一样东西。"

苗英武怯生生地看着我，看着手表。我告诉苗英武："这是一块瑞士表，叫英纳格，是当年你外婆给你妈妈的，现在它应该归你了，你喜欢吗？"苗英武看看苗幸福。苗幸福对着那块表皱脸眨眼睛，大概在想他怎么不知道有一块这样的表呢？我对苗英武说："看你爸干什么，你就说喜不喜欢？"苗英武点点头。我说："喜欢就戴上！"我帮苗英武戴上了手表。看着苗英武眼睛里闪动着幸福的光亮，满怀欣喜地看着自己手腕上的瑞士手表，我便一切都明白了：原来所有的机缘都在这里，原来这块表就应该是苗英武的。这么一想，我的身子开始微微颤抖，我的内心充满了温暖和感激。苗英武是我的大恩人，她拉了我一把。她或许就是那朵被一千只美手捧到我面前的莲花。我觉得一切都是那么美好，是我从未见过的那种美好，一草一木一沙一石都闪耀着一种温馨柔和的光亮。我的眼睛蓦然润湿。这时候我特别想对李玖妍说一句话，我觉得现在我可以对李玖妍说一句

话了，我便在心里对她说，——姐，这一切你都看到了吗？我把你的手表给了这个叫苗英武的孩子，你好好看看这孩子吧，这孩子就是你的女儿。

苗英武戴上了瑞士手表后，看看她爸爸苗幸福，又看看我，好像突然有了一个想法，而这个想法竟让她感到有些害羞了，她低下头看着自己的脚。下午的阳光照着她的脚，照着她脚边的草。她的脚和草都非常明亮，都金灿灿的。她用明亮的金灿灿的脚一下一下地拨着那几棵明亮的金灿灿的草，说："我想……去看看外婆。"说着脸上就红彤彤的，眨巴着大眼睛看我。看来这孩子什么都不知道，苗幸福一点什么都没跟她说过。我便扭头看苗幸福。这时候苗幸福的脸又转过去对着一棵树。那棵树很瘦小，但看起来也是明亮的金灿灿的。我就替苗英武说话，我大声地对苗幸福说："姐夫，你没听见？"

苗幸福转过脸来，点点头。

"想去就让她去吧，"苗幸福说，"叫她给外婆多烧几张纸哈。"

第二十三章　我就要苏晓晓

　　那年我爸雇了一辆板车，把我妈的东西和李文革都拉回了家，老鼠街的邻居还认得李文革，见了他还跟过去一样叫他的绰号——"灯泡"，李文革却无所谓，人家怎么叫，他就怎么应，"灯泡"也罢，"登报"也罢，他毫不忌讳，一点都不生气。有一次我问一个小孩，他没有名字吗，他有名字你为什么要叫他"登报"？那小孩还没说话，李文革倒抢先说，人家叫我什么要你管？我喜欢他那样叫，关你什么事？碰巧那时我爸正坐在门口搓衣服，听见李文革这么说，不由得摇摇头，说这个革子呀，肚量真大，真装得下东西。

　　在这之前我爸懒散得很，也不给谁打家具了，他的木工工具早就长锈了。刨铁锈在槽子里，凿刀锈得拿起来就掉渣，锯子都锈断了，只有斧头还没锈掉，因为他要用斧头劈柴生炉子。他劈柴时懒洋洋的，却经常会咬牙切齿，一通乱劈，好像充满了仇恨。李文革回来后他忽然变得勤快起来，早上不睡懒觉了，早早地起床，捅开炉子烧水，赶去菜场买菜，买了菜又赶回来烧开水煮水泡饭，然后匆匆赶去上班，下班后又匆匆赶回家做饭，星期天就拿个大脚盆放在门口，坐在一个小凳子上给我们洗衣服。有时候他洗着洗着，会突然起身去找老头乐，满手都是肥皂泡，将老头乐从后衣领子里插进去。

　　我还是跟苏晓晓搭伙卖冰棒。大约就是在年后开春不久，我把苏晓晓摸得发了羊角风，我们就闹翻了，再以后我便和眯眼子吴爱国一起卖冰棒了，而苏晓晓则趾高气扬地顶了她爸爸苏酒糟的替，开始卖酱菜了。本来我也想办顶替的，我爸到处找人，说苏晓晓能顶，我家兵子也能顶。但人家说不行。我爸低声下气地问人家怎么不行？人家说苏晓晓至少还有一条腿，你家兵子呢，连半条腿都没有，叫他干什么呢？就这样，想办个顶替人家都不肯要我，怕白养了我这个废人。人家对我爸说，不是我们不一碗水端平，实在是端不平呀，我们总不能安排他当领导吧，让他也坐在这里看报喝茶吧？

起初我和吴爱国也只是卖卖冰棒和瓜子，后来市面上活了，我们才开始倒卖蛤蟆镜和喇叭裤的。那时候生意好做，蛤蟆镜和喇叭裤还没来得及罢市，牛仔衣牛仔裤又走俏了，把我们忙得屁颠屁颠的，眯眼子负责跑石狮打货，我负责在家守摊。看到牛仔衣牛仔裤塞街了，我们便及时转移阵地，从沿海把"良友"香烟和录放机录影机歌带录像带之类的倒回来，等风声紧了，我们又及时罢手，过了些东敲一榔头西打一棒子的日子。这些日子我们摆过书摊，跟别人一起倒过黑白电视机，还因为我那时喜欢诗歌，在别人的撺掇下跟群艺馆合办过一份文学小报。就是这份文学小报让我们尝到了甜头，没想到这东西这么好卖，于是我们就正儿八经地动起了这份脑筋，用向人家单位交管理费的办法，接手了一份故事杂志，渐渐地搞起了文化产业，由小摊贩变成了文化人。虽然我们的杂志趣味低下——行政管理部门说的——只能摆在地摊上卖，但买的人不管你地摊不地摊，他们只要好看。从摆摊卖货到跟人家合伙搞地摊杂志，到最后挂牌成立文化公司，我们一直在一起。我们就像一个人，别人都能闻到他身上有一股药味，我却闻不到一丝一毫，完全没有一点感觉了。

他从未断过药，而且一直是自己给自己开处方。他的头发还是枯黄枯黄的，但脸上身上都不肿了。他做的最大胆的一件事，不是用钢笔在李玖妍的大字报上写"我支持你"，而是冒险娶了个老婆。他的病是要远离女人的，女人对他来说是毒药，是砒霜或鸩酒，一点都沾不得的，可他却信心十足，明知山有虎偏向虎山行。那女的还可以，虽然脸有点扁，看起来还柔顺，很有女人味，只是跟费伯娘有点合不来。嫁给眯眼子之前，她在一个乡下小学当民办老师，嫁给眯眼子以后就不当老师了，在家里做做饭熬熬药——总算是有人把那只药罐子从费伯娘手上接过去了——养得白白嫩嫩，水葱一样。别人都以为吴爱国这一下肯定要完蛋了，说那个女的也是个不顾死活的角色，敢嫁一个肾炎，不是等着守活寡，就是要预备好一个篮子，随时准备给老公捡骨头。我当然也担心，见了他，先看他的脸是不是肿了，眼白是清亮的还是浑黄的。而吴爱国绝就绝在这里，他让事实说话，他让那个女人很骄傲地挺起了肚子，自己却没一点事，这就叫人要刮目相看了，认为他手上一定握着什么秘方，到后来，还真有不少人慕名来求他的方子。他也越来越自信，有些被胜利冲昏头脑的样子，在他儿子三岁半时，又让老婆怀上了。可是这一次他走了麦城，没那么好了，他不由分说地肿起来了，而且来势凶猛，无论他给自己开什么方子都无济于事，眼看着越肿越厉害，床都下不了了。他自己心里也有数，他说这一回怕是就这样了。

眯眼子是在一个春天走的，他的小儿子还在吃奶，他就彻底不行了。看到他这样我很难受。我们当然是无话不谈的，可是关于那次用钢笔支持李玖妍，他却从来不提一个字，我问他他也不说，有时候我把话题引过去，他就说谈这个干吗？谈点别的吧。而且脸色也不好看。直到这回，躺在床上不能动了，跟我说别的话时扯到那件事，才说了几句，他说其实他只是一时冲动——为什么冲动呢，他没说——以为用钢笔写几个字，而且也不只他一个人写，应该没什么事的，就是查，也不见得就能把他查出来，没想到人家一查就查出来了，结果弄得自己吃了个大亏。不是被关进去，断了药，弄不好他就把自己的病彻底治好了。他混浊地笑着，叹气，说："想想真是不划算，明显拿鸡蛋碰石头嘛，肠子都悔青了。"

他走时是在一个半夜里，下了雨，还响了炸雷，第二天到处是一汪一汪的积水。据说大凡得肾炎的人都有两怕，一怕行房，二怕春天，而他既然左一回右一回地行房，自然就有一个春天在那里等着他，他无论如何躲不过去的。他走之前我去看过他多次，每次我都想摸一摸他的手，他总是叫我不要摸，说一摸就会把他摸破了。我听了他的话，没摸。他的手像一只大包子，皮薄得透明，像一层膜，肯定经不得摸，一摸就会摸出黄水来。

就在眯眼子翘辫子的这年秋天，国庆节，我娶了张海棠。这一年我三十岁，古人云三十而立，有了老婆，跟老婆在一张床上睡过了，就知道女人是什么滋味了，知道了男人的幸福在哪里，就因此而立起来了。这当然是我个人的感受，残疾娶个老婆不容易，一个没娶过老婆没跟女人睡过的人恐怕不能算是立起来了。正因为我娶了老婆，我才能理解眯眼子为什么要冒死娶老婆。我想假如我是眯眼子，知道行房会丢命，我还敢趴到张海棠身上去吗？就是趴上去了，知道头上悬了一把刀，还会感到幸福吗（其实我趴上去也是很难的，虽然我知道这是打了结婚证的，不可能出什么问题，可心里还是一个劲地发抖）？我想我只会感到脊梁沟里冰凉，只会软耷耷的什么也做不成。所以我非常佩服眯眼子。俗话说人为财死鸟为食亡，眯眼子不是，眯眼子是为女人亡，为行房亡。所以在那个国庆节晚上，我跟张海棠睡过之后很激动也很感慨，我使劲搂着她，还不知不觉地流了几滴眼泪。我的泪水滴在张海棠的胸脯上，把张海棠弄得莫名其妙，她用那只好眼睛看我几眼，说，你这个人真奇怪哈，好好的你哭什么呢？我说我很感激你，非常非常感激。她说这有什么好感激的？我说应该感激的。其实我心里还有一句话：我感激老天爷，他老人家只坏了我的腿，没坏我的肾，我非常非常地感激他。

我跟张海棠离婚是不得已，离婚是她提出来的，她还是想跟七罗汉在一起。她说只要你肯离婚，我不要你一分钱。我念在她帮我"立"起来了，又毕竟跟我过了这么些年，便给了她一点钱，还把"海棠书店"给了她。"海棠书店"本来就是给她弄的。弄"海棠书店"之前，我本想给她弄一套制服穿一穿的——我曾经对穿制服的女人有过很龌龊的性想象——为此还找过周师傅的儿子周跃进，托他帮忙，把她办进工商队伍，那时候他们工商的制服很威风，走到街上往往能吓人一跳，以为是公安。可惜周跃进办了一年，花了钱不说，没一点结果，我这才死了心，放弃了"制服"，给她弄了这个"海棠书店"。她对"海棠书店"已经有感情了，见我把"海棠书店"给她，便说了声李文兵谢谢你，我说我也谢谢你。我们都说得很淡，也很客气。

现在我准备回头去找苏晓晓，我们在一起卖过冰棒，知根知底，而且她不嫌弃我，还莫名其妙地喜欢我的豆芽腿；更难得的，是在别人都躲麻风病一样躲着我们家的时候，她肯跟我谈恋爱；知道李玖妍被打了红钩，还继续跟我谈，继续让我摸她的胸脯。她的胸脯多好呀。回头想想，那真是一种施舍。把手放在她的滚烫的结实的沉甸甸的胸脯上，我就踏实多了，不那么害怕了。她除了喜欢摸我的豆芽腿，还喜欢摸我的滚烫发红的耳朵，她想让它们变得柔顺松软些，不那样直愣愣地"括"着。大约就是在这段相互热烈抚摸的日子里，我把她摸出病来了，我用大拇指搓她的乳头，她的乳头发育得很好，我的大拇指发育得更好，我所有的手指都粗实苗壮，我的大拇指像个小鼓椎，我搓得她像筛糠一样索索地抖个不停。她抖得我都快捉不住她，几乎要从我手上滑脱了。她的身子一挺一挺，喘得话都说不出来了，从喉咙深处冒出几声噢呀噢呀噢呀，就像滚水里冒出来的气泡，然后她就发羊角风了。可是她一发羊角风，我就被吓住了。我是个被吓大的人。我卑琐如鼠胆小如鼠，风声鹤唳草木皆兵。我的骨头比我的腿还软，一片树叶飘下来我都要偏一下头，芝麻大的事我都要左手掂了右手掂。我头一件要紧的事就是自保。总之我太不是东西了。她对我真是贴心贴意，她没有一点不好，不好的都是我。我薄情寡义胆小自私。我对不起她。

苏晓晓也结过一次婚，对方是个外地来的卖豆腐的歪嘴子，她跟那个歪嘴子过了一年半，吵了一年半，最后她将一只尿盆子扣到歪嘴子头上，叫他滚蛋。

她那条好腿显得比以前更健壮，走路时还是胸脯翘一翘，屁股也翘一翘，也都翘得比过去更高。她的癫痫好像断了根，这么多年我们谁也没见她发过；没断病根也不要紧，她年纪也不小了，大约不会像年轻时那样，摸得稍微凶狠一点，就斜着眼睛往地上一倒；就是倒也不要紧，因为我也不年轻了，关键是我想爱她了。自从我感觉自己看见了一千只美手和一朵莲花之后，我心里就好像有了那么一点爱了，有了一点温暖和阳光了，所以不管苏晓晓发不发病，我想我都能应付得了。于是我再去白马庙时，不去黄花萍的土杂店了，专在她的酱菜店里坐着，坐的还是那只我爸给她爸打的凳子。我爸的手艺真地道，那只凳子还很结实。我坐在那里时，她要么不理我，眼角都不挂我一下；要么屎一句尿一句跟我瞎扯淡，扯来扯去还是那个倒霉的金竹妹子，比如那个漂亮的金竹妹子呢？又比如你怎么有闲心坐在我这里？不搞金竹妹子啦？坐了几回，我想我不能总这么不明不白地坐下去，也就不拐弯抹角，直捅捅地跟她说了这件事，只是她还在记恨我，先是直愣愣地瞪着我，接着朝我翻一个白眼，大声叫王麦多，王麦多王麦多！王麦多你死哪儿去了！没一会儿王麦多就蹿过来了。王麦多是个很懂眼色的家伙，把我推到酱菜店，自己就很自觉地躲到外面去了。苏晓晓对王麦多说："赶快赶快，把这个混蛋给我推出去！"她说着又将手上吃剩的半截酸黄瓜扔过来："你这狗东西，人家不要你了，你又来打我的主意，我是给你垫底的？滚！滚远点！"她记恨我不要紧，就怕她不记恨我，只要她还记恨我，她早晚会回心转意的。人都是不经缠的，尤其是女人，缠来缠去她就昏了头。实在不行，我还可以请黄花萍帮我去说一说。不过黄花萍那张嘴又实在叫人不放心，天知道她会怎样说，弄不好就成事不足败事有余。这样一想，我就打消了找黄花萍帮忙的念头，心想还是我自己来吧，不管怎样，这回我是不放她的手了。我就更加频繁地跑到她店里去，无论她怎么奚落我，我都不气不恼，更不走，赖在那里。她说："李文兵，你什么时候变得这么讨人嫌呢，你成了一块烂牛皮糖你知道吧？"

有一回我碰到她爸爸苏酒糟，苏酒糟灰蒙蒙地问我："你是谁？"我笑着说："我是兵子呀。"苏酒糟说："兵子？是谁？"我说："唉，就是兵子嘛！""谁？"我只好舍近求远："李德民，李德民你总记得吧，我是李德民的儿子，兵子嘛。"他说："李德民？是谁？"我就没一点办法了，转脸去看着苏晓晓，苏晓晓皱皱眉说："你别理他。"我愣了一会儿，嘿嘿地笑起来。苏晓晓一翘一翘地走过，将我爸打的另一个凳子放在她爸屁股下，说："坐着吧。"又狠狠地瞪我一眼，说："笑什么笑？有什么好笑的！"说着，自己也忍不住抿嘴笑起来。这时候我注意到她眼睛里有一种很温暖很柔和的东西。

在没事的时候，我还会躲在那间摆满旧钟表的小房间里，听一听那些陈旧的充满灰尘的声音。这只能算是癖好了，没一点曲折婉转或者形而上的意思。近两年我的耳朵退化得比较厉害，也就是平常人的水平了，不过这也够了。我师傅梅炳坤有时候会过来陪我坐一坐。以前小鸡公也偶尔会来陪我坐坐的，现在小鸡公走了，到詹少银的妹妹詹小燕那里去了。詹小燕利用她哥哥詹少银在市计生委当领导的便利，曾经给出版管理部门的一个什么人解决过一个生育指标，人家便对她睁一只眼闭一只眼，所以她做起事来胆子比我们大得多。本来我也应该有点胆子的，小鸡公就说过我：现在你也是特权阶级了，你还怕什么？有什么事你家革子不会过问一下？我说，他当他的官，我麻烦他干什么？我遵纪守法不好？小鸡公便骂我死脑筋。詹小燕挖小鸡公是看中了小鸡公手上的销售渠道，答应给小鸡公百分之二十五的股份，还答应给他出一本诗集，而且是八个印张。詹小燕比我多给了他五个百分点，而且我肯定不会给他出什么诗集，所以他没怎么犹豫，拍拍屁股就走了。走时像个诗人似的很伤感，问我为什么不肯给他出诗集，他说如果你肯给我出诗集，我决不会投靠她詹小燕。他用了"投靠"，说明他的伤感是真实的。我不好说什么，对他笑了笑。他便骂我阴笑。他还忽然"括"起来了，很不客气地说："李文兵以后你别这样笑，真的，我看不惯。"我说："不管你看得惯看不惯，我都是你割头换颈的朋友。"他呆愕了一会儿，用力点一下头，走了。

我师傅梅炳坤的烟瘾还是很大，一支接一支地抽，弄得满屋子烟雾缭绕。他听说我想吃回头草，要找苏晓晓，便劝我打消这个念头，他沉吟着说："你大小也是个老板，吃什么回头草？不好听嘛。"我说："好听不好听我不在乎。"梅炳坤想想又说："只要有钱，现在的女孩子好哄得很。"我说："我一个残疾哄她们做什么，我就要苏晓晓。"

对于苏晓晓，我的把握越来越大了，我觉得她已经有一点回心转意的意思了，到了我该出手的时候了。我们都老大不小了，时间不等人，况且我还想跟她生一个孩子。估计她也会同意的，也愿意生一个孩子，——如果真是这样，那就没问题了。一个才四十出头的女人受孕应该是不成问题的，生也不是问题，实在不行就剖一刀。我们的孩子也一定是健康的，正常的，明亮的，因为没听说过残疾会遗传，再说我们也并非生来就是残疾；又因为自己是残疾，便会格外小心，会尽量避免孩子也落下残疾。俗话说破窑出好货，道理恐怕就在这里。

2004年3月至2006年7月第一稿

2006年8月至2007年10月第二稿

2008年隆冬第三稿

美手

图书在版编目（CIP）数据

美手 / 熊正良著. — 南昌：百花洲文艺出版社,2016.7
ISBN 978-7-5500-1811-2

Ⅰ.①美… Ⅱ.①熊… Ⅲ.①长篇小说 – 中国 – 当代
Ⅳ.①I247.5

中国版本图书馆CIP数据核字(2016)第146076号

美手

熊正良　著

责任编辑　　王丰林
美术编辑　　黄敏俊
制　　作　　周璐敏
出版发行　　百花洲文艺出版社
社　　址　　南昌市红谷滩新区世贸路898号博能中心20楼
邮　　编　　330038
经　　销　　全国新华书店
印　　刷　　江西金瑞彩印有限公司
开　　本　　720mm×1000mm　1/16　　印张　21.75
版　　次　　2016年9月第1版第1次印刷
字　　数　　350千字
书　　号　　ISBN 978-7-5500-1811-2
定　　价　　36.00元

赣版权登字　05-2016-193
版权所有，侵权必究

邮购联系　　0791-86895108
网　　址　　http://www.bhzwy.com
图书若有印装错误，影响阅读，可向承印厂联系调换。